관광이 희망이다

관광대국의 길

세계경제에서 GDP 및 고용 대비 관광산업의 비중이 10%를 차지하고 있듯이, 우리도 관광산업에 더 큰 비전을 부여하고 전력투구해야 한다.

장병권 저

(주)백산출판사

머리말

이 책은 한국관광의 과거와 현재를 진단하고 2020년대 미래상황을 '관광대국'으로 상정하고 관광대국형 관광정책의 추진방안을 모색한 논단 형식의 글이다. 필자는 지난 2014년부터 2019년 봄까지 5년간 교통신문의 객원 필진으로 활동하며 '관광대국론'을 줄기차게 부르짖었다.

한국관광은 관광입국, 관광흥국, 관광부국을 거쳐 현재 관광강국의 단계에 와 있으며 2020년대에는 관광대국의 길을 걸어야 한다. 1975년 정부가 관광산업을 '전략산업'으로 지정하여 한때 수출산업의 대우를 해 주었지만 지금은 말이 전략산업이지 실체가 별로 없어 안타깝다. 사실상 줄기가 아니라 곁가지 산업인 것이다.

주변국들은 우리보다 더 관광을 중시한다. 중국은 관광산업을 지주산업(支柱産業)으로 지정하여 관광산업을 중국경제의 버팀목 구실을 하게끔 유도하고 있다. 일본은 관광산업을 기간산업(基幹産業)으로 지정하여 국가경제에 있어서 매우 중시하고 있고 최근에는 지방창생의 핵심수단으로 활용하고 있다. 우리는 필요에 따라 전략산업으로 내세우고 있지만 비전과 전략이 없고 일관성을 확보하지 못하고 있다.

이제 관광이 '희망'이다. 세계경제에서 GDP 및 고용 대비 관광산업의 비중이 10%를 차지하고 있듯이, 우리도 관광산업에 더 큰 비전을 부여하고 전력투구해야 한다. 국제관광객 및 관광수입 대비 한국의 비중은 2018년 현재 1%에 불과한 상황이다. 관광지출은 2%까지 늘어났다.

따라서 이 책은 한국도 "이제 관광대국에 다가섰으니 그만 지원해도 된다"는 의미가 아니라 "앞으로 관광대국으로 계속 살아남을 수 있도록 지속

육성해야 한다"는 의미를 담고 있다. 다시 말해 2019년 세계 16위까지 올라선 국제관광경쟁력을 10위권으로 더 끌어올릴 수 있도록 노력해야 한다.

그러나 관광대국이 되기 위해서는 넘어야 할 산도 있다. 바로 2019년 12월 중국 우한에서 발생한 코로나19(COVID-19) 사태의 전 세계적 확산이 그것이다. 아마도 일시적인 관광의 암흑기에 접어들 전망이다. 코로나19의 발병 이전(Before CORONA)과 종식 이후(After CORONA)의 세계관광 판도와 트렌드도 크게 바뀔 것이다. 각국 정부나 국제기구를 중심으로 관광부흥, 관광회복을 위해 다각적인 노력을 기울이겠지만, 우리의 경우도 보다 안전하고 안심할 수 있는 관광시스템을 만들어가야 할 것이다.

이 책은 총 8편으로 구성되어 있다. 제1편에서는 관광대국 시대의 도래와 과제를 종합적으로 논의하였다. 제2~7편에서는 관광대국 시대에 부응할 수 있는 글로벌 선순환 관광시스템의 창조, 방문자 경제 시대 관광콘텐츠 확충, 융복합과 혁신기반 관광산업의 과제, 포용적 관광성장과 일자리 창출, 관광안전과 지속가능 관광사회 창조, 지역관광 활성화와 품질향상 등 부문별 과제를 논의한다. 그리고 제8편에서는 한국관광의 글로벌 지평을 확대하는 방안을 살펴보았다.

제1편의 제목은 "관광대국 시대의 도래"이며, '관광대국 시대를 맞이하자', '관광대국 달성을 위한 전략을 모색하자'는 주제를 선정하였다. 주요 내용은 관광대국의 시대에 부합한 그랜드 디자인이 필요하며 관광대국 달성을 위한 정책비전과 목표를 제시하는 것이다. 그리고 관광대국 시대 국민관광의 활성화도 강조하였다. 그동안 각종 기고 논단과 특강 자료를 바탕으로 작성하였으며, 신문에 기고한 칼럼을 참고자료로 추가하였다.

제2편의 제목은 "글로벌 선순환 관광시스템의 창조"로 설정하였으며, 주제는 '국내외 선순환형 관광시스템을 만들자'와 '동북아 관광공동체를 만들자'이다. 주요 논의내용은 인바운드, 아웃바운드, 국내관광 간 선순환형

관광시스템을 만들어 관광 낙수(落水)효과(trickle-down effect)를 극대화하며, 동북아 관광교류를 더욱 확대하고 남북한까지 포함하는 평화관광경제를 실현하자는 것이다.

제3편의 제목은 "방문자 경제시대 관광콘텐츠 확충"으로 '방문자 경제시대 지역명소를 창출하자', '한국형 관광거점 도시를 조성하자'는 주제를 설정하였다. 주요 내용은 방문자 경제시대에 부응하여 국제관광객의 끌어안기 전략을 모색하고 한국의 대표적 관광명소 3곳에 대한 사례조사를 실시하였다. 그리고 한국형 관광거점도시 육성을 위하여 지역관광 글로벌화 사업을 추진하자는 것이다.

제4편의 제목은 "융복합과 혁신기반 관광산업의 과제"로 정하였으며, '융복합을 통해 관광의 경계를 확장하자'와 '4차 산업혁명 시대 관광산업을 혁신하자'는 주제를 설정하였다. 주요 내용은 융복합의 대상을 레저 · 스포츠, 의료관광, 산업관광, 복합리조트까지 확대하여 관광의 경계를 확장하자는 것이다. 또한 4차 산업혁명 시대, 관광공유 시대, 혁신성장 시대, 온-디맨드 경제 시대에 부응할 수 있도록 관광산업을 혁신하자는 것이다.

제5편의 제목은 "포용적 관광성장과 일자리 창출"로서 '모두를 위한 포용관광을 추진하자'와 '관광두레형 주민주도 관광기업을 육성하자'는 주제를 선정하였다. 주요 내용은 포용적 성장 시대에 부응하기 위하여 주민과 장애인뿐만 아니라 청년을 포함하고 양질의 일자리를 만들어 내자는 것이다. 또한 주민주도형 관광기업으로 추진 중인 관광두레사업을 고도화하고 명품화하자는 것이다.

제6편의 제목은 "관광안전과 지속가능 관광사회 창조"로서 '관광안전과 위기관리에 충실하자'와 '관광의 지속가능성이 최우선이다'를 주제로 선정하였다. 주요 내용은 관광산업에 피해를 줄 수 있는 각종 위험에 대한 위기관리 대응체계를 구축하고, 관광의 지속가능성을 향상시키기 위한 정책 방향과 거버넌스 구축방안을 논의하였다. 그리고 점차 붐다운(boom-down)

되고 있는 농촌관광의 재도약을 위하여 체류형 관광비즈니스 모델을 대안으로 제시하였다.

제7편의 제목은 "지역관광 활성화와 품질향상"에 두었으며, '지역관광 활성화 추진체계를 정립하자'와 '지역 관광수용태세와 품질을 개선할 때다'를 주제로 선정하였다. 주요 내용은 지역관광 활성화를 위한 추진체계로 지역관광협의회, 지역관광산업진흥원, 지역관광지원센터를 검토하였다. 그리고 외래객의 지역분산을 위한 관광교통서비스를 개선하고, 관광·항공 협력강화와 지방공항을 활성화하자는 것이다.

제8편의 제목은 "한국관광의 글로벌 지평 확대"로 정하고, '한국형 환대 캠페인을 모색하자'와 '새만금 글로벌 관광도시를 창조하자'라는 주제를 설정하였다. 주요 논의 내용은 그동안 추진된 K스마일 캠페인의 의미와 추진현황을 검토하고 2020년대에 대응한 포스트 K스마일 캠페인을 추진하자는 것이다. 또한 2020년대 한국관광의 새로운 지평을 열어 가는 데 있어서 새만금의 중요성을 살펴보고 글로벌 관광메카 조성방안을 제시하였다. 이와 관련하여 필자가 수행했던 연구용역 보고서와 학술지 발표 논문, 새만금 관련 세미나 발표자료, 그리고 신문에 기고한 칼럼을 중심으로 엮었다.

이 책의 발간은 필자의 노력에 국한되지 않았음을 밝힌다. 이 책이 발간되기까지 연구를 권유하고 발표기회를 부여하고 심지어 재정적인 지원까지 물심양면으로 도와준 연구파트너들에게 감사드린다. 우선 '관광대국론'이라는 제목의 칼럼을 5년간 실어준 교통신문사 관계자들에게 감사드린다. 2015년 3월부터 2019년 4월까지 총 41편의 고정 칼럼을 게재하는 기회를 부여하여 관광산업의 현실을 제대로 점검하는 계기가 되었다. 이 밖에도 서울신문 등 중앙 일간지와 전라일보 및 새전북신문 등 지방지에도 일정 기간 칼럼을 싣게 되어 감사드린다.

이 책에 수록한 내용 중 상당 부분은 문화체육관광부, 한국관광공사, 한국문화관광연구원과의 협업에 의해 작성된 것들이다. 문화체육관광부의

'지속가능 관광개발포럼', '미래관광정책포럼' 등과 수차례에 걸친 관광관련 TF에 참여하고 문체부 공무원 대상 특강과 토론을 통하여 정책적인 사고방식을 키우게 되었고, 이를 계기로 한국개발연구원의 월간지 「나라경제」에 관광산업 혁신에 대한 논단을 게재하게 되어 감사드린다.

특히 한국문화관광연구원의 각종 연구자문과 수차례에 걸친 프로젝트의 수행은 실천 가능한 관광정책과제를 발굴하는 데 큰 도움이 되었음을 솔직히 밝힌다. 연구원의 계간지 한국관광정책의 편집위원으로 참여하면서 시의성 있는 정책담론을 공유하였으며, 다수의 졸고를 게재해 주어 고맙게 생각한다. 2010년 중국관광객 대상 관광수용태세에 대한 특별연구를 계기로 실제와 달리 중국관광 전문가 행세를 하며 전경련 산하 한국경제연구원, 포스코경영연구원, 국토연구원, 머니투데이 등으로부터 관련 연구와 세미나 발표를 수행하기도 하였다.

또한 국가균형발전위원회에서 개최한 포용성장과 지역 관광산업의 육성방안을 발표하면서 새로운 정책기조를 접하는 계기가 되어 감사드리며, 한국문화관광연구원의 관광두레사업 육성사업에 자문 참여를 통해 공부를 시켜 준 관광두레사업단 관계자에게 감사드린다.

정부의 새만금 토지이용계획이 '농업' 중심에서 '복합 산업단지'로 전환되면서 새만금 관련 연구를 물밑 지원했던 전북도청 관계자와 대학 내에 새만금관광연구센터를 설립하여 소장 직책을 맡기고 지역발전에 기여토록 지원해 준 호원대학교 강희성 총장님에게도 감사드린다. 그리고 30년 이상 변함없이 지도편달을 해 주신 (주)백산출판사 진욱상 사장님과 직원들에게 감사드린다. 끝으로 이 연구는 "호원대학교 교내 학술연구비를 지원 받았음"을 명시한다.

2020. 5.

저자 장병권

차례

제 1 편

관광대국 시대의 도래

구성과 주요 내용

제1편에서는 2020년대 "관광대국 시대의 도래"라는 제목으로 "관광대국 시대를 맞이하자"와 "관광대국 달성을 위한 전략을 모색하자"는 주제로 엮었다. 해방 이후 70여 년간 이루어진 한국관광의 발전과정을 기승전결의 형태로 개관하고 그 속에서 추진된 정책적인 노력을 살펴보고, 2020년대 관광대국 실현을 위한 전략과 과제를 제시하였다.

01

"관광대국 시대를 맞이하자"에서는 '관광대국 시대의 도래', '관광대국 도약을 위한 그랜드 디자인 필요', 참고자료로 '관광대국이 되려면 3不 추방부터', '한국의 국제 관광경쟁력 제대로 점검하자', '서울이 글로벌 톱 관광도시가 되려면'을 실었다. 이 글들은 그동안 기고한 논단과 신문칼럼을 중심으로 엮었다. 주요 내용은 2020년대를 맞이하여 관광대국으로 부상하기 위해서 우선 관광대국의 의미를 정립하였으며, 이를 바탕으로 국가적 차원에서 그랜드 디자인(grand design)을 수립하고, 국민관광의 활성화를 강조하였으며, 당면한 핵심 이슈인 불편함, 불친절, 불만족의 '3불(不)' 현상을 시급히 해소할 필요성을 제기하였다. 나아가 한국의 국제관광경쟁력을 제대로 파악하여 개선방안을 모색하며, 서울이 글로벌 톱 관광도시가 되기 위한 방안을 다 같이 모색하자는 내용을 글을 담았다.

02

"관광대국 달성을 위한 전략을 모색하자"에서는 '한국관광 발전과 관광대국형 정책의 필요성', '관광대국 달성을 위한 정책비전과 목표', '한국대국 달성을 위한 5대 전략과 추진과제'를 담았다. 이 글은 2016년 5월 16일 문화체육관광부 관광공무원을 대상으로 한 정책특강에서 '관광대국'이라는 용어를 처음 사용하였고 당시 정책비전과 목표, 그리고 전략과 추진과제를 같이 논의하였다. 이 밖에 본인이 기고한 칼럼 중 주제에 부합되는 '관광정책 3.0을 추진하자', '관광대국 전략회의를 가동하자', '관광대국 되려면 법제혁신(法制革新)부터', '글로벌 관광협력 정책과 관광ODA'를 담았다.

01

관광대국 시대를 맞이하자

■ 관광대국 시대의 도래

지금부터 66년 전인 1954년에 한국을 방한했던 외국인은 2,100명에 불과했다. 말이 외래객이지 관광목적으로 방문한 사람은 거의 없었을 것이다. 그러나 이후 기하급수적인 증가추세를 보였다. 1978년에 100만 명을 유치하였고, 이후 고도성장과 안정성장을 반복하면서 2008년에 외래관광객이 689만 명을 기록하였다.

그런데 불과 6년 만인 2014년에 외래관광객 수가 두 배인 1,400만 명을 넘어섰다. 2015년 메르스 사태가 발생하고 2017년 사드사태가 불거지면서 관광객이 급감하였지만, 2019년에는 사상 최대인 1,750만 명을 유치하여 성장가도를 다시 이어가고 있다.

한국관광의 또 다른 특징은 신기록 달성의 이정표가 계속 단축되고 있다는 것이다. 지난 2000년에 인 · 아웃바운드 관광객 규모가 처음으로 1,000만 명을 돌파한 이래 2010년에 2,000만 명, 2014년에 3,000만 명, 그리고 2018년에 4,000만 명의 시대로 들어섰다.

그동안 물밀듯이 들어오는 외국인 관광객들을 어떻게든 수용하느라 정신이 없었음을 짐작할 수 있다. 우리가 처해있는 외래객의 급증 상황을 냉정히 파악하고 압축성장 과정에 나타날 수 있는 부작용을 최소화하여 관광을 통한 국가발전에 기여하기 위한 방안이 무엇인가를 엄중하게 찾아내지 않으면 안 될 시점이다.

해외여행객은 이미 3,000만 명대에 다가선 상황에서 향후 외래관광객이 상징적인 의미에서 3,000만 명에 다가서는 시점을 '관광대국'이라고 부를 수 있다. 1960~1970년대 관광입국(觀光立國)의 시대를 거쳐, 1980~1990년대 중반까지 서울올림픽, 해외여행자유화 등을 통하여 국운을 상승시키는 역할을 담당했던 관광흥국(觀光興國)의 시대를 지나, 1990년대 중반부터 2000년대 중반까지는 IT강국, 월드컵 개최, 한류확산 등을 계기로 경제위기 극복과 산업고도화에 주력한 관광부국(觀光富國)의 시대로 진화하여 왔다고 할 수 있다.

한국관광산업의 시대별 역할변화

관광입국 시대	관광흥국 시대	관광부국 시대	관광강국 시대
1960~1970년대	1980~ 1990년대 중반	1990년대 후반 ~2000년대 후반	2000년대 후반 ~현재
관광산업기반 확충과 관광 수입 확대를 통한 경제성장 지원 ➡	올림픽, 해외여행 자유화, 세계화 시책을 계기로 국운상승 기여 ➡	월드컵, 한류 확산 계기로 경제위기 극복과 산업의 고도화 기여 ➡	창조경제(융복합 기술)와 서비스 고도화로 관광 산업이 타 산업의 성장 주도

자료: 장병권(2016.5.16), 관광대국 달성을 위한 5대 전략과 10대 과제, 문화체육관광부 공무원 특강자료.

그리고 인바운드 부문은 아직 미흡하지만 아웃바운드의 규모가 커지고 세계관광소비에서 차지하는 비중이 커짐에 따라 국제관광 영향력이 강화되고, 관광과 타 산업과의 복융합이 활발히 추진되면서 2000년대 후반부터 2010년대는 관광강국(觀光强國)의 시대라 부를 수 있다. 이제는 관광이 강한 나라이면서 타 산업의 발전에도 기여하고 전국이 관광혜택을 골고루 누리면서 국제적 리더십을 보유하는 관광대국(觀光大國)의 시대를 준비해야 할 것이다.

그런데 2019년 9월 발표된 국제관광경쟁력지수(TTCI) 순위를 보면서 세계관광의 주도권이 견고했던 '구주지역' 주도에서 벗어나 '아태지역', '미주지역'으로 구성된 '3각 관광체제'로 전환되고 있음을 발견하게 된다. 세계경제포럼(WEF)의 2019년 경쟁력 순위에서 한국은 16위로 2017년의 19위보다 3계단 상승했으며 중국도 13위로 2계단 상승했다. 일본은 4위를 그대로 유지하였다.

국가별 랭킹도 중요하지만, 그동안의 추세를 보면, 구주지역 중심의 관광독주 현상에서 벗어나 아태 지역 국가들의 관광경쟁력이 지속 상승하여, 머지않아 미주를 제치고 구주지역과 쌍벽을 이룰 시기가 다가옴을 예감하게 된다.

상위 20위권 국가의 대륙별 분포를 보면 2013년의 경우 구주(13개국), 아태지역(5개국), 미주(2개국)에서 2019년의 경우 구주(10개국), 아태지역(7개국), 미주(3개국)의 분포를 보이고 있다. 구주는 줄고 아·태 및 미주지역은 늘어났다. 특이한 점은 미국과 영국 간 순위의 바뀜이 있었지만 1~10위 국가들은 2017년에 이어 상위권에 계속 랭크하고 있는 점이다.

국제관광경쟁력 상위 20개국의 분포 변화

2013년		2019년	
미주지역	2개국	미주지역	3개국
아태지역	5개국	아태지역	7개국
구주지역	13개국	구주지역	10개국

자료: WEF(2013, 2019), The Travel & Tourism Competitiveness Report.

아태 지역에서는 일본, 호주, 중국, 홍콩, 한국, 싱가포르, 뉴질랜드 순으로 20위권 안에 랭크되었다. 또 다른 특징은 상위 20개국 중 중국과 한국을 제외한 나머지 국가들이 소위 잘사는 '선진국'들이다. 한국도 이제 선진국이며 관광도 예외는 아니다. 관광은 여러 부문이 결합된 일종의 '종합예술'이라는 점에서 개도국이 두각을 나타내기 어렵다. 이러한 성과는 관광산업 발전을 위한 민 · 관 부문 간 공동협력의 결과라는 점에서 관광대국이 되기 위한 새로운 전환점이 되어야 한다.

■ 관광대국 시대의 발전방향

지난 10년간 세계관광시장에서 차지하는 한국관광의 위상이 지속적으로 상승하였다. 관광객수는 2010년 0.9%였으나 2012년 1%대로 올라섰으며, 2016년 1.4%로 늘어났다. 관광수입도 비슷한 추세를 보였다. 2010년 세계 관광수입 대비 1%의 점유율을 기록한 이후 2014~2016년에는 1.4%로 높아졌다. 관광지출의 경우에도 더욱 큰 점유율을 보였다. 2010년 143억 달러를 지출하여 세계관광지출 대비 1.5%를 기록하였으나 이후 지속적으로 증가하여 2018년에는 2.0%까지 늘어났다.

세계관광시장 대비 한국의 점유율

(단위: 100만 명, 10억 달러, %)

구분		2010	2012	2014	2016	2018
관광객수	세계(a)	952	1,043	1,142	1,239	1,403
	한국(b)	8.8	11.1	14.2	17.2	15.3
	비율(b/a)	0.9	1.1	1.2	1.4	1.1
관광수입	세계(c)	977	1,117	1,274	1,239	1,448
	한국(d)	10.2	13.2	17.3	16.8	15.2
	비율(d/c)	1.0	1.2	1.4	1.4	1.0
관광지출	세계(e)	977	1,117	1,274	1,239	1,448
	한국(f)	14.3	16.5	19.5	23.7	28.4
	비율(f/e)	1.5	1.5	1.5	1.9	2.0

자료: 문화체육관광부(2019), 한국관광통계(재작성).

한국의 인 · 아웃바운드 관광총량 증가추이

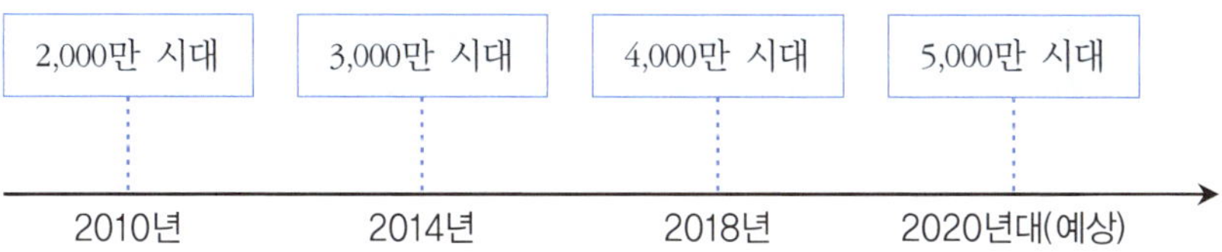

자료: 장병권(2019), 2020년대 국민관광을 論하다, 한국문화관광연구원, 문화관광인사이트, 제141호.

이에 더하여 매년 발간되는 마스터카드(Mastercard)사는 2019 글로벌 관광도시지수(Global Destination Cities Index) 보고서에서 서울시가 2018년 1,125만 국제관광숙박객(泊)로 세계 11위에 링크되었음을 밝히고 있다. 이는 2017년 954만 박에서 2018년 1,125만 박으로 전년 대비 8.9%가 증가한 것이다.

그리고 서울시에서의 관광소비액은 2017년 70억 달러에서 2018년에는 93억 달러로 12위에 랭크되었으며 전년 대비 16.4%가 증가한 것이다.

그런데 태국의 경우 방콕, 푸껫, 파타야 3개 도시가 세계 20위권에 랭크되고, 일본의 경우 도쿄와 오사카, 스페인은 바르셀로나와 팔마 각각 2개 도시가 선정된 데 비해 한국은 그나마 서울만 선정되었다. 정부에서 추진하는 관광거점도시 중 국제관광도시나 지역관광거점도시가 서울에 이어 글로벌 20~30위권에 도약시키는 것이 중요한 과제이다.

더욱이 정부가 2019년 '대한민국 관광혁신 전략'을 통해 향후 2022년에 외래관광객 2,300만 명을 유치한다는 목표를 설정하여 매진하고 있는 상황임을 감안할 때, 향후 한국관광의 발전방향을 새롭게 정립해 나가야 할 것이다.

즉, 첫째로 향후 급속하면서도 변화무쌍하게 전개될 관광동향을 냉철히 파악하여 중장기적으로 정책추진의 지침이 될 수 있는 한국관광의 발전대계(發展大計)를 정립하고 적극적인 노력을 해야 할 것이다. 1986년경 우리의 외래관광시장은 일본에 47%나 의존하며 많은 부작용을 양산하였는데 2017년 중국이 47%로 절반 가까이 다가왔다. 그럼에도 중국관광객의 달콤한 마력에 빠져서 관광시장을 다변화해야 한다는 목소리를 내지 못하고 있다.

둘째로 외래관광객이 급증하고 있음에도 불구하고 이들이 지방으로 활발히 여행하지 않고 있는 상황이라는 점에서 외래객의 지방분산을 통하여 관광성장의 과실(果實)을 전국이 골고루 누릴 수 있도록 실천적 아이디어를 찾아내야 한다. 현재 한국관광의 핵심 콘텐츠는 서울 중심의 한류관광과 쇼핑관광에 그치고 있다. 향후 관광대국 시대를 이끌어 갈 핵심콘텐츠를 이제는 지방에서 찾아야 한다. 그리고 지방의 역사와 자연, 그리고 생활문화를 적극 발굴해 나가도록 독려할 필요가 있고, 나아가 지역관광 콘텐츠의 상품화와 글로벌화에 더 주목해야 할 것이다.

셋째로 관광산업의 육성방향과 관련하여 그동안 '융복합'이 핵심 화두가 되었다. 이제 관광산업은 산업 간 경계를 주도적으로 허무는 역할을 해야 하며, 학술단체나 국책연구기관이 그런 창의적인 솔루션을 제공하는 데 주력해야 할 것이다. 관광산업이 그동안 축적된 경험과 지식에 얽매이지 말고 창의성을 바탕으로 유사 또는 이종 서비스 간 결합 · 융합 등 서비스 전 분야에 창조적 고부가가치를 창출할 수 있는 산업으로 업그레이드 되도록 유도해야 한다.

2018년 우리나라를 방문한 관광객은 1,535만 명이며, 2019년은 1,750만 명으로, 이러한 추세라면 2020년대 초반 2,000만 명을 돌파할 것으로 보인다. 양적인 성장 못지않게 중요한 것은 질적인 발전이다. 외국인을 대상으로 한 바가지요금, '짝퉁' 제품 판매 등 '관광한국'의 이미지를 해치는 요소와 78%에 달하는 서울 중심의 외래객 편중 현상, 빈약한 관광 콘텐츠 등은 반드시 해결해야 할 부분들이다.

한국을 찾는 외국인 개별자유여행객(FIT)의 비율이 70%를 넘어섰다. 이들은 대중화된 관광지의 탐방에 그치지 않고 더욱 깊이 있고 다양한 문화를 경험하고 싶어 하기 때문에 서울, 제주 이외에 다른 지방의 여행상품을 발굴하는 것이 필요하다.

기업과 주민들의 자발적인 참여와 지방정부의 문화 정책이 뒷받침이 되어 세계 축제로 거듭난 영국의 에든버러 축제처럼, 우리도 지역연계상품 개발이 필요하다. 관광산업 성공의 열쇠는 결국 문화에 있다. 한 나라의 문화, 한 지역의 문화가 곧 관광 콘텐츠이고 상품이 될 수 있는 것이며, 이것이 외국인 관광객 3,000만 명 시대를 지향하는 우리가 문화관광에 더 주목해야 하는 이유다.

■ 관광대국 도약을 위한 그랜드 디자인 필요

한국관광은 2014년 외래관광객 1,400만 명 유치와 아웃바운드 1,600만 명 돌파를 계기로 국제관광규모가 3,000만 시대로 접어들었으며, 2018년에는 4,000만 명의 시대로 들어섰다. 이러한 추세를 감안할 경우 조만간 5,000만 명 시대의 진입도 예상된다.

일국의 관광산업 성장에 관한 판단에서 관광객의 규모가 중요한 지표구실을 한다는 것을 부인할 수 없다면, 이제 정부의 관광정책도 인·아웃바운드 총량 규모가 5천만 명 나아가 6천만 명을 달성할 수 있도록 획기적으로 전환해야 한다. 그 대표적인 전략은 관광대국 도약을 위한 그랜드 디자인을 짜는 것이다.

우리가 관광대국으로 진입하기 위해서는 정부·기업·시민사회가 협력을 바탕으로 관광산업의 양적 성장과 질적 도약을 모색하면서 국가 및 지역에 대한 사회경제적 기여는 물론 글로벌 경쟁력을 확보해 세계관광을 선도할 수 있는 선진화된 역량을 갖춰야 한다.

한국의 관광산업은 지난 1960~1970년대 이후 국가 경제성장을 위한 '자금줄' 역할을 하였으며, 1980~1990년대 국운의 상승에 기여하고 2000년대 들어와 외환위기의 극복은 물론 서비스 산업의 고도화와 타 산업의 성장을 주도하는 '지렛대' 역할을 담당해 왔다. 그렇다면 향후 2020년대는 국제관광 규모 5~6천만 명 시대를 앞당겨 관광산업이 침체된 한국경제를 이끌어 갈 '돌파구' 역할을 담당해야 한다.

국제적인 측면에서 세계 수준의 관광대국으로 부상하기 위해 관광의 질적 혁신이 외래객의 양적 증가를 견인할 수 있도록 글로벌 관광 경쟁력을 확보하고, 동시에 세계관광 트렌드를 선도할 수 있는 이른바 'K-Tourism'의 시대를 열어 가야 한다. 그리고 국내적으로는 관광산업의 성장효과가 수도권 등 일부 지역에 국한되지 않고, 전국적으로 그리고 전 산업으로 고루 분산되도록 힘을 모아야 할 것이다.

또 글로벌 관광대국으로 도약하기 위해서는 국민의 친절수준을 높이고, 세계 10위권의 관광경쟁력 수준을 확보하며, 관광수지 적자를 해소하는 데 역량을 결집하며, 지역 간 관광의 균형발전과 외래객 분산을 모색하며, 인 · 아웃바운드 및 국내관광 간 선순환을 유도하기 위한 노력이 필요하다. 이를 위해 다음의 5대 전략을 구사할 필요가 있다.

첫째는 국민의 친절제고 전략이 필요하다. 외래관광객이 급증하고 있음에도 그들에 대한 환대 서비스 제공 및 친절의식이 확립되지 못하여 방한여행 시 불평과 불만이 그치지 않고 있다. 이를 위해 기존 추진했던 K스마일 캠페인의 성과를 제고하고 동시에 한국의 친절문화를 공유 또는 체험할 수 있도록 '포스트 K스마일 캠페인'을 해야 한다. 2000년대 초반 프랑스가 봉주르 캠페인으로 관광대국의 입지를 굳건히 하고, 일본은 2003년부터 2020년까지 비지드 저팬캠페인(VJC)을 꾸준히 전개해 2019년 세계 4위 관광경쟁력을 보유한 관광대국으로 진입했다는 것을 간과해서는 안 된다.

둘째는 관광 디테일 강화전략이다. 관광품질을 높이기 위해서는 '악마는 디테일에 있다'라는 말처럼, 외래 개별관광객들이 지속적으로 증가함에 따라 국내 각 지역에 언제 어디를 가든 아무런 불편이 없도록 세심하게 배려할 필요가 있다. 이를 위해 스마트 관광 인프라를 구축함과 동시에 한국형 관광품질인증 사업을 지속적으로 추진할 필요가 있다. 특히 관광접점에서 친절품질 및 서비스 인증사업체를 중심으로 친절지도(kindness map)를 온라인상에 구축하여 널리 홍보할 필요가 있다.

셋째, 관광수지 균형전략이다. 관광대국의 실현이 제대로 평가받기 위해서는 현재 과도한 관광수지 적자를 시급히 해소하지 않으면 안 된다. 2009년 관광수입 97억 6,000만 달러, 관광지출 110억 3,000만 달러로 좁혀졌던 관광수지 적자가 2018년에는 132억 달러로 크게 불어났다. 일본은 인구 대비 15%가 해외여행을 하고 있으나 우리는 60%(총량기준)에 육박하고 있다는 점에서 이제 해외여행 포화수요를 국내로 전환해 내수기반을 확충하고 장래 인바운드 수요증가에 대비해야 한다.

넷째는 지방관광 글로벌 전략이다. 외래객이 지속적으로 증가하고 있으나 평균 방한기간 6.8일(2018년은 7.2일로 증가) 중 지방체류일 수가 1.4일에 불과하다는 점에서 서울과 지방을 묶는 신개념 '5도(서울) 2촌(지방)형 한국여행상품'을 개발해 보급할 필요가 있다. 이와 동시에 각 지역 중 외래객 방문 유망도시를 선정하여 중국인 친화도시, 동아시아 관광교류도시 등 국제관광 거점지구로 육성하는 방안을 강구해야 한다.

마지막으로 국제관광 협력전략이다. 한국의 아웃바운드 관광규모 2,870만 명(2018년)은 이미 1억 명을 넘어선 중국에 이어 아시아 2위 수준에 해당한다는 점에서 이를 인바운드 관광객 유치와 연계하여 새로운 시장을 개척하거나 해외여행자의 신변안전을 도모하고 여행품질을 제고하도록 활용해야 한다. 주요 국가와 쌍방적 관광교류 협력기반을 구축하고, 해외여행 선호지역을 대상으로 국내기업의 해외진출을 지원하여 해외여행소비의 국내 환수 효과도 모색할 필요가 있다.

■ 관광대국이 되려면 국민관광부터 육성해야

국민관광은 국민의 국내관광뿐만 아니라 국외여행까지 그 범위가 정해지고 있으며, 이를 정책적으로 접근하기 위해서는 외래관광과의 관계도 동시에 고려하지 않을 수 없다. 2010년대는 국민관광의 규모는 지속적으로 확대되었었다. 그렇지만 한마디로 요약하면 정책적 노력을 더 경주한 국내관광 부문은 더디게 성장한 반면, 다소 소홀히 취급한 국외여행은 급성장하였다. 이제 그동안 전개된 국민관광의 추세를 검토하고 몇 가지 미흡한 것들에 대한 해결방안을 모색해야 할 때이다.

첫째는 여행복지 사회로의 전환이다. 정부가 여행복지사회를 표방하고 있는 가운데 여행경험률은 금융위기 시기인 2010년 72.8%에서 2018년에는 89.2%로 크게 증가하여 여행의 대중화가 이루어졌다. 그렇지만 여행참가자 1인당 여행횟수는 2010년 5.4회에서 2018년 6.9회로 1.5회 증가하는 데 그쳤고, 여행일수도 2010년 11일에서 2018년 12.4일로 1.4일의 증가에 그쳤다. 이제는 국민관광의 폭(width)을 넓히는 것뿐만 아니라 깊이(depth)도 심화시켜야 한다. 이는 양적 증가 현상을 보이고 있으나 국내여행의 만족도는 크게 개선되지 않아 국내관광의 품질향상에 더 적극적인 노력이 필요하기 때문이다. 국내관광 통계를 종합하면, 국민 국내관광의 양적 증가에도 불구하고 휴일의 확대, 복지관광 사업 등 정부의 각종 지원시책의 성과가 국내로 충분히 파급되지 않았으며, 이제 서비스의 질적 개선을 위해 더 진력해야 한다.

국민 국내관광 행태의 주요 변화

(단위: %, 회, 일, 만 원, 점)

구분	2010	2011	2012	2013	2014	2015	2016	2017	2018
여행경험율	72.8	81.6	85.2	86.5	86.4	87.9	89.5	90.1	89.2
여행횟수(인당)	5.4	4.5	5.8	6.1	6.0	6.2	6.2	6.5	6.9
여행일수(인당)	11.0	8.2	9.9	10.3	10.5	10.6	10.5	11.8	12.4
지출액(인당)	35	41	65	61	66	67	66	73	96
만족도(개인)	4.06/5	4.08/5	4.02/5	4.04/5	4.03/5	4.04/5	4.05/5	4.05/5	78.4

주: 2018년도 조사방식 변경으로 해석에 주의 요함(만족도의 경우 100점 만점으로 변경됨).
자료: 문화체육관광부(각년도), 국민여행 실태조사(재작성).

둘째는 국내외 관광소비의 급증 속 아웃바운드의 비중 증가이다. 국민관광소비를 국내와 해외소비로 구분하여 살펴보자. 국민관광의 총 소비규모는 2010년 31조 원에서 2018년 75조 원으로 2.4배 증가하였다. 그런데 2011~2017년 간 해외소비가 지속 상승하여 2017년의 경우 해외소비가 국내소비를 추월하였다. 2018년의 경우에는 국내소비의 양적 확대가 이루어졌으나 향후 국내관광 활성화를 위한 특단의 복지 대책이 모색되지 않을 경우 다시 역전될 수 있다.

국민관광의 국내외 소비규모 추이

(단위: 조 원, 1달러=1,100원 기준)

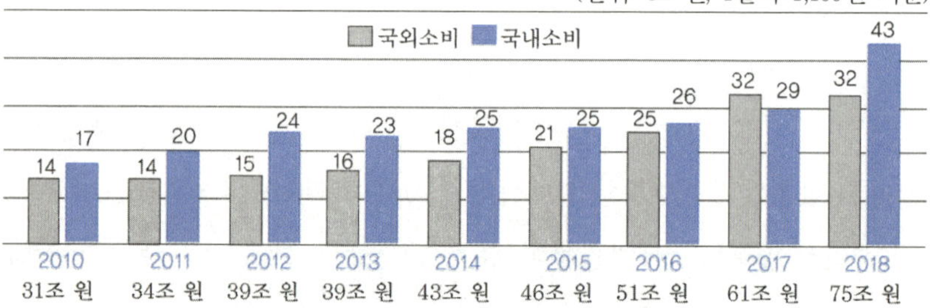

자료: 문화체육관광부(각년도), 관광동향에 관한 연차보고서 참고 재작성.

셋째는 국민복지 지향적 관광정책의 활발한 추진이다. 역대 정부의 국정과제를 중심으로 살펴보자. 이명박 정부는 출범 초기 국정과제에 관광부문을 100대 과제에 포함하지 않고 국민관광과 관련된 과제로 '저소득층 관광참여 기회 확대'만을 반영하였으며, 관광경쟁력강화회의를 활용하여 관광산업 육성과 관광인프라 조성에 관련된 정책과제를 발굴하는 데 집중하였다. 박근혜 정부는 국내관광 활성화에 목표를 두고, 관광을 통한 국민행복과 관광복지 실현, 그리고 국외여행 안전제고 및 서비스 제공에 초점을 두었으며, 관광진흥확대회의를 활용하였다. 문재인 정부는 국민이 자유롭게 휴가를 쓰고 편안하게 관광할 수 있는 여건을 조성하는데 목표를 두고, 관광여가사회 실현을 위한 핵심 과제로 노동자 휴가 지원과 열린관광지의 확대를 선정하였으며, 새로운 정책결정기구인 국가관광전략회의를 신설하여 활용하고 있다. 전반적으로 볼 때, 역대 정부의 국민 관광정책이 여행을 통한 국민행복의 증진과 복지혜택의 확대에 두고 있다는 점에서 긍정적이나 내실화가 필요하다.

역대 정부의 국민관광정책의 목표와 추진과제

구분	이명박 정부	박근혜 정부	문재인 정부
국민관광 정책 (국정과제)	*100대 국정과제에 '관광' 부문 미포함	[목표] 국내관광 활성화	[목표] 국민이 자유롭게 휴가를 쓰고 편안하게 관광할 수 있는 여건 조성
	[과제] 저소득층 관광참여 기회 확대(54. 사회서비스 확충에 반영)	[과제] ① 관광을 통한 국민행복, 관광복지 실현, ② 국외여행 안전제고 서비스 세공	[과제] 관광여가 사회 실현 (노동자 휴가지원, 열린 관광지 확대)
관광정책 결정기구	관광경쟁력강화회의	관광진흥확대회의	국가관광전략회의

주: 각 정부의 국정과제 중 '국민관광' 부문을 요약함.
자료: 제17대 대통령직인수위원회(2008), 이명박 정부 100대 국정과제; 제18대 대통령직인수위원회(2013), 박근혜 정부 국정과제; 대한민국 정부(2017), 문재인 정부 100대 국정과제. 요약 재작성.

넷째는 국민관광 시책의 범위 축소와 일관성 부족이다. 문화체육관광부의 2000년대 이후 '관광동향에 관한 연차보고서'를 기준으로 국민관광정책의 추이를 살펴보자. 우선 2000년대로 들어와 국민관광정책의 핵심 사업은 국민 국내관광 활성화 정책, 건전관광의식 제고, 복지관광 지원, 남북관광 교류협력, 국내관광 수용태세 개선, 관광인력의 양성, 관광관련 법령의 개정이었으며, 2010년대로 들어와 건전 관광의식 제고는 정책영역에서 제외되었으며, 관광인력 양성과 관광법령 개정은 관광산업 영역으로 옮겨져 국내관광진흥, 관광수용태세 개선, 복지관광 지원, 남북관광 교류협력에 정책역량을 집중하게 되었다.

그러나 2008년 금강산 관광객의 사망사고 이후 남북관광 교류협력 사업도 중단되어 실질적인 국민관광정책은 국내관광진흥, 관광수용태세 개선, 복지관광지원으로 국한되고 있다. 또한 국민 국외여행의 증가에도 불구하고 2000년대까지는 관광정책 부문에서의 대응은 미온적으로 추진되었다. 그리고 2010년대 초중반에 관광공사에서 국외여행자에 대한 공적 서비스 지원사업을 추진하였으나 이후 정책적 우선순위에서 벗어나면서 일관성있게 정책이 추진되지 못하였다.

다섯째는 관광트렌드 분석 기반 관광정책 추진의 정착이다. 무릇 국민관광 정책은 국민들의 관광트렌드를 사전에 충분히 예견하고 대응책을 강구해야 한다. 전국적으로 시행되고 있는 관광지 및 관광자원 개발사업 중 일부는 소비자의 관광트렌드를 충분히 읽지 못하고 과거와 현재의 트렌드에만 집착하여 수년 후 완공된 시설은 한마디로 시대착오적이며 비효율성을 낳고 있다. 지난 2010년대에 3차례에 걸쳐 한국문화관광연구원이 실시한 국민여행 트렌드 조사결과가 각 지자체에서 크게 활용되고 있다는 점에서 기여도가 적지 않으나, 향후 보다 실천 가능한 대안을 창출하는 데 더 주목해야 한다. 2010년대 전반에는 헬스관광, 창조관광, 체험관광, 착한관광 등이 주목을 받았고, 후반에는 OR여행, 슬로트래블, DIY여행, 실속여행의 특징을 보였다. 특히 2020년대에는 여행의 일상화, 경험가치 소비, 모두가 즐기는 여행, 여행경험의 공유 추구, AI관광의 정착 등에 주목할 필요가 있다.

국민의 관광트렌드 변화와 향후 전망

2010년대 초반		2010년대 후반		2020년대 초반
- 멀티컬처 관광소비 확산 - 뉴시니어, 핵심소비 계층 - 건강을 생각하는 헬스관광 - 소비자가 주도하는 창조관광 - 체험하는 관광소비자 - 소셜네트워크가 주도하는 관광 - 네오 럭셔리 관광소비 확산 - 레저재핑의 시대 - 착한 관광소비자 시대	→	- 관광의 기본가치(New 3S) - 즐거운 불편함, OR여행 - 지역의 숨겨진 매력 찾음 - 여유로운 슬로 트래블 문화 - 스스로 결정하고 떠나는 DIY 여행 - 관광의 신소비층으로 부상하는 중장년층 - 칩시크를 추구하는 실속 관광	→	- 소소한 여행(소확행, 가성비) - 일상에서 만나는 비일상 여행 - 경험소비여행(액티비티 시대) - 모두가 즐기는 여행 - 여행트렌드세터, 뉴제너레이션 - 세계시민, 여행가치를 생각하다 - 빅데이터가 여는 AI관광 시대 - 공유, 여행공간 · 이동 · 경험을 잇다

자료: 한국문화관광연구원(2010), 최근 관광트렌드 변화와 향후 정책방향; 한국문화관광연구원(2014), 최근 관광트렌드 분석 및 전망; 한국문화관광연구원(2019), 관광트렌드 분석 및 전망 중 국민관광 트렌드만 발췌 요약함.

이상에서 2010년대 국민의 국내외 관광동향에 대하여 간략하게 살펴보았다. 이를 바탕으로 할 때 2020년대 관광대국을 달성하기 위해서는 국민관광정책의 추진과제는 지속적으로 발굴하고 강력한 추진노력이 필요하다.

첫째, 국내관광 활성화를 위한 특단의 복지대책이 필요하다. 즉 국내관광 소비를 장려하기 위한 세액공제를 추진하는 것이다. 우선 2018년 국민 1인당 관광지출액이 100만 원에 이르렀다는 점에서 이 가운데 30% 정도를 세액공제 하는 방안이 있을 수 있다. 또 다른 방법으로는 상대적으로 여행기회가 적은 저소득층인 1~2분위(기준 중위소득 대비 50%)의 소득계층에 대해 전액 공제하고 추후 여건 변화 시 3~4분위까지 확대하는 방안이다.

둘째, 2020년대에는 '모두를 위한 한국관광(Korea Tourism for All)'에 더 역점을 두고 국민 각계각층이 국내여행을 통하여 삶의 질을 높이고 보람된 삶을 누릴 수 있도록 중점 정책대상을 선정하고 '타깃별 맞춤형'

관광케어(tourism care) 사업을 통하여 포용적 관광사회(inclusive tourism society)를 구현하는 방향으로 정책전환을 모색하여야 한다.

셋째, 2020년대에는 국민 국외여행이 3000만 명대로 총량의 기준으로 국민의 60% 이상이 해외여행을 하는 '해외여행의 대중화' 시대가 도래할 것이라는 점에서 여행안전에 대한 지원 강화와 더불어 관광기업의 해외진출과 함께 외래객의 유치와 지방분산을 위하여 인·아웃바운드 관광부문 간 선순환을 도모하는 방향으로 '다목적' 국외여행정책이 모색되어야 한다.

넷째, 2020년대의 국민관광 정책이라고 해서 단순히 '내국인'에 초점을 두어서는 안 되며, 세계관광을 선도한다는 시각에서 접근하여 내·외국인이 관광경험을 공유하는 국내관광 여건을 조성해야 한다. 국외여행의 가치를 개발하고 여행안전은 물론 외래객 유치까지도 감안하여 한류관광을 뛰어넘은 관광한류(tourism hallyu) 시책도 모색되어야 한다.

다섯째, 국민관광 트렌드의 변화에 따라 중앙정부는 물론 지자체의 관광시책도 이를 충분히 반영해야 하며, 정부 차원에서 관광트렌드 변화에 따른 관광정책, 관광개발, 관광마케팅 등 분야의 추진방향을 담은 '2020년대 관광트렌드 대응지침 및 가이드라인'을 제공하여 시의적절한 관광시책을 추진할 수 있도록 유도할 필요가 있다.

끝으로 국민의 국내·외 관광은 물론 외래관광 규모까지 포함하여 중장기 성장 전망을 정확히 예측하고 관광대국을 지향하는 그랜드 플랜을 수립하여 세계관광 경쟁력을 10위권 내로 진입시켜 관광산업의 경제·사회적 기여도를 향상시켜야 한다.

참고자료 1

관광대국이 되려면 '3不' 추방부터

우리가 진정한 관광대국으로 부상하기 위해서 간과해서는 안 되는 것이 있다. 외래객들이 방한 시 실제 피부로 느끼고 있는 문제들인 불편함, 불친절, 불만족의 '3불' 현상이 그것이다. '악마는 디테일에 있다'는 속담이 생각난다. 선진 관광국일수록 완성도가 높은 관광서비스를 제공하는 데 비해, 우리는 외래객의 유치성과가 두드러지게 나타나고 있지만 밑 빠진 독처럼 디테일이 탄탄하지 못해 새나가는 손실이 적지 않다.

다행히 '불편함'은 외래객 증가에 따라 정비례하던 불편접수 건수가 2013년 처음으로 하향곡선으로 돌아섰다. 이와 관련, 최근 한국관광공사의 방한 관광객 대상 불편신고 접수현황을 보면, 2009년 468건에서 2012년 897건으로 계속 증가하던 신고접수가 2013년 들어서 881건으로 소폭 감소했다. 그동안 외래객들의 불편해소를 위한 다양한 수용태세 개선사업을 추진하고, 또 2013년 10월 출범한 '관광경찰대'가 외국인의 불편사항을 현장에서 바로 해결하고 지속적으로 단속한 성과로도 볼 수 있다. 그렇다면 서울 · 부산 · 인천 중심의 관광경찰 제도를 외래객이 많이 방문하는 대구, 제주 등 지역의 관광거점도시까지 확대해 볼 만하다.

그렇지만 두 번째의 '불친절'은 여전히 개선되어야 할 중요한 과제이다. 세계경제포럼(WEF)의 2013년 140개 국가별 관광경쟁력 지수에서 한국은 25위를 기록하고 있지만 국민들의 관광에 대한 친밀도는 81위에 그치고 있다. 그 친밀도 지표 중 재밌는 것은 관광사업체의 고객 지향 정도는 9위를 기록하고 있으나 외래객에 대한 국민의 호의적 태도는 129위로 추락해 있다는 것이다. 경제력이 높아지고 있으나 외래객에 대한 환대의식 수준은 오히려 떨어지는 것이 아닌가 염려된다. 박근혜 정부가 2017년 세계 15위권으로 관광경쟁력을 확보하겠다고 선언하였는데, 가장 중요한 과제는 관광산업이 종(從) 또는 부(副)의 개념이 아닌 미래 한국경제의 주력산업임을 국민들에게 널리 주지시키고 관광 친화적 사회풍토를 조성하는 것이다.

다음으로 외래객들의 한국여행 '불만족' 요소들을 지속적으로 개선해 나갈 필요가 있다. 어느 나라를 방문할 경우 불편은 감수할 수 있으나 불만족은 차원이 다르다.

불만족한 경우 재방문 의사를 접거나 부정적인 구전효과에 영향을 주기 때문이다. 예를 들어 서울연구원의 조사 결과 한국 방문 이후 3년 안에 재방문하겠다는 관광객의 비율이 2005년 44.7%에서 2012년 41.8%로 감소추세를 보이고 있다. 그동안 제기된 출입국절차, 언어소통, 민족차별, 관광안내, 교통혼잡, 바가지요금, 강매유도, 고물가, 음식 등의 불만족 요소들 중 해소 가능한 것부터 착실하게 대응책을 강구할 필요가 있다.

향후 한국이 진정한 관광대국이 되려면 완성도 높은 고품격 관광서비스를 제공해야 한다. 국민의 관광행복을 증진하는 데 그쳐서는 안 되며, 외래객들의 '한국여행행복도'도 최대치로 끌어올려 주었으면 좋겠다. 친절한 국민성을 기반으로 여행을 좀 더 편리하게 해 주고, 불만제로 사업을 선제적으로 전개해야 한다. 무엇보다 관광대국에 걸맞은 '환대 혁명(Korea hospitality revolution)'이 요구된다 (출처: 서울신문, 2014. 3. 17; 註: 문맥 유지를 위해 최신 데이터로 수정하지 않음).

참고자료 2

한국의 국제 관광경쟁력 제대로 점검하자

2017년 한국의 국제 관광경쟁력이 2015년 29위에서 무려 열 계단 껑충 뛰어 19위로 올라섰다. 2016년 9월 발표된 국가경쟁력 평가결과 26위와 비교할 때도 우수한 수준이다.

세계경제포럼(WEF)이 격년으로 발표하는 국제 관광경쟁력 순위는 여전히 선진국들의 '잔치'라 할 만큼 상위 15개 국가 중 12개를 독식하고 있다. 전통적인 관광대국인 스페인, 프랑스, 독일이 상위 3위를 계속 차지하고 있으며, 아시아에서는 4위 일본, 11위 홍콩, 13위 싱가포르, 15위 중국에 이어 한국이 그 다음 순위를 차지하고 있다. 중요한 것은 한국, 중국, 일본 등 동북아 지역의 관광경쟁력이 지속적으로 상승하고 있다는 점이다. 한때 동남아 지역에 뒤지던 동북아 국가들이 관광친화형 경제정책으로 신속히 전환하면서 향후 아태 지역의 관광을 주도하게 될 것임을 예고하고 있다. 선진국들이 관광에 주목하는 이유는 뭘까? 관광산업이 글로벌 GDP의 10%를 차지하고 있으며, 전 세계 10개의 일자리 중 1개를 차지하고 있기 때문이다. 세계경제포럼의 항공관광산업위원회 티파니 미스라히(Tiffany Misrahi) 위원장은 동북아의 잠룡들이 부상함에 따라 '아시아 관광시대'가 더욱 현실화됐다고 평가할 정도이다. 따라서 우리도 글로벌 추세를 잘 읽고 나아갈 방향을 잘 설정하여야 한다. 세상은 바뀌었는데 우리는 전통적인 경제관념에 얽매여 서비스 산업의 중요성을 간과하고 있다. 우리의 관광산업 경제규모는 73조 원으로 국내총생산 대비 2.5%에 그치고 있어 발전가능성은 매우 높다.

다행히 우리나라의 관광경쟁력 순위는 10년 전 42위에서 19위로 올라서면서 향후 관광정책의 전환과 확장을 통해 '누구나 여행하기 좋은 나라(Tourism-Friendly Korea)'를 새롭게 가다듬는 계기가 됐다. 눈여겨볼 대목 중 하나는 전체 순위는 19위로 크게 올라섰지만 90개 지표별 순위는 여전히 높지 않다는 것이다. 4대 분야 중 22위를 유지한 자연과 문화자원에 비해 관광정책 및 기반조성은 47위로 개선할 점이 많은 분야이다.

세계경제포럼이 발표하는 경쟁력 평가 중 매년 발표되는 국가경쟁력 평가 외에 관광경쟁력 평가가 유일하다. 그만큼 두 가지 평가가 매우 중요한 이슈인 동시에 서로 밀접한 함수관계에 있음을 보여주는 것이다. 사실 관광경쟁력 지표 중 국가경쟁력 지표와 중복된 지표가 32개를 차지하고 있다. 관광부문의 직접적 노력만으로는 경쟁력을 키워나가는 데 한계가 있다. 진정 국가경쟁력을 높이고자 한다면 관광경쟁력을 높이는 것도 게을리해서는 안 된다.

또 관광경쟁력을 제고하기 위해서는 관광 부문과 관련 부문 간 강력한 협력기반을 구축해야 한다는 점이다. 관광부문에 직접 관련된 18개 지표 외에 나머지 타 부처에 관련된 72개 지표의 공동 관리도 중요한 과제이다. 가장 비근한 예가 심각한 수준에 다다른 미세먼지이다. 중국 관광의 최대 약점인 스모그 현상이 국제적 비아냥거림의 대상이 되고 있지만, 우리의 초미세먼지 농도도 전 세계 136개국 중 130위로 여행하기 위험한 수준이 됐다.

이제 우리의 눈길을 지표의 순위가 아니라 지수(index)로 돌려야 한다. 2017년 우리의 관광경쟁력 지수는 7점 만점에 4.6점에 그쳤다. 2015년 4.4점에 비하면 근소하게 개선됐지만, 25위였던 2013년의 4.7점에 비하면 오히려 낮은 점수이다. 따라서 국제 관광경쟁력의 순위 상승도 중요하지만 관광수용태세의 질적 향상에 더 주력해야 한다. 일본이 2015년 4.9점으로 9위를 기록했지만 경쟁력 지수를 2017년 5.3점으로 크게 개선하면서 4위로 도약한 것을 눈여겨볼 필요가 있다. 일본을 방문해 본 사람들은 여행하기 좋은 나라임을 체감할 수 있을 것이다.

모처럼 반가운 소식은 정부가 관광경쟁력 지수에 대한 심층 분석을 통하여 우리의 현실을 정확히 진단하고 지표별 강화전략을 수립한다는 것이다. 이제 관광경쟁력 지표 중 취약하거나 부진한 지표를 개선하면서 경쟁력 지수의 균형적 상승을 도모할 때이다. 그리고 새 정부에서는 장단기 경쟁력 강화대책을 강구하고 범정부 차원에서 협력을 끌어내야 한다.

또한 관광경쟁력 개선을 위해서는 공공부문의 노력만으로 부족하다. 민간부문의 역할을 강화하고 튼튼한 기초체력을 갖추도록 해야 한다. 관광정책의 우선순위나 국제 개방성을 개선하는 것은 정부의 몫이지만 교통인프라, 가격경쟁력, 관광객 서비스 등을 개선하기 위한 공동 노력을 추진할 때다.

끝으로 중앙과 지방 간의 역할분담도 고민해 봐야 한다. 중앙정부 주도적 노력만으로는 한계가 있다. 국가의 관광경쟁력 향상이 지역경제 활성화로 이어지도록 지방의 관광자원과 콘텐츠를 발굴하고 글로벌 수용태세를 개선하여 승부를 펼 때다(출처: 교통신문, 2017. 5. 23; 註: 문맥 유지를 위해 최신 데이터로 수정하지 않음).

참고자료 3

서울이 글로벌 톱 관광도시가 되려면

한국의 외국인 관광객 유치 규모가 2008년 689만 명에서 2013년 1,218만 명으로 5년간 연평균 12%씩 증가하는 파죽지세를 보이고 있다. 여기에는 여러 가지 요인들이 작용했겠지만 조선 왕도, 한류 발원지, 유네스코 창의도시, 강남스타일 등으로 축적된 '서울'이라는 도시의 관광 매력이 상당 부분 작용했다고 볼 수 있다. 얼마 전 서울연구원은 '서울관광이 질적 내실화 방안' 정책리포트를 통해 2013년 서울을 방문한 외국인 관광객이 처음으로 1,000만 명을 돌파했다고 발표했다. 서울이 점차 글로벌 관광도시로 부상하고 있다는 점에서 반가운 일이 아닐 수 없다. 다만 '1,000만'이라는 상징적인 숫자를 너무 성급하게 도출하지 않았는지 염려된다. 일례로 마스터카드사가 매년 발표하는 전 세계 20대 글로벌 관광도시 랭킹(Top 20 Global Destination Cities)을 보면, 서울은 2012년 800만 명, 그리고 2013년 819만 명으로 2년 연속 세계 11위를 차지하였다. 관광소비 지출액을 기준으로 할 경우에 서울은 2012년 106억 달러로 10위였으나 2013년에는 108억 달러로 7위로 껑충 뛰어올랐다. 또 2010년 서울시와 유엔세계관광기구(UNWTO)가 공동 개발한 '관광경쟁력 지수'를 아시아 주요 도시에 접목해 봤을 때도 서울은 도쿄, 시드니, 싱가포르, 베이징에 이어 5위에 그친 적이 있다. 이런 실적과 평가 결과로 볼 때, 서울의 관광경쟁력은 양적인 면에서는 높은 수준까지 올라섰다고 할 수 있으나 여전히 글로벌 톱 관광도시로서의 위상을 확보하기 위해서는 개선할 과제가 많다.

우선 도시관광 인프라를 확충하려는 노력이 부족하다. 그동안 우리 사회에서 건전한 숙박문화가 형성되지 못함에 따라 도시 내 관광호텔과 같은 관광시설을 도시의 유용한 자산으로 형성하는 데 상대적으로 인색해 있다. 예를 들어 2013년 580만 명의 외국인 관광객이 방문한 도쿄 대비 서울의 관광호텔 객실 수는 20%에 그치고 있다. 서울 근교지역에서 잠자고 서울로 여행 오는 외국인 관광객들이 부지기수인데 이들까지도 1,000만 명에 포함시켜 홍보하는 것은 왠지 궁색해 보인다. 외국인 관광객의 숙박 수요에 부응하기 위해 도심 학교정화구역 내 특색있는 관광호텔 건립 허용과 동시에 별도의 대규모 호텔산업단지 조성을 모색할 단계이다.

또 서울이 글로벌 톱 관광도시라고 하기에 부끄러운 것은 외국인에 대한 환대의식이 낮고 손님을 봉으로 삼으려는 바가지 상혼이다. 세계경제포럼이 발표한 한국의 국제관광 경쟁력이 25위이지만, 관광(객)에 대한 친밀도는 조사대상 140개 국가 중 81위에 그치고 있음은 향후 경제적으로 관광의존도가 커질 서울시로서는 꼭 해결해야 될 과제다. 여기에 외국인들에게 직접적인 불만요인으로 작용하는 택시 및 콜벤의 불법 바가지 영업, 쇼핑 강요 등의 관행도 해결돼야 할 과제다.

나아가 '서울관광 경쟁력'의 상승효과가 서울경제에 국한해 발휘되어서는 안 되며, 한국 관광산업을 호황 시키고 전국 각지로 외국인 관광객을 분산시킴과 동시에 지역관광의 글로벌 모델을 제공하는 역할까지도 수행해야 한다. 게다가 개별여행객들이 언어소통에 불편을 느끼지 않도록 외국인들을 위한 안내 · 정보 제공 사업을 혁신적으로 추진하며, 외래객들의 소비지출을 확대할 수 있도록 MICE 관광, 의료관광, K컬처 관광 등 고부가가치형 관광산업 육성에 주력해야 한다(출처: 서울신문 2014. 3. 3; 註: 문맥 유지를 위해 최신 데이터로 수정하지 않음).

02

관광대국 달성을 위한 전략을 모색하자

■ 관광대국형 정책추진의 필요성

한국 관광산업의 시대적 역할은 시대를 거듭하면서 진화해 왔다. 1960~1970년대 관광입국(觀光立國)의 시대를 거쳐 1980~1990년대 중반까지 관광흥국(觀光興國)의 시대를 지나 1990년대 후반부터 2000년대 후반까지는 관광부국(觀光富國)의 시대로 진화하여 왔다.

관광현상을 기(起) → 승(承) → 전(轉) → 결(結)의 발전과정으로 보았을 때, 2010년대는 마지막의 '결'에 해당되는 관광강국(觀光强國)의 시대인 동시에 2020년대에 도래할 관광대국(觀光大國)의 준비기라 할 수 있다. 세계관광기구의 집계에 의하면, 한국의 아웃바운드 관광지출액은 2018년 세계 9위(320억 달러)로 이미 세계 관광대국의 반열에 올라섰다.

일단 관광대국의 시대라 함은 "정부 · 기업 · 시민사회가 협력을 통하여 관광산업의 양적 성장과 질적 도약을 모색하면서 국가 및 지역에 대한 사회경제적 기여는 물론 글로벌 경쟁력을 확보하여 세계관광을 선도할 수 있는 선진화된 역량을 갖춘 상태"라 규정할 수 있다.

관광대국의 개념적 구상

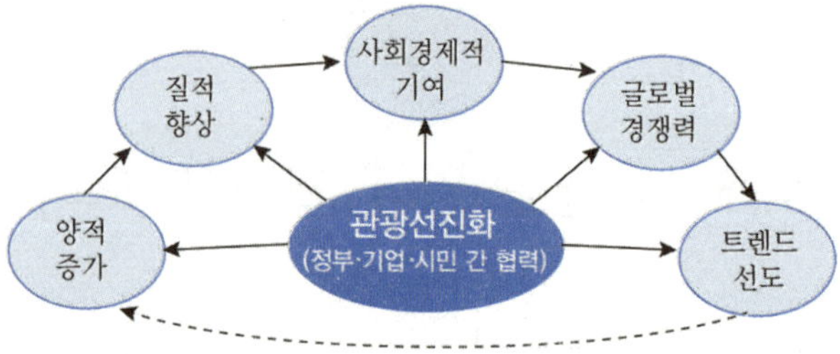

자료: 장병권(2016.5.16), 관광대국 달성을 위한 5대 전략과 10대 과제, 문화체육관광부 공무원 특강자료.

'관광대국'다운 면모를 유지하기 위해서는 그동안의 관광총량의 증대에 집중된 시책을 완화하면서 관광산업의 생태계를 질적으로 보다 건전하게 유도할 필요가 있으며, 관광산업 이해 당사자의 내부적 이익 확대에만 집착하던 관행에서 벗어나 다른 산업과의 융복합을 더욱 심화시켜 그 효과를 전 산업 부문으로 확산시킬 필요가 있다.

또한 대외적으로 한류 확산에 맞추어 한국적 문화콘텐츠를 최대한 활용하여 한국만의 독특한 관광이미지를 창조하고, 국제적 여건변화에도 쉽게 흔들리지 않는 견고한 경쟁력을 확보하는 것이 필수적이며, 부단한 연구개발과 실용화를 통하여 세계관광 트렌드를 선도하는 것도 중요한 과제이다.

또한 국제관광의 지속적인 성장과 '글로벌 성장, 로컬 혜택(global growth, local impacts)'이 새로운 관광정책 이슈로 등장함에 따라 국가(national) 차원에서 정부의 새로운 역할을 모색해야 하며, 동북아 3국에서 개최되는 동 · 하계 올림픽 대회, 지역 관광거점도시의 선정, 관광 ODA 확대 등의 여건변화에 대응함은 물론 외래객의 수도권 편중, 관광산업의 낮은 생산지수, 관광고용의 취약성, 관광의 낮은 경제 기여도 등의 이슈들도 동시에 고려해야 한다.

참고로 2015년 1,974만 명으로 2천만 명 시대에 진입한 일본은 주마가편(走馬加鞭)형 관광드라이브 정책을 적극 구사하고 있다. 최근 수상이 의장으로 있는 '내일의 일본을 지탱하는 관광비전 구상회의'(민관 합동)는 2020년 도쿄올림픽 기간 중 외래객 4천만 명을 유치하여 숙박 · 음식 등 관광소비액을 8조 엔(한화 81.9조 원)으로 늘리고, 2030년에는 6천만 명(관광소비액 153.4조 원)을 유치하는 외래관광객 정책목표를 설정하였으며, 관광을 '기간산업(基幹産業)'으로 삼는 '관광선진국'을 지향하는 방침을 세웠다.

그러면서 중요한 관광정책 목표로 외래객의 지방분산을 설정하여 외국인의 연 숙박수를 2020년에는 2015년 대비 3배인 7,000만 박(泊)을 설정하고 있고 2030년에는 1억 3,000만 박으로 정하고 있다. 이러한 목표 달성을 위해 일본 정부는 영빈관 등 공적 시설을 적극 개방하며, 국립공원의 브랜드화, 구미 부유층 대상 프로모션 전개, 낙후된 온천가의 활성화, 중국 · 필리핀 · 베트남 · 인도 · 러시아 등 비사발급 요건 완화, 출입국 심사의 원활화 등의 시책을 강구하고 있다. 이와 동시에 일본 국토지리원은 2020년 도쿄올림픽 개최에 대비하고 외국인의 관광편의 증진을 위해 호텔, 우체국 등의 15개 시설을 신설 또는 변경하는 지도기호(地図記号)를 공표하는 등 디테일 강화전략을 추진하고 있다.

■ 관광대국 달성을 위한 정책비전과 목표

향후 다가올 관광대국 시대를 앞당기기 위해서는 관광대국의 정책비전을 '세계 10대 관광선진국으로의 도약'에 두어야 한다. 관광의 양적 성장(인 · 아웃바운드 각 3천만 시대)뿐만 아니라 질적 수준을 향상시키면서, 글로벌 관광경쟁력을 확보하여 세계관광 트렌드를 선도하는 K-Tourism의 시대를 열어 가는 동시에, 수도권 등 일부 지역에 국한되지 않고 전국적으로 그리고 전 산업으로 관광발전의 혜택이 고루 분산되는 상태를 추구해야 한다.

이를 바탕으로 하여 관광대국 정책의 목표는 국민의 친절의식 수준을 개선하고, 세계 10위권 관광경쟁력 수준을 확보하며, 관광수지 출초(出超)현상을 시급히 해소하고, 지역 간 관광의 균형발전을 통하여 관광객을 분산하며, 인·아웃바운드·국내 관광 부문 간 선순환을 유도해야 한다.

관광대국 정책의 첫째 목표는 국민의 친절의식 수준 개선이다. 관광선진국의 특징 중 하나는 국민의 관광중요도에 대한 인식이 높고 외래객을 적극적으로 환대하려는 높은 수준의 의식수준을 보유하고 있으나, 한국인들의 외국인에 대한 개방성(openness)과 친절(kindness) 수준은 세계 최하위 수준에 머물러 있다.

한국의 외래객에 대한 호의적 태도 순위 추이

(단위: 개국, 위)

구분	2007	2009	2011	2013	2015	2017	2019
조사대상 국가	124	133	139	140	-	-	-
한국의 순위	111	115	125	129	-	-	-

주: 2015년부터 경쟁력 지표의 변경으로 2013년까지 실시된 '외래객에 대한 호의적 태도(attitude of population toward foreign visitors)' 지표가 삭제됨.
자료: WEF(각년도), The Travel & Tourism Competitiveness Report.

둘째 목표는 세계 10위권 수준으로 관광경쟁력을 끌어올리는 것이다. 세계경제포럼의 2015년 한국관광산업의 경쟁력 지수 종합순위는 전 세계 141개국 중 29위로, 2013년 25위에서 4계단이나 하락하였으나 2019년의 경우 16위로 올라서 일본, 중국, 홍콩에 이어 아시아 태평양 지역에서 네 번째로 높게 나타났다. 그런데 대분류 지표 중 인프라(16

위)는 그나마 양호하나 사업환경(19위), 자연문화자원(24위), 관광정책(31위) 등은 상대적으로 낮은 순위에 머물고 있다. 특히 세부지표 중 환경적 관광서비스 인프라(23위), 항공인프라(24위), 지속가능성(27위), 인적자원(36위), 관광우선순위(53위), 자연자원(102위), 가격경쟁력(103위) 등은 상대적으로 낮은 수준에 있다.

아시아 주요국의 세계관광 경쟁력 순위 비교

(단위: 위)

구분	2009	2011	2013	2015	2017	2019
일본	25	22	14	9	4	4
싱가포르	10	10	10	11	13	17
홍콩	12	12	15	13	11	14
중국	47	39	45	17	15	13
말레이시아	32	35	34	25	26	29
한국	31	32	25	29	19	16
태국	39	41	41	35	34	31

자료: WEF(각년도), The Travel & Tourism Competitiveness Report.

셋째 목표는 관광수지 출초(出超) 현상의 해소이다. 관광선진국의 주요 특징이 아웃바운드 지출에 비교하여 인바운드 관광수입이 더 많은 입초(入超)를 보이고 있으나, 한국은 2001년 이후 현재까지 매년 관광수지 출초를 보이고 있는 상황이다. 관광수지 적자가 2007년 108억 달러로 최대를 기록한 이후 2014년까지 감소 추세를 보였으나, 2015년에는 메르스 사태로 외국인의 방한 규모가 축소되면서 68억 달러의 적자를 냈고 2017년에는 사상 최대로 146.9억 달러의 적자를 기록하였다.

연도별 관광수지 추이

(단위: 억 달러)

구분	2011	2012	2013	2014	2015	2016	2017	2018
관광수입 (a)	122.3	132.0	142.9	173.3	146.7	167.5	132.6	150.0
관광지출 (b)	155.3	164.9	173.4	194.6	215.2	236.8	279.5	284.1
관광수지 (a-b)	-32.9	-32.9	-30.5	-21.3	-68.5	-69.3	-146.9	-132.0

자료: 문화체육관광부(각년도), 한국관광통계.

넷째는 지역 간 관광의 균형발전과 관광객 분산이다. 관광정책의 추진성과가 지역별로 균형적으로 유지되기 위해서는 광역 지자체는 물론 기초 지자체 간 경쟁력의 지속적인 상승이 필요한데, 지역관광발전지수 조사 결과, 농촌 보유 지역과 일반 시 간 격차가 존재하고 있으며, 자연자원 평균 이상 지역과 그 외 지역 간에도 격차가 존재하고 있다.

한편, 외래관광객의 지역별 방문현황(중복응답)을 보면, 서울방문자의 비중이 전체의 80%에 근접해 있으며, 2018년의 경우 경기가 14.9%, 부산이 14.7%를 차지하고 있으나 전체 17개 광역 지자체 중 8개 지역이 2%를 넘지 못하고 있다.

다섯째는 인 · 아웃바운드, 국내 관광부문 간 선순환의 유도이다. 한국이 장차 관광대국으로서의 면모를 갖추기 위해서는 늘어나고 있는 인 · 아웃바운드 · 국내 관광이 상호 선순환을 유지하면서 외래객의 수용력을 높이고 해외여행자의 안전을 도모하며, 외래관광시장의 다변화는 물론 한국형 관광ODA 사업의 전개, 국제 관광기구에서의 영향력 행사 등을 적극적으로 모색할 필요가 있다.

한국인 인·아웃바운드 관광객의 불균형이 2007년 787만 명으로 최대치를 기록한 이후 세계경제 침체로 완화되었으나 2010년대에 다시 심화되어 2018년에는 인바운드에 비해 아웃바운드가 1,335만 명이나 초과하고 있으며, 늘어나는 아웃바운드 수요를 국내관광으로 전환하기 위한 방안을 강구해야 한다는 여론이 지속적으로 제기되고 있다.

연도별 인·아웃바운드 관광객 추이

(단위: 만 명)

구분	2011	2012	2013	2014	2015	2016	2017	2018
인바운드(a)	979	1,114	1,218	1,420	1,323	1,724	1,334	1,535
아웃바운드(b)	1,293	1,374	1,485	1,608	1,931	2,238	2,650	2,870
관광객수 격차(a-b)	-314	-260	-267	-188	-614	-514	-1,316	-1,335

자료: 문화체육관광부(각년도), 한국관광통계.

위에서 논의한 사항을 종합하여, 관광대국 달성을 위한 정책비전을 세계 10대 관광선진국으로의 도약에 두고, 5대 정책목표와 전략을 설정하였으며, 이에 따른 10가지의 추진과제를 선정하였다.

■ 관광대국 달성을 위한 5대 전략과 추진과제

관광대국 달성을 위한 5대 전략은 국민친절 제고 전략, 관광디테일 강화 전략, 관광수지 균형 전략, 지방관광 글로벌 전략, 국제관광협력 전략이다. 각각의 추진과제는 다음과 같이 모색할 수 있다.

관광대국 달성을 위한 정책추진체계(비전 · 목표 · 전략 · 과제)

구분					
정책 비전	2020년대 세계 10대 관광선진국 도약				
정책 목표	국민 친절의식 수준의 개선	세계10위권 관광 경쟁력 확보	관광수지 출초(出超) 해소 (적자해소)	지역 간 균형발전과 관광객 분산	인 · 아웃바운드 · 국내관광 간 선순환
5대 전략	국민 친절 제고 전략	관광디테일 강화 전략	관광 수지 균형 전략	지방 관광 글로벌 전략	국제 관광 협력 전략
10대 과제	포스트 K스마일 캠페인 발굴 추진	스마트 관광인프라 구축 사업	관광 내수 기반 확충 사업 추진	서울-지방 간 상생 네트워크 구축	쌍방적 관광 교류협력 기반 구축
	한국의 친절 문화 공유 사업	관광사업체 품질인증 평가사업	해외여행 포화 수요 국내 전환	국제관광 거점지구 육성사업	글로벌 관광ODA 사업 추진

자료: 장병권(2016.5.16), 관광대국 달성을 위한 5대 전략과 10대 과제, 문화체육관광부 공무원 특강자료.

첫째는 국민친절 제고 전략이다. 최근 외래관광객이 급증하고 있음에도 불구하고 외래관광객에 대한 환대, 친절 등에 대한 국민의식이 확립되지 못하여 관광객들의 불평, 불만이 제기되고 나아가 각종 SNS 매체로 표출됨에 따라 한국관광의 이미지 및 재방문 의향 저하로 나타나고 있어 이를 적극적으로 해소할 필요가 있다. 참고로 프랑스는 봉주르 캠페인으로 2000년대 초반 관광대국의 입지를 공고히 하였으며, 일본은 2003년부터 추진된 VJC(Visit Japan Campaign)의 결과 현재 관광대국에 진입하는 계기가 되었다. 주요 추진과제는 포스트 K스마일 캠페인 사업의 발굴 추진, 한국인의 친절문화 공유사업이다.

국민친절 제고 전략의 추진과제

추진과제	주요사업	추진 시기	사업 내용
① (포스트) K스마일 캠페인 사업 발굴 추진	㉮ 전 국민 대상 온·오프라인, 모바일 홍보 사업 추진	2016~2025	교통매체, 영상매체, 온라인 검색엔진, 모바일 매체 활용 OCMC(One Contents Multi Channel) 전략 구사
	㉯ 관광접점 환대교육 프로그램 실시	2016~2025	5대 관광접점(교통, 숙박, 쇼핑, 음식, 숙박, 안내)별 관광불편 해소를 위한 관련단체와의 협업 의거 교육 실시
② 세계 각국 및 한국의 친절문화 공유사업	㉮ 한국의 친절문화 체험·홍보영상 제작 및 유튜브 배포	2016~2025	한국인의 기질, 장소불, 생활양식 등을 소개하여 외국인들이 한국을 쉽게 이해하고 체험할 수 있도록 유도함
	㉯ 세계 각국의 친절문화 다큐 제작 방영	2016~2022	세계 각국의 친절 표현방식, 외국인들에게 친절을 보여주는 방식 등에 대한 다큐를 제작하여 인식 강화

둘째는 관광디테일 강화 전략이다. 외래관광객의 증가와 더불어 개별여행객이 지속적으로 증가함에 따라 국내 각 지역에 언제 어디를 가든 아무런 불편이 없도록 세심하게 배려할 필요가 있으며, 이를 위하여 스마트 관광인프라를 구축함과 동시에 관광품질 인증사업을 추진하여 신뢰할 만한 관광 여건을 조성할 필요가 있다. 관광성공, 즉 '악마는 디테일에 있다(The Devil is in the Details)'라는 논리에 입각해 외래객들의 한국방문 시 체감하는 관광만족도를 제고하기 위하여 다각적인 수요자 지향적 관광디테일 개선 전략을 추진할 필요가 있다. 주요 추진과제는 스마트 관광인프라 구축 사업, 한국형 관광품질 인증 사업의

활성화이다.

관광디테일 강화전략의 추진과제

추진과제	주요사업	추진 시기	사업 내용
① 스마트 관광 인프라 구축 사업	㉮ 전국 주요 관광지 스마트 인프라 구축	2016~2030	교통매체, 영상매체, 온라인 검색엔진, 모바일 매체 활용 OCMC(One Contents Multi Channel) 전략 구사
	㉯ 온·오프라인 관광 안내지도 가독성 제고	2016~2026	외래관광객의 방한여행 편의증진과 장소접근성 개선을 위하여 다양한 지리정보 서비스를 획기적으로 개선함
② 한국형 관광 품질인증 사업	㉮ Korea Smile Road 선정 지원	2016~2022	5대 관광접점 친절품질 및 서비스 인증사업체 친절지도 온라인 플랫폼 구축 및 우수한 지구를 KSR로 선정 지원
	㉯ 한국 관광품질 평가·인증원 활성화	2016~2030	외국인들이 신뢰할 만한 품질수준을 보유하고 있는 업체(업소)를 심사·인증하고 엠블럼 제작 배포

셋째는 관광수지 균형 전략이다. 관광대국 달성의 정책 효율성 측면에서 인바운드 관광객의 증가보다 아웃바운드 관광객 수가 크게 증가하면서 내수관광경기 침체는 물론 다양한 관광인프라 구축 기회 상실로 외래관광객을 위한 수용태세 구축에도 장애요인으로 작용하고 있다는 점에서 관광수지 균형을 위한 획기적인 정책대안을 강구할 필요가 있다.

참고로 일본의 경우 튼튼한 내수 관광인프라를 구축하고 국내관광 편의를 제공하기 위한 정책적 노력이 우수한 상황이며, 최근 인바운드는 급속한 성장을 이루고 있다. 반면 2012년 이후 아웃바운드 규모는 오히려 계속 감소하는 특징을 보임(2012년 1,849만 명→2015년 1,621만 명)에 따라 관광수지 흑자를 기록하고 있다. 반면 우리나라는 국내수요 침체와 아웃바운드 급증 현상이 상존하고 있다. 일본은 인구 대비 15%가 해외여행을 하고 있으나 한국은 여행 총인원 기준으로 인구 대비 60%에 육박하고 있다. 주요 추진과제는 인바운드 수요증가 대비 관광내수기반 확충 사업, 해외여행 포화 수요의 국내전환 캠페인 전개이다.

관광수지 균형 전략의 추진과제

추진과제	주요사업	추진 시기	사업 내용
① 인바운드 대비 관광 내수기반 확충 사업	㉮ 지역 관광호텔 확충을 위한 세제 지원 확대	2016~2025	지역별 저조한 관광투자를 획기적으로 개선하기 위하여 관광호텔 건설 시 세제 지원기간 연장(추후 구체적 검토 필요)
② 해외여행 포화 수요의 국내전환 캠페인 전개	㉮ 신개념 '실속있는 숙박관광 캠페인' 전개	2016~2030	기존 '구석구석 캠페인'이 소재와 콘텐츠를 중심으로 추진되고 있으나 숙박과 체험, 그리고 이벤트가 포함된 '숙박관광 캠페인'으로 전환 모색
	㉯ 국내 공적 관광 관련 시설사용 비용 세액공제	2016~2030	국·도립공원, 국·도립 박물관, 국립생태원 등 공적 관광시설 입장비용에 대한 세제 지원책 강구

넷째는 지방관광 글로벌 전략이다. 외래관광객이 지속적으로 증가하고 있으나 지방으로 분산되지 못하고 있으며, 지역 내 역사유적 관광, 크루즈 관광, 생태관광, 음식관광, 레저스포츠 관광 등을 집중 육성하여 차세대 글로벌 한국관광의 대표상품으로 육성할 필요가 있다.

서울을 위시한 수도권을 배제하면서 지방의 관광객 방문비율을 높이는 것보다는 수도권과 나머지 지역 간 연계관광을 활성화해야 한다. 서울연구원의 조사 결과, 서울방문 외래객 중 60% 정도만 지방을 방문하며 40%는 서울에만 줄곧 머물다 그냥 출국하는 것으로 나타났다. 주요 추진과제는 서울-지방 간 상생네트워크 구축, 국제관광 거점지구 육성이다.

지방관광 글로벌 전략의 추진과제

추진과제	주요사업	추진 시기	사업 내용
① 서울-지방 간 상생 관광 네트워크 구축	㉮ '외래객형 5도2촌 프로그램' 전개	2016~2022	방한 외래객의 평균체류일수(6.8일) 대비 지방체류일수(평균 1.4일)를 2박으로 늘리기 위한 상생 프로젝트 추진
	㉯ '외래관광객 실태조사의 과학화'와 지역 활용도 제고 모색	2016~2030	기존 외래관광객 실태조사는 중앙정부 및 서울 중심적 사고에 의해 지방적 관심사가 경시되고 있으며, 지역별 외래객 방문현황에 대한 신뢰할 만한 데이터 부재
② 국제관광 거점 지구 육성	㉮ 차이니스 프렌들리 스팟(Chinese Friendly Spot) 육성	2016~2022	최근 급증하는 중국관광객 유치 및 만족도 제고 차원에서 중국관광객 유치 유망지구를 선정하여 관광수용태세 개선사업 추진
	㉯ 동아시아 국제관광 교류도시 육성	2016~2030	중·일 관광객만 타깃으로 하기보다 범중화권과 동남아권 관광객까지 유치할 수 있는 한국대표 국제관광도시 선정 지원

다섯째는 국제관광 협력 전략이다. 한국의 아웃바운드 관광규모는 이미 1억 명을 넘어선 중국에 이어 아시아 2위에 해당하고 있으며, 일본은 수십 년째 1천만 명대 후반에서 정체되어 있으나 한국은 2015년 일본을 추월해 글로벌 관광송출국으로 부상하였다. 국민 해외여행자가 3,000만 명 시대에 도래하면서 이를 인바운드와 연계하여 새로운 시장을 개척하거나 해외여행자를 위한 신변안전 보호 및 사전 정보제공 노력을 경주하게끔 유도할 필요가 있다. 주요 추진과제는 쌍방적

교류협력 사업 확대(주요국의 한국주재 관광청 설립 유도 및 해외여행객 보호노력 경주), 글로벌 관광 ODA 사업 추진이다.

국제관광 협력 정책의 추진과제

추진과제	주요사업	추진 시기	사업 내용
① 쌍방적 관광 교류협력 기반구축 (해외여행객 보호)	㉮ 실시간 해외여행 안전정보 소통 채널 구축	2016~ 2025	해외여행객 보호 차원에서 테러나 질병 등 다양한 위협을 방지하기 위한 국제관광협력 시스템 및 채널 구축
	㉯ '해외여행객 실태조사' 재개와 정책 활용	2016~ 2030	2009년 이후 중단된 국민해외여행 실태조사를 재개하여 과학적 분석하여, 국내관광의 약점분석을 통하여 국내관광 활성화 모색
② 글로벌 관광 ODA 사업 추진	㉮ 한국형 관광ODA 사업 추진 및 청년층 해외진출 유도	2016~ 2030	한국의 풍부한 관광경험 및 성공적 사업모델(예: 관광단지, 관광특구, 관광두레, 관광도시 등)을 전수함과 동시에 청년층 해외진출 기회 확대
	㉯ 해외여행 소비의 환수사업 추진	2016~ 2030	해외여행 선호지역을 대상으로 관광, 건설, 토목, 유통 등 국내 기업의 해외진출을 지원하여 해외여행 소비의 환수효과 추구

이상에서 논의한 것과 같이, 한국은 2012년 인·아웃바운드 모두 1,000만 명 이상을 달성하여 글로벌 관광강국으로서의 위상을 확보하였다. 그러나 2020년대에는 인·아웃바운드 모두 3,000만 명 달성을 목표로 관광대국화를 모색해야 하며, 이를 통해 세계 10대 관광국으로 부상할 수 있다.

참고자료 4

관광정책 3.0을 추진하자

정부는 지난 2013년 6월 '정부 3.0 추진계획'을 발표한 적이 있다. 그 핵심 내용은 각종 정보의 개방과 공유로 소통하는 투명한 정부를 만들고, 공공데이터를 개방하여 일자리를 창출하며, 수요자 중심의 맞춤형 서비스를 제공하며, 칸막이를 없애고 협업을 지원하는 기반시스템을 형성하겠다는 것이다.

한마디로 효율성에 기초한 관주도의 일방향 정보서비스 제공방식의 정부 1.0에서 민주성을 가치로 양방향 행정서비스를 제공하는 정부 2.0시대를 거쳐 이제 확장된 참여, 개방, 공유, 협업을 통하여 양방향 맞춤형 서비스를 제공하는 정부 3.0 시대를 열어 가겠다는 것이다.

정부 3.0시대의 선언에 따라 관광부문의 경우에도 다양한 양질의 관광정보를 제공하여 국민들이 체감할 수 있게 하고 다양한 관광관련 빅데이터를 개방하여 여행예약, 혼잡예방, 사고방지 등 관광편의가 증진될 것으로 예상되면서 기대되었다. 그런데 각 정부기관이나 지자체별로 제각각 해석하고 개별적으로 운영되면서 본래의 취지를 살리지 못하고 있다. 즉 세분화되고 다양화되는 국민의 관광욕구와 트렌드에 부합하는 맞춤형 관광정책 서비스로 진화되지 못하고 있는 것이다.

일부 전문가들은 행태적인 관점에서 관광 3.0을 창조생활관광으로 보거나 힐링관광으로 인식하는 경우도 있으며, 산업적인 측면에서 테마파크, MICE 산업 등 고부가가치 산업을 지목하고 있으나 당초의 정부 3.0에서 핵심 기반으로 지목된 공공데이터의 활용과는 다소 거리가 멀다.

대표적인 관광정책 관련 3.0 사례는 산림청의 '스마트 등산시스템'을 들 수 있다. 이것은 공공데이터 개방을 통해 등산로의 위치, 거리, 소요시간, 난이도, 주요 시설 등의 정보를 제공하면서 모든 국민은 모바일 기기를 통해 편리하게 등산로 정보를 제공받고, 기업에서는 각종 관광, 문화, 날씨 정보가 융합된 등산안내서비스를 개발하여 새로운 시장을 창출하겠다는 사업이다.

한국관광공사도 2014년 5월 관광과 다른 요소들이 융복합을 이뤄 화학적으로 결합한 '관광 3.0시대'를 선포하면서 변화, 소통, 상생이라는 키워드를 중심으로 모두가 함께하는 행복관광, 여행하기 좋은 나라, 관광사업을 하기 편한 나라 등 10

대 과제를 제시한 적이 있다. 나름대로 국민들의 눈높이에 부합된 사업을 선정하였지만 이후 후속대책을 강구하지 못하고 있어 안타깝다.
중요한 것은 정부주도에서 벗어나 국민과 함께하는 여행서비스 개발을 위하여 모바일과 빅데이터를 융합하며 안전과 체험지향의 관광시대를 열어나가야 한다는 것이다. 그리고 ICT와 빅데이터를 활용한 새로운 형태의 관광 서비스 방식을 모색하고 일자리의 창출도 추진해야 한다.
따라서 관광정책 3.0 시대를 완성하기 위해서는 무엇보다 국민들의 여행패턴 변화에 대한 이해가 선결되어야 한다. 저성장 시대로 접어들면서 정체된 국내여행 총량을 다시 늘리기 위한 전략도 요구된다. 국민들이 여행을 하지 않는 이유는 여러 가지가 있을 수 있겠지만 '선호하는 목적지 및 여행에 관심이 없어서'라는 의견도 순위가 상승하고 있다. 그리고 개별여행 시 참고하는 정보원도 여전히 친구나 친척, 가족이나 친지에 의지하거나 과거 방문경험의 비중이 주류를 이루고 있으며 인터넷이나 스마트폰 등 모바일 앱의 비중은 2014년 6.1%에서 2015년 4.4%로 약화되고 또 활용도가 미약한 상황이다.
중요한 것은 참고하는 정보의 원천이 대부분 포털사이트에 의존한다는 것이며, 공공기관 홈페이지는 1~2%에 불과한 실정이다. 예약 서비스의 이용률도 2013년 59.5%에서 2015년에는 54.8%로 감소추세에 있다. 관광정보 및 안내시설에 대한 국민의 만족도 역시 개인여행의 경우 가구여행은 점차 향상되고 있지만 개인여행은 오히려 떨어지고 있다. 따라서 관광정책 3.0 시대를 열어 가기 위해서는 국민을 위한 여행정보 제공에 있어서도 공공기관 단독 서비스보다는 네이버나 다음 등과 같은 검색포털과 제휴를 통하여 다양한 여행정보 서비스를 제공할 필요가 있다. 그리고 관광 공공데이터를 활용한 경진대회 및 관광벤처 사업을 지속적으로 육성하여 국민의 눈높이에 맞는 여행서비스를 개발할 필요가 있다. 이를 위해서는 기존에 축적된 설문조사나 관광지 현황 등에 대한 관광 데이터뿐만 아니라 기상, 교통, 지리, 재해, 안전 등 관련 기관의 공공데이터까지 통합적으로 활용할 수 있는 정보공유 전략을 마련해야 한다.
끝으로 관광데이터 기반 '관광부문 서비스 디자인' 사업을 적극 추진할 필요가 있다. 행정안전부를 중심으로 정부 3.0 국민디자인단 사업을 실행하고 있듯이, 여행서비스의 혁신을 위하여 관광부문에서도 여행서비스 디자이너 양성, 관광정책 서비스 체험마당 운영 등 후속사업을 적극 추진할 때다(출처: 교통신문, 2016. 10. 27; 註: 문맥 유지를 위해 최신 데이터로 수정하지 않음).

참고자료 5

'관광대국 전략회의'를 가동하자

우리나라는 현재 문화체육관광부가 관광행정을 전담하고 있지만 관광관련 업무가 여러 부처에 분산돼 있다 보니 이를 종합적이며 전략적으로 관리할 컨트롤 타워가 필요한 시점이다. 관광산업은 경계의 벽을 허물면서 타 산업의 발전을 지원할 수 있는 역량을 보유하고 있음에도 불구하고, 부처 간 높은 칸막이와 이기주의로 인해 '관광'이라는 깃발 아래로 뭉치려 하지 않는다. 이는 관광정책심의위원회를 폐지한 이후 나타난 대표적 현상이다.

1976년 설치 당시 위원회는 국무총리를 위원장으로 하고 관계부처 장관 및 전문지식과 경험이 풍부한 자를 위원으로 구성했다. 그런데 출범 후 20년간 회의 개최 실적이 손꼽을 정도에 적었고 그나마 서면결의에 그치게 되면서 1995년 7월 문화체육부장관을 위원장으로 하는 위원회로 격하됐다. 그러나 문화체육부가 각 부처의 관광관련 정책조정을 종합적으로 진두지휘할 조직역량을 갖추지 못하다보니 그마저 유명무실하던 관광정책심의위원회는 2000년 1월 폐지되었다.

그러나 관광시장 규모가 커지면서 각 부처도 관광 융합형 사업을 더욱 확대하고 있다. 농촌관광, 음식관광, 해양관광, 생태관광, 섬관광, 의료관광, MICE관광, 환승관광 등이 대표적이다. 일부 관광관련 정책은 문화체육관광부와 묵인하에 추진되면서 '중복과 낭비'의 문제점을 초래하게 됐고, 급기야 관광관련 정부정책을 통합해서 추진해야 한다는 목소리가 커지고 있다.

관광산업은 여러 산업과 연관돼 있다는 점에서 거의 모든 선진국에는 통합 · 조정 장치가 설치되어 있다. 영국은 현재 우리나라와 비슷한 문화 · 미디어 · 스포츠부 내 관광유산 부서에서 관광행정을 담당하고 있지만, 정부 부처 간 협력과 조정을 강화하기 위해 관광 주무 장관을 위원장으로 하는 '범정부 관광장관회의'를 가동하고 있다. 프랑스도 이와 유사하게 경제 · 재무 · 산업부에서 관광행정을 담당하고 있지만 '국가관광위원회'를 두어 관광정책에 대한 건의 및 특별안건을 다루고 있다. 이웃 일본의 경우 국토교통성 관광청이 관광행정을 전담하고 있지만, 국토교통성 산하에 관광정책협의체 성격의 '관광입국추진본부'를 설치하여 관광입국 실현을 위한 범정부적 일체감 형성과 종합적 업무를 담당케 하고 있다. 2015년 일본이 사상 최대인 1,974만 명의 외국인을 유치한 것도 근 10년간 과감한 '관광입국정책'을 수립하고, 이를 달성하기 위한 부처별 정책조정과 협력이 눈부시게 진행됐기 때문이다.

특히 주목할 점은 관광산업을 통해 일본 경제를 되살리겠다는 아베 총리의 집요한 관광중시 전략이다. 그는 외국인 관광객을 유치하는 데 걸림돌이 되는 규제는 보이는 대로 해제하고 있다. 현재도 시내면세점을 늘리고 일본형 숙박시설을 확충하고 관광패스를 확대하는 수용태세 개선대책을 진두지휘하고 있다. 2014년 1,420만 명이던 외래객이 한 해 동안 633만 명이나 늘어 2,000만 명에 도달했으니 이것은 관광산업을 육성하겠다는 전략적 접근의 결과인 셈이다.

우리의 경우 관광정책심의위원회가 폐지된 이후 다양한 관광정책 기획 및 조정노력이 추진되었다. 노무현 정부에서는 3차례에 걸친 서비스산업 경쟁력 강화대책의 차원에서 관광정책 조정 노력이 있었고, 이명박 정부는 관광산업 경쟁력강화회의를 통하여 관광산업 규제완화 방안을 강구했다. 박근혜 정부에서는 2차례에 걸친 관광진흥확대회의와 무역투자진흥회의 등을 통하여 관관산업 육성책을 강구하였다.

그동안 '관광을 육성하겠다'는 대국민 메시지는 수시로 천명되어 왔지만, 임기 내 성과에 집착하다 보니 미래의 상황을 예견하고 정책목표를 설정해 옹골차게 추진해 나갈 굵직한 전략사업은 보이지 않았다. 그리고 명색이 관광산업의 육성인데 관광부문이 주도하지 못하고 소위 '힘 있는 부처'에 눈치를 보고 있는 모양새이다. 또 수차례에 걸친 보고에도 불구하고 발표된 정책의 추진 실적을 모니터링하거나 평가하여 새롭게 추진하려는 노력도 돋보이지 않았다.

이제 2018 평창 동계올림픽, 2020년 도쿄 하계올림픽, 2022년 베이징 동계올림픽의 개최에 맞춰 뒤처진 관광산업을 육성하고 한 · 중 · 일 관광산업 경쟁의 필승카드를 마련해야 할 시점이다. 그러기 위해서는 '세계 10대 관광국'이라는 정책비전을 수립하고 이를 달성하기 위해 관광정책 관련 최상위 의결기구를 가동해야 한다. 이제라도 대통령 또는 국무총리가 위원장을 맡고 관련 정부기관 및 민간 전문가들이 참여하는 '관광대국 전략회의'를 구성하고, 산하에 '관광대국 추진본부'를 설치하여 전략사업을 체계적으로 추진해 나가야 한다.

그동안 국가적으로 중대한 재정, 고용, 정보통신 등의 분야는 '전략회의' 방식을 채택해 운영돼 왔고, 최근 '과학기술 전략회의'도 대통령을 위원장으로 하는 컨트롤 타워로 등장했다는 점에서 눈여겨볼 필요가 있다. 관광분야도 이제 관광대국 전략회의를 가동해 관광선진국으로 도약해 보자(출처: 교통신문, 2016. 3. 25; 註: 문맥 유지를 위해 최신 데이터로 수정하지 않음).

참고자료 6

관광대국 되려면 법제혁신(法制革新)부터

기승전결(起承轉結)이라는 용어는 시문에 쓰이는 형식이지만 관광과 같은 사회현상에서도 사용되고 있다. 한국의 관광발전 단계를 보면 1960~70년대는 경제발전에 필요한 외화획득을 위해 관광산업이 육성되었던 관광입국(觀光立國)의 시대라 할 수 있으며, 1980~1990년대는 아시안게임과 서울올림픽을 계기로 관광산업이 국운을 상승시키는 관광흥국(觀光興國)의 시대였다.

그러나 2000년대의 관광산업은 IMF 사태를 극복하고 월드컵, IT, 한류 등을 배경으로 산업고도화를 모색하면서 관광부국(觀光富國)을 표방해 왔다. 이제 기(起) → 승(承) → 전(轉) → 결(結)의 마지막 '결'의 단계는 관광강국(觀光强國)인 동시에 관광대국(觀光大國)을 지향해야 한다.

그렇다고 관광대국의 시대가 하루아침에 오는 것은 아니다. 관광대국은 정부, 기업, 시민사회가 협력을 통하여 관광의 양적 · 질적 성장을 모색하면서 국가 및 지역에 대한 사회경제적 기여도가 높고 세계관광을 선도할 수 있는 선진화된 역량을 갖춘 상태라고 할 수 있다.

우리나라는 2012년 국내 · 외 관광객이 각각 1,000만 명을 넘기까지 양적 성장에 주력해 왔다. 이제 인바운드 및 아웃바운드 모두 2천만 명을 넘어서는 관광대국 시대에서는 '질적 관광'으로 승부해야 할 시점이다.

관광대국을 준비하기 위한 과제 중 시급한 것은 관광법제를 혁신적으로 뜯어고치는 일이 아닐까 생각한다. 우리나라의 관광법규는 1980년대까지는 미래를 내다보며 법적 지원체제를 만들어내는 데 최선을 다했다. 1961년 관광사업진흥법 제정 이후 관광산업이 괄목하게 성장하면서 1975년 관광기본법을 제정하여 관광발전을 위한 국가의 책무까지 명시했다.

당시 관광기본법은 '기본법' 명칭이 부여된 현행 60개 법률 중 최초의 기본법이었다. 이후 1986년 종전 관광사업법에 관광단지개발촉진법을 통합한 관광진흥법이 제정되어 관광산업 발전에 핵심적 역할을 해 왔다. 그러나 관광진흥법은 당초 관광산업을 진흥한다는 명분으로 제정됐으나 조문들을 자세히 살펴보면 규제일변도로 변질되었다. 일단 '관광진흥법은 수명을 다했다'는 공감대가 형성돼 있다. 아니 소임완수(所任完遂), 즉 할 일을 다했다. 1986년 관광진흥법 제정 당시 외래관광객 수는 166만 명에 불과했으며 500만 명 유치를 목표로 제정됐다면 2000년대 중반까지 제 역할을 다한 것이다.

IMF 사태가 발발하면서 관광산업의 경제적 역할이 입증되기도 하였지만 이후 IT 관광, 창조경제와 융복합, 공정거래와 소비자보호, 한류관광, 환경보전 등의 새로운 관광 여건을 담아내기 위한 미래형 관광법제 개편 논의를 이끌어내지 못했다. 그 결과 다른 선진국이 앞서가고 있는 온라인 관광사업이나 요즘의 대세인 관광벤처사업 등을 관광사업의 범주 내에서 키워내지 못하고 있다. 이쯤 되면 비현실적인 관광법제가 오히려 관광산업의 발전을 저해한다는 비판을 면하기 어려울 것이다.

우리가 법제혁신에 소홀히 하고 있을 때 이웃 일본은 2006년 기존 관광기본법 대신 관광입국추진기본법으로 법제를 혁신시켰으며, 2007년 '관광입국추진기본계획'을 수립하고 이의 효율적 추진을 위해 2008년 관광청까지 발족시켰다. 그 결과 2014년 외래관광객이 1,300만 명 이상을 유치해 법제 개편의 성과가 꾸준히 나타나고 있다. 이에 한술 더 떠 아베정권은 일본재흥전략(日本再興戰略)을 수립하여 2030년 6,000만 명 유치를 공언하고 있을 정도이다.

늦었지만 우리도 관광법제를 혁신하기 위한 노력을 소홀히 해서는 안 된다. 조만간 진입할 2,000만 명의 관광시대를 넘어서 장기적으로 3,000만 명의 외래객을 끌어들이고 수용하고 감동시켜 줄 수 있는 최상의 관광 인프라를 만들어낼 수 있도록 지금부터 착실히 준비해야 할 때이다.

우리의 관광법제 중 최상위법이나 선언적 수준에 그치고 있는 관광기본법부터 '관광정책기본법'으로 전면 개정하여 자체 시행령을 갖추어 실행력을 확보하고 관광대국 시대의 플랫폼 구실을 해야 한다. 그리고 규제관련 내용들로 가득 차 있고, 누더기처럼 비대화되고 있는 관광진흥법도 관광산업과 관광자원 분야로 분법화하는 방안을 심도있게 논의해야 한다.

최근 학교정화구역 내 관광호텔 건립과 같은 이슈에 대해 사회적 갈등이 발생하고 있어 안타깝다. 솔직히 관광산업계는 정치적으로 여(與)도 아니고 야(野)도 아니다. 오로지 국가와 국민의 편에서 관광발전에 헌신하고 있다.

최근 관광산업을 바라보는 관광 외부의 부정적인 시각을 목도하면서 정부, 국회, 관광업계, 연구기관, NGO 등이 참여하는 광범위한 '이슈네트워크', 즉 '(가칭)관광대국실현위원회'를 구성하고, 생산적 파트너십을 확보하지 못한다면 관광대국의 달성도 요원할 수 있다는 생각을 하게 된다. 조그만 사안의 입법화에 사활을 걸기보다는 좀 더 시야를 멀리 보고 큰 틀에서 관광대도약을 위한 큰 결의와 협약을 통해 법제혁신을 모색해 보자(출처: 교통신문, 2015. 4. 17; 註: 문맥 유지를 위해 최신 데이터로 수정하지 않음).

참고자료 7

글로벌 관광협력 정책과 관광ODA

금년은 해방 70주년이다. 그래서 짧은 기간 동안 '압축성장'을 통해 이룩해 놓은 한국의 발전상에 대한 회고와 전망에 대한 논의가 활발히 진행되고 있다. 관광부문도 예외가 아니다. 지난 70년 동안 관광발전의 가장 큰 특징은 소위 '국가주도형 관광전략'이 주효했다는 점이다. 즉 국가가 관광에 적극 관여하여 성장목표를 설정하고 이를 달성하기 위하여 다양한 정책수단을 강구하고 체계적으로 육성했다. 입국통계를 보면 더 실감난다. 1954년에 한국을 찾아온 외국인은 2,100명에 불과했지만 2014년에는 1,420만 명으로 늘어났다. 60년 만에 외래객 천명(千名) 시대에서 천만 명(千萬名) 시대로 탈바꿈한 것이다. 그동안 국내관광 활성화에 주력하던 지자체까지 외래관광객의 유치에 적극 가담함에 따라 중앙정부의 역할도 새롭게 재조정해야 할 상황이다.

해방 이후부터 70년간 전개돼 온 한국관광의 발전과정은 산업화 시대→민주화 시대→정보화 · 세계화 시대로 대분되는 한국사회의 변동과 그 궤를 같이하고 있으며 각 시대별 가치 및 패러다임이 관광부문으로 적극 반영되었다.

우선 산업화 시대의 경우 관광정책은 초기에 관광사업체를 직접 설립해 운영했다가 관광인프라를 추구해 성장기반을 조성한 시기였다. 해방 이후 1960년 초반까지는 주한미군을 대상으로 관광사업 서비스를 제공했기에 사업참여형 관광정책 단계였다. 5 · 16 군사정변 이후 1970년대 말까지는 빈곤탈피와 경제부흥을 기치로 관광발전을 위한 제도적 인프라를 조성한 기반구축형 관광정책 단계이다. 1980년부터 1990년대 초반까지는 서울올림픽 유치, 통행금지 해제, 해외여행 자유화, 행정 등 간소 · 개방형 관광정책을 추진하였다.

두 번째로 민주화 시대로 진입하면서 한국의 관광정책은 지방자치제, IMF, 월드컵, 주5일제 등을 계기로 분산 · 분권형 정책으로 전환됐다. 김영삼 정부부터 노무현 정부에 이르는 기간은 지역관광 활성화, 복지관광, 내수 진작 시책을 통해 관광공간을 전국으로 확장하고 관광참여 계층을 확대했다.

그리고 세 번째 정보화 · 세계화 시대로 접어들면서 그동안 축적된 국가 전 부문의 역량이 관광정책에서도 활발히 활용되어 산업 간 융복합 관광정책으로 전환됐다.

이명박 정부와 박근혜 정부, 그리고 문재인 정부는 ICT, 한류, 규제개혁, 창조경제, 문화융성 등을 배경으로 관광과 타 산업 간 문턱을 낮추고 융합을 가속화시켜 의료관광, 공연관광, 산업관광, MICE, 크루즈 등 다양한 고부가가치 관광형태를 파생시켰다.

그렇다면 향후 2020년대 세계화 시대를 대비하여 정부가 적극적인 관심을 기울여야 할 분야는 무엇일까? 일단 2020년쯤의 한국관광을 여러 각도에서 조합해 볼 필요가 있다. 우선 외래객 및 해외여행객 각각 2,000만~3,000만 명을 상회 또는 근접하게 될 것이다. 그쯤이면 인 · 아웃바운드 총관광규모가 5,000만 명대 시대가 되어 명실 공히 세계 관광대국으로 부상할 전망이다.

또한 2014년에 한국을 방문한 외래객 1,420만 명 중 중국과 일본 의존도는 59.2%로 매우 높은 반면, 해외여행객 1,608만 명 중 중국과 일본이 비중은 43.1%이고 그 나머지 국가로 더 분산돼 있다. 이는 해외여행객의 지속적 증가에 따라 한국 관광객에 의존하는 국가들이 더 늘어나게 됨을 의미한다.

따라서 향후 한국 관광의 핵심적 과제는 '높아진 위상만큼 책임감도 더 큰' 국제관광 협력정책을 통하여 글로벌 관광리더로서의 역할을 떠안는 것이다. 그동안 한국정부가 주도해 유엔스텝재단 설립, OECD 개발원조위원회 가입, 국제협력선진화 방안 발표 등 사업시행을 위한 제도 정비에 주력해 왔다면, 향후에는 실질적인 사업추진과 더불어 성과를 제고하기 위한 노력에 집중할 필요가 있다.

일단 국가적 차원에서 공적개발원조(ODA) 사업이 경제적 측면의 하드웨어형 사업 중심에서 벗어나 개도국의 삶의 질 향상, 환경보호 등을 위한 문화, 관광 등 소프트웨어형 사업의 비중이 확대될 필요가 있다. 실제로 관광산업은 개도국의 경우 외화수입의 3분의 1을 차지하고, 최빈국 중 50%의 경우 관광이 3대 수출산업이라는 것을 주목해야 한다. OECD 원조 대상 개도국 중 80% 이상이 관광산업을 국가전략산업으로 지정하고 있듯이 우리의 정책경험과 노하우를 전수하는 데 주저해서는 안 된다.

중요한 것은 수원국의 관광 개발원조 수요를 체계적으로 파악할 수 있는 공식 · 비공식 접촉채널을 다각적으로 마련하는 것이 중요하다. 그리고 생색내기용 '소액다건' 형태에서 벗어나 장기간에 걸쳐 추진하며 꾸준하게 성과를 낼 수 있는 협력사업을 발굴하고, 문화 · 생태 · 체육 등 관련부문과의 패키지형 사업추진 방안을 적극 검토할 필요가 있다. 최근 문화체육관광부가 국제관광 협력사업을 본격적으로 추진하기 위해 발족시킨 '관광 ODA 추진협의회'의 활약을 기대해 본다(출처: 교통신문, 2015. 5. 22; 註: 문맥 유지를 위해 최신 데이터로 수정하지 않음).

제2편

글로벌 선순환 관광시스템의 창조

구성과 주요 내용

제2편에서는 여전히 불균형 성장 중인 인바운드, 아웃바운드 그리고 국내관광 부문 간 선순환을 위하여 "글로벌 선순환 관광시스템의 창조"라는 제목으로 "국내외 선순환형 관광시스템을 만들자"와 한중일 3국 간 관광교류 현황을 진단하고 교류확대의 제약요인을 해소하며 향후 세계관광을 선도하기 위한 협력을 강조하며 "동북아 관광공동체를 만들자"는 주제로 엮었다.

03

"글로벌 선순환 관광시스템의 창조"에서는 '외래관광객 3,000만 명 유치전략', '국외여행객 3,000만 시대의 정책방향', '국민 국내관광의 활성화 방안'이라는 소주제를 설정하였으며, 참고자료로 '외래객 3천만 시대를 준비하자', '외래관광객 숙박시설 확충 시급', '급증하는 해외여행, 대책은 없는가?'를 실었다. 이 글들은 그동안 기고한 논단과 신문칼럼을 중심으로 엮었다. 주요 내용은 외래관광객 3,000만 명 달성을 위한 유치 전략을 제시하였으며, 국외여행객은 이미 3,000만 명대의 시대로 접근하고 있는 상황에서 바람직한 방향성을 제시하는 데 초점을 두었다. 그리고 국내관광 활성화 방안을 논의하였다.

04

"동북아 관광공동체를 만들자"에서는 '전 세계가 중국관광객을 주목한다', '2012~2020 중국관광객 방한수요 예측', '중국의 관광산업과 관광정책 동향', '한중 간 관광협력의 추진방향', '한 · 일 관광역전 현상을 진단한다', '남북 상생형 관광협력을 추진하자'는 소주제로 동북아 역내 관광의 활성화 방안을 논의하였다. 이 밖에 본인이 기고한 칼럼 중 주제에 부합되는 '차이니스 프렌들리 관광전략 구사할 때', '한 · 중 간 관광교류 급증과 양수겸장 전략', '중국의 관광보복과 포스트 사드 전략'을 선정하여 동북아 관광 교류현황과 국가별 전략을 파악하는 데 도움을 주고자 하였다. 주요 내용은 동북아 지역이 세계관광에서 차지하는 위상과 한중일 각국의 관광외교 전략을 살펴보고, 남북관광 교류협력의 필요성을 제시하였다.

03

국내외 선순환형 관광시스템을 만들자

■ 외래관광객 3,000만 명 유치전략

한국은 2009년 782만 명을 유치하여 전년 대비 13.4%의 성장을 기록한 데 이어 2010년에는 전년 대비 12.5%가 증가한 880만 명을 유치하여 사상 최대의 실적을 기록하고 2012년에 '1천만 관광시대'를 달성하였다. 이러한 관광성장은 지난 수년간 정부의 관광경쟁력 제고시책, 관광업계의 관광객 유치사업, 그리고 한류확산으로 인한 한국관광매력 증가, 나아가 인접국 아웃바운드 시장의 확대 등 복합적인 요인에 기인하고 있다.

특이한 점은 2000년부터 2008년까지 4.8%의 미미한 성장률을 기록한 반면, 2010년대 전반에는 평균 13%로 두 자릿수의 높은 성장률을 기록하였으며, 2019년 1,750만 명을 유치하였다. 이에 따라 성장가도에 진입한 외래관광객 유치를 더욱 가속시키고 2030년 3,000만 명을 유치하기 위한 특단의 대책, 즉 주마가편(走馬加鞭)형 관광객 유치시책을 추진할 필요가 있다.

주마가편이라는 말은 '달리는 말에 채찍을 더한다'를 뜻하는데, 바로 2020년대 한국관광이 나아갈 길임에 틀림없다. 지난 2년간 세계금융위기 발생 등 많은 악재에도 불구하고 외래관광객이 급증한 것은 앞으로도 '할 수 있다'는 확신을 주고 있다.

물론 정부 차원에서 2천만 명 시대의 조기달성을 위한 시책을 강구하는 것도 매우 중요하지만, 향후 3천만 명 시대를 앞당기기 위해서는 출입국절차, 관광자원 및 상품, 숙박 및 음식, 관광정보 및 안내, 불평불만처리, 연구개발 등 외래관광시스템(inbound tourism system)을 전반적으로 점검하고 한층 업그레이드된 외래관광객 유치시책을 모색해야 할 시점이다.

이와 관련 2030년 3,000만 명 유치와 관련하여 외래관광객의 새로운 유치 전략을 모색하여야 한다. 그 핵심 6대 전략은 대외적 관점에서 추진해야 할 전략으로 출입국 절차 및 교통편의 개선, 핵심 · 전략 관광시장별 타깃 마케팅 전개, 한국신기형 고품격 관광상품 개발 등 3가지를 설정하고, 대내적 관점에서 내실을 기해야 할 전략으로 관광산업 연구개발의 내실화, 개별여행 시대의 여행편의 제고, 친(親)외래객 지역 관광수용태세의 구축 등 3가지를 선정하여 제안하고자 한다.

대외적 차원의 외래객 유치 전략은 출입국 절차 및 입국편의 증진, 핵심 · 전략시장별 타깃 마케팅 전개, 한국신기(韓國神奇)형 고품격 관광상품 개발을 들 수 있다.

첫째는 출입국 절차 및 입국편의의 증진이다. 외래관광객의 유치에 가장 영향을 많이 주고 있는 요인 중의 하나는 비자(VISA)를 포함한 출입국 절차이다. 최근 급증하고 있는 중국 아웃바운드 시장공략을 위한 주변국들의 최우선 시책은 비자발급제도의 완화임은 널리 알려져 있다. 우리의 경우에도 2010년 8월 부유층, 고학력층, 국영기업체 및 대기업 임원급, 교육자 등 개인관광비자 발급조건의 완화조치는 중국관광객의 방한증가에 기여하였다.

외래관광객 3천만 명 달성전략과 과제

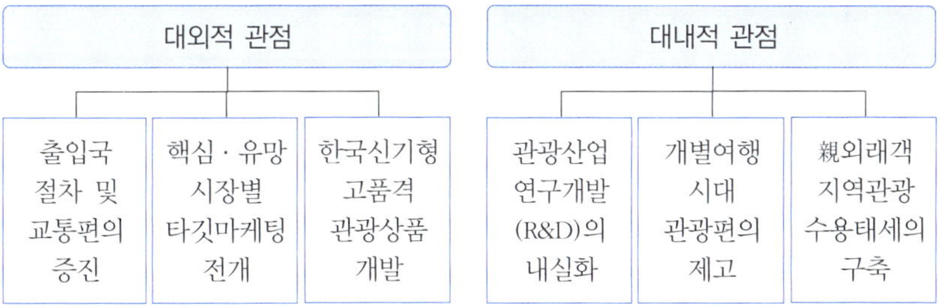

자료: 장병권(2011), 1천만 명 시대의 외래관광객 유치전략, 한국문화관광연구원, 한국관광정책, 봄호(재구성).

그 결과 2010년 8~12월간 방한한 중국인은 총 85만 명으로 연평도 포격사건으로 일부 패키지관광이 취소되었음에도 불구하고 진년 동기간보다 35.7%가 증가하기도 하였다. 물론 중국이나 동남아 국가의 경우 한국 내 불법체류 문제로 비자제도를 획기적으로 개선하기 곤란하지만 사전입국심사제도를 도입하고 사회적 감시기능을 강화하는 등 제도운영의 묘(妙)를 살릴 경우 관광객 유치에 기여할 수 있다.

그동안 한국관광의 약점으로 지목되고 있는 고물가, 고가격 구조를 부분적으로 해소하기 위해서는 저가항공사(LCC)를 적극 육성할 필요가 있다. 2006년 세계관광기구(UNWTO)는 아 · 태지역 관광의 메가트렌드의 하나로 저가항공이 활성화되고 항공사들은 저비용 산업화(low-cost industry)될 것임을 전망한 바 있다.

최근 한 · 중 간, 한 · 일 간, 그리고 동남아 항공노선에 국내 저가항공사들은 해마다 큰 폭으로 국내 점유율을 높여가면서 국제노선으로 세력을 확장 중이고 외국 저가항공사들도 속속 한국 취항을 준비 중에 있다는 점에서 외래관광객 출입국 교통수단으로서 저가항공은 한국관광상품의 가격경쟁력을 제고하는 데 기여할 수 있다.

또한 향후 외래객 3천만 명을 유치하는 데 있어서 중요한 변수로 작용할 중국 아웃바운드 시장의 성장과 세계적인 크루즈 관광의 성장 전망을 감안할 경우 기존의 공항 중심의 출입국 절차에서 항만을 이용한 관광활성화 방안에도 많은 역점을 두어야 할 것이다. 왜냐하면 그동안 출입국 편의제공은 주로 항공여행자를 위한 공항시설 개선에 집중되었으며, 항만의 경우에는 서비스 개선이 상대적으로 뒤처지고 있기 때문이다.

다른 국가의 관광객과는 달리 중국관광객의 방한 시 항만을 이용하는 비율이 점차 높아가고 있으며, 특히 인천항 이용자가 2008년 19.1%이고, 부산항이 5.1%를 보이고 있다. 전체 외래객 대비 항만이용자의 비중이 높지 않지만 관광객 규모는 계속 증가하고 있다는 점에서 항만 이용 여행자를 위한 교통편의 제고 및 관광코스 개발을 추진할 필요가 있다. 특히 중국 크루즈 여행시장은 세계 크루즈여행 시장의 신성장동력이 되고 있으며, 각 항구 도시 등에 새롭게 크루즈 여객터미널이 건설되고 있다는 점에서 우리의 경우에도 다각적인 대응전략이 마련되어야 할 것이다.

둘째는 핵심 · 전략시장별 타깃 마케팅의 전개이다. 1980년대나 1990년대까지만 해도 외래관광 시장을 다변화해야 한다는 의견이 정부나 민간부문에서 자주 제기되었다. 당시 한일관계의 정치외교적 특수성으로 인하여 일본 관광시장 의존에서 벗어나 구미(歐美) 관광시장을 개척해야 한다는 주장이 상당히 설득력을 얻은 적이 있다. 1990년의 경우 일본 관광객의 비중이 전체 외래객의 49.4%를 차지하였으니 당연한 주장이 아닐 수 없다. 이후 2000년에는 46.5%, 2005년에는 40.5%, 그리고 2016년에는 13.3%로 감소하고 있다.

그런데 2000년대로 들어와 외래관광시장의 가장 큰 특징은 중국관광객의 점유율 증대이다. 2000년에 8.3%에 불과하였던 중국관광객은

2010년에 21.3%로 늘어났고 2016년에는 46.8%로 급성장하였다. 이에 따라 이들 국가가 차지하는 비중이 1990년의 50.8%에서 2016년에는 60.1%로 상승하였다. 따라서 향후 중국관광객이 한국관광의 성장을 견인할 것으로 예상된다.

전체 외래관광객 대비 일본과 중국 관광객의 추이

(단위: %)

구 분	1990	1995	2000	2005	2010	2012	2014	2016	2018
일 본	49.4	44.4	46.5	40.5	34.4	31.6	16.1	13.3	19.2
중 국	1.4	4.8	8.3	11.8	21.3	25.5	43.1	46.8	31.2
중 · 일 비중	50.8	49.2	54.8	52.3	55.7	57.1	59.2	60.1	50.4

자료: 문화체육관광부(각년도), 한국관광통계.

향후 2030년경 3천만 명의 관광시대를 달성하는 데 있어서 중요한 것은 외래관광시장을 핵심시상과 유망시장으로 구분하여 차별화된 마케팅을 전개하는 것이다. 현재의 인바운드와 아웃바운드 추세에 감안할 경우 일본과 중국관광시장의 비중이 계속 커질 수 있다. 특히 중국관광시장은 2010년 188만 명에서 2015년 382만 명, 그리고 2020년에는 최대 962만 명까지 증가할 것으로 예상됨에 따라 일본관광시장과 더불어 세분시장별 타깃 마케팅을 구사할 필요가 있다. 그리고 최근 3년간 높은 증가율을 보이고 있는 태국, 말레이시아, 싱가포르, 필리핀 등 동남아 관광시장과 거대 관광시장으로 떠오르고 있는 인도시장을 차세대 유망시장으로 선정하여 홍보마케팅 전략을 지속적으로 추진할 필요가 있다.

셋째는 한국신기(韓國神奇)형 고품격 관광상품의 개발이다. 관광상품에 대한 선호도는 시대별로 크게 바뀌고 있다. 현재와 같이 다양한 자원과 콘텐츠가 부족하였던 1970~1980년대에는 자연자원이 외래객들의 주된 관광대상이었다. 그리고 1990년대에는 한류 문화관광이 싹트기 시작하였으며, 2010년대부터는 타 산업과의 융복합형 관광상품이 핵심 상품으로 부상하고 있다. 이는 세계적인 트렌드라는 점에서 우리만의 강점이 될 수 없다.

정부도 그동안 고품격 관광상품 개발을 위해 다각적인 노력을 하고 있다. 마이스(MICE)관광, 쇼핑관광, 의료관광, 한류관광, 공연관광 등이 그것이다. 특히 고부가가치 관광산업인 회의 · 전시산업 집중 육성, 의료관광 본격화, 쇼핑천국 코리아 추진, 산업관광 활성화, 창조형 관광 콘텐츠 확충(한류관광, 스포츠관광, 길, 슬로시티, 유휴자원, 고궁 및 세계유산) 등을 집중 육성할 계획이다.

그렇다면 한국관광의 캐시카우(cash cow)가 될 주력상품은 어떤 방향으로 개발해야 할 것인가? 해답은 한국 사회경제의 성장과 국격 제고, 한류의 확산에 따라 한국에 대해 신기함으로 느낄 수 있는 콘텐츠, 즉 '한국신기형 관광상품'을 적극 발굴 · 육성하는 것이다. 한국을 떠올릴 때 '뭔가 신기한 나라'라는 인상을 줄 필요가 있다. 예를 들어 중국관광객들에게 중국 내 역사유적, 자연환경보다 한국의 자원이 상대적으로 열위라는 인식이 확산되고 있다는 점에서 한국만의 색깔을 보여줄 수 있는 차별화된 독특한 한류형 관광소재를 발굴하여 상품화해야 한다.

정부에서 지역관광 명소의 국제경쟁력 강화 차원에서 추진했던 '꼭 가봐야 할 한국관광 으뜸명소' 사업도 향후 지속적으로 추진하여 한국의 관광랜드마크(Korea's TourMark)로 육성하는 방안도 검토해 보아야 한다. 주로 수도권에 산재하고 있는 조선왕조 왕릉 40기가 세계유산으로 선정되었는데, 그 자체가 한국의 대표적인 '녹색정원'(green garden)이라는 점에서 관광상품으로 개발할 필요가 있다.

또한 한류를 통하여 형성된 한국에 대한 호감(신기성)이 여행을 통하여 체험할 수 있도록 한류산업(드라마, K-Pop, 영화, 스포츠 등)의 동향과 연계된 관광상품을 개발하고 여행코스, 음식, 관광정보, 스토리텔링, 기념품, 환대서비스 등도 개별적인 접근보다는 '종합예술'의 차원에서 입체적으로 접근하여 시너지 효과를 창출해야 한다.

다음으로 대내적 차원의 외래객 유치 전략으로는 관광산업 연구개발(R&D)의 내실화, 개별여행(FIT) 시대에 부응한 여행편의 증진, 친(親)외래객 지역관광수용태세의 구축을 들 수 있다.

첫째는 관광산업 연구개발(R&D)의 내실화이다. 어느 산업이든 연구개발이 중요하지 않은 데가 없다. 관광산업의 경우에도 다양한 요인이 관광수요에 영향을 주고, 위험요인도 상존하고 있다는 점에서 지속적인 성장을 위해서는 관광시장은 물론 관광산업 전반에 걸친 연구개발을 게을리해서는 안 된다. 이미 문화체육관광부는 '문화체육관광부포털'을 개설하여 전반적인 국가관광통계가 제공되고 있으며, 한국문화관광연구원은 '관광지식정보시스템'을 구축하여 국제관광통계, 해외관광통계는 물론 정책정보센터를 설치하여 관광객 실태조사를 수행하여 정부정책 수립 및 학술연구를 지원하고 있다. 그리고 한국관광공사는 관광빅데이터실을 두고 세계 관광시장 동향 및 주요 시장별 마케팅조사, 관광빅데이터 수집 및 분석을 실시하고 있다.

따라서 일견 관광관련 연구개발은 조직간 관광통계, 시장조사, 마케팅조사 등을 분담하는 형태로 체계화되었다고 평가할 수 있다. 다만 연구개발의 내용 면에서 개선할 여지가 많다. 우선 시장조사에 여전히 치중되어 있다. 그러므로 선진국과 대비하여 상대적으로 취약한 관광산업의 경쟁력을 높이기 위해 생산성을 높이고 비효율을 제거할 수 있는 비즈니스 모델을 개발하고 타 업종과의 융복합 방안을 모색할 필요가 있다.

지자체 관광시책 중 비효율적이고 예산낭비적인 지원사업도 그 효과를 파악하여 과감히 시정 권고되어야 한다. 예를 들어 전국 16개 시·도 중 여행사 인센티브 지원책을 제공하는 지자체가 10개에 달하고 있으며, 최근에는 기초자치단체에서도 그대로 답습하고 있다. 그러나 이러한 사업은 '제 살 깎기' 식으로 그 효과가 부정적이지만 대부분의 지자체가 추진함에 따라 중단할 수도 없는 상황이다. 또한 국내외 관광동향에 관한 조사(survey) 실시 이후 이를 공론화하여 새로운 관광전략을 수립하는 프로세스가 정착될 필요가 있다. 예를 들어 문화체육관광부와 한국문화관광연구원의 경우 관광학술단체와 MOU를 체결하여 학술대회 개최 시 세계 및 한국 관광동향에 관한 연구발표를 활성화할 필요가 있다. 관광공사는 관련 협회와의 공동워크숍을 개최하여 연구개발 성과가 민간부문으로 확산되도록 해야 한다.

둘째는 개별여행(FIT) 시대에 부응한 여행편의의 증진이다. 방한 전체 외래관광객 중 여행사의 유치실적이 2000년의 36.1%에서 2005년에는 39.1%로 증가하고 2009년에는 42%로 점차 증가되고 지난 2000~2009년 10년 동안 평균 36.8%를 점유하고 있다. 이 유치실적은 지난 1992~1999년 기간의 평균 34.1%에 비해서도 약간 높은 수준이다. 그러나 2010년대로 들어와 전반적인 입국 관광패턴은 개별여행 형태가 대세를 이루고 있다.

예를 들어 외래관광객 실태조사 결과를 보면, 2010년 방문 외래관광객의 여행형태는 '개별여행'이 62.6%로 가장 많았고, 다음은 '단체여행(26.9%)', 'Air-tel(10.6%)' 순이었다. 그러나 2018년의 경우 개별여행의 비중 79.9%로 급증하고, 단체여행의 비중은 12.4%로 급감하였다. 중국인 단체여행 금지에 따른 결과이다. 특히 개별여행의 비중은 2010년의 62.6%에서 2018년에는 79.9%로 17.3%나 증가하기도 하였다.

외래관광객의 방한 여행형태 추이

(단위: %)

구분	2010	2011	2012	2013	2014	2015	2016	2017	2018
개별여행	62.6	65.0	64.4	66.2	68.9	67.9	67.4	82.8	79.9
단체여행	26.9	26.5	25.3	27.7	24.9	26.2	25.0	11.6	12.4
Air-tel	10.6	8.5	10.3	6.1	6.2	5.9	7.6	5.6	7.7

자료: 문화체육관광부(각년도), 외래관광객 실태조사(재작성).

이처럼 개별여행(Air-tel 포함)이 큰 비중을 차지하고 있으나 이들의 여행에 적합한 관광인프라를 구축하였는가에 대해서는 냉정한 평가가 필요할 것이다. 단체여행의 경우 통역해설사의 지원을 통하여 최소한의 여행편의가 제공될 수 있으나 개별여행이나 Air-tel의 경우에는 상대적으로 미흡하기 때문이다. 2018년의 경우 '개별여행'은 독일, 미국, 인도, 캐나다, 중동, 영국, 프랑스, 호주 출신 관광객에게서 높게 나타났고, 반면 '단체여행'은 대만, 말레이시아, 태국에서 높게 나타났으며, 'Air-tel'은 일본 방문객에서 상대적으로 높게 나타났다.

따라서 향후 3천만 명 시대를 준비하는 정책당국의 새로운 관광전략으로 '글로벌 개별여행 천국 만들기 구상'을 수립하여 개별여행객에 대한 여행편의 제공 및 만족도 제고에 각별한 관심을 가져야 한다. 이를 위해 개별여행객을 위한 출입국절차, 정보제공, 안내해설, 대중교통 서비스, 환대서비스, 치안서비스, 음식메뉴 안내 등을 종합적으로 정비하여 미흡한 점을 개선할 필요가 있다. 필요한 경우 국내 장기체류 외국인이나 유학생들에 대한 '한국여행 모니터링 제도'를 도입할 필요가 있다.

셋째는 친(親)외래객 지역관광수용태세의 구축이다. 기존 한국을 방문하는 외래관광객의 지역방문 현황을 보면, 주로 서울, 부산, 제주 등에 집중되고 있음을 알 수 있듯이, 나머지 지역의 경우에는 외국인을 유치할 자원이 충분하나 숙박, 교통, 쇼핑, 안내, 음식 등의 수용태세가 상대적으로 부족하여 단체여행상품 및 코스선정에서 소외되고 있는 실정이다.

따라서 지역의 관광수용태세 개선시 외국인 단체여행에 집중하여 육성할 지역과 단체여행은 물론 개별여행까지 동시에 육성할 필요가 있는 지역을 적절히 선정하는 방안을 검토할 필요가 있다. 예를 들어 서울, 부산, 인천 등 대도시와 제주도의 경우에는 단체여행객뿐만 아니라 개별여행객에게도 충분한 서비스를 제공할 수 있도록 관광수용태세를 체계적으로 구축할 필요가 있다.

이에 비해 경기도, 강원도 등 비 대도시 지역은 여건상 모든 관광수용태세를 단기에 완비하기 곤란하다는 점에서 단체관광객에 초점을 두고 핵심 관광지 및 관광시설, 관광소프트웨어 등을 집중 육성하는 방안을 강구해야 한다.

향후 외래관광객 3천만 시대의 조기 달성을 위한 정부의 주된 정책과제는 외래관광객의 재방문 촉진 및 지역분산 시책을 충실히 전개하는 것이다. 최근 일본 및 중국 관광객 등 외래관광객의 증가가 두드러지면서 지자체를 중심으로 외국관광객 수용태세 확보를 위한 노력이 활발히 추진되고 있는 것은 바람직한 현상이다. 그러나 지역별로 제각각의 목표와 지표를 활용하고 있다는 점에서 성과의 극대화를 기대하기 어렵다.

최근 서울, 부산, 인천, 경기, 제주 등의 지역에서는 중국관광객 유치를 위한 다각적인 대책을 강구하고 있으나 수용태세에 대한 충분한 논의와 체계적인 지표개발 및 정기적인 모니터링 실시를 기반으로 하기보다는 임시방편적 대책으로 추진 중에 있어 정부 차원에서 이를 종합적으로 점검하고 바람직한 방향을 제시할 필요가 있다.

이에 따라 현재 국내관광 활성화 차원에서 관광수용태세 개선사업이 활발히 추진되고 있으나 중장기적으로 외국인들의 지방분산을 확대하기 위하여 기존 지역관광 경쟁력 진단 모형에 '지역관광수용태세의 글로벌화' 항목을 접목시켜야 한다. 이를 위해 정부가 주도적으로 외래관광객에게 효과적인 관광서비스를 제공할 수 있도록 '글로벌 관광수용태세 평가체계 및 지침'을 개발하여야 한다.

그리고 문화체육관광부에서 관광특구에 대한 평가·지원사업을 추진하고 있듯이 외래관광객 유치시책이 활발한 광역 또는 기초단위 지자체를 대상으로 '글로벌 관광수용태세 평가 시범사업'을 추진하며, 우수 지자체에 재정적 지원과 함께 한국관광공사를 통하여 지자체의 '글로벌 관광수용태세 점검 및 개선 모니터링 지원사업'을 지속적으로 추진하도록 해야 한다.

■ 국외여행객 3,000만 명 시대의 정책방향

2016년 내국인 해외여행(outbound) 인원이 2,238만 명까지 도달해 '아웃바운드 2,000만 시대'로 진입하였다. 국민의 해외여행은 1989년 해외여행 완전자유화 이후 계속 증가하였으며 2010년에는 1,249만 명으로 1천만 명을 넘어선 이후에도 그 열기가 식을 줄 모르고 있다. 2018년에는 2,870만 명으로 늘어났다.

한국의 아웃바운드 관광규모는 이미 1억 명을 넘어선 중국에 이어 아시아 2위에 해당하고 있다. 일본은 수십 년째 1천만 명대 후반에서 정체되어 있으나 한국은 2015년 일본을 추월해 많은 국가들이 주목하는 글로벌 관광송출국으로 부상했다.

일본의 경우 인구 대비 약 15%인 1,800만 명대가 해외여행을 하고 있으나 한국은 60%에 육박하고 있는 것도 특이한 현상이다. 그만큼 우리 국민의 아웃바운드 관광 트렌드에 대한 냉철한 분석과 대응노력이 수반되어야 할 시점이다.

그동안 정부가 아웃바운드 관광에 관심을 갖게 되면 해외여행을 조장한다는 오해를 살 수 있기에 최소한의 역할만 수행할 수밖에 없었다. 그런데 아웃바운드 관광규모가 급속도로 증가하면서 여행자에 대한 정보제공, 피해보상, 신변안전 등에 정책적 관심을 갖지 않을 수 없는 상황이 전개되고 있다. 이에 정부에서는 외교부를 중심으로 해외여행 경보시스템을 운영하고 있으며, 한국관광공사에 한때 국민국외여행센터를 설치하여 해외여행자의 권익을 보호하고 해외여행 안전정보를 제공해 왔다.

그러나 이러한 기본적인 대응 외에도 외교정책, 문화정책, 산업정책 등을 감안한 국가 전략적 관점에서 미래지향적인 아웃바운드 관광정책을 수립하여 시행할 필요가 있다. 일본은 2012년 관광입국 추진계획에 의거 제외국과 쌍방향의 교류(two way tourism)를 위해 일본인의 해외여행을 장려하고, 이를 통하여 국민의 국제감각 향상, 국제상호이해의 증진, 인바운드 확대로의 공헌을 기대하고 있다.

우리의 경우에도 늘어나는 아웃바운드 관광규모를 잘 활용할 경우 다양한 효과를 거둘 수 있을 것이다. 아웃바운드 관광 3,000만 명대의 시대에 다다른 한국 관광의 현주소와 방향성을 SWOT의 관점에서 살펴보자.

첫째, 우리의 경우 늘어나는 아웃바운드 관광시장 규모를 강점(S)으로 삼아 한국 관광시장에 관심이 있는 국가들이 직접 한국에 관광청 조직을 설립하여 자국 관광정보를 제공하고 한국인의 신변안전 노력에 좀 더 유의할 것을 요구할 수 있다.

대표적인 예로 TV방송에서 '꽃보다 누나' 프로그램이 방영된 이후 2014년 아시아 지역 중 한국이 가장 많은 관광객을 송출함에 따라 크로아티아의 경우 2019년 12월 중 서울에 관광청 사무소를 개설하였다. 또한 2016~2018년 한국방문의 해 기간에 외국인 유치를 위해 'K스마일 캠페인'을 전개하였듯이, 글로벌 관광시대에 품격있는 대한국민으로 각광받기 위해서는 우리 스스로 'K에티켓 캠페인'으로 무장되어야 할 것이다.

둘째, 아웃바운드 관광에 대한 정책적 관심 속에는 국내여행의 인기가 상대적으로 떨어지고 있는 약점(W) 현상을 개선하기 위한 노력도 포함되어야 한다. 국민들의 해외여행 선호나 인기있는 방문지 등을 과학적으로 분석하여 국내에 그에 상응하는 관광지를 조성토록 유도하는 것도 국내관광을 활성화시키는 유효적절한 방법이 될 수 있다. 2009년부터 중단된 '국민해외여행 실태조사'를 재개하여 과학적 분석에 입각한 관광정책 개발을 보색해야 할 때이다. 우리나라의 경우 국민의 해외여행 행선지에 대한 자체 파악이 곤란하며 상대국의 통계에 의존하고 있는 상황이다.

셋째, 아웃바운드 관광정책의 수립과 효율적인 실행을 통하여 개도국의 관광부문 육성, 관광산업의 해외진출 지원, 청년 일자리 창출 등의 기회(O) 요인으로 삼아야 한다. 즉 아웃바운드 관광부문을 한류를 확산하고 공적개발원조(ODA)를 확대하는 지렛대로 활용할 필요가 있다.

또한 해외여행 선호지역을 대상으로 관광, 건설, 토목, 유통 등 국내기업의 해외진출을 지원하여 해외여행 소비의 환수효과를 거둘 필요가 있다. 나아가 아웃바운드 전담여행업의 육성과 국외여행가이드(TC)의 채용 의무화를 통하여 청년 일자리 창출에도 기여토록 해야 한다.

넷째, 향후 우리나라의 아웃바운드 관광이 지속가능하게 성장하기 위해서는 테러나 질병 등 다양한 위협(T) 요소들을 잘 극복해야 한다. 얼마 전 파리 폭탄테러와 터키 이스탄불, 인도네시아 자카르타에서 관광객까지도 염두에 둔 한 테러에 이어 2019년 헝가리 부다페스트에서의 한국인 탑승 유람선의 침몰이 발생함에 따라 향후 해외여행객의 안전문제가 중요한 위협요인으로 작용할 수 있다.

이에 따라 국제기구와의 협력강화는 물론 정부 조직 간 해외여행자의 안전성 증진을 위한 협력시스템을 적절히 확보하고, 관광부문의 경우에도 실시간(Live) 해외여행 안전정보 소통채널을 구축해야 한다.

향후 아웃바운드 관광정책이 성공하기 위해서는 국가이익 또는 관광국익을 다각적으로 극대화하는 방향으로 추진돼야 한다. 이와 관련해 주한 외국 관광청의 설립 유도, K에티켓 캠페인 전개, 지속적인 해외여행 트렌드 조사 · 분석, 관광업계의 해외진출 지원, 한류 확산, 청년 일자리 창출, 테러 및 질병 등 위협의 제거 등을 적극적으로 모색할 필요가 있다.

■ 국민 국내관광의 활성화 방안

전 세계 국제관광은 지난 오일쇼크나 사스(SARS)를 제외하고 50여 년간 지칠 줄 모르고 성장을 거듭해 왔으며, 앞으로도 계속하여 세계 경제 · 사회 · 문화발전의 견고한 엔진으로 작용할 전망이다.

지난 1950년 국제관광객이 불과 2,530만 명이었지만 2018년에는 56배가 증가한 14억 명으로 기록하였고, 국제관광지출도 1950년의 21억 달러에서 2018년에는 1조 4,480억 달러로 무려 690배나 증가하기도 하였다.

그런데 우리는 어떤가? 우리가 세계 12위의 무역대국으로 부상하였지만 관광산업의 국제경쟁력은 아직 그 위치까지 다가가지 못하고 있다. 한국관광의 문제점은 여기에 그치지 않고 국내관광에서도 잘 드러나고 있다. 정부 차원에서 주40시간 근무제의 도입 이후 늘어날 관광수요를 해외보다는 국내관광으로 흡수하기 위하여 다각적인 노력을 경주하고 있으나, 당초 예상과는 달리 국내관광 수요가 정체된 반면, 해외여행 수요는 2015~2018년 4년간 매년 연평균 16%씩 증가추세를 보이고 있는 상황이다.

특히 2018년의 경우 해외여행은 2,870만 명까지 증가하고, 이들이 해외에서 284억 달러를 소비함으로써 132억 달러의 관광수지 적자를 가져왔으며, 급기야 "상품으로 번 돈 해외여행으로 다 써버린다"는 오명까지 뒤집어쓰고 있는 실정이다.

이처럼 국민 국내관광은 정체되고, 해외여행은 급증하고 외국인의 방한은 저조한 상황인데도 정부 차원에서 여전히 안이한 자세로 일관하고 있다. IT및 교통부문의 발전의 결과로 국내관광의 여건이 개선되기도 하였지만 고물가, 고비용 등이 국내관광의 성장을 발목잡고 있는 상황이다. 따라서 보다 획기적인 발상을 강구하지 못할 경우 현재와 같은 기형적 관광현상이 지속될 수 있다.

물론 정부에서도 관광진흥계획, 서비스산업육성전략, 관광산업 혁신전략 등을 통하여 워라밸 사회로의 전환에 따라 국내관광의 활성화를 기하고 해외 여행수요를 국내로 유도하기 위하여 국내관광 상품개발 및 건전관광의식 제고, 복지관광 지원, 국내수용태세 개선, 관광인력 양성 등 다각적으로 경주하고 있는 상황이다. 그러나 국내경기의 장기 불황이 지속되면서 열악한 국내관광 환경이 맞물려 국민 국내관광총량이 기대한 만큼 증가하지 않고 있다.

특히 국내관광이 안고 있는 문제점으로는 국내관광의 고비용 · 저만족 구조, 국민관광행태에 대한 연구개발의 미흡, 고객의 눈높이에 미치지 못하는 관광상품의 난립, 지역관광자원에 대한 통합적 관광안내 ·

홍보 마케팅의 부족, 지역관광 공급기반시설의 낙후, 국민참여형 관광운동의 미진, 그리고 지역관광발전을 위한 거버넌스 체계의 미확립 등을 들 수 있다. 이러한 문제점들은 국내관광에만 국한되지 않고 인바운드와 아웃바운드에도 영향을 주고 있기 때문에 시급히 해결해야 될 사안이기도 하다.

이에 따라 향후 관광발전은 국민 국내관광의 활성화를 통하여 외래관광객에 대한 한국의 매력을 증대시키고, 나아가 해외여행 수요의 국내전환에도 기여할 수 있는 '선순환 연결고리'를 확보하는 방향으로 추진되어야 한다.

국민관광의 특징은 국내관광이 소비자의 눈높이에 미치지 못하여 그 수요의 상당부분이 해외로 이전되고 있으며, 지역관광 사업기반이 약화되어 관광서비스도 향상되지 못하고 있다는 점이다. 따라서 향후 국민관광 정책의 핵심은 해외여행수요를 국내로 흡수할 수 있는 획기적인 정책발상이 필요하며, 관광서비스의 질을 높이려는 노력도 필요하다. 이와 관련하여 향후 추진해야 할 국민관광의 정책방향을 국민관광 가치의 재발견 및 구현, 로하스형 국민관광정책의 추진, 국민관광 행복지수 제고, 관광수요관리 정책의 적극 추진, 관광안전권 및 소비자 권리 보장시책의 강화, 국민참여형 내나라 여행운동의 강화, 지역관광 인적자원의 다각화, 국내관광 공급기반의 글로벌화에 둘 것을 제안하고자 한다.

첫째는 국민관광 가치의 재발견이다. 즉 3E에서 6E로의 전환이다. 종래 관광을 보는 관점이 단순한 경관감상(esthetics)과 유흥 · 오락(excitement, entertainment)의 수준이었다. 따라서 관광의 가치와 생산성에 대한 적극적인 논의가 부족하였다. 그러나 최근 들어와 기존의 가치 외에 교육(education), 자연체험(eco), 생활체험(existence) 등이 가미되고 있듯이 관광을 새롭게 인식하고 이들 가치를 더욱 활성화하기 위한 구체적인 정책대안이 마련되어야 한다. 따라서 기존의 문화관광자원, 생태녹색관광자원 등의 개발정책뿐만 아니라 수학여행의 활성화, 국민의 내나라여행 사업 확대, 도농 간 관광교류사업 등을 적극적으로 추진하여 새롭게 부상하는 관광가치를 최대로 구현해야 한다.

둘째는 로하스형 국민관광정책의 적극 추진이다. 또한 최근 들어 웰빙(wellbeing)의 중요성 못지않게 로하스가 중요한 사회적 삶의 양식으로 빠르게 정착되어 가고 있다는 점에서 로하스형 정책으로 전환되어야 할 것이다. 기존의 웰빙이 건강을 중시한 개인적 생활양식 차원에 머물렀다면, 로하스는 여기에 환경과 지속가능성을 보태어 사회적 생활양식의 중요한 가치가 되고 있다는 점에서 관광객, 관광사업체, 지역주민, 그리고 공공부문 간 건전한 관광생태계를 확보할 경우 사회 · 경제 발전에도 기여할 수 있다. 따라서 로하스 라이프스타일에 부합될 수 있는 맞춤형 관광상품, 예를 들면 의료관광, 템플스테이, 헬스케어, 한방관광, 음식관광, 선비문화체험 등을 개발해야 한다.

셋째는 국민관광 행복지수(happiness index)를 높여야 한다. 관광산업은 문화산업, 체험산업, 자유시간 산업인 동시에 행복산업이라는 시대적 소명을 적극적으로 담당하여야 한다. 행복산업은 국민에게 삶의 활력을 주고 자존감, 긍정적인 유대관계, 타인과 타 지역에 대한 배려, 우정, 친절과 감사, 환경친화성 등과 같은 긍정적인 기능을 담당하는 산업을 말한다. 관광산업이 행복산업이 되어야 하는 이유는 주 52시간 근무제가 되고 여가시간과 휴가가 많이 늘어나면서 삶의 질적 활용방안으로서 국민의 관광참여를 높이는 동시에 국내 관광만족도를 획기적으로 개선함으로써, 한마디로 말해 '열심히 일하기 위해 열심히 쉬는 사회'의 중요한 한 축을 담당해야 하기 때문이다. 이러한 역할을 담당하기 위해서는 관광정책의 범위에 여가부문까지도 적극 수용할 필요가 있다.

넷째는 관광수요관리 정책(tourism demand management)의 적극 추진이다. 다시 말해 국민관광수요의 동향과 행태변화에 대한 면밀한 분석에 기반을 둔 관광수요관리 정책을 추진하여야 한다. 한마디로 고객지향적 관광정책을 추구해야 한다. 현재 국민관광의 트렌드에 대한 많은 조사연구와 분석이 실시되고 있으나 이러한 고급 관광정보와 지식이 관광정책이나 관광사업 부문에 빠르게 침투되지 못하고 있으며, 새로운 세분 관광시장이 계속해서 등장하고 있지만 이를 수용하지 못함에 따라 새로운 관광욕구를 국내보다는 해외여행을 통하여 해소하려는 욕구가 나타나는 것이다. 따라서 향후의 관광정책은 국내관광 부문을 중심으로 하여 여기에 인바운드와 아웃바운드를 연계시키는 '통합적 · 선순환적 관광산업생태계'를 구축할 경우 국내관광 경쟁력의 확보를 통하여 외래객의 유치확대는 물론 해외여행수요의 국내전환도 가능할 것이다.

다섯째는 관광안전권 및 소비자권리 보장시책의 강화이다. 국민의 웰빙에 대한 관심증가와 더불어 삶의 질 향상을 위한 정책적 관심이 맞물려 국민의 휴식, 휴가, 관광, 여가가 이제는 정당한 요구이자 권리로 부상하고 있으며, 과거 소모적 생산으로 치부되었던 관광체험이 이제는 보다 나은 삶을 위한 중요한 삶의 영역이 되고 있다는 점에서 정부의 적극적인 지원책이 요구된다. 따라서 정부는 국민의 관광권에 대한 적극적인 지원책을 강구하여야 하며, 관광기업과의 관계에서 관광객이 정당한 소비자로서의 권리를 보장받을 수 있도록 시장질서 확립 및 규제에도 만전을 기하여야 할 것이다. 최근에 더욱 증가되고 있는 국내외 여행에서의 각종 사고, 테러, 납치, 매춘, 추방 등을 예방하고 여행경험의 질을 높이기 위해서도 포괄적인 관광안전 종합대책을 강구해야 한다.

여섯째는 국민참여형 내나라 여행운동의 활성화이다. 관광을 단순히 개인적 활동으로 보아서는 안 되며 정부와 시민단체, 관광협회 등이 국민의 내나라 여행여건을 제공하는 데 서로 머리를 맞대야 한다. 국민들이 국내여행에 더 많이 참여하는 것은 국토사랑, 지역교류, 부의 분배, 외화절약, 양극화 해소 등 많은 사회 · 경제 · 문화적 효과가 있을 수 있다. 한때 농업분야에서 추진했던 '1사1촌 운동'의 사례에서 보듯이 여행이 농촌도 살리고, 낙후지역에 활력을 불어넣고 청소년의 현장학습을 강화하며, 노년기 삶의 여유와 행복을 증진하며, 소외계층의 삶의 질을 개선하는 데 크게 기여할 수 있을 것이다. 이를 위해서는 정부차원에서 사회경제적으로 중요한 계층(청소년, 노인, 장애인, 청소년가장, 외국인 근로자, 국제결혼부부 등)을 대상으로 한 여행바우처 제도를 적극 추진해야 한다.

일곱째는 지역관광 인력자원의 다각화이다. 국민 국내관광이 활성화되기 위해서는 지역의 관광서비스가 향상되어야 한다. 종래 관광산업에서는 지식 및 숙련된 서비스기법을 중심으로 관광인력을 양성하는 데 초점을 두고, 또한 고교 및 대학에서의 정규 교육에 역점을 두었다. 그러나 21세기로 들어와 산업구조가 체험을 중요시하는 콘텐츠형 산업구조로 변화되면서 체험의 연출과 감동의 제공에 초점을 둔 체험연출 전문인력의 양성이 필요하게 되면서 비정규 관광인적 자원에도 관심을 두어야 한다. 이에 따라 지역관광을 주도해 나갈 전문적인 인적자원의 양성이 시급하다. 지방의 고령화가 빠르게 진행되고 청년층의 역외유출로 지역 관광사업의 육성에 상당한 애로사항으로 작용할 가능성이 있다는 점에서 지역에 거주하는 장년층, 여성층에 대한 지역

관광 전문가 양성사업을 지속적으로 추진할 필요가 있다.

여덟째는 국내관광 공급기반의 글로벌화이다. 국내 관광공급기반의 글로벌화는 기존 관광지 화장실 개선사업의 성공적 추진모델을 확대하여 국제적인 벤치마킹의 대상이 되었듯이, 국내관광 인프라를 획기적으로 개선함으로써 국민 국내관광의 만족도 제고는 물론 장기적으로 인바운드 관광객 유치역량을 강화하는 데 초점을 두어야 하며, 이를 위해 관광지 주변의 관광숙박시설, 관광식당, 관광기념품 등에 글로벌 스탠더드(global standard) 기준을 적용하여 관광공급기반의 양적 확충과 동시에 질적 개선을 도모할 필요가 있다.

참고자료 8

외래객 3천만 시대를 준비하자

문화체육관광부에 따르면, 2016년 1~10월 기간 동안 우리나라를 방문한 외국인 관광객이 1,459만 명으로 종전 연간 최대치였던 2014년 1,420만 명을 뛰어넘었다. 이러한 추세로 간다면 2016년에 정부의 당초 유치목표인 1,650만 명보다 많은 1,700만 명대를 유치할 것으로 예상된다.

이처럼 외래관광객이 증가한 배경에는 인접국인 중국 및 일본 관광객의 증가가 두드러졌고, 개별여행객(FIT)도 꾸준하게 증가하였기 때문이다. 금년 초부터 사드(THAAD) 배치 문제로 관광객 유치에 비상이 걸렸으나 전년 동기에 비해 40%가 증가한 700만 명의 중국관광객을 유치하면서 총량 증가로 나타났다. 그리고 일본 관광객도 전년 대비 26%가 증가하여 200만 명을 유치하게 된 것도 고무적인 현상이다.

그렇지만 이 정도에서 만족하기에는 아직 이르다. 일본의 경우 외래객이 10월 말까지 2,011만 명으로 전년 대비 23% 정도 늘어났으며 연말까지 2,400만 명이 방일할 것으로 예상하고 있다. 이 경우 금년에 우리나라와는 700만 명 정도의 차이가 날 것이며, 향후 그 격차가 더 크게 발생할 수 있다. 우리도 서둘러 외래객 3천만 시대를 준비해야 한다.

이를 위해 방한 외래객의 유치동향과 행태분석을 통하여 고도화된 유치 전략을 구사하여야 한다. 1차적으로 최대 관광시장이지만 잠재적인 불안요소를 안고 있는 중국과 일본 관광객의 비중을 낮추기 위한 노력이 필요하다. 우리의 경우 중국과 일본 관광객의 비중이 61%에 달하고 있다. 특히 중국인의 비중은 48%로 위험수위에 다다른 상태이다. 일본의 경우 한국과 중국 관광의 비중은 48%에 그치고 있으며, 특히 중국인의 비중은 27%에 그치고 있다.

최근 중국발 한한령(限韩令)으로 한류 콘텐츠에 대한 중국 정부의 제재 움직임이 이슈화되고 있다. 이는 우리나라에 대한 한류 이미지를 약화시키고 방한 관광동기를 억제시키는 등 부정적으로 작용할 수 있다. 또한 일본 관광객이 서서히 회복되고 있지만 정치 외교적 사안에 민감하게 작용하고 있다는 점에서 관광산업의 안정성 확보를 위한 다각적인 리스크 관리와 시장다변화 노력을 구사할 필요가 있다.

다음은 해외 관광시장을 핵심시장, 유망시장, 그리고 전략시장으로 구분하여 각 시장별 STP(세분화-타깃화-포지셔닝) 전략을 강도 높게 구사할 필요가 있다. 핵심시장인 중 · 일과 더불어 동남아 지역과 무슬림 국가를 유망시장으로 설정하고 맞춤형 유치노력이 필요하다. 그리고 구 · 미주 지역을 전략시장으로 삼아 지속적인 유치노력을 경주하여야 한다.

정부에서 중국시장을 대상으로 테마관광상품 88선, SIT상품을 선보이고, 일본시장에는 20~30대 대상 FIT 관광 콘텐츠를 발굴하고, 동남아 국가를 대상으로 고부가 관광상품, 무슬림 국가를 대상으로 할랄 레스토랑, 구미주를 대상으로 동북아 연합 상품과 이벤트를 연계하고 있는 관광객 유치사업도 시의적절하다.

우리가 향후 더 많은 관심을 기울여야 할 것은 2018 평창 동계, 2020 도쿄 하계, 2022년 베이징 동계라는 연이은 메가 올림픽 이벤트를 적극 활용하여 구미주 관광객의 비중을 더 끌어올리고, 글로벌 스포츠관광 융합상품을 개발해야 한다는 점이다. 다행히 금년 들어 미주, 유럽 등 장거리 시장의 증가세도 두 자릿수를 기록하고 있어 앞으로 이들 전략시장을 집중 공략할 경우 소기의 성과를 거둘 수 있다. 또한 외래객의 양적인 증가에 따라 제기되고 있는 수용태세 개선과 관광품질 관리도 지속적으로 추진되어야 한다. 아직까지도 우리는 2,000만 명을 유치하는 것에 얽매여 있어 안타깝다. 이제라도 정부 차원에서 중장기적으로 최대 3,000만 명을 끌어올 수 있는 종합 관광수용력(total tourism capacity)을 확보하기 위한 구상을 수립하고 실천 노력이 필요하다. 일본이 2020년 4,000만 명 유치목표로 잡고 착실한 실행노력을 경주하고 있다는 점에서 우리도 손을 놓고 있을 수 없는 상황이다.

외래객 3천만 시대는 관광부문 단독으로 달성하기 어려운 과제이다. 관광산업의 경제적 효과 및 일자리 창출을 극대화하기 위해서는 주무부처인 문화체육관광부는 물론이고 외교부, 기재부, 교육부, 산업부 등 관련 부처를 총망라한 '국가관광전략회의'를 조기 가동하고, 범정부 차원에서 특단의 '3천만 시대의 관광진흥실천계획'을 수립해야 한다.

끝으로 우리나라 관광산업의 질적 향상을 위해서는 수용태세 개선과 더불어 관광품질인증사업을 지속적으로 강화하여야 한다. 한국관광의 신뢰도를 높이지 않고서는 늘어나는 관광객들에게 양질의 서비스를 제공하기 어렵고, 재방문 의욕도 저하시킬 수 있기 때문이다. 그리고 저가 여행상품의 문제를 해소하고 관광만족도를 높이기 위해서는 관광산업 생태계를 FIT 시장 중심으로 재편해 가야 한다(출처: 교통신문, 2016. 11. 26; 註: 문맥 유지를 위해 최신 데이터로 수정하지 않음).

참고자료 9

외래관광객 숙박시설 확충 시급

2013년 우리나라를 방문한 외래관광객은 1,218만 명으로 세계 22위를 기록했다. 외래관광객 수는 최근 5년간 연평균 12%로 두 자릿수의 성장률을 보이고 있는데, 이러한 추세를 감안할 때 2018년 외래관광객이 1,872만 명으로 늘어나고 2020년에는 2,000만 명을 돌파할 것으로 예상된다. 그러나 외래관광객의 높은 증가율에도 관광객들의 필수 편의시설인 관광호텔 공급은 여전히 더디기만 하다.

정부도 최근 무역투자진흥회의를 개최해 수도권 객실부족 해소를 위한 관광호텔 설립촉진책을 발표했다. 그러나 획기적인 규제개혁과 투자 인센티브를 강구하지 않고서는 소기의 성과를 거두기 어렵다. 관광호텔 객실 수는 2009년부터 2013년까지 5년간 연평균 3.5%의 저조한 증가율을 보이고 있어 향후 외래관광객 유치에 애로사항으로 작용할 수 있다. 세계경제포럼(WEF)의 2013년 세계관광경쟁력 평가 결과 한국은 인구 100명당 호텔객실 수가 0.2실로 조사대상 140개 국가 중 99위에 그치고 있으며 일본 20위, 홍콩 33위, 싱가포르 37위, 말레이시아 47위에 훨씬 뒤처져 있다.

마스터카드(Master Card)는 서울을 2014년 세계 10위 숙박관광객 방문 도시이자 6위의 관광지출 도시로 선정하고, 글로벌 블루(Global Blue)의 조사에 따르면, 세계 8위의 글로벌 쇼핑도시로 부상하고 있으나 관광호텔만큼은 외국의 경쟁 도시에 비해 턱없이 낮은 상황이다. 서울의 관광호텔 객실 수가 2만 7,000여 실로 도쿄나 베이징의 13만여 실, 런던의 11만실, 뉴욕의 9만 실, 파리의 8만 실과 비교할 때 현저하게 부족한 실정이다.

중요한 것은 향후 2,000만 관광시대를 앞당기기 위해서 관광호텔을 대폭 확충시키지 않으면 안 되는 시점에 와 있다는 것이다. 외래관광객의 양적 증가와 서울집중도가 날로 심화되는 현실에서 획기적인 개선책을 모색하지 않는다면 관광산업은 물론 관련 산업까지 육성할 수 있는 절호의 기회를 놓칠 수 있다. 특히 수도권 숙박난 문제가 원활히 해소될 경우에 외래관광객을 25% 정도 더 유치할 수 있다는 여행업계의 의견도 그냥 흘려 넘길 사안이 아니다.

무엇보다 관광호텔을 바라보는 국민들의 인식이 바뀌었으면 한다. 학교정화구역 내에 각종 유해업소가 들어서면 학생들에게 부정적 영향을 줄 수 있다는 의견에 대해서는 원칙적으로 동의하지만 외국인용 관광호텔이 비디오방이나 유흥단란주점, 사행행위장과 같은 수준의 반교육적인 시설인가에 대해서는 반론을 제기하고 싶다.

관광호텔은 숙박, 식사, 오락 이외에 지역주민들의 교류, 회합의 공간이자 공연 · 예술 등 복합문화공간이라는 공익 기능도 담당하고 있다. 일본, 중국, 홍콩, 태국, 싱가포르 등 인근 국가는 우리의 학교보건법과 같은 규제 장치로 학교 인근에 호텔건립을 제한하는 사례가 없다.

언제까지 찬반 논쟁으로 제자리만 맴맴 돌 것인가 염려스럽다. 이제 전향적인 자세로 이해 당사자 간 대타협과 동시에 제도개혁을 통해 2,000만 외래관광 시대의 조기 달성을 위한 모멘텀을 구축해야 한다(출처: 세계일보, 2014. 11. 9; 註: 문맥 유지를 위해 최신 데이터로 수정하지 않음).

참고자료 10

급증하는 해외여행, 대책은 없는가?

국민들의 해외여행이 '이상과열'을 보일 정도로 급증하고 있다. 1989년 해외여행 완전자유화 이후 매년 증가하고 있지만 최근 가파른 상승세를 보이고 있기 때문이다. 1990년 156만 명이었던 해외여행자 수가 2005년 처음으로 1,000만 명을 넘어선 이후 2016년에는 2,238만 명까지 늘어났다. 1990년부터 2016년까지 외래관광객은 5.8배 증가했지만 해외여행자는 무려 14배 이상 증가했다. 올해는 중국발 사드갈등 및 북핵 위기로 내국인 해외여행자가 방한 외국인의 두 배가 넘어설 전망이다.

2017년 해외여행 규모는 지난 8월까지 1,740만 명이었으며 연말쯤이면 2,630만 명에 다다를 것으로 예상되고 있다. 다시 말해 국민의 절반이 해외여행을 떠나는 셈이다. 인구도 적고 소득도 더 낮은 한국인들이 이웃 일본인들보다 연간 1,000만 명 가까이 더 여행하는 것은 참으로 기이한 현실이다. 급기야 세계관광기구(UNWTO)는 한국을 주목할 만한 세계 10대 관광송출국의 하나로 선정하기에 이르렀다.

해외여행이 급증하는데 비해 국내관광 규모는 상대적으로 저조한 상태에 있다. 2009년 3억 8,000만 명이었던 국내관광 총량이 2016년에는 4억 1,000만 명으로 연평균 3%대의 성장에 머물고 있다. 지난해 일본인 국내여행 총량 6억 4,000만 명 대비 해외여행자의 비중이 4.2%에 그친 반면 우리나라의 경우에는 5.5%에 달하고 있다.

한국인들의 유별난 해외여행 선호는 어디에서 기인할까? 1990년대에는 일부 중산층을 중심으로 해외여행이 이루어졌지만 이제는 남녀노소 할 것 없이 누구나 맘만 먹으면 언제든지 여행을 떠날 수 있다. 한때 유행어였던 '세상은 넓고 할 일은 많다' 대신 '세상은 넓으니 여행이나 떠나자'는 풍조가 생겨난 것이다.

그런데 일본의 해외여행 자유화 현상을 살펴보면 우리와 사뭇 다르다. 2012년에 연간 1,850만 명으로 피크에 달하던 일본인들의 해외여행이 이후에는 1,600~1,700만 명대로 줄어들었다. 해외여행 수요가 안정화 단계로 진입한 것이다. 이러한 감소의 첫 번째 배경으로 해외보다 자국 내로 여행하는 것이 더 여유롭고 편하다는 인식이 저변에 깔려있기 때문이다.

또 일본의 국내관광 인프라 확충은 외래객을 더 끌어들이는 계기로 작용하여 방일 외국인 수가 2016년 2,400만 명까지 늘어났다. 그 결과 2016년 일본은 해외여행에 185억 달러를 지출한데 비해 외래객들로부터 307억 달러를 벌어들였다. 우리가 172억 달러를 벌어들이고 해외에서 266억 달러를 쓴 것과는 한마디로 '천양지차'이다. 그만큼 우리의 국내관광 경쟁력이 튼튼하지 못하다는 것을 반증하는 것이다. 또한 국내관광 인프라가 관광객의 니즈 변화를 따라가지 못한 것도 한 원인이 되고 있다. 2016년 처음으로 해외여행자 중 여성의 비중이 50%를 차지하였고, 고령화 추세에 따라 50대 이상의 해외여행자 비중이 계속 늘어나고 있다. 2016년 국민여행실태조사 결과를 보면, 해외여행자의 여행만족도나 재방문 의향, 타인추천 의향도 국내관광의 그것들보다 더 높게 나타나고 있다.

이에 따라 정부나 각 지자체들도 해외여행 수요를 국내로 돌리기 위해서 나름대로의 묘안을 찾고 있으나 아직은 역부족이다. 해외여행의 포화점조차 예측하기도 어려운 상황이다. 일각에서는 벌써 '해외여행 3,000만 시대'를 점치고 있다. 국내여행과 해외여행 경비에 별로 차이가 없다는 인식이 확산되고 있기 때문이다. 해외여행 중 가장 많은 비중을 차지하는 항공료가 지난 6년간 26%나 하락한 것도 한 몫을 했다.

문재인 정부는 국민이 자유롭게 휴가를 쓰고 내외국인이 편안하게 관광할 수 있는 여건을 조성하는데 관광정책의 목표를 설정하고 있다. 그런 면에서 대체공휴일 확대 등 공휴일 제도의 개선은 환영할 만한 일이다. 휴일제도의 확대가 내수와 소비를 진작해 경제에 활력을 불어넣을 것으로 예상되기 때문이다.

정부도 2017년 추석 '황금연휴' 기간 5조 원의 경제적 효과를 거둘 것으로 전망하고 있다. 그렇지만 휴일을 확대해서 해외여행을 부추긴다는 비판을 받아서는 안 된다. 해외여행 수요를 국내로 유도하기 위해서는 뭔가 '일등공신'을 찾아내야 한다. 국내여행을 많이 하고 각 지역이 골고루 잘 살 수 있는 여행복지사회를 만들기 위해서는 국내여행 세액공제(稅額控除)의 혜택까지도 고민하여야 한다.

또한 국내여행의 기피 원인을 정확히 파악하고 대책을 강구해야 한다. 무엇보다 바가지요금을 씌우는 악덕상술부터 시급해 퇴치해야 한다. 그리고 소비자로부터 외면받고 있는 공급자 중심의 여행서비스도 개선되어야 한다. 좀 더 여성친화적이고 고령친화적이어야 한다. 그러기 위해서는 보는(觀) 여행패턴에서 벗어날 때다. 이제는 쉬며 먹고 즐기는 가운데 여유를 향유할 수 있는 휴미락(休味樂) 여행풍토로 전환돼야 한다(출처: 교통신문, 2017. 10. 10; 註: 문맥 유지를 위해 최신 데이터로 수정하지 않음).

04

동북아 관광공동체를 만들자

■ 전 세계가 중국관광객을 주목한다

최근 중국의 경제력 확대와 해외여행의 급증에 따라 세계의 관광산업도 요동치고 있다. 2010년 일본을 제치고 미국에 이어 G2로 부상한 중국은 소비부문에서도 이제 '큰손'이 되어 세계관광 흐름을 주도하고 있다. 이에 따라 유럽이나 미국에서는 중국관광객을 '新日本人(New Japanese)'이라 반색하며, 자국의 관광수입 증대를 위해 정부와 민간부문이 긴밀하게 협력하여 유치사업을 전개하고 있다.

2001년 발표된 유엔세계관광기구(UNWTO)의 '관광비전 2020(Tourism Vision 2020)' 보고서에서는 2020년 중국인 해외관광객 수가 1억 명에 달할 것으로 예상하였으나 국제관광 전문가들은 그 예측치가 5년 앞서 2015년경에 돌파할 것으로 전망하고 있다.

실제 중국인 해외여행은 2000년 1,047만 명에서 2010년 5,739만 명으로 10년간 5.5배 증가하였으며, 2011년 7,025만 명이 해외여행을 하였다. 이에 따라 중국여유(관광)연구원은 2012년도 자국인 해외관광 지출 총액이 8,000억 달러(한화 약 912조 원)에 달할 것이라는 전망하고 있다. 그리고 2015년에 1억 명을 돌파하고 2020년에는 적게는 1억 3천만 명에서 많게는 1억 5,000만 명 이상을 기록할 것으로 예상되고 있다.

현재 중국인들이 세계관광시장의 블루칩(blue chip)이며 점차 세계를 먹여 살린다는 말도 과장이 아니다. 그리고 중국관광객 유치를 위한 국가 간 경쟁은 가히 '세기의 전쟁'이라 불릴 정도이다. 그렇다면 중국인들의 해외여행이 급증하는 이유는 무엇일까?

여러 가지 요인들이 제기되고 있는데, 이 가운데 급속한 경제성장에 따른 신흥부유층의 증가, 중국 정부의 조우추취(走出去, go-out, 해외진출) 정책, 3조 1,682억 달러(2018년 현재)에 달하는 외환보유고, 위안화의 절상에 따른 구매력 증가, 명품 소비욕구의 증대, 각국의 비자발급 완화조치 등이 복합적으로 작용한 결과라 할 수 있다.

또한 중국인 해외여행이 향후 2020년 이후까지 지속적인 증가될 것이라는 예상은 중국인들의 생활수준 향상과 과시형 · 대외진출형 생활풍조의 확산에서 비롯되고 있다. 보스턴컨설팅사(The Boston Consulting Group, Inc.)의 연구보고서인 '중국의 관광산업 전망(Taking Off: Travel and Tourism in China and Beyond)'에 따르면, 2013년 중국은 세계관광시장의 8%를 점유하며 세계에서 2위의 관광시장이 될 것이며, 2020년 중국의 중산층과 부유층은 약 4억 명에 달할 것이다.

그동안 관광을 빙자한 중국인들의 불법체류를 예방하고자 비자를 까다롭게 발급해 왔던 미국조차도 중국관광객을 2014년까지 220만 명으로 늘리기 위하여 비자발급 완화조치를 취하고 있다. 이는 유럽의 4,000달러에 비해 6,000달러에 달하는 중국관광객들의 명품소비에 자극받은 업계의 로비에 미국 정부가 적극 호응한 결과이다.

동남아 국가들도 최근 중국관광객들의 명품소비에 자극받아 국가관광 브랜드를 새롭게 개편하고 있다. 예를 들어 GDP 대비 관광산업의 비중이 7.4%에 달하는 말레이시아는 중국인 신흥 부유층을 타깃으로 한 관광브랜드를 기존의 '말레이시아 진정한 아시아(Malaysia Truly Asia)'에서 '럭셔리 말레이시아(Luxury Malaysia)'로 변경하기도 하였다.

여기에 그치지 않고 스페인의 남서부 해안도시인 세비야(Seville)가 2012년 1월 말 유럽에서는 최초로 '중국인 친화도시(Chinese Friendly City)'를 표방하며 중국 정부와 손을 잡았다. 세비야 시는 2011년 9,500명(전년 대비 20% 증가)의 중국관광객을 받아들였지만 매년 계속 증가함에 따라 중국관광객에 특별대우를 하고 중국인 유치의 핵심 거점도시가 되려는 포부를 밝힌 바 있다.

그리고 우리와 경쟁관계에 있는 일본도 끝없는 경제불황을 타개하고 2030년 외래관광객 6,000만 명 유치를 달성하기 위하여 중국관광객을 적극 유치하고 있다. 그리하여 불법체류 위험성에도 불구하고 '3년 복수비자'까지도 발급하고 있는 상황이다.

이 외에도 많은 나라에서 중국관광객의 입맛에 맞는 서비스를 제공하기 위하여 안내 인력을 확충하고 음식점을 확대하며 볼거리, 즐길거리를 계속해서 만들어 가고 있다. 그 결과 중국관광객의 전 세계 확산이 각국에서 관광개발의 붐(boom)을 야기하고 있다.

■ 중국관광객 방한수요 예측과 대응방안

그렇다면 한국을 방문하는 중국관광객은 어느 정도이고 향후 얼마나 증가할 것인가? 중국관광객의 방한은 2000년에 44만 명에 불과하였으나 2011년에 222만 명으로 11년 동안 5배 정도 증가하였다. 중국인 전체 해외여행시장에서 한국의 점유율이 2000년 4%에서 2004년 2.1%로 최저점을 기록하였으나 이후 증가하여 2011년에는 3.2%까지 신장되었다.

매년 중국인 해외여행시장의 70% 정도는 홍콩과 마카오에 집중되고 있으며 나머지 30%를 대상으로 많은 국가들이 경쟁한다고 할 때, 한국의 3.2%는 매우 높은 점유율이라고 할 수 있다.

그렇다면 향후 중국관광객의 방한수요는 어느 정도로 증가할 것인가? 지난 1994년부터 2011년까지의 연간 방한객 수를 기준으로 2020년까지 예측하면 최소 905만 명(예측 A: 연간 기준)에서 최대 1,284만 명(예측 B: 월간 기준)까지 방한할 것으로 전망된다. 대충 어림잡아도 1,000만 명이 방한할 것으로 예상된다.

중국관광객의 방한수요 전망

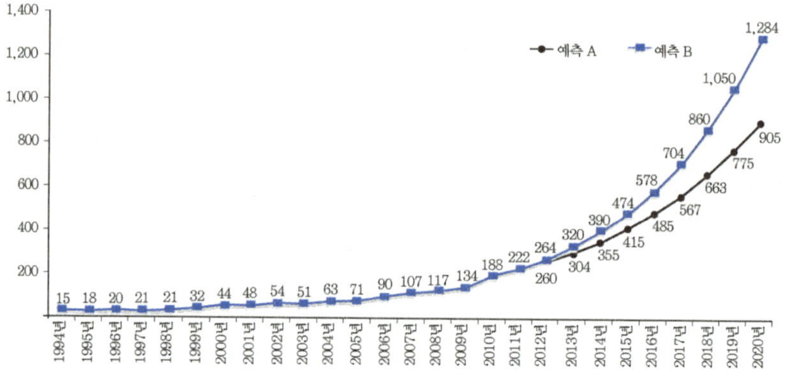

주: 본 예측치는 한국문화관광연구원의 데이터를 활용하였으며, 이 가운데 [예측 A]는 1994년부터 2011년까지 연간자료를 기초로 Log Damped Trend Exponential Smoothing 모형에 의해 추정(MAPE=8.52756%, R2=0.97783)되었고, 이와 별도로 [예측 B]는 1994년부터 2011년까지 월별자료를 기초로 하여 Log Winters Method-Additive 모형에 의거 추정(MAPE=9.93585%, R2=0.96883)되었으며, 두 예측의 MAPE 값이 10% 이하라는 점에서 '신뢰할 만한 예측치'라 할 수 있음.
자료: 장병권(2010) 중국관광객 수용태세 조성방안, 한국문화관광연구원.

이와 같이 2020년에 중국관광객이 1,000만 명 정도 방한할 것이라는 예측은 한국 관광정책의 기조설정에 중요한 시사점을 줄 수 있다. 우선 현재와 같은 예측치대로 추세가 전개될 경우, 일본 정부도 구상하는 것처럼, 우리도 중국관광객을 외래관광객 총량증대를 위한 중요한 지렛대로 활용할 것인가를 전략적으로 검토해야 한다. 이 경우 한·중·일 간 관광공동체가 형성된다는 장점과 더불어 외래관광시장의 중·일 편중이라는 잠재적인 위험성도 내포할 수 있다.

그리고 중국관광객 1,000만 시대를 대비하기 위해서는 그들을 수용할 수 있는 인프라 확충에 엄청난 재원이 소요될 수 있다는 점에서 신중한 접근도 필요하다. 또한 현재 많은 외국관광객을 유치하고도 충분히 '소화'하지 못해 부작용이 적지 않게 나타나고 있는 현실도 감안할 필요가 있다. 다시 말해 향후 정부의 관광정책기조(tourism policy stance)를 선환할 필요가 있다. 즉 외래관광객의 '유치'(量)에 초점을 둔 정책에서 그들에게 '감동'(質)을 주는 정책으로 점차 변경할 필요가 있다.

왜냐하면 한국관광공사, 중국관광 소비자 마케팅조사(2010) 결과, 중국인들의 해외여행만족도에서 한국(5점 만점중 3.63점)은 대양주(4.14점), 싱가포르(4.09점), 홍콩(3.99점), 말레이시아(3.95점), 일본(3.94점), 태국(3.86점) 등 경쟁국에 비해 현저히 낮기 때문이다.

또한 중국관광객에 대한 양질의 관광서비스를 제공하기 위해서는 부가가치가 높은 타깃 계층을 잘 선정할 필요가 있다. 최근 호주 정부는 중국관광객 중 '여행경험이 많고 30~40대의 남녀, 커플, 대도시 거주 부유층'을 호주의 핵심 타깃시장으로 선정하여 대응책을 강구하고 있다. 이와 관련하여 우리는 타깃 계층으로 '新중국관광객들(new Chinese tourists)'에 주목할 필요가 있다.

이는 중국인 해외여행 현상에 있어서 그동안 단체관광 위주의 관광현상이 주류를 이루어 왔다면 이제 새로운 '제2의 물결(second wave)'은 '新중국관광객들'로 채워질 것이기 때문이다. 여기에서 '新중국관광객들'은 "외국에 대한 정보가 많고, 자기주도적 여행형태를 선호하며, 명품 및 고가상품을 구매하는 부유층인 동시에 소비주의에 물들어 있는 반복적인 해외여행자들"로 명명되고 있다.

나아가 정부정책 수립 시 간과해서는 안 되는 것은 현재 중국관광객들의 방한 패턴을 면밀히 검토하고 바람직한 방향을 모색할 필요가 있다는 점이다. 예를 들어 중국관광객들은 여전히 수도권(서울, 인천, 경기)에 집중된 방문패턴을 보이고 있어 나머지 지자체들의 중국관광객 유치사업이 비효율적으로 추진되는 경향이 있다.

이에 따라 향후 관광정책도 중국관광객의 지방분산을 도모하는 방향으로 정책을 추진해야 한다. 이는 향후 중국이 제조업 생산기지화되는 것에 대비하여 한국은 전 국토를 관광레저형 서비스업의 체험기지화로 육성하는 데 초점을 두어야 함을 의미한다.

그러나 우리나라의 중국관광객 수용태세는 방한 러시에도 불구하고 양질의 중국관광객을 더 많이 유치하기 위해서는 시의적절한 관광수용태세를 확보하는 것이 중요하다. 이와 관련하여 관광상품, 관광교통, 숙박시설, 관광정보 · 안내, 관광쇼핑, 관광식당 등 6가지가 관광수용태세의 핵심요소라고 볼 수 있다. 앞서 예측한 2020년까지의 중국관광객의 방한수요와 이에 따른 정부 관광정책의 기조설정 방향을 종합적으로 감안할 때 다음의 몇 가지 개선방안이 도출될 수 있다.

첫째, 중국관광객을 위한 관광상품과 관련하여 기존에 제기되고 있는 저가덤핑상품, 바가지요금, 옵션투어, 쇼핑강매 등은 한국관광의 만족도를 저하시키고 있다는 점에서 중국인 단체관광상품의 공정거래제도를 확립하는 동시에 '가격' 전략보다는 '체험' 전략으로 전환하여 "한류 3.0 시대"에 부응한 한국신기(韓國新奇)형 체험관광상품을 적극 육성해야 한다.

둘째, 중국관광객의 개별여행패턴 증가에 대비하여 대중교통 시설은 물론 택시서비스의 개선을 적극적으로 개선할 필요가 있으며, 향후 중국관광객의 지역분산을 위하여 주요 지방 국제공항의 출입국 수속 서비스도 '인천공항' 수준으로 혁신되어야 한다. 나아가 중장기적으로 한 · 중 간 항만관광이 크게 활성화될 전망이라는 점에서 항만주변 관광활성화 방안을 적극 강구해야 한다.

셋째, 중국관광객 유치확대의 걸림돌로 작용하고 있는 숙박시설의 공급부족은 매우 심각한 상황이다. 한국관광공사의 집계에 따르면, 2011년을 기준으로 외국인 수요를 감안할 때 전국적으로 66,944실이 부족하며, 수도권에 한정할 경우 54,098실이 부족하여 더욱 심각한 실정이다. 따라서 단기적으로 중국인 선호시설의 확충과 더불어 중 · 장기적으로 한류체험형 복합숙박시설(메디텔, 한옥텔, 도시민박, 호텔도시 등)을 확충해야 한다.

넷째, 중국관광객의 급증에 따라 관광안내 전문인력이 과부족 상태에 이르러 무자격 가이드에 의한 부실한 안내서비스가 시급해 해결해야 될 사안으로 등장하고 있다는 점에서 관광안내인력 자격제도를 전면 개편하여 자격증 소지자의 의무고용제를 확립하고, 대학과 연계하여 청년고용 확충을 위한 '중국관광객 스페셜리스트'를 적극 양성할 필요가 있다.

다섯째, 중국관광객을 포함한 외래객 전체의 관광불편신고 중 쇼핑불만이 가장 많은 비중을 차지하고 있으며, 단체관광객의 한국 쇼핑관광 편의도가 경쟁국에 비해 낮다는 점에서 단체여행 상품의 쇼핑강매 현상을 제도적으로 근절해야 한다. 호주의 사례에서 보듯이 정부 차원에서 '한국관광 안전쇼핑 7계명'을 도입하여 소비자보호와 동시에 강매업체에 대한 단속 · 제재 방안이 마련되어야 한다.

여섯째, 중국인 단체관광객을 위한 전용식당제도가 시행되고 있지만 식당메뉴의 단순, 음식재료의 부실, 음식에 대한 정보부재 등의 문제점이 여전하다는 점에서 여행사의 음식점 겸업 허용과 서비스 책임제, 음식점내 통역요원 배치의무화, 한식체험 메뉴 개발, 고부가가치형 건강보양식 개발 등을 적극 추진해야 한다.

향후 중국인 해외여행의 증대에 따라 중화권 목적지(홍콩, 마카오, 대만)를 제외할 때 '최초의 해외여행지'로 지리적으로나 문화적으로 가까운 '한국'을 선택할 가능성이 높다. 따라서 한국을 방문하는 중국인들에게 관광업계는 친절한 서비스를 제공하고, 일반 국민들도 따뜻한 환대를 통하여 한국에 대한 첫인상을 강하게 심어줄 경우 재방문으로 이어질 수 있다.

그리고 아무리 많은 관광객들이 와도 손님대접은커녕 바가지 상혼, 일부 택시의 횡포, 수준 이하의 숙박시설, 부실한 음식 등의 불평과 불만을 야기한다면 한국에 대하여 부정적인 이미지를 갖게 하고, 재방문율의 저하요인으로 작용하게 된다.

따라서 관광과 직간접으로 관련된 사업자단체는 물론 언론, 시민단체가 주도적으로 참여하여 방한하는 중국인들에게 세심한 배려와 환대로 불편을 줄이고 감동을 배가시켜 재방문 동기를 불어넣을 수 있도록 '중국인 프렌들리 캠페인(Chinese friendly campaign)'을 적극 전개할 필요가 있다.

■ 중국의 관광산업과 관광정책 동향

세계관광은 반세기 이상 동안 지속적으로 성장해 왔으며 향후에도 안정적인 성장을 예고하고 있다. 유엔세계관광기구(UNWTO)에 따르면 국제 관광객 수는 1950년 2,500만 명이었으나 2018년은 14억 명으로 70년

동안 56배 증가하였다. 그리고 미래 학자인 Ian Yeoman(2008)은 2030년에는 19억 명으로 증가될 것으로 전망하고 있다. 그런데 2000년대에 들어와 세계관광이 지속적인 성장을 하게 된 가장 중요한 동력을 바로 중국이 제공하고 있다는 사실을 간과해서는 안 된다. 지난 10년 사이에 전 세계관광의 연평균 성장률은 3.2%를 기록하였으나 중국의 해외여행 증가 속도는 16.9%를 기록하였으며, 이는 세계 평균 수준의 5배에 달하는 것이다.

2010년 일본을 제치고 미국에 이어 G2로 부상한 중국은 소비부문에서도 이제 '큰손'이 되어 세계관광의 성장에 중요한 역할을 담당하고 있다. 지난 2000년 1,047만 명이었던 중국인 아웃바운드 관광객이 2010년에는 5,739만 명으로 증가하고, 2018년에는 1억 5천만 명까지 증가함에 따라 중국 관광객을 유치하기 위한 주변 각국의 경쟁도 더욱 치열하게 전개되고 있다. 따라서 여러 산업부문에서의 한·중 간 협력 방안을 모색하는 것 못지않게 관광부문의 대응방안도 지속적으로 모색할 필요가 있다.

그러나 중국의 아웃바운드 관광객이 계속 증가한다고 해서 한국의 중국관광객 유치가 순조롭게 진행되지는 않을 것이다. 현재 중국 정부의 관광정책은 국내관광 진흥에 역점을 두고 있으며, 아웃바운드 관광정책도 자국 관광객을 대외정책의 전략적인 무기(weapon)로 활용하며 호혜적 관광정책을 추진할 것으로 천명하고 있기 때문이다.

따라서 중국 정부의 관광정책 동향을 면밀히 검토하고 이에 대응하기 위한 다각적인 전략적인 접근이 필요하다. 특히 중국의 관광산업과 정책현황을 정확히 파악하고 대응책을 강구하는 것은 매우 중요한 과제이다. 이에 따라 중국의 관광산업 성장현황과 정부정책 동향을 살펴보고 한·중 간 관광교류의 현황을 분석하여 바람직한 관광협력 방안을 모색하여야 한다.

최근 중국 관광시장의 발전을 가져온 혁신적인 변화로 고도 경제성장, 교통여건 개선 및 자가용 승용차의 증가, 그리고 주5일 근무제 도입과 유급휴가제에 따른 여가시간 확대 등을 들 수 있다.

그동안의 괄목할 만한 관광산업의 성장 못지않게 주목해야 할 것은 향후 10년간에도 중국 관광산업의 규모가 계속 확대될 것이라는 점이다. 보스턴컨설팅사(The Boston Consulting Group, Inc)의 "중국의 관광산업 전망(2011)" 보고서에서는 2013년 중국은 세계관광시장의 8%를 점유하며 세계에서 2위의 관광시장이 될 것으로 전망하고 있다. 그리고 중국의 국내관광지출은 매년 16% 증가하여 2020년 중국 국내관광시장(국내숙박, 비즈니스, 기타 포함)의 가치는 3조 9천억 위안(한화 646조 원)으로 증가하고 해외여행시장은 1조 5천억 위안(한화 248조 원)으로 증가하여 총 5조 4,550억 위안(총 894조 원)으로 전망하고 있다.

중국의 관광산업 성장전망(2010~2020)

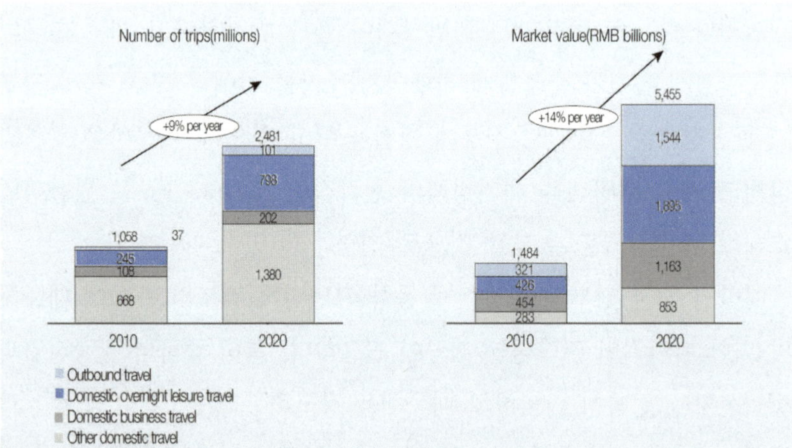

자료: The Boston Consulting Group(2011), Taking Off: Travel and Tourism in China and Beyond.

이와 같은 지속적인 성장전망으로 인하여 세계관광협의회(WTTC)는 2020년경 세계 관광시장에서 중국의 점유율은 13~14%를 차지하여 세계 1위를 기록할 것으로 예상되고 있으며, 관광 및 관련 산업에 고용된 인원도 2010년의 600만 명에서 2020년에는 900만 명 수준으로 1.5배 증가할 것으로 예측하고 있다.

한편 중국 정부는 "중국 관광산업 장기발전계획(2001~2020년)"을 수립하였는데 이 계획에는 관광산업정책을 단계적으로 추진하고 '적절히 앞서 나간다'는 두 가지 원칙을 담고 있다. 그리고 관광정책의 2대 추진원칙으로 그 첫째는 관광업의 발전 속도가 국민경제의 전체 발전 속도보다 적절히 앞질러서 관광업이 국민경제의 새로운 성장 축으로 역할을 수행해야 한다는 점을 강조하였으며, 다른 하나는 중국 관광업의 발전 속도가 세계 관광업 평균발전 속도보다 적절히 앞질러서 중국이 세계 관광강국을 건설하는 이상을 실현해야 한다는 원칙을 강조하고 있다.

동 계획은 2020년을 목표년도로 삼고 구체적으로 추진할 관광발전 구상을 담은 계획으로 당시 세계 5위인 관광외화 창출을 세계 1위로 높이고, 인바운드 관광객 유치를 확대하여 세계 1위의 인바운드 관광 대국으로 도약하며, 국내 관광소비지출을 인바운드 관광수입의 8배로 확대하며, 중국인 해외여행 규모와 방문목적지를 확대하여 세계 4위를 달성하고, 중국경제에서 차지하는 관광경제의 비중을 10% 이상으로 확대하며, 관광산업 서비스 수준을 세계적인 수준으로 향상시킨다는 목표를 설정하고 있다.

중국 관광산업의 장기발전 계획의 단계구분

단 계	시기	핵심정책
기초단계	2001~2005년	10 · 5계획 기간으로 관광강국의 기초 건설
향상단계	2006~2010년	관광산업의 질의 전면향상과 관광업의 국내/국제 경쟁력 전면 향상
강화단계	2011~2015년	중국의 종합 국력 향상과 관광업 발전환경의 개선에 따라 관광업의 국제경쟁력을 더욱 강화
완성단계	2016~2020년	세계 관광강국과 신흥 지주산업의 지위와 이미지 전면 형성 및 완성

자료: 최경은(2008), 중국 출국관광시장의 개방정책 변화와 발전추세, 지리학연구, 42(3).

최근 중국 정부는 관광산업을 '국민경제의 전략적 지주산업(pillar industry) 및 국민을 만족시킬 현대서비스업(modern service industry)'으로 육성하는 전략을 구사하고 있으며, 2009년 12월 '관광산업 발전가속화를 위한 의견'을 통해 관광산업을 국민경제의 '전략적 지주산업'으로 성장시키고 2020년까지 관광산업의 규모와 수준, 효율성을 세계 수준으로 끌어올릴 계획이다.

그러나 중국 관광산업 발전에 있어서 성장의 장애요소로 대두되고 있는 것은 관광자원 파괴, 경직된 정책과 빈약한 제도, 그리고 민간부문의 낮은 서비스 수준이다. 관광수입 증대를 위한 노력과 내국인 관광수요의 급속한 증가로 많은 관광자원이 무분별하게 개발되고 있다. 관광업계의 낮은 서비스의 질 또한 관광산업 발전의 중요한 걸림돌이 되고 있다. 그 결과 중국 관광산업에 대한 외부세계의 전반적인 평가는 '일류 자원, 이류 관리, 삼류 서비스'이다.

■ 한중 간 관광협력의 추진방향

오랜 역사적 관계로 보나 지리적 인접관계로 보아 중국과 한국은 떼

려야 뗄 수 없는 상호 밀접한 관계를 맺을 수밖에 없다. 그런 연유로 관광부문에 있어서 한·중 간의 관광교류는 다른 나라들에 비해 일찍이 1980년대부터 시작되었다. 그러나 당시에는 한국의 입장에서 중국에 대한 일방적인 퍼주기 형태였다. 1998년 한국을 해외여행자유화국가(APD)로 지정하면서 중국관광객의 방한 규모도 점차 확대되고 있다. 먼저 한국의 해외여행자 중 중국방문자수는 2008년 396만 명에서 2009년 320만 명으로 감소하였으나 2010년에는 다시 408만 명으로 증가하였다. 그리하여 한국은 중국방문 외국관광객 중 가장 많은 비중을 차지하고 있다.

반내로 한국은 지닌 2000년 44만 명을 유치하여 중국 아웃바운드 대비 4%를 차지하였으나 이후 감소하여 2007년 107만 명이 방문하였고 2010년에는 188만 명으로 중국 전체 아웃바운드 5,739만 명의 3.3%를 차지하고 있다. 그러나 장기적 관점에서 중국인의 한국방문은 지속적으로 증가하여 2020년의 경우 적게는 905만 명, 많게는 1,284만 명(1994년 이후 연간 입국자 기준 수요예측 결과)까지 나타날 전망이다. 따라서 한중 간의 관광교류를 지속적으로 확대할 수 있는 정책적인 노력이 필요하다.

그동안 한·중 간의 관광협력은 중앙정부 및 지자체 차원에서 전개되어 왔다. 최초의 협력형태는 1995년 한중관광진흥협의회를 발족하여 한국여행 자유화지역의 확대, 중국관광객 유치전담 여행사의 확대, 한국관광공사 중국지사 및 중국국가여유국 한국사무소의 설치, 한·중 공동상품 개발, 양국 청소년 및 연구기관교류 활성화 등이 양국 간 공동관심사를 논의하고 사업을 추진하였다.

2007년 외교부와 중국 외교부는 '한중교류의 해'로 선포하여 다양한 교류행사를 추진한 바 있다. 그리고 장관급 차원에서 한중관광장관회의가 2009년에 처음 개최되었으며, 여기에 일본까지 참여하는 '한중일

관광장관회의' 차원에서 다자간 협력사업이 추진되고 있다. 그리고 2007년부터 문화체육부와 중국국가여유국이 공동으로 '한중 연해지역 관광협력 발전포럼'을 개최하여 양국 지방정부 간 활발한 교류환경 조성 및 교류활동을 도모하고 있다. 2006년부터는 일본까지 포함하여 한중일 관광장관회의를 개최하여 3국 간 관광교류 협력으로 확대되었으며 2019년까지 9차례 개최되었다.

이상에서 최근 한중 간 관광협력의 현황에 대하여 살펴보았다. 지난 10여 년 동안 협력사업이 괄목할 만큼 증가하였음은 부인할 수 없으나 아직도 공공기관이 주도하는 형태에서 벗어나지 못하고 있으며, 그 협력내용도 자매결연사업, 관광상품 개발 및 홍보 등에 한정되어 있다. 이 밖에 교류협력의 실질적 참여자이자 수혜자인 민간부문 간, 학술·연구기관간 협력사업은 정례화되지 못하고 있는 실정이다.

나아가 한·중 간 관광상품 개발 및 마케팅의 공동 전개도 여전히 공론화 수준에 머물고 있다. 이에 따라 한·중 간 관광협력주체의 다각화, 협력내용의 다양화, 협력사업의 공유화, 협력효과의 호혜화를 추진하는 것이 중요한 과제로 부상하고 있다.

중국의 관광시장은 그동안 빠르게 성장하여 2020년경부터 세계 최대시장으로서의 위상을 확보할 것으로 예상된다. 이에 따라 중국관광객의 유치확대를 위해서는 기존 관광협력 사업을 종합적으로 재검토하고 실질적인 성과를 도출할 수 있는 방향으로 추진되어야 한다. 이와 관련 한·중 간 자유무역협정(FTA) 체결(2015년), 나아가 '한중일 관광공동체(BESETO Tourism Community)'의 구축을 위한 여건변화에 효과적으로 대응하기 위해서는 한중 간 관광협력의 다각화(주체), 다양화(내용), 공유화(사업), 호혜화(성과)와 관련하여 새로운 돌파구를 마련할 필요가 있다.

첫째, 관광협력의 주체 측면에서 기존 중앙정부 및 지자체 주도의 교류협력 및 자매결연사업 등을 지속적으로 추진하되, 향후 이를 구체적으로 실천하게 될 민간부문(관광사업체 및 협회 등) 간 교류협력사업도 강화하고, 대학 및 연구원 등 학술연구기관 간의 정례적인 현안토의 및 공동개선방안 강구 등의 협력이 확대될 필요가 있다.

둘째, 관광협력의 내용 측면에서 기존 국가 및 지자체에 의한 관광교류 및 자매결연사업, 그리고 관광상품 개발지원 사업을 지속적으로 추진하되, 향후에는 양국 간 관광투자 확대 및 투자기업의 현지화(관광공사 지사 확대 포함)를 위한 지원책을 강화하고, 중국 관광인력의 교육 및 훈련 사업을 유치하며, 관광객의 안전보장을 위한 위기관리를 강화할 필요가 있다.

한중 간 관광협력 사업의 추진방향

	협력목표	기존	향후
한중 관광 협력 확대	협력주체의 다각화	중앙정부 및 지자체 주요의 교류협력	민간부문 및 학술연구기관의 협력사업 확대
	협력내용의 다양화	자매결연 · 인적교류, 관광상품개발 위주	투자유치, 인적교류, 관광안전, 현지화 확대
	협력사업의 공유화	국가 간 독자적인 관광상품개발 위주	한중 간 관광상품 개발 및 마케팅 공동 전개
	협력효과의 호혜화	한중 간 갈등으로 인한 양국 관광산업 피해	한중 간 관광교류의 지속가능성 확보

자료: 장병권(2011), 중국의 관광정책 동향과 한중 협력방안, 국토연구원, 월간국토, 9월호.

셋째, 관광협력의 사업 측면에서 기존에 양국의 공공기관이 구미(歐美) 권역에 대한 공동 유치마케팅에 대한 공감대가 형성되었으나 아직 실행되지 못하고 있다는 점에서, 한 · 중간 관광상품과 관광코스의 공동개발, 한 · 중 크루즈 운항 확대 등 공동사업을 확대하여 제3의 관광시장을 공략할 필요가 있다. 2011년 4월 중국의 훈춘산장국제여행사가 중국(장춘)–러시아(슬라비안카, 블라디보스톡, 카산)–북한(라선지구) 3국을 매주 순회하는 무비자 여행을 처음으로 출시하여 북-중-러 3국 경협이 활기를 띠게 된 것을 염두에 둘 필요가 있다.

끝으로, 관광협력의 성과 측면에서, 한 · 중 간 관광교류 규모가 2011년 641만 명에서 2016년 1,284만 명으로 두 배 이상 증가하였지만 사드사태 이후 급감함에 따라 양국 관광산업 모두 큰 피해를 겪었다는 점에서 지속가능하고 호혜적인 관광협력사업을 추진해야 한다. 이를 위해 한국 여행상품의 품질을 고급화하고 중국인 FIT 대상 관광수용태세를 획기적으로 개선하는 것이 중요한 과제이다.

■ 한 · 일 관광역전 현상을 진단한다

최근 한 · 일(韓 · 日) 간 정치 외교적 갈등이 수그러들지 않고 있으나 양국 간 관광교류는 오히려 더 늘어나고 있다. 불과 10년 전만 해도 한국 관광업계는 외래객의 수에서 일본보다 앞섰다는 자긍심을 품고 있었으나 이제 '오래된 전설'로 가고 있다는 느낌마저 든다.

한 · 일 간 관광역전 현상을 외래객 수와 양국 간 관광교류로 나눠 살펴보자. 수십 년간 양국은 관광산업의 육성에 사활을 걸고 노력했지만 최근의 성과치로 보면 한국은 일본에 '게임'도 안 된다. 외래객 1,000만 명의 돌파를 한국은 2012년, 일본은 2013년으로 거의 비슷한 시점에 달성했지만 이후 양국의 성적표를 보면 참담한 상황이다.

2016년 방한 외래객 수는 1,724만 명으로 정점을 찍었지만 사드배치 여파로 중국인들이 급감하면서 2018년에는 1,535만 명으로 줄어들었다. 반면 일본은 2016년 2,404만 명을 유치해 우리와의 격차를 700만 명까지 벌여놓은 데 이어 2018년에는 3,119만 명으로 사상 최고치를 기록해 우리보다 두 배 이상 달아났다.

여기에 일본은 2030년 6,000만 명 유치를 목표로 설정하고 대대적인 인바운드 유치노력을 전개하고 있는데 우리는 일본을 따라가기도 버거운 상태에 있다. '88서울올림픽 때 일본은 드러내놓고 '경기는 한국에서, 관광은 일본에서'를 슬로건으로 삼았는데 우리는 이런 전략도 없다.

이쯤에서 "어떤 것이든 하루아침에 이뤄지지 않는다"는 것을 인정하지 않을 수 없다. 일본이 3,000만 명을 유치하기까지 지난 15년간 관광입국기본법과 추진계획을 마련하고 꾸준하게 관광인프라를 확충하고 과감한 정책을 추진한 것을 칭찬하지 않을 수 없다. 우리의 국제관광 경쟁력이 2007년 42위에서 2019년 16위로 껑충 뛰었지만 같은 기간 일본은 26위에서 세계 4위로 최상위권으로 올라선 것만 봐도 일본의 집요함을 알 수 있다.

우리는 외래객 유치가 먼저냐 국내관광 활성화가 먼저냐 논쟁하다 시간을 허비했고, 아웃바운드가 폭증해 2018년 세계 9대 관광소비국이 된 것을 마치 '자랑'인 양 내버려두고 이들 해외여행 수요를 국내로 되돌리는 데 정부나 업계나 전문가나 어느 누구도 적극적으로 '행동화'하지 못했다.

일본은 2012년 해외여행자수가 1,800만 명대로 정점을 찍은 이후 1,600~1,800만 명대에서 안정적인 수요를 보이고 있으나 일본보다 인구가 40%에 불과한 한국은 2012년 1,285만 명에서 2018년에는 2,870만 명으로 두 배 가까이 증가했으며 조만간 3,000만 명을 넘어설 태세이다. 해외여행 러시를 부정적으로 보고 싶지 않다. 국내여행을 하는 데 아무런 불편이 없도록 만들어 놓고 그 결과 외래객을 더 끌어들인 일본을 보면서 마냥 우리의 해외여행객에게 탓을 돌릴 수 없다.

이제 양국 간 관광교류 규모를 살펴보자. 정부수립 이후 방한 제1관광시장은 미국→일본→중국의 순으로 바뀌어왔다. 그중 일본은 40년 이상 한국의 제1관광시장이었다. 2001년 46.2%였던 일본인의 비중은 2012년 31.5%로 줄어들고, 2013년부터는 중국인이 35.5%로 제1시장으로 부상하면서 일본인의 비중은 2018년 19.2%로 더욱 축소됐다. 물론 일본 관광객 수는 2012년 352만 명에서 2015년 183만 명으로 줄었지만 바닥을 찍었고 이듬해부터 회복되어 2018년에는 295만 명으로 크게 불어났다.

방한 중국인은 2010년 188만 명에서 2018년 479만 명으로 늘어나 빅(big) 마켓이 되었지만 우리는 시류에 너무 편승하는 '관광냄비' 근성을 버리지 못하고 있다. 쇼핑관광으로 '큰손' 행태를 보이는 중국인들이 급증하면서 전통적 시장인 일본인들은 뒷전으로 내몰렸고, 여기에 여전히 시장논리가 작용하였던 양국 간 관광교류에 정치 외교적 입김이 작용하여 관광서비스의 질까지 떨어뜨리고 있다.

지난해 중국인들이 일본에 가장 많이 방문했지만 일본의 관광지들은 여전히 중국어보다 한국어 안내를 먼저 표기하고 있다. 우리는 지하철이든 관광안내판이든 어디가든 중국어→일어→영어의 순으로 표기하고 있다. 마치 중국이 제1의 방한관광시장이 된 것을 축하하는 것처럼 말이다.

최근 반한과 반일 감정이 거세게 일어나고 있지만 양국 간 인적교류는 2018년 1,000만 명을 넘어섰다. 관광은 정치논리보다 시장논리가 앞서고 있음을 보여준다. 일본을 비난하는 사람들도 일본을 방문하고 있고, 또 일본 여행을 통해서 만족하며 많이 배운다. 역으로 일본인들도 그럴 것이다.

그렇지만 방한 일본인은 28%(295만 명)에 불과했고 방일 한국인이 72%(754만 명)이다. 저가항공, 물가 등 여러 가지 이유로 한국인의 일본 여행이 계속 늘고 있다. 이제 우리도 늘어나고 있는 일본인들을 더 불러들여야 한다. 시끄럽지 않고 절제된 가운데 한국문화에 심취해 가는 일본인들은 중국인들 못지않게 중요한 손님이다. 중국을 대체시장으로 삼지 말고 일본과의 관광역전을 정공법으로 풀어 가자.

■ 남북상생형 관광협력을 추진하자

2017년 11월 30일부터 10년 만에 역사적인 남북 철도 현지 공동조사가 진행됐다. 석 달 전 9월 19일 열린 남북정상회담의 결과인 평양공동선언에는 "서해 및 동해선 철도와 도로 연결을 위한 착공식을 하며, 개성공단과 금강산 관광을 정상화하고, 서해 경제특구와 동해 관광특구를 조성하기로 협의한다"고 명시했던 터라 남북공동조사는 공동선언의 실천이라는 큰 의미를 갖고 있다.

관광부문은 유엔 안보리의 제재대상이 아니라는 점에서 북한도 적극적인 관심을 가지고 경제재건의 돌파구로 삼으려 하고 있다. 그렇지만 평양공동선언에 관광부문에 대해 보다 적극적인 협력의사를 끌어내는 데 성공했으나 유엔안보리의 논의 및 북미 간의 협상 진전에 따라 영향을 받지 않을 수 없다.

2018년 싱가포르에서 열린 북미 정상회담 이후 양측 간의 비핵화 협상이 지난(至難)하게 전개돼 왔으며, 대표적인 대북 전문가인 남성욱 고려대 교수는 이를 '그럭저럭 버티기 시나리오'(The Muddle through Scenario)라 명명하고 있다. 중요한 점은 비핵화 협상에 있어서는 한 치의 양보도 없어 보이지만, 그 외 경제문제에 대해서는 북한도 유연한 입장을 견지하고 있는 것이다.

그동안 북한의 행태를 살펴보면, '돈 되는 관광상품은 다 한다'는 속내가 담겨 있으며, 미·중 간의 경제 갈등을 지렛대로 활용해 중국관광객의 유치에 주력하고 있다. 또한 최근 북한이 관광분야에서 몇 가지 특기할 만한 변화된 모습을 보여주고 있다.

우선 과거와 같이 사적지와 자연경관, 이벤트를 둘러보는 '보는 관광'에서 벗어나 산업관광이나 홈스테이 등 체험하고 즐기는 '테마관광'으로 전환되고 있다. 관광상품 개발에 있어서도 '일시적인 단순관광'을 넘어 '장기체류형 연수' 프로그램이 확대되고 있다. 향후 대북제재가 해제될 경우 관광분야에서 가장 빠른 성과가 나타날 것으로 예상할 수 있다.

우리 정부가 평양공동선언 이후 교통과 관광 분야를 우선적으로 정상화하는 데 주목한 것은 나름대로 양측 모두에게 이득을 줄 수 있기 때문이다. 북한의 경우 마식령 스키장에 이어 삼지연 등 주요 관광지의 개발에 적극적인 의사를 표명해 왔으며, '조선의 무역' 웹사이트에서 투자가치가 있는 곳으로 원산과 금강산의 국제관광지대를 집중 홍보하고 있듯이, 경제재건을 위한 외화획득의 '실리(實利)'를 챙길 수 있다.

우리의 경우는 민족통일이라는 원대한 목표를 떠나 '한반도'라는 새로운 역사문화 콘텐츠를 구축해 글로벌 관광매력을 제고하며, 외래관광시장을 범세계로 확대하고, 세계관광 대국화를 북한과 함께 실현할 수 있다는 '명분(名分)'을 얻을 수 있다. 대북 관광협력에 따른 국내관광의 침체 우려를 해소하기 위해서 외국인 관광객의 남북 교차방문 상품을 공동 출시하는 방안도 있다.

또한 남북한의 각종 교류에 있어서 상생과 호혜가 중요하겠지만 관광만큼 그 효과가 큰 경우는 흔치 않을 것이다. 따라서 우리 정부의 정책담당자들도 '관광'이 유엔의 대북제재 대상은 아니지만 북 · 미 간 비핵화 협상진전에 따라 큰 영향을 받을 수 있다는 점에서 설득과 중재를 통하여 관광협력 이니셔티브를 지속적으로 행사하는 방안을 강구해야 한다.

또한 북한이 방문객에 대한 안전 및 출입국 편의 등에 책임있는 관광국가로 거듭나기 위해서는 유엔세계관광기구(UNWTO)와 같은 국제기구와의 협력을 통해 관광인프라 확충 및 컨설팅 지원을 받도록 권고할 필요가 있다. 또한 북한의 관광개방을 지원하고 관광개발기금 조성과 역내 관광교류를 확대하기 위하여 한 · 중 · 일 · 북 베세토피(BeSeTo+Py) 관광협력체를 구성하는 방안도 검토할 만하다.

단기적으로 남북한 관광교류가 성사될 경우 각종 문화유적지 탐방, 문화스포츠 행사 참가, 대학생 백두-한라 교차 등반과 같은 부정기적인 관광사업을 위주로 추진될 것으로 예상된다. 여기에 3.1독립반세운동 유적이나 태권도 콘텐츠와 같은 소프트 아이템을 공동 발굴하는 방안도 적극 고려해야 한다. 그리고 국제제재의 예봉을 피하는 방법으로 '국가' 레벨보다는 지자체와 민간부문으로 협력 주체를 하향 · 분산할 필요가 있다.

2018년 11월에 실시된 철도 공동조사가 유엔제재 대상에서 제외되었듯이 남북협력 중 제재 비대상 분야를 적극 발굴하고 이를 관광부문으로 연계시켜 추진하는 방법도 묘안이 될 수 있다. 가령 한반도 신경제지도(H벨트) 구상이나 비무장지대 평화관광 구상과 같이 정부가 추진하기로 발표했던 각종 대북 관광협력 사업에 대한 액션플랜을 조기 수립하여 대비할 때이다. 향후 변화무쌍할 것으로 예상되는 미래에 '기회는 준비된 자에게 온다'는 점을 명심해야 한다.

참고자료 11

차이니스 프렌들리 관광전략 구사할 때

세계경제의 블랙홀로 주목받던 중국이 2010년 일본을 제치고 미국에 이어 G2로 부상하면서 중국에서 생산된 상품들이 세계의 표준이 되는 일명 '차이나 스탠더드(China Standard)' 시대가 됐다. 그런데 불과 2년 뒤인 2012년에는 중국이 미국을 제치고 세계 톱 관광시장으로 우뚝 서게 되면서 차이나 스탠더드라는 말 대신 '차이니스 프렌들리(Chinese Friendly)'라는 용어가 새롭게 등장했다. 급기야 2012년 1월 스페인의 작은 해안도시인 세비야(Servile)가 유럽에서 처음으로 중국인 친화도시를 선언하기에 이르렀다.

중국인 해외여행자 수는 2001년 1,213만 명에 불과했지만 2014년에 처음으로 1억 명을 돌파했다. 지금 전 세계를 활보하며 여행하는 사람 10명 중 1명은 중국인들이다. 중국인들이 해외여행 때 소비한 1,650억 달러는 핀란드의 경제규모와 비슷한 수준이며 관광대국인 그리스보다는 더 크다. 그러다 보니 향후 중국의 최대 수출품은 '상품'이 아니라 '사람'이 될 것이라는 전망도 제기되고 있다.

우리나라의 부산시도 지난 5월 중국친화도시지수를 개발하고 62만 명 수준인 중국관광객을 2020년 200만 명까지 확대하기 위하여 중국관광객 친화도시를 선언했다. 시의적절하고 미래지향적인 정책결정을 했다. 그렇지만 부산시만 차이니스 프렌들리 도시의 대열을 합류해서는 안 된다. 전국의 중요 관광거점 도시들도 차이니스 프렌들리형 관광인프라 개선 및 서비스 제공에 동참해야 한다.

또한 중국관광시장 의존도가 급속히 높아졌다는 점도 감안해야 한다. 한국의 대중국 상품수출 의존도는 2007년 22.1%에서 2014년 25.1%인 반면 외래관광시장에서 중국관광객이 차지하는 비중은 2007년 16.6%에서 43.1%까지 급증했기 때문이다. 그리고 '차이니스 프렌들리'라 함은 양적 측면의 관광객 유치에서 벗어나 고객맞춤형(customized) 질적 관광서비스를 제공하는 데 초점을 둔다는 점에서 중요한 의미가 있다. 중국인 해외여행시장에서 한국이 차지하는 비중은 2004년 불과 2.2%에 그쳤지만 2014년에는 5.6%까지 괄목할 만하게 신장됐다.

전체 중국인 해외여행자의 60%가 자국이나 다름없는 홍콩과 마카오에 집중되고 나머지 40%를 가지고 전 세계 국가들이 치열한 쟁탈전을 치르고 있는 상황을 감안할 때 우리가 확보하고 있는 5.6%는 최고의 수준이 아닐까 생각한다.

그러나 시장점유율이라는 것은 일순간에 무너질 수도 있음을 경계하지 않으면 안 된다. 지금은 완연히 회복되었지만 지난 2015년 5월 발생한 메르스(MERS) 사태로 인해 방한 중국 관광객이 6~7월에는 전년 대비 63%나 급감하였다. 여행업계는 4조 원의 피해가 발생하였다고 집계하고 있다.

이는 유커(游客)라 불리는 중국 관광객이 일개 '관광산업'에만 사활이 걸린 소비자에 그치지 않고 1차 농산품에서 2차 전자제품, 그리고 3차 문화공연에 이르는 대부분의 산업부문에도 중요한 성장 동력으로 작용하고 있음을 보여준다. 따라서 중국관광객을 지속가능하게 유치하기 위해서는 지금까지와는 달리 좀 더 차이니스 프렌들리에 충실한 관광전략을 구사해야 한다.

우선 중국 내 버링 · 쥬링허우 등 新소비층의 소비행태에 대한 정확한 분석과 고객 맞춤형 서비스를 제공해야 한다. 현재 방한 외래객 중 중국만큼 여성관광객의 비중이 62.5%로 높은 나라는 없다. 또 20~30대 연령층이 전체 방한자의 절반에 달한다.

요즘 방한하는 중국인들은 높아진 소득수준을 바탕으로 '보는 관광'에 그치지 않고 한국에서 '체험여행'을 적극 희망하고 있다. 예를 들어 캠핑, 관광열차, 골프, 트레킹, 요트, 해수욕, 동계스포츠 등 K-레포츠(Leports)를 차세대 유망 관광상품으로 개발해야 한다.

그리고 중국 해외여행 시장 내에서 차지하는 점유율을 계속 유지하기 위하여 전략적 분야를 집중 육성해야 한다. 쇼핑과 게임은 우리가 더 이상 독차지할 분야가 아니다. 중국도 자국인들의 해외여행 시 쇼핑구매물품에 대한 면세한도를 점차 엄격하게 규제하고 있다.

일본을 방문하는 중국인들과 같이 음식소비의 지출을 높이든가, 싱가포르를 방문하는 중국인들처럼 비즈니스 여행의 지출을 확대하든가 해야 한다. 다시 말해 중국인들에게 계속 어필할 수 있는 우리만의 킬러 콘텐츠를 계속 발굴해야 한다. 이를 위해 복합리조트, 공연관광, 음식관광 등 유망 콘텐츠를 조기에 상품화하지 않으면 안 된다.

또한 차이니스 프렌들리는 중국관광객들을 지방으로 분산 수용하면서 전 국토의 글로벌화를 도모하기 위한 '지렛대'로 활용되어야 한다. 중국 관광객이 급증하고 있으나 서울과 제주로만 집중도가 커지고 있다는 점에서 나머지 지역으로도 분산될 수 있도록 치밀한 구상이 필요하다.

예를 들어 한 · 중 간 오픈 스카이(Open Sky) 정책 추진 시 저가항공사의 지방공항 취항을 우선적으로 검토하며, 주요 공항과 항만 배후에 있는 관광지, 관광특구, 관광단지 중 연간 50만 명 이상을 수용할 수 있는 차이니스 프렌들리 스팟(spot)을 적극 발굴할 필요가 있다. 차이니스 프렌들리 관광전략을 통하여 중국 관광객 유치효과가 전 산업과 전 국토로 확산되도록 해 보자(출처: 교통신문, 2015. 10. 2; 註: 문맥 유지를 위해 최신 데이터로 수정하지 않음).

참고자료 12

한 · 중 간 관광교류 급증과 양수겸장 전략

한국과 중국은 지리적으로나 역사적으로 가까운 이웃 국가이다. 지난 1992년 수교 이후 정치, 경제, 사회문화 등 다방면에 걸친 교류협력의 결과로 이제 상호 불가분의 동반자 관계로 변모하였다.

특히 양국 간 관광교류는 1992년 정확히 12만 9,761명이었지만 2016년에는 그 100배인 1,297만 명에 다다를 정도로 비약적인 성장을 거듭해 왔다. 그중 우리나라를 방문하는 중국인들이 처음으로 800만 명대로 진입했다는 점에서 그들은 침체에 빠진 한국 경제를 부흥시키는 활력소인 셈이다.

거듭 주목할 점이 있다. 홍콩과 마카오를 제외할 경우 중국인의 해외여행 행선지 중 한국은 태국과 함께 1, 2위를 다툴 정도로 최고의 여행선호국로 부상했으며, 반대로 중국을 방문하는 외국 관광객 중 1위가 한국일 정도로 양국 간 관광교류가 계속 확대되고 있다. 또한 한류 열풍을 계기로 한국은 중국인들에게 생애 첫 해외여행의 행선지로 각광을 받고 있다.

이러한 양적인 성장에도 불구하고 저가 단체관광은 우리나라에 대한 이미지를 훼손하고 재방문 의사를 떨어뜨릴 정도로 고질적인 문제였던 것도 사실이다. 정부도 나름대로 부실한 중국 전담여행사를 과감히 퇴출하고, 수시로 범정부 합동 단속을 실시해 한국관광의 이미지 제고를 위해 노력했으나 근본적인 문제 해결이 어려웠던 것이 현실이다.

물론 이러한 문제점들이 우리 정부의 노력만으로 해결되지 않는다. 왜냐하면 국제관광은 송출국가와 목적지 국가 상호 간 긴밀한 협력을 통해 발생되는 문제들을 공동으로 해결해야 하는 특성을 지니고 있기 때문이다. 특히 한 · 중 간 관광교류의 최대 걸림돌로 작용해 왔던 저가 단체관광의 문제를 해소하기 위해서는 긴밀한 공동협력 시스템을 확보해 가는 것이 중요하다.

첫 번째로 저가 단체관광을 해소하기 위해 한 · 중 양국 간 공고한 협조체계를 바탕으로 공동 관리하는 방안이 마련되어야 한다. 2016년 12월 '한중 관광의 해'의 폐막식 때 문화체육관광부가 중국국가여유국과 체결한 '한 · 중 관광시장 공동 관리 감독 협력강화' 양해각서 체결은 향후 정부 간 협력을 통하여 관광교류 상의 문제를 해결하는 새로운 모델이 될 것으로 기대된다.

두 번째로 한 · 중 양국이 단체관광 분야의 시장질서 확립과 공동 관리감독을 위해 차관급 협의체를 구성해 정기적으로 점검키로 한 것도 시의적절하다. 불합리한 저가관광, 쇼핑 강요, 일방적인 여행일정 변경 등 시장질서를 저해하는 행위에 대한 단속과 제재를 통해 실효성을 확보하며, 관광기업과 관광객의 불법행위와 관련된 자료와 정보를 상대국에 제공하고 조사 및 처리 결과를 공유하기로 했다는 점에서 양국 간 책임있는 후속조치가 이어질 것으로 예상된다.

세 번째로 문화체육관광부가 법무부와 협력해 고가의 방한 여행상품을 구입하는 중국인들에게 5년짜리 복수비자를 부여하는 한류비자 제도를 금년부터 시행키로 한 것은 반가운 일이다. 연간 3,000만 명이 방문하는 관광대국 태국도 최근 부유층 관광객을 유치하기 위해 최대 10년짜리 장기체류 비자발급을 허용하고 있을 정도이다.

최근 한한령(限韓令) 논란이 불거지고 있는 와중에 우리 정부가 중국 부유층들의 방한을 유인하기 위해 한류비자라는 정공법을 택했다는 점에서 귀추가 주목된다. 이제부터라도 우리의 음식체험, 의료관광, 한류체험, 럭셔리 쇼핑 등 다양한 분야의 고부가 여행상품을 개발하고 판촉에 주력해야 한다.

한국과 중국은 정치적 환경은 다르나 지리적 근접성, 문화적 유사성, 그리고 양국 국민들 간의 친밀도를 감안하면 앞으로 더욱더 성장할 잠재력을 보유하고 있다. 특히 2015년 1억 3,000만 명까지 늘어난 중국인 해외여행 규모가 조만간 2억 명까지 지속 증가될 전망이다. 이러한 예측에 기초할 때 우리가 취해야 할 최선책은 무엇인지 깊이 고민할 필요가 있다.

그동안 중국인 대상 저가 단체관광의 퇴출과 여행상품의 고급화를 도모해야 한다는 여론이 비등했다는 점에서 한중 정부 간 양해각서 체결과 부유층에 대한 비자제도 개선은 훌륭한 양수겸장(兩手兼將) 전략이라 할 수 있다. 이번 기회에 가능하다면 두 마리 토끼를 한꺼번에 잡아보자. 중국관광객의 양적 확대를 위한 성장일변도 정책에서 벗어나 관광시장의 질서를 확립하면서 양국 간 지속가능한 관광교류의 기반을 공고히 하는 것이 첫 번째 토끼이다.

그리고 마구잡이식 관광객 유치에 따른 문제점을 해소하기 위해서는 부유층을 대상으로 고품격 관광상품을 개발하고 판매하여 고부가 관광산업구조의 계기를 마련하는 것이 두 번째이다. 이제 우리나라 관광산업 시장질서를 한 단계씩 업그레이드하고 산업구조를 선진화해 침체에 빠진 내수경제에 활력을 불어넣어 보자(출처: 교통신문, 2017. 2. 2; 註: 문맥 유지를 위해 최신 데이터로 수정하지 않음).

참고자료
13

중국의 관광보복과 포스트 사드 전략

사드보복의 일환으로 중국 당국이 '한한령(限韓令)'에 이어 3월 15일부터 금한령(禁韓令)까지 발동함으로써 대중문화에 이어 한국여행까지 통제에 나섰다. 특히 금한령은 여행의 자유를 가장 기본적인 인간의 권리로 인정하고 있는 글로벌 추세에 역행하고 있다는 점에서 당혹스럽다.

관광객을 가지고 상대방을 보복하는 나라는 지구상에 중국뿐이다. 과거 영유권 분쟁으로 갈등이 심했던 일본, 필리핀, 대만에 그랬던 것처럼 한국에도 똑같은 보복을 취하고 있다.

몇 해 전부터 방한 중국인의 비중이 급증하면서 현재와 같은 사태가 예견하고 차이나 리스크의 예방을 위해 중국 의존도를 낮추어야 한다는 지적을 많이 해 왔다. 불과 5년 전까지만 방한 중국인은 방중 한국인보다 규모 면에서 적었다.

그러던 것이 2013년 이후 방한 중국인이 방중 한국인 규모를 능가하면서 '관광'이 잠재적인 보복의 무기로 변한 것이다. 게다가 2012년 불과 25.5%에 불과하던 방한 중국인의 비중이 지난해에는 46.8%로 과도한 중국의존도를 보이게 되면서 한국을 소위 '관광속국'으로 다루려는 속셈을 가졌을 것이다.

이러한 보복조치가 길게는 1년 이상 전개될 것이라는 점에서 관광산업에 연쇄적인 피해가 예상된다. 중국인 단체관광 전담여행사의 영업 손실은 물론 호텔 객실점유율의 저하, 면세점 및 소매점의 매출감소 현상이 나타나고 있다. 여기에 그치지 않고 관광업계 종사자들의 이직 사태와 호텔의 타 업종 전환 현상도 벌써 나타나고 있다.

최근 정부가 발 빠르게 관광산업의 피해를 최소화하기 위해 긴급 지원조치를 시행하고 지자체들도 중국 대신 일본이나 동남아 시장 개척을 위해 다각적인 노력을 경주하고 있다. 한편으로 정부의 관광시장 다변화 방안이나 기업체들의 거래선 확대 노력이 5년 전에 앞당겨 시행됐더라면 현재와 같은 사태와 피해는 예방할 수 있었을 것이다.

이제 중국의 보복 조치가 장기화될 경우 양국 간 '제1관광국'의 위상이 흔들리고 상호 관광이익도 침해받게 될 것임을 주지시킬 필요가 있다. 지난해 한 · 중 관광장관회담에서 관광교류는 비정치적인 관점에서 접근될 필요성에 대해 공감대가 형성됐지만 중국의 일방적인 조치는 자국인들의 여행 권리를 침해함은 물론 자국의 관광산업에게도 고스란히 피해가 갈 것임을 설파할 때가 됐다. 또한 우리도 한한령 조치에 대응하기 위한 포스트 사드사태에 대응한 관광전략을 짤 필요가 있다. 지난해 우리 국민의 중국방문도 500만 명에 근접할 정도로 '제1방중국'이라는 점에서 중국으로서도 무리한 조치를 계속 밀고 나가는 것이 부담이 될 수 있다. 최근 중국사회의 반한 움직임으로 인한 불친절과 안전 문제로 인해 중국여행 예약취소 현상이 늘어나는 것에서 보듯이 중국측의 금한령이 양국의 관광이익을 현저하게 저하시킬 수 있음을 경고할 필요가 있다.

더욱더 걱정되는 것은 정치 외교적 문제로 인해 그동안 쌓아 온 양 국민 간의 친선토대와 신뢰관계까지 훼손될 수 있다는 점이다. G2로 부상한 경제규모를 배경으로 주변국과의 외교 갈등도 서슴지 않는 행태를 보면서 옛날의 '오만한 중국인'으로 잘못 되돌아 갈 가능성이 있다는 점에서 우리도 자세를 전환할 때가 됐다. 우리 스스로 그들에게 지나칠 정도로 저자세를 보이거나 덤핑관광과 과잉친절로 내상(內傷)을 입기보다는 상호이익을 바탕으로 한 관광거래 방식을 취하는 것이 바람직하다.

다음으로 중국관광객을 더 많이 유치하기 위해 과잉 투자된 우리의 자화상을 되짚어 볼 필요가 있다. 돈벌이가 되는 시장에는 기업이 몰리듯 중국관광객 유치를 위해 정부나 지자체, 기업 모두 과도한 투자를 해 왔다. 그러나 이번 사태를 겪으면서 우리 스스로 인바운드 관광객 유치를 위한 노력이 특정국에 집중됨으로써 동남아 국가나 무슬림 시장 등 '少규모 多국가' 관광객을 위한 서비스 기반구축에 소홀했음을 반성할 필요가 있다. 만시지탄이지만 전략과 전술에 능한 일본이 한 · 중 의존도를 줄이기 위해 동남아 시장을 개척하는 '차이나플러스원 관광정책'을 참고할 필요가 있다.

'포스트 사드(Post-THAAD) 관광전략'은 한마디로 한 · 중 간 관광교류 정책과 서비스를 좀 더 호혜적이되 실리적으로 추구하고 한국관광의 체질을 개선하는 개혁의 계기로 삼자는 것이다. 저가 덤핑관광을 양산하는 단체관광 거래질서를 일소하여 새롭게 거래의 판을 짜야 한다. 경제적인 이익에만 몰두시키는 단체관광보다는 한국을 진지하게 성찰하고자 하는 개별여행객에 초점을 두어야 한다. 끝으로 보복과 역보복의 악순환은 결국 양 국민들에게 불신의 벽을 쌓을 뿐 아무런 도움이 되지 않는다. 금한령으로 잠시 주춤하고 있지만 다시 찾아올 애한파(愛韓派) 중국인들을 위해 절도 있는 친절서비스 기반을 만들어 놓자(출처: 교통신문, 2017. 4. 11; 註: 문맥 유지를 위해 최신 데이터로 수정하지 않음).

제3편

방문자 경제시대 관광콘텐츠 확충

구성과 주요 내용

제3편에서는 관광경제의 상위개념인 방문자 경제에 착안하여 관광콘텐츠 창출 및 명소화를 위하여 "방문자 경제시대 관광콘텐츠 확충"이라는 제목으로 "방문자 경제시대, 지역명소를 창출하자"와 "한국형 관광거점 도시를 조성하자"는 주제로 엮었다.

05

"방문자 경제시대 지역명소를 창출하자"에서는 방문자 경제시대에 부응하여 지역별로 독특한 관광콘텐츠 발굴과 명소화 사업을 검토하였다. 소주제로 '방문자 경제와 국제관광객 끌어안기'와 국내 대표적 글로벌 관광명소인 남이섬, 안동 하회마을, 전주 한옥마을을 대상으로 사례조사를 실시하였으며, 아시아에서 가장 많이 보유하고 있는 슬로시티의 홍보마케팅 방안을 논의하였다. 이 글들은 각종 기고문과 한국문화관광연구원 자문원고를 바탕으로 수정 · 보완되었으며, 이 밖에 기고문중 '서울관광재단에 바란다', '방문자 경제시대와 토탈관광', '한옥마을이 글로벌 관광명소 되려면', '터키의 고도 사프란볼루에서 답을 찾다'를 참고자료로 엮었다.

06

"한국형 관광거점 도시를 조성하자"에서는 2010년대 중반부터 서울 중심적인 인바운드 구조를 탈피하기 위한 논의가 활발히 모색되고 있던 시기에 필자가 작성 · 발표했던 '지역관광 글로벌화 사업의 중요성, 추진체계, 추진현황, 추진방향'을 수정 보완하여 실었다. 현재 정부가 관광거점도시를 추진하는 것과도 일부 연계되어 있다. 그리고 이 주제와 관련하여 기고했던 칼럼 중 '한국관광, 서울 중심에서 벗어날 때다', '외래객을 전국 방방곡곡으로 분산시키자', '외래객 지방분산과 국제관광거점 만들기', '글로컬 관광 거점도시를 조성할 때다'를 선정하여 참고자료로 엮었다. 주요 내용은 외래객의 지역분산을 위해 서울 중심적 인바운드 구조를 탈피하고, 글로컬 관광거점도시를 조성하자는 것이다.

05

방문자 경제시대 지역명소를 창출하자

■ 방문자 경제와 국제관광객 끌어안기

방문자 경제의 시대가 도래하였다. 보통 '방문자 경제(visitor economy)'라 함은 외래객의 소비로 나타나는 광범위한 편익을 말한다. 방문객은 우리가 흔히 부르는 관광객(tourist)외에 승무원, 환자, 단기노동자 등을 포함한 상위개념이다. 그러므로 방문자 경제는 관광경제보다 더 포괄적이다. 방문자 경제가 중요한 이유는 관광경제와 같이 일개 사업 영역에 그치지 않고 다수의 산업과 연관되어 각각의 성장을 지원하는 경제 원동력의 작용을 하고 있기 때문이다.

2019년 12월 12일 청주의 동부창고에서 열린 제4차 국가관광전략회의에서 이낙연 국무총리는 인구이동과 고령화로 고정인구가 감소하고 있는 지역경제를 진단하면서 지역을 방문하는 유동인구(즉, 관광객)를 확보하는 것이 지역경제를 살리는 가장 확실한 대안임을 밝힌 바 있다.

또한 현대로 들어와 국경을 넘나들며 이동하는 사람의 수가 증가함에 따라 그들이 새로운 경제주체로 부상하게 됐으며, 기존 내국인 중심의 경제구조에서 탈피해 외국인까지 포함된 방문자 경제구조로 패러다임이 전환되고 있다. 국내의 경우 대표적인 예가 전주 한옥마을이다. 불과 2002년 전까지만 해도 전주 한옥마을은 30만 명 정도가 방문했지만 2018년 1,053만 명까지 늘어나 구도심 지역의 재생은 물론 전주 경제의 활성화를 견인해 가고 있다.

방문자 경제의 규모를 가늠하는 핵심 지표는 GDP 기여도 및 고용 기여도이다. 한국의 경우 2014년 방문자 경제의 GDP 비중은 5.8%로서 일본의 7.5%에 비해 낮은 수준이며, 고용 대비 기여도 역시 6.3%로 역시 일본의 8%에 비해 상대적으로 낮은 수준이다. 그만큼 성장가능성이 높다는 의미이다. 2018년 국내외 관광왕래 규모가 4,000만 시대에 진입한 시점에서 우리가 참고해야 할 방문자 경제의 모범 사례로 영국을 들고 싶다.

영국은 창조산업의 육성과 런던올림픽 개최를 계기로 2010년 이후 방문자 경제가 최고의 일자리 창출자(job creator)로 부상했다. 즉 2013년부터 2025년까지 전체 고용 대비 방문자 경제의 고용 비중이 9.6%를 꾸준히 유지할 전망이다. 그리고 GDP 대비 방문자 경제의 비중은 2013년 9%에서 2025년에 9.9%로 약 1%P 정도 늘어날 전망이다.

그렇다고 영국의 방문자 경제가 외국인에 전적으로 의존하는 것은 아니다. 영국의 경우 외래객의 소비지출 비중이 19%에 그치고 있으며, 나머지 81%는 내국인의 왕성한 관광소비에 기반을 두고 있다. 2014년 한국의 경우 외국인의 소비지출 비중은 30%이고 내국인이 70%를 차지하여 그나마 건실한 방문자 경제구조를 보유하고 있다. 반대로 태국과 싱가포르의 경우 전체 관광소비 지출 중 외국인 소비지출이 차지하는 비중이 70%에 달하고 내국인은 30%에 그치고 있어 높은 대외의존도를 보이고 있다.

우리가 방문자 경제의 규모를 키우는 데 있어서 주목해야 할 것은 '지속가능성'을 확보하는 것이다. 2015년 5월 말 메르스(MERS) 사태가 발생하면서 6~8월 성수기 방한 예정 외국인 중 130만 명이 취소하여 약 4조 원의 경제적 피해가 발생한 것을 반면교사로 삼아 '방문자 친화적(visitor-friendly) 정책 패러다임'을 적극 강구할 필요가 있다. 나아가 방문자 경제의 지속가능한 성장을 유도하기 위해서는 방한 외래객들의 특징을 심층 분석하여 고객맞춤형으로 전환할 필요가 있다.

최근 외래관광의 대표적인 현상으로 남성에 비해 여성의 비중이 크게 앞지르고 있고, 순수관광객의 비중이 80%에 달하며, 30대 이하의 저 연령층의 비중이 절반을 차지하고 있다는 점에서 방문자 경제구조도 여성친화형, 체험형 콘텐츠, 감성 · 패션지향형 등으로 좀 더 진화되어야 한다. 그리고 방문자 경제를 활성화시키기 위해서는 관광수입, 생산유발, 부가가치유발, 취업유발, 고용유발 등의 비중이 전체 방문자 시장 대비 절반 이상을 차지하고 있는 중국관광시장을 타깃으로 한 관광객 유치홍보를 강화해야 한다.

또한 서울 일변도의 방문자 경제구조도 개선되어야 한다. 마스터카드(Master Card)사의 '2015 글로벌 도시관광 지수' 랭킹을 보면, 서울시는 숙박 관광객 수가 1,035만 명으로 세계 9위를 기록하며, 이들의 소비지출액은 152억 달러로 4위에 랭크될 정도로 우수한 편이다. 그러나 지방의 경우 아직도 국제경쟁력이 있는 방문자 경제 인프라를 확보하지 못하고 있는 상황이다.

이에 따라 방문자 경제의 구현을 위한 인프라 구축 노력도 좀 더 창조적인 방식으로 전개될 필요가 있다. 즉 '그레이트 리셋(Great Reset)'의 저자인 리처드 플로리다(Richard Florida)가 한물간 제조업에 돈을 쏟아붓는 빅게임 프로젝트 방식 대신 컨벤션센터, 관광호텔, 박물관, 스포츠센터 등을 더 조성하고 그것들을 운영할 지역주민의 역량을 키우는 소프트형 경제방식을 권고하는 있는 것을 명심할 필요가 있다.

이와 관련하여 방문자 경제를 확대시키기 위해서는 각 지역이나 도시를 방문하는 계층과 그들의 방문동기에 대한 심층적인 분석이 선결되어야 하며, 이를 바탕으로 외지인을 끌어들이기 위한 실행조직을 두고, 적극적인 홍보 · 마케팅을 전개하여야 한다. 이와 관련하여 한국의 대표적 관광명소로 남이섬, 안동 하회마을, 전주 한옥마을을 선정하여 심층 분석하였다.

■ '한류문화 관광거점의 섬, 남이섬'을 살펴보자

남이섬은 강원도 춘천시 남면 방하리에 속해 있으나, 실질적인 교통 및 출입은 서울과 가까운 경기도 가평군 이화리에서 이루어지고 있으며 위치는 북한강 상류의 하중도이다. 총면적은 13만여 평에 이르고 둘레는 약 6㎞이다.

남이섬은 한국지명총람에는 '나미섬'이라는 명칭으로 기록되어 있으며 이 섬의 유래가 된 남이 장군의 무덤이라 불리는 묘가 있으나 허묘이며 1943년 청평댐이 생기면서 완전히 섬이 되었다.

남이(南怡)섬은 1944년 청평댐 건설로 인한 수몰로 경기도와 강원도 내륙에 만들어진 인공섬이다. 1966년부터 (주)경춘관광개발이 이 유원지의 관리를 맡기 시작했고, 최인호의 〈겨울나그네〉 촬영지, 강변가요제 개최지로 지명도를 높이는 계기가 되었다. 이후 남이섬은 타 유원지와 차별화되지 않은 특성과 무분별한 주점과 놀이시설 등의 밀집하여 저급한 관광지의 이미지를 벗어나지 못했다. 그 결과 차별화의 부재와 홍보 부족으로 남이섬을 배경으로 한 로케이션이 줄어들고, IMF 사태 이후에 더욱 가속화되어 유명무실한 섬으로 전락하였다.

그 결과 이 섬을 관리하던 (주)경춘관광개발은 부도위기를 겪게 되었으며, 2000년대로 들어와 새로운 변신을 모색하지 않을 수 없었다. 2001년부터 강우현 대표가 운영을 맡으며 남이섬은 단순한 유원지를 탈피해 문화예술과 자연생태를 접목시킨 섬으로 재탄생했다.

남이섬에는 30만㎡에 달하는 잔디밭이 조성되어 은행나무길, 잣나무길, 전나무길, 튤립나무길, 메타세쿼이아길, 벚나무길이 조성되어 관광객 및 사진작가들이 찾는 장소로 각광받고 있다.

남이섬의 문화시설로는 다목적 전시관인 안데르센홀, 레종갤러리, 유니세프홀, 그때 그 시절 전시관, 남이섬 생태역사박물관, 체험공방 공예관, 작가의 집, 예술인의 집, 초옥공방 작업공간, 노래박물관 등이 조성되어 있다. 이 밖에 숙박시실로 겔러리호텔 정관두 등 별장과 메이하우스가 있으며 편의시설로 남이섬 대형탑승선 아일래나호와 유니세프 나눔열차, 2인용 자전거, 누워 타는 트라이커 등을 갖추고 있다. 현재 남이섬의 문화행사는 콘서트나 문학과 관련된 행사가 주를 이루고 있으며, 매년 크고 작은 전시회 및 행사가 40여 개 개최되고 있다.

그 결과 영화 〈겨울나그네〉, 드라마 〈겨울연가〉 등의 촬영지로 부상하였으며, 한류의 확산에 따라 최근에는 아시아권을 비롯해 북미, 유럽, 중동 등지에서 온 외국인도 많이 방문하고 있다. 관광객에게 자연뿐만 아니라 공예원, 재활용 문화체험관 등 문화예술을 접목해 새로운 가치를 창출하는 데 성공하였다. 남이섬의 자연과 경관은 그대로였지만 상상력과 창조경영으로 유원지에서 문화, 예술, 환경을 테마로 한 신개념 관광지로 가치를 창출하고 있다.

남이섬의 성공사례는 정책적 지원과 함께 민간부문의 창의적 아이디어 경영의 합작품이라 할 수 있다. 남이섬은 1966년 3월 남이아일랜드 컨트리클럽의 허가를 득한 이후 동년 12월 경춘관광개발주식회사가 설립되었으며, 1967년에는 관광지로 지정되고 1977년에는 국민관광지로 지정되었다. 이후 사업변경을 계속하다가 1993년에 종합휴양업으로 등록되었으며, 1998년 관광객이용시설업(종합휴양업 1종) 사업계획이 변경승인 되었으나 경영난을 거듭하였으며, 2000년 상호를 (주)남이섬으로 변경하였다.

남이섬의 성공적 변신과정에 있어서 체계적이고 적극적으로 지원한 강원도(춘천시)의 효율적인 행정 시스템의 역할도 주효했다. 강원도는 남이섬을 한류관광 거점으로 육성하기 위하여 체계적인 해외 현지 설명회, 팸투어, 국내 관광전 참가 등을 적극 추진하였다. 한류 돌풍을 일으켰던 드라마 〈겨울연가〉 효과를 적극적으로 살려 아시아 문화관광 명소이자 강원도를 대표할 수 있는 관광지로서 남이섬의 명성을 확고히 하고자 도쿄, 나고야, 오사카 등 일본의 주요 도시와 상해, 복건성 등 중국의 남방 대도시 및 대만, 홍콩 등 아시아 한류 지역에 대한 집중 홍보 전략을 실시하고 있다. 국내 언론, 여행사 등을 대상으로 한 '강원도 겨울연가의 밤' 개최, '겨울연가, 남이섬'을 테마로 한 외국어 홍보물 발간 등 남이섬을 강원도 내 대표적인 문화관광 명소로 육성하기 위한 다양한 노력을 시도하고 있다.

지난 2001년 9월 강우현 대표이사 취임 이후 남이섬은 문화경영, 환경경영, 창조경영을 추구하였다. 환경 분야에서는 환경운동연합, YMCA, YWCA 등 시민단체와 함께 재활용 운동, 환경감시, 친환경 개발사업을 추진하였으며, 문화예술 분야에서는 유니세프, 유네스코 등 국제기구 및 저변의 예술인들과 함께 순수미술에서 종합예술축제에 이르기까지 다양한 후원 사업을 추진하였다. 현재 남이섬은 세계책나라축제, 인도문화축제, 남이섬 겨울축제, 세계청소년공연축제 등 다양한 문화행사와 콘서트, 전시 등을 꾸준히 개최하면서 세계적인 생태문화 관광지를 지향하고 있다.

2001년부터 '문화예술 · 자연생태의 청정정원' 역할로서 재창업을 선언하고 경영정상화를 이루어 나가면서 환경과 문화예술 관련 콘텐츠에 집중 투자하였다.

연간 입장객 300만 명대로 진입한 남이섬은 그동안 추진해 온 각종 환경친화적 사업과 문화예술 지원사업을 강화하고자 2006년 3월 1일 국가형태를 표방하는 특수관광지, 즉 나미나라 공화국으로의 독립을 선언하였다. 자연과 사람이 서로 아끼고 사랑하며 함께 숨쉬는 나라를 만들고자, 헌법도 서로를 위하고 존중하는 편한 상식이 법보다 아름다운, 법 없이도 살아갈 수 있는 이들을 위한 무법천지법으로 정하기도 하였다.

2011년 4월에는 아시아 최초, 세계 14번째로 섬 전체를 금연구역으로 지정하여 어린이보호 시설 정책도 강화하였다. 이처럼 남이섬은 적극적이고 꾸준한 변화를 통해 다양한 콘텐츠를 확보함에 따라 국내외 관광객을 불러 모으는 진정한 관광지로 변신하고 있다.

남이섬은 드라마 〈겨울연가〉의 촬영지로 알려지면서 한류 열풍의 진원지가 되었다. 드라마 〈겨울연가〉는 2002년 대만에서 처음으로 방영되어 큰 인기를 얻었으며, 2003년 일본의 NHK TV 방영 이후 일명 '욘사마' 한류 붐이 조성되었다.

최근 15년간 남이섬 입장객 수 통계를 살펴보면 2002년 내 · 외국인 전체 입장객 수가 약 67만 명 수준이었으나, 2016년에는 약 330만 명으로 크게 증가하였다. 2016년 전체 입장객의 약 40%인 130만 명이 외국인인 것으로 집계되었다.

이제 남이섬의 대단한 성공은 드라마 세트 장소나 영화 촬영장을 제공함으로써 문화자원 개발 및 관광을 통한 지역 인지도 제고와 수익 창출에 추진하고 있는 지방자치단체들에게 좋은 벤치마킹의 대상이 되고 있다. 그리고 다양한 문화상품의 개발을 관광객 유치로 연계하여 서울로부터의 접근성이 떨어져 다소 소외되어 온 관광지들에게 새로운 방식으로 역량을 강화하여 지역경제의 활성화하는 계기를 마련해 주고 있다.

남이섬은 1990년대까지만 해도 일개 유원지에 불과하였으나 한류를 대표하는 관광지로 변신했다는 것은 시사하는 바가 매우 크다. 첫째, 해외관광객에게는 고사하고 국내에서도 외면을 받았던 관광지가 2000년대로 들어와 일약 한류관광 거점으로 부상하였다. 둘째, 신임 CEO의 출현과 이에 따른 획기적인 기업문화의 변화로 재창조되었다는 점이다. 셋째, 별다른 재원 지원 없이도 성공적으로 섬을 차별화시켰다는 점이다. 특히 자본이 영세한 대부분의 지자체 혹은 관광관련 기업들에게서 볼 수 있는 관광객 감소, 수익성 악화, 바가지요금, 관광객 감소라는 고질적 악순환을 제거하는 데 큰 기여를 하였다.

또한 한국관광의 근원적 한계인 겨울 비수기를 극복하여 4계절형 관광지로 다시 태어났다. 5월 성수기의 방문객보다 12월, 또는 1월의 방문객이 더 많다. 그래서 겨울 남이섬은 추운 겨울의 쓸쓸함을 찾아볼 수 없다. 매서운 강바람이 불고 긴 고드름이 얼고 두터운 눈이 쌓여 있어도 오히려 따뜻하다.

종합적으로 볼 때, 한류 열풍의 주역이자 성공적인 문화관광 수익창출 사례로 주목받고 있는 '남이섬'이 탄생되기까지는 '신한류 마케팅'을 총체적으로 기획 조성한 정부 차원의 한류에 대한 체계적인 접근, 끊임없는 노력으로 다양한 문화 콘텐츠를 창출하며 남이섬을 아시아의 대표적인 문화관광 명소로 개발하기 위한 민간 기업체 (주)남이섬의 마케팅 전략, 그리고 남이섬 소재지인 강원도의 전면적인 행정 지원 시스템과 행정 서비스 등이 효과적이고 전략적으로 연계되어 만들어

낸 자랑스러운 한류관광의 성공사례라 할 수 있다.

■ '오래된 미래의 마을: 안동 하회마을'을 살펴보자

안동 하회마을은 풍산 류씨가 600여 년간 대대로 살아온 한국의 대표적인 동성마을이며, 와가(瓦家: 기와집) 초가(草家)가 오랜 역사 속에서도 잘 보존된 곳이다. 특히 조선시대 대 유학자인 류운룡과 임진왜란 때 영의정을 지낸 류성룡 형제가 태어난 곳으로도 유명하다. 하회마을은 현재에도 주민이 살고 있는 자연마을이다. 구한말까지 350여 호가 살았으나 현재는 150여 호가 살아가고 있다. 마을 내에는 총 127가옥이 있으며 437개 동으로 이루어져 있으며, 127개 가옥 중 12개 가옥이 보물 및 중요민속자료로 지정되었다.

마을 이름을 하회(河回)라 한 것은 낙동강이 'S'자 모양으로 마을을 감싸 안고 흐르는 데서 유래되었다. 하회마을은 풍수지리적으로 태극형 · 연화부수형 · 행주형에 일컬어지며, 이미 조선시대부터 사람이 살기에 가장 좋은 곳으로도 유명하였다. 마을의 동쪽에 태백산에서 뻗어 나온 해발 271m의 화산(花山)이 있고, 이 화산의 줄기가 낮은 구릉지를 형성하면서 마을의 서쪽 끝까지 뻗어있으며, 수령이 600여 년 된 느티나무가 있는 곳이 마을에서 가장 높은 중심부에 해당한다.

하회마을의 집들은 느티나무를 중심으로 강을 향해 배치되어 있기 때문에 좌향(坐向)이 일정하지 않다. 한국의 다른 마을의 집들이 정남향 또는 동남향을 하고 있는 것과는 상당히 대조적인 모습이다. 또한 큰 와가(기와집)를 중심으로 주변의 초가들이 원형을 이루며 배치되어 있는 것도 특징이라 하겠다.

하회마을에는 서민들이 놀았던 '하회별신굿탈놀이'와 선비들의 풍류놀이였던 '선유줄불놀이'가 현재까지도 전승되고 있고, 우리나라의 전통생활문화와 고건축양식을 잘 보여주는 문화유산들이 잘 보존되어 있다. 이처럼 여러 가지 자원과 문화유산을 보유한 덕분에 2010년 8월에 UNESCO의 세계유산(World Heritage)으로 지정되었고, 이후 정부 및 지자체 차원에서 하회마을의 문화관광적 가치를 제고하기 위하여 다양한 사업을 추진하고 있다.

안동 하회마을은 한국 고유의 문화유산이 잘 보존된 마을이며, 마을 전체가 중요민속자료 제122호로 지정된 만큼 국보 2점, 보물 4점, 사적 1점, 중요민속자료 10점, 중요무형문화재 1점, 경북도민속자료 1점이 마을 전체에 산재해 있다. 특히 하회탈과 고택 등은 우리나라 역사를 알 수 있는 민속문화에 관한 중요한 자료가 되고 있다. 안동 하회마을이 세계문화유산에 등재된 사유로 '정자, 서원 등 전통 건축물의 조화와 배치가 어우러진 조선시대 사회 구조와 독특한 유교적 양반 문화를 잘 보여주는' 것으로 평가 받았다. 특히 한국인의 전통적인 삶이 그대로 전승되고 있는 생활공간과 공동체놀이, 세시풍속, 관혼상제 등 주민들의 생활신앙에 연관된 무형유산이 세대를 이어 전승되고 있는 곳이다.

정부는 안동 하회마을의 체계적 육성을 위하여 문화부문을 중심으로 다양한 정책지원을 추진하였다. 문화체육관광부는 2011년 경북의 유서 깊은 고택 · 종택을 사대부가(士大夫家) 생활문화 공간으로 재현해 격조 높은 명품 한옥 체험장으로 차별화하여 다양한 국제행사유치 등 외국인 VIP 관광객 유치를 위한 고택 명품화 사업을 추진하였으며, 문화재청은 2003년부터 '하회마을 숲 문화재 자원조사'를 실시하고, 2006년 11월 27일 '안동 하회마을 만송정 숲'을 천연기념물 제473호로 지정하였으며, 2010년 '역사마을 통합관리 시스템'을 구축하였다.

안동 하회마을의 주요 문화재 현황

종목	분류	명칭
국보 제121호	민속공예류	하회탈 및 병산탈
국보 제132호	원고본	징비록
보물 제160호	활자분류기타	서애류성룡 종가 문적 11종 22점
보물 제160호	고문서류기타	서애류성룡 유물 3종 27점
보물 제460호	고가	양진당
보물 제306호		충효당
사적 제260호	서원(사적)	병산서원
중요민속자료 제84호	정사/가옥	화경당(북촌)
중요민속자료 제85호		원지정사
중요민속자료 제86호		빈연정사
중요민속자료 제87호		작천고택
중요민속자료 제88호		옥연정사
중요민속자료 제89호		겸암정사
중요민속자료 제90호		염행당(남촌)
중요민속자료 제91호		양오당(주일재)
중요민속자료 제177호		하동고택
중요민속자료 제122호	민속마을	하회마을(1984)
중요무형문화재 제69호	연극	하회 별신굿탈놀이
경북도민속자료	서원(사적)	화천서원

경북도는 역사마을 정비, 역사마을 종합정비계획 수립, 역사마을 관광영향평가조사, 양동마을 전시관 건립, 세계유산 홈페이지 구축 등의 사업을 추진하였다. 또 세계문화유산 보호 조례를 제정하고 전담부서를 설치하는 한편 마을종합정비계획을 세우고 정부에 행·재정적 지원을 요청하는 등 세계유신의 체계적 보존·관리를 위한 시책을 강구해 왔다.

경북도는 유네스코 세계문화유산으로 등재된 것을 계기로 관람객 폭주에 따른 방문객 및 마을주민 불편사항을 최소화하기 위해 세계유산 보존관리 사업을 추진하였다. 또한 세계유산의 체계적인 보존관리를 위한 제도적 기반을 마련하기 위해 2011년 1월 '경북도 세계유산 보존관리 및 지원에 관한 조례'를 제정 · 공포하고 세계유산 관련 업무를 전담하는 담당조직도 신설하였다.

안동시는 2012년 관광홍보계획을 수립하여 지역 내 문화유산, 레저, 축제, 특산품과 연계한 관광상품을 역동적으로 홍보하여 국내외 관광객을 유치하고 있다. 또한 유네스코 세계유산에 등재된 하회마을 주민들의 자긍심 함양과 문화관광해설사들의 세계유산 해설역량 강화를 위해 '세계유산 특강'을 개최하여, 마을주민들에게는 선조로부터 물려받은 세계 유산적 가치의 올곧은 이해와 바람직한 전승 방향을 모색하고 세계유산의 전승주체로서의 자긍심을 함양시키고 있다. 이 밖에 안동시는 유교문화길 조성과 관광기반시설을 확충하고 마을의 원형보전과 관광편의시설 확대 등 관광 여건을 지속적으로 개선하고 있다.

안동 하회마을의 문화보존 사업은 1983년 12월 '하회마을 민속 조사보고서'를 간행하면서 추진되었으며, 1984년 1월에는 중요민속자료 제122호로 지정되었다. 1992년 11월에는 '사단법인 하회마을보존회'가 인가되어 본격적인 마을보존 사업을 추진하였으며, 1999년 4월 엘리자베스 2세 영국여왕의 방문과 2005년 조지 부시 미국 전 대통령도 방문하였으며, 2009년 4월 엘리자베스 2세 방문 10주년 기념행사를 개최하였다. 2009년 8월에는 조지 W. 부시 미국 전 대통령이 방문하였다. 이러한 국제적 주목을 받게 되면서 2010년 8월 1일 유네스코(UNESCO) 세계유산으로 등재되었다.

안동 하회마을의 관광개발은 1993년부터 시작되었다. 당시 주차장

부지를 확보하여 개장하였으며, 1995년에는 한국방문의 해를 맞아 마을의 전깃줄을 지하화하였으며 상수도 설비를 갖추었다. 1997년에는 하회별신굿놀이 전수관을 신축하고 하회탈춤보존회가 중심이 되어 정기공연을 시작하였다. 1999년 영국 엘리자베스 여왕의 방문 이후 관광객이 급증하여 한국의 대표적인 문화관광명소로 변신하는 계기가 되었다.

여기에 2010년 유네스코 세계문화유산 등재 이후 많은 관광객들이 몰려들면서 전통문화의 보존과 관광이용을 병행 추진하고 있다. 그 대표적인 사업은 다음과 같다. 첫째, 주민들이 거주하고 있는 살아 있는 유산으로 하회마을 주민 스스로 그 가치를 인정하고 민·관이 함께 협력체계를 형성하여 문화유산을 계승·발전시키고자 노력하고 있다. 이를 위해 체계적인 세계유산 보전 및 지속가능한 마을발전을 위한 사업들이 추진되고 있다.

둘째, 안동시를 중심으로 하회마을의 세계유산 보존관리와 문화재 보전, 지역개발을 위한 행정, 주민참여 및 민원 해소 등을 위한 유기적 소통체계를 구축하고 있다. 공무원, 전문가, 주민이 지속적으로 참여하는 현장 워크숍과 교육을 실시하여 하회마을의 가치 배양과 보전 방안, 관광 및 마케팅 프로그램 개발, 세계유산 보전과 활용을 위한 현지화 방안들을 모색하고 있다. 셋째, 전통한옥마을의 체계적 유지관리이다. 풍부한 문화유산을 보유하고 있다는 점에서 주요 국보, 보물, 민속자료 등에 대한 체계적인 보전과 활용방안이 강구되고 있다.

넷째, 세계문화유산인 하회마을의 진정성과 보편적 가치, 전통생활문화 등을 발견하고 활용하는 스토리텔링 사업을 추진하고 있다. 다섯째, 하회마을을 방문하여 고택스테이를 통한 '한국전통체험' 프로그램을 운영하고 있다. 여섯째, '탈'을 통한 문화교류를 추진하여 안동 국제탈춤페스티벌을 개최하여 대외적인 문화홍보에도 기여하고 있다.

2010년 세계문화유산으로 등재된 하회마을은 1994년 25만 명 정도가 방문하고 엘리자베스 영국여왕이 방문한 이후 1999년에 109만 명이 방문하였다. 세계문화유산 등재 이후 재도약하는 계기가 되어 2010년 이후 6년간 100만 명 이상이 다녀갔으며, 그리고 2018년 관광객은 105만 명을 기록하였다.

세계문화유산 등재 후 국내외로부터의 관광객이 크게 증가되고 고용기회와 수립이 늘어났을 뿐만 아니라 정부의 추가적 관심과 지원으로 지역의 계획 및 관리를 향상시키는 계기가 되었으며, 주민의 자발적인 문화유산 보호활동을 조장하였다.

오래된 미래의 마을인 하회마을의 세계유산 등재는 한국인의 전통적 생활공간이며 주민들이 세대를 이어 삶을 영위하는 '살아있는 유산(living heritage)'이 세계적인 가치가 있는 유산으로 인정받았다는 점에서 그 의미가 크다. 이를 계기로 안동시는 '한국정신문화의 수도'로 인정받고 있으며, 국제탈춤 페스티벌은 국제관광 이벤트로 부상하는 계기가 되었다. 그리고 안동 하회마을의 성공사례에서 보듯이 '오래된 모습' 자체가 문화재이며 미래를 창조하는 기본적 토양임을 일깨워주고 있다. 이는 각 지자체들로 하여금 서구화되고 상업화된 관광시설보다는 콘텐츠와 스토리가 담긴 전통문화의 보존과 활용을 통하여 지역발전을 모색하도록 하는 계기가 되었다.

안동 하회마을의 국제적 인지도 향상과 지속가능한 관광활용을 계기로 2020년 안동시가 정부지원 '지역관광거점도시'로 선정되었다.

■ '한국 전통문화의 랜드마크: 전주 한옥마을'을 살펴보자

국내에서 도시의 새로운 성장동력으로서 관광을 주목하기 시작한 것은 1990년대에 들어서부터이다. 이전의 도시관광은 상업이나 서비스업의 부차적인 요소로 여겨졌고 그 시기의 대표적인 관광도시는 경주, 부여, 강릉 등 사적이나 고찰 및 명승지를 보유한 도시들이 대부분이었다. 1990년대 들어 1980년대부터 시작되었던 문화를 중심으로 도시의 재생을 추구하는 새로운 도시계획이 국내에 적용되면서 문화도시라는 이름으로 문화와 관광을 총체적인 도시계획의 요소로 적용하기 시작하였는데 그 대표적인 도시가 전주시이다.

전주시가 한옥마을을 도시계획 차원에서 주목한 것은 1976년 전주 이조문화권 개발계획을 수립하면서부터이다. 이 계획에 따라 전주시는 1977년 한옥마을을 한옥보존지구로 지정하였고, 이러한 보존정책은 1990년대 중반까지 지속되었다. 문화를 통한 도시의 공간전략의 변화는 그동안 지속적인 쇠퇴로 공동화되어 가고 있던 한옥마을의 문화적 중요성을 높이는 계기가 되었다. 한옥마을은 전주시의 대표적인 문화자원이 집적되어 있는 공간이었지만 이들 문화자원을 어떻게 활용할 것인지에 대한 전략이 없었다.

한옥마을을 구도심의 활성화뿐만 아니라 도시관광의 주요한 자원으로 인식하게 된 결정적 계기는 2002년 월드컵의 개최이다. 2002년 월드컵 경기의 전주 유치가 결정되면서 전주시를 전통문화도시로 육성하기 위한 일환으로 1999년 전통문화특구 기본 및 사업계획이 수립되고 이를 바탕으로 하는 전주 한옥마을 조성사업이 시작되었다. 전주시는 월드컵 경기를 보기 위해 찾아온 외지 관광객들에게 볼거리를 제공하기 위해 태조로를 중심으로 한 가로정비와 전통문화센터, 공예품전시관, 한옥생활체험관 등 6대 문화시설을 건립하게 되었는데 그 성과로 인하여 그동안 지속적인 인프라 정비 및 소프트웨어 혁신사업을 전개해 왔다.

한옥마을은 전주시에 산재해 있는 전통문화유산이 고도로 집적된 지역이다. 그 이유는 전주시의 도시형태가 조선시대 4대문을 중심으로 한 성곽도시로 형성되었던 것과 관계가 있다. 전주성 안에는 전라감영과 부영, 객사, 경기전, 향교 등의 문화유산과 그 주변에는 조선왕조의 발상지를 상징하는 이목대와 오목대, 그리고 한벽당, 남고산성, 동고산성 등의 조선시대 유적이 집중적으로 분포되어 있다. 이 중 한옥마을에 소재하면서 현재까지 보존되고 있는 문화유산은 풍남문, 경기전, 향교, 오목대와 이목대 등이다.

이 가운데 한옥마을은 국내 최대 규모의 자연한옥 군락지이다. 700여 채의 자연한옥 군락 외에 1930년대 전후의 도심지를 유지하고 있다. 이에 따라 한옥마을의 대표적 관광은 문화유산 관광과 더불어 한옥마을의 전통적 경관에 근거한 전통과 근대의 생활양식에 관한 이야기지도를 기반으로 한 스토리텔링 관광을 들 수 있다. 한옥마을 이야기지도에는 한옥마을의 개발과 함께 사라진 전통적인 건물과 골목에 대한 옛 모습과 더불어 과거 그 공간이나 건물의 의미와 현재 사람들이 기억하고 있는 장소와 연계된 추억 등이 담겨져 있다.

한옥마을 보전에 관련하여 오랜 기간 동안 규제 · 해제의 반복이 지속되면서 주민들이 거부감이 강한 상태였기 때문에 2000년 지구단위계획에서는 주민들의 반발을 고려하여 일률적인 규제가 적용되지는 못하였다. 그러나 2002년 월드컵 이후 한옥마을의 보전과 생활환경 정비사업 추진에 따라 가시적인 사업성과가 나타나기 시작하자 사업에 대한 주민들의 인식도 변화하면서 주민동의를 전제로 2006년 한옥마을지구단위계획이 보완되고 2007년 한옥보전조례가 개정되었다.

2009년까지 많은 한옥의 수선 및 증 · 개축을 통해 주거환경의 개선과 전통경관의 향상이 이루어지면서 한옥마을 방문객이 증가하게 되자 이를 지원하기 위한 주차장 등의 기반시설 확충과 주변지역 정비에 대한 요구가 증가하기 시작하였다. 이와 함께 한옥마을조성사업이 지속적인 효과를 유지하게 되면서 이를 도심에 산재해 있는 문화유산이나 거점시설과 연계하여 도심활성화로 발전시키기 위한 사업들이 추진되고 있다.

전주시는 선비의 길 조성사업을 위해 과거 한옥마을에서 활동하던 선비의 삶과 선비정신에 대한 이야기 원형조사를 통하여 선비의 집터, 비석, 유택, 글씨 등의 보존과 복원을 통해 선비길을 조성하고 있다. 한옥마을 선비의 길은 구체적으로 월당공이 만든 한벽루를 기점으로 잠암의 글씨가 새겨진 바위, 금재 최병심이 후학을 양성했던 옥류정사와 염수당터, 고재 이병은의 학문과 실천이 담긴 남안재와 바둑명인을 길렀던 오산의 집, 강암의 묵향을 느낄 수 있는 아석재를 비롯하여 목산이 사는 삼백년가에 이르기까지 구한말 마지막 유학자들의 삶과 학문을 복원하는 작업이다.

전주시의 한옥보전정책 추진과정

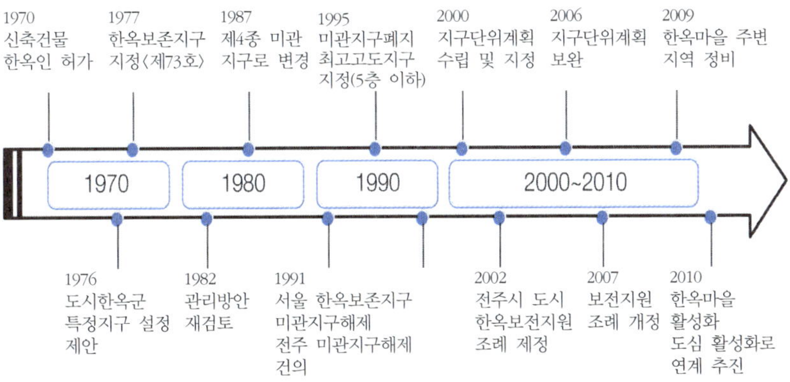

자료: 전북발전연구원(2010), 전주 한옥마을 조성사업의 도심재생 성과분석 및 개선방안.

전주 한옥마을 또한 축제를 통한 관광객 유치와 이를 통한 경제적 부가가치 창출을 주요한 축제관광 전략으로 삼고 있다. 이를 위해 한지문화축제를 비롯하여 전주비빔밥축제 등을 한옥마을에서 개최하고 있으며, 다른 장소에서 개최되던 전주대사습놀이를 한옥마을로 이전하는 등 한옥마을의 1년 내내 축제가 개최되는 공간으로 만들기 위해 노력하고 있다.

한옥마을 조성을 위한 주요 정책지원 사업은 다음과 같다. 첫째는 한옥마을 조성계획 수립으로 기본 및 사업계획, 지구단위 계획을 수립하고 한옥보전지원 조례를 제공하였다. 둘째는 기반시설 및 가로경관 정비사업으로 태조로, 은행로 등 가로를 정비하고 공공주차장을 조성하였으며, 야간경관 조명, 오목대 정비, 테마관광으로 조성, 골목길 정비사업 및 도시가스 공급을 시행하였다. 셋째는 문화시설 건립으로 한옥생활체험관, 전통술박물관, 공예품전시관, 공예공방촌, 최명희 문학관, 관광안내소 등 13개 시설을 건립하였다. 넷째는 한옥건축물 정비로 민간 한옥 수선 및 신축 보조금 지급과 전통한옥지구 매수청구 등이 추진되었다. 다섯째는 슬로시티 지정으로 2011년 11월 국내 8번째, 인구 50만 도시 최초, 세계 133번째로 추진되어 본격적으로 도시형 슬로시티의 시대를 개막하는 데 기여하고 있다.

전주 한옥마을의 슬로시티 지정 및 전통문화 보전·관리, 그리고 관광활성화 추진시책은 다음과 같다. 첫째는 슬로체험공간 조성사업이다. 이를 위해 전통국악, 풍물, 마당놀이, 전통놀이체험공간, 문화장터 등 우리 전통문화예술을 즐길 수 있는 상설 공연장을 조성하고, 한옥마을에 부합하는 아날로그적인 이색체험 시설 및 프로그램을 제공하기 위하여 '추억의 우체통'을 도입하였다. 그리고 드라마 〈성균관 스캔들〉의 주요 배우들이 열연했던 현장을 직접 보고 체험할 수 있도록 '한옥마을 스캔들 만들기' 공간 및 프로그램을 조성하였으며, 전주 한옥마을을 대표하는 볼거리, 살거리, 먹거리를 발굴하고 개선하기 위하여 '5景 · 5品 · 5味'를 선정하였다. 또한 전주 한옥마을만의 스토리 자원을 활용하여 이야기가 있는 골목길을 조성하기 위하여 10개의 '이야기가 있는 골목길'을 조성하였다. 그리고 한옥마을에 가마체험, 향교서당체험, 전통혼례체험 등 전주 한옥마을에 과거의 체험거리를 조성하였다.

둘째는 슬로푸드 상품화 사업이다. 이 사업은 한옥마을의 전통적인 먹거리를 슬로푸드라는 대표 상품으로 발굴하고 전주 한옥마을만의 전통적 음식 브랜드를 발굴하는 동시에 한식의 세계화를 선도하기 위하여 추진되었다. 주요 사업으로는 한옥마을에서 생산되는 전통적 방식의 슬로푸드를 활용하여 '슬로푸드 도시락 사업'을 추진하였으며, 슬로푸드 도시락은 건강과 웰빙, 치유의 개념이 전달될 수 있는 친환경적인 재료를 활용하여 메뉴를 개발하였다.

셋째는 한옥마을의 축제 활성화 사업이다. 이를 위해 슬로시티추진위원회를 중심으로 수공예품, 지역특산물, 각종 생활 용품 등을 직거래할 수 있는 장터를 운영하고 있으며, 한옥마을에 산재해 있는 슬로푸드 자원을 발굴하여 관광상품화 및 한옥마을의 이미지에 부합하는 전통적인 식생활문화를 체험할 수 있도록 전주비빔밥 축제와 연계한 전통슬로푸드 축제를 개최하였다.

넷째는 한옥마을 경관 및 환경정비 사업이다. 이를 위해 한옥마을의 관광 사각지대로 여겨지고 있는 향교주변이나 옛 교동 사무소 부지에 한옥 주민센터 및 방문자 센터를 건립하였으며, 환경 개선을 통한 한옥마을 경관과 어메니티(amenity) 강화로 마을의 이미지를 제고하고, 감성적 경관 매력창출의 극대화를 위하여 경관디자인 및 정주환경 명소화 사업을 추진하고 있다. 나아가 전주 한옥마을 내 방치되어 있는 빈

집/폐가를 이용하여 다양한 형태의 구조물로 리모델링하는 사업을 추진하고 있으며, 이를 통해 프로젝트 건물들의 관광상품화 통한 지역주민의 소득 증대에 기여하고 있다.

2000년대 초부터 본격적으로 도시관광의 새로운 장소로서 개발되기 시작한 전주 한옥마을은 기존의 오래된 문화를 기반으로 창조형 도시관광의 새로운 모델로 부상하였다.

전주 한옥마을은 전통문화구역 종합계획(2000)에 따라 2002년 태조로 정비 및 6대 문화시설의 건립 이후 30여 만 명의 관광객이 찾은 이후 지속적인 성장을 하다가 다양한 축제의 개최와 은행로 정비가 완료된 2006년에 100만 명 이상을 기록하면서 2010년 350만 명이 넘는 관광객이 찾았다. 그리고 2016년에는 1,064만 명이 방문하였고, 2017년 1,109만 명에 이어 2018년 1,054만 명이 방문하여 3년 연속 1천만 명이 찾았다.

전주 한옥마을의 보존시책과 주민노력, 그리고 그 효과를 종합적으로 검토한 결과 다음과 같은 시사점을 얻을 수 있다. 첫째, 차별화된 보전정책으로 전통문화도시로서의 위상을 확립하였다. 전주시의 한옥마을 조성사업은 타 도시의 한옥지구가 관리의 부재로 보존에 실패한 것과 달리 전통경관의 보전을 위한 규제의 적용과 함께 주민들의 정주환경 확보를 위한 실질적인 지원 대책을 함께 추진한 결과 성공적으로 추진되는 계기가 되었다.

둘째, 주민의 동의와 참여를 바탕으로 하는 구도심 재생의 모델을 제시하고 있다. 행정에서는 사업초기 보전정책의 재추진에 따른 지역주민의 반발에 적극적으로 대응하면서 기본계획 수립단계에서부터 주민을 대상으로 하는 설명회 등을 통해 사업에 대한 적극적인 홍보와 의견수렴 과정을 거치면서 주민들을 설득하기 위한 지속적인 노력을 기울임에 따라 당초 반대의견을 제시하거나 소극적이었던 주민들의 인식도 점차 개선되었고, 현재는 주민이 주도적인 역할을 행사하는 단계에 와있다.

셋째, 전주 한옥마을 조성사업은 지역의 역사 · 문화자원을 기반으로 쇠퇴한 지역을 재생하고자 하는 행정기관의 적극적인 추진의지와 함께 지역전문가들의 지원과 주민들의 적극적인 참여가 조화를 이루면서 도시재생의 새로운 모델을 제시했다.

넷째, 전주 한옥마을은 전주시가 한국 전통문화중심도시를 표방하면서 새로운 시설을 도입하기보다는 기존의 한옥마을을 시의적절하게 재생하여 변화하는 소비자의 니즈를 반영하였고, 도시형 슬로시티로서 세계적인 브랜드를 갖추었다는 점에서 '한국 전통문화의 랜드마크'라고 할 수 있다.

전주 한옥마을의 성공적 관광활용 및 축적된 역량을 바탕으로 2020년 전주시가 정부지원 '지역관광거점도시'로 선정되었다.

■ 슬로시티(Slow City)의 활성화 방안

슬로시티 운동은 20년 전인 1999년 10월 이탈리아에서 슬로푸드 먹기와 느리게 살기(slow movement)로부터 시작된 것이다. 한국슬로시티본부의 자료에 의하면, 슬로시티 운동은 지금 대다수의 사람들이 섬기는 '속도 숭배'를 '느림 숭배'로 대체하자는 것이 아니다. 빠름은 짜릿하고 생산적이고 강력할 수 있으며 만약 그것이 없었다면 아마도 한국은 가난하게 살았을 것이다. 문제는 시계를 거꾸로 돌리는 일이 아니라 빠름과 느림, 농촌과 도시, 로컬과 글로벌, 아날로그와 디지털 간의 조화로운 삶의 리듬을 지키는 것이다.

한국의 경우 2007년 전남 신안군 증도면, 완도군 청산면, 담양군 창평면, 장흥군 유치면이 한국 최초로 국제 슬로시티로 지정된 이래 2014년 11월 현재 11개소가 지정되어 있다. 슬로시티는 1999년부터 이탈리아에서 시작되어 세계적으로 2019년 12월 현재 30개국 252개 도시가 지정되어 있으며, 아시아 지역의 경우 총 25개 지역 중 가장 많은 15개가 한국에 위치하고 있으며, 전 세계적으로도 이탈리아(84개), 폴란드(28개), 독일(19개)에 이어 네 번째로 많아 슬로시티 강국임을 보여준다.

슬로시티는 빠르게 변화하는 도시인의 삶에 반대되는 개념으로서 자연환경 속에서 자연을 느끼며 그 지역의 먹거리와 독특한 문화를 느끼며 살아갈 수 있는 마을을 말하며, 지역민이 주체가 되어 지역을 살리는 일종의 운동이다. 그동안 슬로시티로 지정된 지역들은 많은 관광객들이 방문하고 지속적으로 증가함으로써 지정의 효과가 두드러지게 나타나고 있다. 어떤 지역의 경우에는 과도한 방문객으로 인하여 지역문화의 정체성을 훼손하고 있으며, 무분별한 외지자본의 유입과 상업성 추구로 인하여 본래의 지정취지가 퇴색되고 있는 상황이다.

그동안 슬로시티의 관광자원화 및 관광객 유치에 있어서 가시적인 성과를 보였음에도 불구하고 '아시아 최대의 슬로시티 강국'의 면모를 대내외적으로 각인시키지 못하고 있다. 대부분 국내용 슬로시티로서의 한계를 벗어나지 못하고 있다. 도시형 슬로시티인 전주 한옥마을에는 2013년 33,000명에서 2018년 136,662명의 외국인이 방문하고 있으나 나머지 지역의 경우에는 외국인 방문자 수가 극소수에 그치고 있는 상황이다. 예를 들어 2013년 현재 악양 슬로시티는 47명, 증도 슬로시티는 46명, 대흥 슬로시티는 40명, 김삿갓 슬로시티(문학관)는 6명에 불과한 상황이다. 나머지 지역은 아예 집계조차 되지 않고 있다.

이와 같이 국제 슬로시티로서의 성과를 내지 못하는 것은 그동안 마을정비사업, 주민교육 및 역량강화, 인프라 구축, 안내시스템 개선 등의 기초적인 인프라 확충에 역점을 두었던 반면 홍보 및 마케팅, 국제 이벤트 개최 등의 사업에는 상대적으로 미진하였기 때문이다. 슬로시티로 지정받고 5년 후 재인증을 받기 위해 각 슬로시티가 해야 할 과제들이 산적한 상황에서 해외홍보 및 마케팅 사업까지 추진한다는 것은 쉬운 일이 아닐 것이다. 그리고 해외 홍보사업의 성과가 재인증과 직접적으로 관련이 없다보니 지자체 및 해당 슬로시티의 몫으로 맡겨두기에는 한계가 있다. 이 점에서 슬로시티의 해외홍보 및 관광객 유치를 위한 중앙정부의 역할이 계속 필요한 것이다.

따라서 향후 한국 슬로시티의 발전방향을 모색하는 데 있어서 역점을 두어야 할 점은 국제직 이미지 제고 및 경쟁력을 확보하고, 시의적절한 홍보 및 마케팅을 전개하여, 외국인 관광객을 유치하고 최대한 만족시켜 줌으로써 아시아 최고의 슬로시티 강국으로 거듭나는 것이다. 즉 한국 슬로시티의 글로벌 경쟁력 확보이다. 이를 위해 몇 가지 추진방안을 제언하고자 한다.

첫째, 국내 슬로시티 간 연대 및 협력사업을 추진할 수 있는 '상설 사무국'을 설치하여야 한다. 현재 '한국슬로시티 시장 · 군수협의회'가 결성되어 상호 관심사와 공동협력 방안을 강구하고 있지만 상설 사무국이 부재한 상황에서 전반적인 제도개선 건의, 관광객 유치활동, 해외 홍보사업 등에 대한 체계적인 대응력이 미흡한 상황이다. 협의회 산하에 슬로시티의 글로벌화를 위한 상설 사무국을 별도로 두고 국내외 홍보 및 마케팅 사업의 기획 및 실행 노력이 전개되어야 한다.

둘째, 외국인 개별여행객에 소구할 수 있는 '웹&앱(Web & App) 홍보 채널'을 확보해야 한다. 2013년 현재 11개 슬로시티 중 9개 지역만 독립된 인터넷 웹페이지를 운영하고 있으나 담양 창평 슬로시티를 제외하면 모두 한국어 안내만 제공하고 있으며, 전주는 별도의 웹페이지가 없고, 증도는 폐쇄되어 있는 상황이다. 그리고 모바일 앱의 경우 신안군 증도, 완도군 청산도, 담양 창평, 하동군 낙양, 제천시 수산, 남양주 조안 등 6개 지역만 개설하고 있으나 외국어 정보제공은 전무한 상황이다.

셋째, 슬로시티의 대외홍보를 위한 '홍보전담 지원기구'가 필요하다. 현재와 같이 부실한 홍보채널로는 외국인들에게 시의적절한 정보를 제공해 줄 수 없으며, 정보의 신뢰성을 담보할 수 없다. 한국관광공사, 한국방문위원회, 슬로시티 대학생 홍보단 등 유관단체 등에서 관련 정보를 제공하고 있으나 이 역시 미흡하다. 예를 들어 한국관광공사 영문 홍보사이트에는 담양 창평 슬로시티 한 곳만 정보를 제공하고 있다. 따라서 슬로시티별 대외홍보 사업을 개별적으로 추진하기 곤란하다는 점에서 정부와 지자체가 공동 재원을 확보하여 슬로시티 홍보전담 실행조직(예: 한국관광공사)을 지정 · 운영하는 방안을 강구할 필요가 있다.

넷째, 슬로시티 육성을 위한 '정부의 해외 홍보 · 마케팅 사업 지원'이 필요하다. 지난 2009년부터 중앙정부 차원에서 슬로시티의 관광자원 활성화를 위한 사업을 추진하고 있으며, 박근혜 정부에서도 매년 21~24억 원을 투입하여 지자체(정률: 50%) 보조사업으로 향토자원 조사 및 체험 프로그램 운영, 주민교육 실시 및 협의체 운영지원, 기초 인프라 조성, 홍보마케팅 사업을 추진하였다. 그런데 홍보마케팅 사업(2013년 1.5억 원)은 대부분 팸투어에 국한되었다. 따라서 슬로시티 인프라 구축에 집중된 그동안의 지자체 보조사업에 '해외홍보 · 마케팅 지원사업'을 추가(별도)로 포함시킬 필요가 있다.

다섯째, 슬로시티의 글로벌 홍보사업의 효과적 추진과 성과 평가를 위한 '통계시스템 개선'이 필요하다. 문화체육관광부와 한국문화관광연구원이 운영하는 관광지식정보시스템 상 '주요 관광지점 입장객 통계표'를 보면 슬로시티로 선정된 지역이 대부분 누락되어 있다. 예산군 대흥, 신안군 증도, 완도군 청산도만 독립된 집계 지점으로 설정되어 있을 뿐이다. 선박을 이용하여 입장하게 되는 청산도의 경우 집계가 어렵지 않을 것으로 예상되나 지난 3년간 외국인의 경우 전혀 집계되지 못하고 있는 상황이다. 따라서 홍보사업의 성과를 객관적으로 평가하고 대응책을 강구하기 위해서 지자체 차원에서 슬로시티 입장객에 대한 정확한 집계시스템을 확보할 필요가 있다.

여섯째, 슬로시티의 글로벌화를 지원하기 위한 '관광수용태세 개선사업'을 추진해야 한다. 슬로시티가 지역주민의 삶을 질을 개선하기 위한 운동임은 분명하나 외지방문객들에게 최소한의 편의성을 제공하는 것이 필수적이다. 최근 창평 슬로시티를 방문하여 살펴본 결과 역사성, 경관성, 전통성, 주민참여 등은 우수하나 외국인을 위한 안내시스템이 미흡한 상황이다. 관광수용태세를 개선한다고 해서 상업성을 지향하자는 것은 아니다. 외국인들도 불편을 어느 정도 감수하되 현지화(체험과 이해)를 촉진할 수 있도록 도와주자는 것이다. 따라서 슬로시티의 안내, 홍보, 해설, 숙박, 음식, 친절서비스 등 외국인을 위한 수용태세 개선사업을 추진할 필요가 있다.

끝으로, 슬로시티의 자원 및 입지 특성상 '재방문 · 개별 외래관광객'에 초점을 둔 홍보 · 마케팅 전략 수립이 필요하다. 2014년 10월 말 현재 외래관광객이 1,200만 명에 다다랐고 2019년 1,750만 명으로 늘었으며, 향후에도 계속 증가할 것으로 전망되어 슬로시티의 집중 공략타깃을 선정할 필요가 있다. 특히 외래관광객 실태조사를 보면 재방문자의 비중이 2014년 34.9%에서 2018년 57.8%로 점차 증가추세에 있다. 이들 외래객을 대상으로 슬로시티 고객화 전략이 필요하며, 이를 추진하기 위해서 11개 슬로시티 방문자에 대한 '외래관광객 슬로시티 여행 실태조사'를 주기적으로 실시하여 향후 마케팅 대응전략을 수립하는 것이 긴요하다.

참고자료 14

'서울관광재단'에 바란다

2008년에 설립된 서울관광마케팅(주)은 제3섹터형 공기업으로 출범하며 서울시 관광산업의 발전에 큰 역할을 할 것으로 기대를 모았으나 그리 만족스럽지 못하였다. 우리나라의 경우 민간부문의 노하우를 활용하여 공익성과 수익성의 조화를 모색하려는 제3섹터형 공기업이 당초 도입 취지에도 불구하고 이해 당사자 간 갈등으로 지속적인 운영성과를 내기가 쉽지 않다는 것을 여실히 보여주었다.

서울관광마케팅(주)이 사업운영에 있어서 가장 큰 문제점은 서울시와 민간주주 간의 갈등에 따라 빠르게 변화하고 있는 관광산업 환경에 대응할 만한 사업 추진역량을 시의적절하게 갖추기가 곤란하였다는 점이다.

또한 대행사업 감소 및 자체수익사업의 부진에 따른 지속적인 자본잠식으로 조직의 존속가능성을 확보하지 못하였다. 물론 지배구조뿐만 아니라 운영상에 있어서도 CEO의 전문성과 재임기간, 중간관리자급의 인사 석제, 회사 비전의 불확실성에 따른 높은 이직의사 등도 큰 논란거리가 되었다.

그동안 서울시는 서울관광마케팅(주)이 안고 있는 근본적인 문제점을 해소하고 서울시 관광발전을 위한 안정적인 추진체계를 확보하려는 목적으로 서울관광진흥기구(STO)의 설립형태를 새롭게 모색하게 되었으며, 1년여의 많은 의견수렴 절차를 거쳐 2018년 5월 1일 서울관광재단이 출범하게 되었다.

물론 '관광재단'의 형태로 전환되었다고 해도 새로운 것은 아니다. 전국에 이미 10개 남짓한 관광재단이 운영 중에 있다. 광역지자체 중에는 전북과 전남의 경우 문화관광재단이 운영되고 있으며, 일부 기초지자체에서는 축제와 연계한 재단 등이 운영되고 있다. 이제 경기, 제주, 부산, 경북 등에 설립되어 있는 공사(公社)라는 지방공기업 형태와 더불어 재단(財團)이라는 재단법인의 설립형태가 대세로 나타날 전망이다. 진즉부터 서울관광진흥을 담당할 수 있는 안정적이며 지속가능한 조직이 필요하다는 점에서 서울관광재단의 출범에 많은 기대를 걸고 있었다. 그러나 이제부터는 서울시민뿐만 아니라 전국적, 나아가 글로벌 차원에서도 주목을 받게 될 것이라는 점에서 추진사업의 성과제고에 만전을 기하여야 한다. 관광사업의 경우 공익성이 강하고 수익창출이 곤란하다는 점에서 재단법인의 형태가 적절하다는 데에 동의하지만 그렇다고 사업성과에 대한 제고 노력과 생산적 조직관리가 등한시해서는 안 된다. 우선 과거 조직과는 성격 면에서부터 환골탈태 하였듯이, 주력사업 영역을 재조정할 필요가 있다. 과거 관광마케팅 및 홍보사업, MICE 관광, 투자유치사업에 큰 성과를 내지 못하면서 매달려왔으나 이제부터는 관광진흥 지원, 관광콘텐츠 확충, 관광인력 양성, 관광R&D, 위탁사업 등에도 역점을 두며 서울관광의 퀄리티(quality)를 세계적 수준으로 향상시켜야 한다.

최근 마스터카드(Mastercard)의 글로벌 도시관광지수 분석결과에 의하면 서울 관광객은 2016년 1240만 명으로 세계 7위 수준이며, 연간 94억 달러의 소비규모는 세계 9위 수준이다. 또한 정부의 외래관광객 실태조사를 보면, 서울시는 관광규모 면에서 한국관광의 8할(割)을 담당하고 있는 동시에 글로벌 톱 도시로서 세계관광의 트렌드를 선도해 나가고 있다. 이에 따라 서울시가 관광이니셔티브를 제시할 수 있도록 글로벌 네트워크도 구축되어야 한다.

최근 서울방문객의 관광활동이 쇼핑과 식도락에 과도하게 집중되고 있는 반면 관광지 방문, 문화관광 체험 등의 방문목적이 점차 감소하고 있다는 점에서 서울관광재단의 사업 최우선 순위는 서울관광 유망 콘텐츠를 지속적으로 발굴하고 상품화하는 것에 두었으면 한다.

일본의 경우 1997년부터 사단법인 도쿄컨벤션뷰로로 운영되었다가 2004년 재단법인 도쿄관광재단으로 전환되면서 가장 1차적인 사업은 도쿄의 산업과 기술, 그리고 역사 문화적 자원을 활용하여 관광 및 국제컨벤션 진흥에 두었음을 참고할 필요가 있다.

서울관광재단의 정관에 설립목적으로 서울의 관광산업진흥과 지역경제 활성화를 위한 선도적 역할을 명시하고 있지만, 서울관광의 성장단계별로 요구되는 관광진흥기구로서의 역할도 소홀히 해서는 안 된다. 그 대표적인 것이 서울시 전역에서 점점 표출되고 있는 오버투어리즘(over tourism)에 따른 지역주민의 불만 현상이다. 이는 그동안 공정관광의 육성을 위한 철학의 부재로 관광객이 많이 몰리면 그것이 경제에 보탬이 된다는 안일한 정책 사고방식의 결과물이다.

끝으로 서울은 글로벌 톱 관광도시이자 한국 관광의 허브도시이며 장차 통일관광 거점도시가 되어야 한다. 서울은 서울만을 위해 존재해서는 안 된다. 서울 스스로 강력한 경쟁력을 확보하면서 세계인들을 끌어들이고 한반도 관광의 시대를 열어가야 한다. 서울관광재단도 서울관광의 미래상에 걸 맞는 추진역량을 확보해 가길 바란다(출처: 교통신문, 2018. 6. 12; 註: 문맥 유지를 위해 최신 데이터로 수정하지 않음).

참고자료 15

방문자 경제시대와 토탈관광

1996년에 있던 일이다. 군산시가 '군산시 발전방안'을 수립할 때 총 8개 분야 중 관광 분야의 연구진으로 참여한 적이 있다. 당시 시청 관련 부서와의 첫 미팅에서 내 자리는 일렬로 서면 마지막에 해당하는 위치에 있었다. 한 마디로 관광은 '말석'이었다. 그 후 국내외 여건변화에 대응하기 위해 군산시는 2008년에 '장기종합발전계획'을 새로 수립하였다. 물론 그 때도 관광부문을 담당하였다. 놀라운 것은 착수 보고회를 할 때 이번에는 내 좌석 위치가 세 번째에 있는 것이다. 불과 10년 남짓 시났지만 관광의 위상이 더 높아졌음을 실감하였다.

별 것 아니지만 과거에 있었던 일을 되짚어 보는 이유는 근래 들어 지역발전에 있어서 관광 분야의 비중이 더 커지고 역할도 막중해졌기 때문이다. 인구는 감소하고 제조업 기반이 흔들리면서 지역 간 생존경쟁이 치열하게 전개되자 모든 지자체들이 새로운 성장동력으로 방문자 경제(visitor economy)에 눈을 돌리고 있는 상황이다. 또한 오래된 도심을 재생하고 활력을 불어넣는 데 있어서도 방문자 경제의 콘셉트가 적용되고 있다. 대표적으로 전주 한옥마을, 군산 근대역사문화지구, 완주 삼례문화예술촌 등이 성공사례로 거론될 수 있다. 방문자 경제라는 용어는 외지인을 유치하고 직 · 간접 소비를 촉진하여 지역주민의 일자리와 소득을 창출하는 것을 말한다. 최근 국가 간, 지역 간 이동하는 사람들이 크게 증가함에 따라 그들이 새로운 경제주체로 부상하면서 주민 중심의 경제구조에서 방문자 경제구조로 패러다임이 전환되는 상황이다. 따라서 국내외 관광객을 유치하여 우수한 자연과 문화를 체험시키고 해설하며 가치를 공유하는 가운데 다양한 경제효과를 거두는 것이 중요한 과제이다. 서울의 대형 의료기관들이 특급호텔의 환대시스템을 배워 간다든가, 최근 전북도내 대형 병원들이 외국인 의료관광 우수기관으로 선정되듯이 모든 경제주체가 방문자 경제에 걸맞은 시스템을 차근차근 준비해 나가야 한다. "그레이트 리셋(Great Reset)"의 저자인 리처드 플로리다가 한물간 제조업에 돈을 쏟아 붓는 빅게임 프로젝트 방식 대신 컨벤션센터, 관광호텔, 박물관, 스포츠센터 등을 더 조성하고 그것들을 운영할 지역주민의 역량을 키우는 소프트형 창조경제 방식을 권고하고 있는 것도 같은 맥락이다.

한때 유럽을 다녀온 한국인들은 그들의 찬란한 문화유산에 감탄하면서 '문화없이는 관광없다(No tourism, without culture)'라는 말을 되뇌곤 하였다. 그러나 방문자 경제시대에는 그러한 명제가 통하지 않는다. 오히려 '관광없이는 문화도 빛날 수 없는(No culture, without tourism)' 세상으로 변모해 가고 있다. 관광은 방문자의 기호와 취향을 정확히 파악하고 스토리텔링과 체험 기술을 제공하여 문화의 매력과 가치를 높여줄 수 있다.

관광을 빗대어 '장삿속'으로 폄하하는 일부 인사들도 있지만 이 시대의 관광산업은 포용과 나눔의 정신으로 무장되어 있다. 과거처럼 문화에 의존하지 않고 생태, 스포츠, 의료, 공연, 음식, 축제, 전통시장, 골목상가 등으로 더 외연을 넓혀가고 있다. 또 관광산업은 본래 부의 '축적'보다는 소비를 통하여 '분배'를 지향하는 산업으로 낙후된 농어촌이나 문화사업자, 고령자들에게 일자리의 제공은 물론 삶의 질 향상에 적극 기여하고 있다.

그러한 점에서 전북의 농산어촌, 자연생태, 전통문화 자원을 연계 · 융합하여 '토탈관광(total tourism)'이라는 신개념 브랜드를 창출해 낸 전북도의 관광정책에 많은 주목을 하지 않을 수 없다. 토탈관광이 방문자 경제시대를 선도하는 방향으로 추진될 경우 전북의 각 지역, 각 부문, 각 계층이 고른 혜택을 누릴 수 있다. 특히 각 시군의 농촌마을, 향토음식점, 전통시장, 토산품 가게, 문화 종사자, 관광해설사, 사회적기업들에게 실질적인 혜택이 돌아갈 수 있도록 배려할 필요가 있다. 무엇보다 방문자 경제시대에 부응하기 위하여 전라북도 역시 제주도나 강원도처럼 관광을 대표 주력산업으로 육성해야 한다.

한국은행 자료를 보면, 제주도 지역총생산(GRDP) 중 관광관련 산업의 비중은 2012년 기준으로 24.4% 수준이다. 동일한 방식으로 전북도에 적용할 경우 2004년 관광관련 산업은 도내 GRDP 대비 13.8%를 차지하였으나 2012년에도 13.7%로 나타나 여전히 제자리걸음을 하고 있다. 기왕 시작한 토탈관광 정책의 방향도 '관광성장을 통한 지역활력 제고'에 두고 대대적인 관광투자와 관광객 유치가 병행될 필요가 있다.

나아가 방문자 경제를 효과적으로 구현하고 토탈관광을 조기에 정착시키기 위한 중간지원조직도 필수적이다. 전북의 경우 '머리'에서는 관광산업이 중요하다고 말하지만 전문성을 확보한 '허리'가 취약해 '다리(현장)'부문에서는 제대로 실행되지 못하고 있는 상황이다.

특히 관광객 유치를 위한 홍보 및 마케팅, 관광콘텐츠 확충, ICT 관광기술, 창조관광기업, 지역관광리더 등의 역량이 타 지역에 비해 열악한 현실을 감안할 때 전북문화관광재단의 설립은 관광도약의 계기가 될 수 있다. 일부에서 문화와 관광이 통합된 재단의 설립에 대해 부정적인 의견을 제기하고 있지만 오히려 방문자 경제시대에 가장 부합되는 조직모델이 될 수 있다(출처: 새전북신문, 2014. 11. 20; 註: 문맥 유지를 위해 최신 데이터로 수정하지 않음).

참고자료 16

전주 한옥마을이 글로벌 관광명소 되려면

수년 전 유네스코 세계문화유산으로 지정된 터키의 사프란볼루(Safranbolu)라는 소도시를 방문한 적이 있다. 사프란볼루는 과거 실크로드를 넘나들던 카라반들이 동서양을 오가며 경유했던 곳으로 유명하며, 구시가지에는 오스만제국 시대의 목조건축물 1,000여 채가 고스란히 보존되어 일명 터키의 '민속촌'이라 불린다. 사프란볼루가 터키인은 물론 외국인들에게 매력적인 관광코스로 각광을 받게 된 이유는 간단하다. 거대한 현대식 호텔이 없어도 기존의 수백 년 된 주택을 숙박시설, 박물관, 안내소, 쇼핑점 등으로 재생하고, 다양한 음식과 기념품을 개발하여 방문객들에게 충분한 편의를 제공하였기 때문이다.

또한 주민들은 그들의 자연스러운 생활문화를 관광객들과 공유하는 데 주저하지 않았고, 전통가옥에 묵으면서 오랜 역사를 체험할 수 있도록 잘 배려해 주고 있다.

작금의 전주 한옥마을을 바라보면서 사프란볼루를 떠올리는 것은 많은 비교가 되기 때문이다. 전주 한옥마을이 계속 새롭게 진화되고 있으나 안타까운 점은 물밀듯이 늘어나는 '관광객의 압력(pressure)'에 빠져 한옥마을만의 독특한 정체성을 간직하려는 모습은 점점 수그러들고 대신 수익지향적인 마을로 채색되어 가고 있는 것이다. 지난 2008년 방문객이 처음으로 100만 명을 넘어설 때까지만 해도 한옥마을은 흥겹고 문화지향적인 모습을 간직하였다. 그 덕분에 2010년 도시 단위로는 국내 최초로 '슬로시티'로 지정받기도 하였다.

그러나 이후 매년 100만 명씩 증가하여 2014년에는 600만 명에 다다르게 될 정도로 한옥마을 전체가 대중성과 상업성에 휩쓸려 가는 안타까움을 짙게 느낄 수밖에 없다. 전주 한옥마을이 안고 있는 문제점은 헤아릴 수 없이 많다. 관광객이 급증하다보니 숙박시설 부족, 교통혼잡과 주차난, 자동차 매연, 도로상에 버려지는 쓰레기, 주민생활공간 침해 등이 대표적이다.

이러다 보니 주민들은 물론 관광객들의 불평과 불만도 점점 늘어나고 부정적인 이미지까지 생겨나고 있어 걱정이다. 이처럼 부실해진 관광수용태세는 한정된 공간에 과도한 관광객의 유입에 따라 불가피한 실정이다. 돌이켜 보면 시 당국이나 마을주민들도 이처럼 빠르게 성장할 것이라고 예상하지 못했을 것이다. 급기야 최근에는 '한옥마을 위기론'까지 등장하며, 새롭게 변신해야 한다고 주장한다.

이대로 가다가 내년에 슬로시티 재인증에서 탈락하지 않을까 하는 걱정도 늘어 가고 있다. 또한 마을주민들이 편안하게 살지 못하고 침해당하는 빈도가 늘어나면서 외지인에 대한 '관용' 차원을 넘어서 '거부감'까지 등장한 서울 북촌마을의 현상을 닮아가고 있다. 이쯤 되면 "관광이 관광을 파괴한다"는 말이 준엄한 경고처럼 들려온다. 이제라도 한옥마을을 한 차원 높게 진화시켜야 한다. 우선 한옥마을의 보존과 지속가능한 관광을 위한 시책을 바로 세워 철저하게 추진되어야 한다.

그러려면 한옥마을의 보존과 문화마을 만들기 사업에 더 많은 예산이 투입되어야 한다. 단기적인 이익에 집착할 경우 한옥마을의 정체성은 계속 훼손될 수 있으며 글로벌 관광명소가 되기도 전에 문화유산관광의 실패사례로 거론될 수 있기 때문이다. 주민이나 관광객 모두 '찾아와서 반갑고 즐겁고 행복한' 한옥마을 캠페인을 전개해야 한다.

또한 상업자본에 의해 점차 밀려나가는 원주민들과 자생적 문화인력을 계속 붙잡지 않으면 애당초 꿈꾸어 왔던 한옥마을의 고즈넉한 풍경이 유지되기 어렵다. 자격 논란이 되고 있는 슬로시티로서의 면모를 계속 유지하는가 여부는 향후 전주한옥마을이 글로벌 관광명소로 도약하는 바로미터가 될 수 있다. 다소 엉뚱한 발상일 수 있지만 한옥마을의 범위를 전라감영터, 노송광장, 전주천 등 구도심 지역으로 확장하고 거주공간, 문화공간, 체험공간 등으로 특화시키는 방법도 있다.

다음으로 전주시를 찾는 관광객의 70%가 한옥마을에 집중되고 있는 현상을 냉철하게 진단하고 새로운 관광거점들을 창조하여 한옥마을에 숨통을 트게 해 줄 필요가 있다. 그동안 논의되어 온 덕진공원, 컨벤션센터, 무형유산원 등을 더욱 명소화하고 전주시 방문객을 분산하여 한옥마을의 혼잡을 줄여야 한다. 최근 여수시가 세계박람회장과 원도심을 연결하여 관광특구를 육성할 방침을 보였듯이 전주시도 한옥마을을 활용하여 주변 원도심을 활성화할 수 있는 대책을 마련해야 한다.

한옥마을은 더 이상 전주시만의 자산이 아니다. 이제 시각을 바꾸어 국가적 자산이며 글로벌 명소로 계속 키워가야 한다. 외형적 성장 못지않게 韓문화 콘텐츠를 확대 재생산하고, '음식문화 창의도시'에 걸맞게 고품격 문화를 꽃피울 수 단단한 플랫폼을 구축해야 한다. 터키의 세계문화유산 도시인 사프란볼루가 전 세계인들의 관광명소가 된 것은 오스만풍의 역사유적을 잘 보존하고 풍부한 문화관광 콘텐츠를 보유하였기 때문이라는 데서 교훈을 얻어야 한다(출처: 새전북신문, 2014. 9. 25; 註: 문맥 유지를 위해 최신 데이터로 수정하지 않음).

참고자료 17

터키의 고도 사프란볼루에서 답을 찾다

지난 2011년 8월 19일 터키의 작지만 유서깊은 도시인 사프란볼루(Safranbolu)를 방문하였다. 1994년 유네스코에 의해 세계문화유산도시로 등재된 사프란볼루는 고도(古都)로 지정된 익산의 발전방향을 탐색하는데 도움을 줄 것이라고 생각하여 처음부터 많은 관심을 갖고 관련 자료를 수집 · 정리하였다.

사프란볼루의 구시가지 지도

사프란볼루는 흑해와 인접한 터키 서북부 카라뷔크(Karabük) 주에 위치한 마을로 과거 실크로드를 넘나들던 대상(caravan)들이 동서양을 오가며 경유했던 곳으로 유명하다. 구시가지(Old Town)에는 오스만제국 시대의 목조 건축물 1,008채가 잘 보존되어 있어 일명 '터키의 민속촌'이라 불리고 있다.

과거 부자들이 살았던 전통목조 가옥은 약 2천여 채가 남아 있으며, 그 가운데 8백여 채는 고가옥으로 법적인 보호를 받고 있으며, 나머지 가옥들은 호텔, 펜션, 카페, 레스토랑, 기념품점 등으로 개조되어 방문객들을 맞이하고 있다. 시가지의 한복판(차르쉬 광장)에는 진지 하만이라는 터키식 목욕탕인 하만(Haman)이 자리잡고 있다.

사프란볼루 구시가지 중심부

터키식 목욕탕 하만

오스만제국 시절의 전통가옥뿐만 아니라 19세기 육군중령이 살았고 지금은 박물관으로 쓰이는 카이마카믈라 저택, 구시가지에서 가장 큰 이슬람사원인 쾨프륄뤼 메흐메트 파샤 모스크, 1797년 이제트 메흐메트 파샤 장관이 세웠다는 시계탑, 그리고 마을 최고의 전망을 자랑하는 흐드를륵 언덕, 1661년부터 열린 유서 깊은 시장인 아라스타 바자르 등도 명물이다. 특히 놀라운 것은 100년을 주기로 대지진이 발생한다고 하는 터키에서 뛰어난 건축기술 덕분에 전통목조가옥이 잘 보존되어 있다는 점이다. 한마디로 오스만풍의 역사문화가 물씬 풍기는 마을이다.

잘 보존된 전통목조가옥

펜션으로 개조된 가옥

또한 사프란볼루는 이름부터 꽃향기가 물씬 풍기고 있다. 과거 약재나 향신료, 염색재료 등으로 쓰이던 사프란(saffraan) 꽃이 군락을 이루어 있었다 하여 지어진 이름이다. 이에 따라 사프란을 브랜드로 한 다양한 기념품이 개발되어 방문객들의 호기심을 자극하고 있다. 독특한 것은 현재 사프란 꽃을 거의 보지 못하고 오히려 좁은 가로마다 포도나무가 가로수처럼 줄지어 방문객들에게 상큼한 정감을 주고 있다.

사프란 꽃 장식

가로수 역할을 하는 포도나무

사프란볼루가 터키인은 물론 외국인들의 관광지로 각광을 받게 된 것은 거대한 현대식 호텔이 없어도 기존의 주택을 활용하여 방문객들에게 충분한 편의를 제공하고, 방문객들을 위한 안내홍보와 스토리텔링을 적극 전개하며, 터키식 케밥이나 음료를 제공하고 다양한 기념품을 개발하였기 때문이다. 그러나 사프란볼루는 관광객을 위해 주민 거주지와 구별된 별도의 공간이나 지구를 만들지 않았다. 지역주민과 방문객이 하나의 공간과 시설을 공유하도록 하고 있다. 즉 '있는 그대로'의 자연스러움을 보여주고 수백 년 된 전통가옥에 묵으면서 오랜 역사적 체험을 할 수 있도록 배려하고 있다.

사프란볼루를 방문하고 나서 익산고도육성계획을 다시 한 번 읽어 보았다. 익산고도 육성계획에서는 금마면 소재지를 대상으로 '금마역사마을'을 조성하고 방문객 안내센터, 전통숙박촌, 역사자료관, 회의시설, 광장 등을 도입하는 데 이러한 시설들이 기존 시가지와 분리되도록 하고 있다. 기존 시가지 중 재생가능한 가옥이나 시설을 활용할 필요가 있으며 '사람과 문화, 역사가 깃든 시가지' 자체가 관광자원이 되어야 할 것이라고 생각해 본다(출처: 익산고도육성포럼, 2011).

06

한국형 관광거점 도시를 조성하자

■ 지역관광 글로벌화 사업의 중요성

최근 외래객의 급증과 더불어 서울 집중에 따른 부작용(숙박난, 교통혼잡, 범죄 증가 등)을 해소하고 지역의 우수한 콘텐츠를 글로벌 관광자원화하기 위해서는 외래관광객의 지역분산책에 대한 논의가 활발하게 모색되고 있다.

외국인 관광객의 서울집중도는 2009년 77.4%에서 2015년 78.7%, 2018년 79.4%로 계속 심화되고 있다. 반면 일본의 경우 수도인 도쿄의 외래객 집중도는 46.2%에 그치고 있으며 오사카 38.7%, 치바 36.0%, 교토 25.9% 등으로 분산되어 있다.

지역에 방문하는 외래관광객의 규모를 확대하기 위해서는 지역별 독창적인 관광콘텐츠 확보 및 외래객 친화형 관광수용태세의 개선이 필요하다. 특히 관광객의 규모 및 관광소비액 1위로 급부상하고 있는 중국인들을 대상으로 그들이 선호하는 관광자원을 보유한 장소를 핵심지구로 선정하여 집중 육성하는 방안도 검토되어야 한다. 2010년부터 2018년까지 9년간 중국관광객은 연평균 20%씩 증가하였으며, 전체 외래객 대비 점유율도 2010년 21.3%에서 2016년에는 46.8%로 늘어났다.

방한 중국관광객 추이

(단위: 만 명, %)

구분	2010	2011	2012	2013	2014	2015	2016	2017	2018
외래관광객 수(a)	879.8	979.5	1,114.0	1,217.5	14,201	13,231	17,242	12,336	15,347
중국관광객 수(b)	187.5	222.0	283.6	432.7	612.7	5,984	8,068	4,169	4,790
비중(b/a)	21.3	22.7	25.5	35.5	43.1	45.2	46.8	33.8	31.2
증가율	39.7	18.4	27.8	52.5	41.6	-2.3	34.8	-48.3	14.9

자료: 문화체육관광부(각년도), 관광동향에 관한 연차보고서.

중국뿐만 아니라 필리핀, 태국, 말레이시아, 인도네시아, 싱가포르, 베트남 등 동남아 신흥시장의 방한 규모 및 증가율도 괄목할 만하게 나타나고 있어 지역관광 활성화를 위해서는 이들 관광객들이 큰 불편 없이 여행할 수 있는 수용태세를 조성할 필요가 있다.

지역관광의 글로벌화 사업은 추진 시 대규모 물리적 개발보다는 기존 시설(숙박, 음식점, 쇼핑, 안내 등)의 수용태세 개선과 매력도 높은 프로그램 구축을 중심으로 지역관광의 글로벌 수용태세를 구축하는 것이다.

정부와 지자체, 그리고 유관기관이 참여하여 중국 및 동남아 신흥시장 관광객들이 편안하게 느낄 수 있도록 외국어 안내 · 안내서비스, 식당가, 쇼핑상가, 관광 테마거리 육성, 차이니스 프렌들리 센터 설치, 각종 이벤트 및 교류행사 운영방안 등을 강구하여야 한다.

특히 중국이나 일본, 그리고 동남아 관광객 유치를 위한 다각적인 노력에 힘입어 중국관광객의 방문이 서울과 제주 중심에서 벗어나 그동안 덜 알려진 지역(강원, 충청권)으로 점차 확대되고 있듯이, 향후 동남아 신흥시장을 포함한 관광수용태세 개선사업이 적극 추진될 필요가 있다.

최근 중국인 관광객의 증가와 더불어 계층별 수요가 다변화되고 있어, 이들의 수요에 대응할 수 있는 테마별 핵심지구를 조성해야 할 시점이다. 일본 정부는 지역관광의 글로벌화 차원에서 '외국인 관광객들로 붐비는 도시' 36개소를 '국제관광테마지구'를 선정하여 육성하고 있다.

일본의 경우 외래관광객 유치와 관련된 지구제도로 관광진흥지역, 국제관광문화도시, 국제관광모델지구, 국제관광테마지구 등이 있으며, 이 중 한국의 관광특구와 형태적으로 유사한 개념은 국제관광모델지구와 국제관광테마지구로 니이가타 · 사토 · 야히코, 마쓰모토 · 일본 알프스, 데우라 츠쿠바 연구학원도시, 나리타 등 4개소를 제외하고 국제관광모델지구는 국제관광테마지구로 통합되었다. 홋카이도(北海道) 관광진흥위원회는 2010년 9월 국가의 종합특구 구상의 선정을 위해 중국인 등의 외국인 관광객의 인바운드를 촉진하는 '홋카이도 관광 인바운드 특구'를 정식으로 지정하였다.

■ 지역관광 글로벌화 사업의 추진체계

지역관광 글로벌화 사업은 "급증하는 외래관광객의 지방분산을 위해 외래객 숙박체류(최소 1박 2일 이상)가 유망한 자연 및 역사 · 문화 지역을 중심으로 독창적 테마 설정과 최적화된 수용태세를 정비하고 지역사회 · 경제의 발전을 도모하기 위하여 지자체 및 민간부문 간 협력 차원에서 조성되는 지역관광 진흥사업"을 말한다.

2011년부터 문화체육관광부와 한국관광공사가 국내관광 활성화 차원에서 지역관광수용태세의 개선사업(1단계)을 지속적으로 추진해 왔으며 열악한 지역관광 여건 속에서 관광인식 제고, 콘텐츠 발굴, 환대서비스 제공에 기여하였으나 컨설팅 위주의 사업으로 재정이 열악한 지자체 입장에서는 제시된 과제를 실행하는 데 한계를 보였다.

지역관광 글로벌화 사업은 신규 사업 성격을 지니고 있으면서도 기존 지역관광수용태세 개선사업의 범위와 대상에 외국인까지도 포함하여 발전적으로 승화된 후속사업(2단계)으로서의 성격을 지니고 있다. 향후 2단계 관광수용태세 개선사업은 글로벌 관광 여건이 우수한 지역을 선정하여 외국인 친화적 관광수용태세를 개선사업을 매칭펀드(국비+지방비) 방식에 의거 추진함으로써 외래객의 지역분산을 유도하는 데 기여하도록 해야 한다. 별다른 성과없이 사업이 종료된 '올해의 관광도시' 사업의 전철을 밟지 않기 위해서는 사업의 목표와 내용을 명확히 해야 한다.

관광특구 · 국제관광거점지구 · 국제관광테마지구 비교

구분	관광특구(한국)	국제관광 거점지구(신규 案)	국제관광테마지구(일본)
법적 근거	관광진흥법	-	외객유치법
지정 개소	28개소	10~20개소	36개소
조성 목표	외래객 유치형	외래객 체류 · 체험 · 교류형	외래객 숙박형
공간 규모	中(평균 20㎢, 제주 제외 시)	[예시] 전주 한옥마을지구, 춘천 남이섬	大(권역)
주요 유형	도시형, 산악형, 온천형, 역사형	의료관광형, 역사문화형, 한류체험형, 쇼핑관광형, 테마파크형	자연형, 역사문화형
핵심 기능	관광편의, 오락, 숙박	테마체험, 문화, 교류, 숙박 등	숙박, 연계관광 등
주도 역할	지자체, 민간사업체	중앙정부, 지자체, 민간부문	중앙정부, 지자체, 민간부문

자료: 장병권(2015), 전라북도 국제관광 거점화 방안, 세미나 자료.

일본의 경우 "외국인 관광객 내방지역의 다양화 촉진에 의한 국제관광 진흥에 관한 법률(외객유치법)"에 의거한 국제관광테마지구는 '일본의 고유문화, 역사 등에 관한 외국인 관광객의 이해를 증진하기 위해 관광자원을 포함한 관광지 및 숙박거점지구가 있으며, 이를 관광루트로 연결함으로써 외국인 관광객의 방문을 촉진하기 위한 지역'으로 지역관광 핵심지구와는 공간설정, 관광루트, 사업모델에서 차별화를 도모하고 있다.

지역관광 글로벌화 사업은 전국의 6대 권역을 대상으로 기존 관광특구와는 달리 자족성을 확보한 최소 1박 2일형(또는 2박 3일형) 외국인 체류거점(예시: '차이니스 프렌들리 스팟')을 우선적으로 조성하는 것이다.

지원사업의 유형은 역사문화 체험형 프로그램(예시: 한옥마을 체험), 한류체험형 프로그램, 쇼핑 · 음식체험형 프로그램(예시: 음식특화거리 조성), 교류 및 이벤트형 프로그램, 차이니스 프렌들리 스팟 육성(예시: 차이니스 프렌들리 센터 조성) 등 지자체의 강점과 특성, 콘텐츠를 중심으로 자율적으로 선정하는 것이다.

지역관광 글로벌화 사업의 개념도

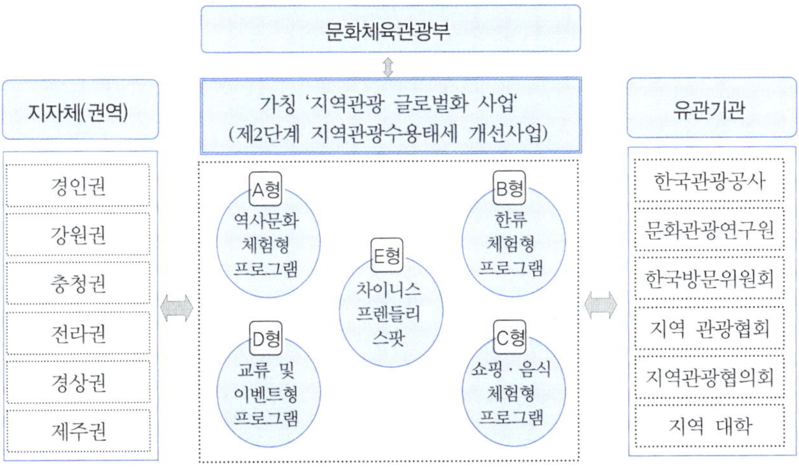

자료: 한국문화관광연구원(2014), 지속가능한 관광개발 포럼 공개세미나 자료집.

지역관광 핵심지구의 성공적 추진을 위하여 중앙 차원에서 관광공사, 문화관광연구원, 한국방문위원회, 지방 차원에서 지역관광협회, 지구별 관광협의회, 관광관련 대학이 거버넌스 체계를 구축하여 다각적인 지원책을 모색해야 한다.

지역관광 글로벌화 사업은 지역별 유망 관광 콘텐츠의 발굴과 최적 관광수용태세 조성을 통하여 지역관광의 글로벌화 및 지역의 사회경제적 지속가능한 발전에 기여하는 데 초점을 두어야 한다. 그리고 지역관광 글로벌화 사업의 도입 의의 및 기존 개발사업과의 차별화, 조성모델의 유형화, 국제관광 거점화를 위한 행·재정적 지원책을 강구하는 것이다. 나아가 외래관광객의 숙박관광 유도를 위한 자원, 교통, 숙박, 음식, 안내, 이벤트 등 다각적인 관광수용태세 개선과 지역주민·유관기관의 참여방안을 모색하는 것이다.

우선 정부 차원에서 지역관광 글로벌화 사업의 제도화 방안을 강구해야 한다. 지역관광 글로벌 사업의 개념, 기능, 파급효과 등에 대한 검토를 통하여 정책의 타당성을 확보해야 한다. 지역관광 글로벌화 사업의 선정·육성을 통하여 외래관광객 지역분산 목표 설정(1개 사업당) 50만 명 유치목표 설정을 통하여 최대 1천만 명의 지방유치 효과를 달성하는 데 두어야 한다.

그리고 관광특구 등 유사 제도와의 차별성을 확보하고 예산지원의 근거를 확보해야 한다. 관광진흥법에 근거한 기존 관광특구와의 차별성 확보가 가장 시급한 과제이며, '올해의 관광도시' 및 '관광두레' 사업과 같이 비법정 사업으로 한시적으로 추진하는 방안을 검토할 수 있다. 기존에 수행된 지역관광수용태세 개선사업의 성과와 의의, 문제점 등을 종합적으로 분석하여 지역관광 글로벌화 사업의 방향성을 확보해야 한다.

지역관광 글로벌화 사업을 역사문화체험형, 한류체험형, 음식·쇼핑 관광형, 교류 및 이벤트형, 차이니스 프렌들리 스팟 등으로 유형화하되 지자체의 특성과 여건을 감안하여 자율적으로 추진하는 방향을 검토해야 한다. 지역관광 글로벌화 사업을 6년간 총 18개를 선정하고 단년도 사업보다는 다년도(3년) 지원사업을 통하여 사업대상 지역의 종합적·체계적인 수용태세를 확립해야 한다. 기존 '올해의 관광도시' 사업은 2년 사업준비 기간 부여 및 3차년도에 본 사업 추진방식이라면, '지역관광 글로벌화 사업'은 3년간의 체계적인 준비기간을 통하여 지속가능한 성과의 창출을 유도해야 한다.

지역관광 글로벌화 사업 선정 시 3년간 지원하고 중앙정부와 지자체가 50 대 50의 비율로 재원을 확보하여야 한다. 문체부, 관광공사, 연구원, 한국방문위원회, 학계 등으로 구성된 '지역관광 글로벌화 사업육성위원회(TF)'의 컨설팅 후 최종 사업계획을 확정하여야 한다. 지역관광 글로벌화 사업의 지속가능한 육성과 성과창출 극대화를 위하여 지자체, 관광사업체, 학계 전문가, 시민단체, 지역주민 등으로 구성된 '사업별 추진협의체'의 구성을 유도해야 한다.

선정된 지역의 경우 소프트·휴먼웨어 중심의 수용태세 개선사업을 추진해야 한다. 외래관광객이 숙박하면서 아무런 불편이 없도록 관광수용태세의 핵심요소를 종합적으로 진단하여 개선대책을 강구토록 하며, 지자체 및 지역대학 중심의 환대교육, 아카데미 사업 추진 및 관광사회적기업·협동조합의 창업도 유도해야 한다. 그리고 핵심지구별 대외적인 홍보 및 외래객 유치단 파견도 지원해야 한다.

■ 지역관광 글로벌화 사업의 추진현황

정부는 2018년 제5차 관광진흥 5개년 계획 연구를 통하여 지역관광의 활성화 방안으로 지역관광 매력 및 서비스 고도화, 지역관광 개발 정책수단의 선진화, 지역관광 개발의 공공성 강화 및 지원체계 개편, 지역관광 협력 및 네트워크 강화를 선정하였다.

이 가운데 주목할 만한 것은 '지역관광 협력 및 네트워크 강화' 차원에서 추진하려는 관광전략 거점 도시 육성 및 네트워크화이다. 외래관광객의 방문이 수도권과 부산, 제주를 중심으로 집중됨에 따라 향후 외래관광객 2,500만 명 시대를 맞이하기 위해서는 지역으로 관광객 분산이 절대적으로 필요하며 이를 위해 전국적으로 관광객이 많이 찾는 도시를 중심으로 관광연계 네트워크화를 추진하려는 계획이다.

추진방안은 수도권 중심의 관광을 지역으로 분산시키기 위해서는 수도권, 제주 이외에 주요 도시 등을 대상으로 지역관광 전략거점으로 선정 · 육성하되 주변지역과의 연계관광이 이루어질 수 있도록 다양한 루트 및 상품 개발을 추진하는 것이다.

관광전략 거점도시의 육성은 기존 '올해의 관광도시' 제도를 개선하여 수준 높은 관광서비스 · 인프라를 바탕으로 고유의 지역성을 갖춘 글로벌 관광도시를 육성하는 데 있다. 수도권을 대체하는 '관광전략 거점도시'로서 위상을 강화하고, 계획 수립단계에서부터 각 부처의 지원사업을 유기적으로 연계하여 관광콘텐츠뿐만 아니라 관광서비스·인프라 등 모든 분야의 정비를 지원한다.

또한 전략거점 관광도시와 주변의 관광매력자원을 연계하여 루트화하고 이를 활성화시킬 수 있는 다양한 융복합형 콘텐츠 관광상품을 개발 · 지원하는 것이다. 경상권, 전라권, 충청권, 강원권 등 권역별로 거점 관광도시를 중심으로 주변의 소도시 및 관광마을, 관광명소 등과의 연계 네트워크를 구축하며, 관광객에게 소구력이 있는 1박 2일, 2박 3일 코스 등 주변 관광지역 및 관광명소와의 연계 네트워크를 통한 지역관광을 육성하는 것이다.

이 사업은 단계별로 추진되고 있다. 1단계는 지역관광 목적지의 다변화와 지역관광 활성화를 위하여 3대 추진목표로 도시의 관광경쟁력 강화, 지역관광 분산, 부처 간 협력 증대를 설정하고, 수도권, 부산, 제주 등 지역관광의 다극화를 통해 한국관광의 매력성을 제고하는 것이다.

2단계는 관광전략 거점도시를 권역별로 대표되는 1개 도시를 선정하여 수도권을 대체하는 '관광전략 거점도시'로서 경쟁력을 가질 수 있도록 관광기반 정비 및 융복합형 콘텐츠 관광상품을 개발 등을 지원하며, 8개 권역 대표 도시당 연간 50억씩(50% 매칭) 5년 동안 지원, 자본보조 및 경상보조 지원비율은 신징도시 특성에 따라 지원율을 조정한다.

이를 토대로 정부는 관계부처 합동으로 2019년 4월 제2차 국가관광전략회의를 개최하여 '대한민국 관광 혁신 전략'을 발표하였다. 이 가운데 지역 관광거점도시 육성을 통하여 중앙과 지역의 상호 협력을 통해 세계적 수준의 관광거점도시 육성, 지역 고유의 특화 자원 발굴 및 지역 스마트 인프라를 집중 지원하여 지역관광의 성공모델을 창출할 방침이다.

앞서 관광진흥 5개년 계획에서 제시했던 '관광전략 거점도시'를 '지역관광거점도시'로 명칭을 변경하고 국제관광도시와 관광거점도시로 구분하였다. 첫째, 국제관광도시는 서울, 제주 외 글로벌 접근성 및 관광 인프라 등 세계적 관광도시로의 잠재력을 보유한 광역시를 대상으로 '글로벌 관광도시'(1곳)로 육성하는 것이다. 글로벌 관광의 새로운 목적지로 급부상할 수 있도록 전략적 · 집중적 홍보 · 마케팅 및 도시브랜드 관리를 지원하겠다는 것이다.

둘째, 관광거점도시는 일정 수준의 인프라와 매력을 갖춘 도시를 선정하여 인프라 · 콘텐츠 · 마케팅 종합지원을 통해 지역관광 허브로 육성(4개 기초지자체)하는 것이다. 이들 도시는 지역관광허브 거버넌스의 구축을 위하여 한국형 DMO(지역관광추진조직)를 육성하고 지역관광협업 지원센터의 구축을 지원한다. 그리고 지역관광 거점기능을 강화하기 위하여 교통, 숙박, 안내 등의 관광인프라 개선을 지원한다. 도시관광 콘텐츠의 발굴을 위하여 거점도시 기반 체류형 관광코스 발굴하며, 홍보·마케팅 및 규제완화를 위하여 관광거점도시 브랜드를 구축하고, 빅데이터 분석에 기반을 두어 마케팅을 수립하며, 거점도시에 면세지구 및 특산품 면세품목을 지정한다.

2019년 4월 제2차 국가관광전략회의의 의결사항인 지역관광 거점도시 육성과 관련하여 문화체육부는 10월 15일 관광거점도시 육성사업의 정책비전과 목표, 그리고 추진방안을 발표하였다. 정책비전은 '세계적 관광거점도시 육성으로 방한 관광객의 지방확산 실현'에 두었고, 3대 목표로 첫째, 방한 관광객의 지방방문 패러다임을 여는 '대표 도시' 육성, 둘째, 외국인 관광객이 가고 싶은 '모델 도시' 육성, 셋째, 지역의 창의적 대응 역량 강화를 위한 '지역주도형' 정책 지원을 설정하고 있다.

국제관광도시는 서울과 제주 외의 방한 여행의 관문도시로, 세계적 수준의 관광매력과 경쟁력을 갖춘 광역자치단체 규모의 도시를 대상으로 선정하며, 지역관광거점도시는 고유한 지역 관광 브랜드를 지닌 도시로 세방화(世方化, glocal) 관광도시로 도약할 수 있는 잠재력을 지니고, 세계적 수준의 관광자원과 수용태세를 갖춘 기초 자치단체 규모의 도시를 선정한다.

문화체육관광부는 선정된 지역이 관광거점도시가 될 수 있도록 2020년부터 2024년까지 5년간 관광브랜드 전략 수립, 지역 특화 관광자원과 콘텐츠 개발, 도시 접근성과 수용태세 개선, 홍보·마케팅을 종합적으로 지원한다. 그리고 정책효과를 높이기 위해 지역의 교통계획과 도시계획, 문체부 타 사업 및 타 부처 관련 사업 등과도 연계할 수 있도록 지원할 계획이다. 특히, 지역의 관광개발 역량을 향상하기 위해 '지역관광추진조직'의 역량 강화, 민간 참여 등을 추진하여 5년간의 지원 종료 후에도 해당 지역이 자율적으로 사업을 운영할 수 있도록 단계적 안착을 지원한다.

■ 지역관광 글로벌화 사업의 추진방향

지역관광 글로벌화 사업은 당초 2014년에 구성된 문화체육관광부의 지속가능 관광개발포럼에서 제기되었다. 당시 제시된 아이디어는 국제관광 거점도시를 도입하여 광역권별로 도입하여 외래관광객의 지역 분산과 관광주도형 지역발전 모델을 창출하는 것이었다.

이후 2018년 관광진흥 5개년 계획에 반영되었으며, 2019년 국가관광전략회의를 통하여 시행방안을 공표하였다. 당초 '국제관광 거점도시'에서 '관광전략 거점도시'로 명칭이 변경되었고, 2019년에는 '관광거섬도시'로 명칭을 변경하고 국제관광도시와 지역관광거점도시로 구분하였다. 따라서 정부의 지역관광 글로벌화 사업은 시행시기가 조정되었을 뿐 구체적인 시행단계에 접어들었다.

지역관광 글로벌 사업의 추진방향은 급증하는 외래객의 지역분산을 통하여 지역 사회 · 경제발전을 도모할 수 있도록 주요 외래객 방문거점의 관광수용태세(교통, 숙박, 안내, 쇼핑, 음식, 상품, 이벤트 등)의 개선과 주변 관광지 연계를 통하여 숙박형 지역관광 거점으로 육성하는 것이다.

향후 관광거점도시 사업은 지역관광의 글로벌화를 목표로 하여 서울을 제외한 관광유망 도시를 대상으로 선정하고 지속적인 육성이 필요하다. 우선 국제관광도시는 부산, 대구, 인천, 광주, 대전, 울산 등 광역시를 대상으로 기존에 축적한 관광인프라를 바탕으로 서울과 대등

한 외래관광객 유치 1선 도시로서의 기능을 확보하여야 할 것이다.

그리고 지역관광거점도시는 단기적으로 지역의 관광거점 및 허브 역할을 담당하지만 장기적으로는 국제관광 거점도시로서의 위상을 확보할 수 있도록 2선 도시로서 기능을 담당하여야 한다. 따라서 대규모 물리적 개발보다는 숙박, 음식점, 쇼핑, 안내 등 기존시설의 수용태세 개선과 매력도 높은 프로그램 구축을 중심으로 사업이 추진되어야 한다.

우선 국제관광도시는 무엇보다 관광숙박 기능이 활성화되어야 하며, 특징있는 관광콘텐츠를 개발하여 '사람이 모이는' 관광도시가 되어야 한다. 외래객 방한 평균일 수 7.2일(2018년 기준) 중 지방 숙박일 수의 확대방안을 모색하여야 한다. 이를 통해서 서울 외 지역의 체류일 수를 2~3일 정도로 확대해 나가는 것이 중요하다. 그리고 국가별 맞춤형 대응전략도 구사하여야 한다.

외래관광객의 방한체류일수(2018년)

(단위: 일)

전체	중국	일본	미국	홍콩	싱가포르	대만	태국
7.2	8.2	3.9	9.6	5.6	7.9	5.5	7.3

자료: 문화체육관광부(2019), 외래관광객 실태조사.

그리고 지역관광거점도시는 도시별 특색을 부여하여 역사문화 체험형, 컨벤션 및 이벤트형, 차이나 프렌들리형, 한류 체험형, 쇼핑 및 음식관광형 등으로 특성화하여 도시 간 차별성을 부여할 필요가 있다.

그리고 관광거점도시 사업이 효율적으로 추진되기 위해서는 거버넌스를 적절히 구축해야 한다. 한국관광공사, 한국문화관광연구원, 한국방문위원회 등 중앙정부 관련 조직뿐만 아니라 해당 지자체와 연관된 지역관광협회, 지역관광협의회, 지역대학, 인근 기초지자체 등도 참여함으로써 사업추진의 성과제고는 물론 확산을 도모할 수 있다.

또한 관광거점도시 사업은 권역별로 균형을 유지함을 원칙으로 하되 사업성과를 최우선적으로 고려하여 우수한 성과를 창출할 수 있는 도시를 선정하여야 한다. 그리고 지역관광 거점도시 선정 시 사업기획, 집행계획, 관리운영, 파급효과 등을 종합적으로 평가하여 향후 유사사업의 모델이 될 수 있도록 유도해야 한다.

그리고 일본 정부가 지역창생(地域創生)을 위하여 관광산업육성을 적극적으로 추진하고 이 과정에서 국제관광모델지구와 국제관광테마지구 사업을 추진하였던 사례에서 보듯이, 지역관광 거점도시 사업은 관광부문을 중심으로 한 지역의 글로벌화 추진에 초점을 두되 해당 지역 및 주변지역의 관광관련 산업의 육성과 더불어 경제사회적 활성화를 도모하는 데 초점을 두어야 한다.

외래관광객의 증가추세에도 불구하고 제주나 부산을 제외하면 여전히 지역분산 효과가 크지 나타나지 않고 있다. 물론 지역에 방문하는 외래관광객의 규모를 확대하기 위해서는 지역별 독창적인 관광콘텐츠 확보 및 외래객 친화형 관광수용태세의 개선이 필요하다.

그리고 국제관광도시는 광역시를 대상으로 기존에 축적한 관광 인프라를 바탕으로 외래관광객 유치 1선 도시로서의 기능을 확보하여야 할 것이다. 그리고 관광거점도시는 단기적으로 지역의 관광거점 및 허브 역할을 담당하지만 장기적으로는 국제관광 거점도시로서의 위상을 확보할 수 있도록 2선 도시로서 기능을 담당하여야 한다.

참고자료 18

한국관광, 서울 중심에서 벗어날 때다

지난달 호주에서 열린 주요 20개국(G20) 정상회의에서 기조연설을 한 탈립 리파이 세계관광기구 사무총장은 향후 세계 관광이 '글로벌 성장과 로컬 혜택(global growth, local impact)'의 두 가지 좌표를 추구해야 함을 강조했다. 국제기구들도 이구동성으로 관광 산업의 중요성에 견해를 같이하고 있다.

지난 수십 년간 우리 관광정책은 외래관광 총량 확대 및 집적 이익 제고라는 측면에서 나름대로 성과를 거뒀다. 최근 일본 관광객 감소에도 중국과 동남아시아 관광객이 급속히 증가해 2012년 처음으로 1,000만 명대에 진입했고, 2014년 1,400만 명대에 진입할 전망이다.

중국 관광객도 지난해 433만 명으로 홍콩, 마카오를 제외한 전 세계 국가 중 가장 많은 점유율을 보였고 올해는 600만 명을 넘어설 전망이다. 그렇지만 외래관광객의 지역 분산은 여전히 더디기만 하다. 우리나라 개별 여행자 비중은 전체 대비 60% 수준이지만, 재방문자 비중은 40%에 그치고 있다.

어떤 나라든 가장 먼저 그 나라의 수도를 방문하고 재방문 시 다른 지방을 찾아가는 경향이 있으나, 우리나라의 경우에는 초행자나 재방문자 역시 서울에 집중돼 좀처럼 지방으로 움직이려고 하지 않는다. 문화체육관광부 조사를 보면, 외래관광객의 서울 집중도는 2009년 77.4%에서 2013년에는 80.9%로 더 심해지고 있다. 지방자치단체들도 외래관광객 유치를 위해 많은 인력과 예산을 쏟아붓고 안간힘을 쓰고 있지만 좀처럼 개선될 여지를 보이지 않고 있다.

향후 2020년 2,000만 명을 유치하는 관광대국의 시대를 대비하면서 현재와 같은 서울 관광 집중도를 유지하는 것은 국가적으로도 불행한 일이다. 이제는 지역의 우수한 관광 콘텐츠를 활용해 한국 관광의 판도를 서울 일변도에서 다극화해야 한다. 그냥 둘러보는 관광지가 아니라 최소 1박 2일형 숙박관광 거점을 육성해 숙박관광객이 서울과 지방으로 골고루 분산되고 2013년 141억 달러에 달하는 관광수입이 지역으로 파급되도록 유도해야 한다.

2011년부터 정부가 지역 관광수용태세 개선사업을 추진하면서 관광 인식 제고와 콘텐츠 발굴 등의 성과를 가져왔다. 향후 2단계 관광수용태세 개선사업은 글로벌 관광 여건이 우수한 지역을 선정해 내국인뿐만 아니라 외국인 친화적 관광수용태세를 추진할 필요가 있다.

일본은 10년 전부터 외래객의 지역 분산 차원에서 외객유치법을 제정해 외래객의 지역 방문 촉진을 위한 국제관광테마지구를 지정하고 주변지역과의 관광 루트 조성에 노력한 결과 외국인들의 도쿄 방문율은 59.3%에 그치고 있으며, 오사카(25%), 교토(22%) 등으로의 지역 분산 효과가 두드러지고 있다. 우리의 관광특구는 서울을 제외하면 그 효과가 미미하고 외국인 눈높이에 턱없이 부족하다.

오히려 연간 50만 명의 외래관광객을 흡수할 수 있는 외래객 체류거점을 전국적으로 20개 정도 선정해 집중 육성하는 방안을 구사할 때다. 향후 3,000만 명 시대의 절반을 지역이 분담하도록 하자. 중국인을 대상으로 한 차이니스 프렌들리 스팟(Chinese friendly spot)을 조성하고 외국인을 위한 안내 정보도 이제 영어, 중국어, 일본어 순으로 재정비하자.

정부가 '지역 방문의 해 사업' 후속으로 추진하는 '올해의 관광도시'도 외래관광객을 최대한 수용할 수 있도록 인프라 확충과 수용태세 개선에 초점을 둘 필요가 있다. 외래관광객이 급증하고 있다고 마냥 즐기고 있으면 안 된다. 다음 단계의 관광대국에 걸맞은 비장의 준비가 필요하며, 그 해답은 이제 지방에서 찾고 지방에 혜택이 돌아가게끔 시스템을 갖추는 것이다(출처: 매일경제, 2014. 12. 5; 註: 문맥 유지를 위해 최신 데이터로 수정하지 않음).

참고자료 19

외래객을 전국 방방곡곡으로 분산시키자

외래관광객 수가 2012년 1천만 명을 넘어선 후 매년 사상 최고치를 경신하고 있으며, 2020년 2,000만 명의 시대로 진입할 전망이다. 내·외국인을 합할 경우 2010년 2,000만 시대를 넘어선 이후 2014년 3,000만을 넘어섰으며, 2018년에는 다시 4,000만 시대로 들어설 전망이다. 이제 관광대국(觀光大國)의 문턱으로 들어서는 것이다.

그러나 속 빈 강정이라 할까. 그 관광객이 서울이나 제주만 늘어났을 뿐 다른 지방은 대체로 가보지 않는 편중현상이 좀처럼 개선되지 않고 있다. 관광의 윗목만 따뜻할 뿐 방바닥 대부분은 아직 온기가 퍼지지 않고 냉기가 여전한 것이다. 이는 한국 관광이 비정상적으로 성장한다는 적신호를 보여주는 것이다.

다행인 것은 2015년 12월 29일 청주국제공항에서 1,400만 명째 입국하는 외국관광객 환영행사를 개최했는데, 당시 문화체육관광부장관은 "외래관광객 2,000만 명 유치를 조기 달성하기 위해 수도권에 집중된 외국인 관광객을 지방으로 분산하는 것이 필수적이며, 이를 위해 필요한 지원을 아끼지 않을 것"이라며 정부정책의 큰 변화가 있을 것임을 예고했다.

사실 외래관광객이 최근 6년간 연평균 12.8%씩 기하급수적으로 증가하였다. 60년 전 한국동란 직후인 1954년 우리나라를 방문한 외국인은 고작 2,100명에 그쳤다. 이후 고도성장과 안정성장을 반복하면서 2008년에 외래관광객이 689만 명이었다. 그런데 불과 6년 만에 외래관광객 수가 두 배인 1,400만 명을 넘어섰다. 그동안 물밀 듯이 들어오는 외국인 관광객들을 어떻게든 수용하느라 정신이 없었음을 짐작할 수 있다.

그러나 외래관광객 증가를 계기로 수도권과 지방의 관광발전 격차를 해소하기 위한 방책을 미리 수립·대처했다면 전국 각 지역이 골고루 국제 관광진흥의 성과를 누렸을 것이다. 지금이라도 수도권 중심의 관광발전 구조에서 벗어나기 위한 중장기 국가관광대계(國家觀光大計)를 세워야 할 때이다. 우리가 처해있는 외래객의 급증 상황을 냉정히 파악하고 국가이익을 극대화하기 위한 방안이 무엇인가를 엄중하게 찾아내지 않으면 안 될 시점이다.

그렇다면 그동안 외래객들의 지방분산 현황과 특징은 어떠할까? 정부의 외래관광객 실태조사 결과 중 흥미를 끄는 것은 외래관광객의 서울집중도이다. 1990년대부터 2003년까지 서울집중도가 줄곧 증가하였지만 이후에는 수도권 내 신흥 한류 관광지의 부상으로 일시적으로 완화되었다.

그러나 2008년 74.5%에서 2010년대에는 80%대로 다시 급상승하였다. 최근 3년 동안 외래관광객의 방문비율이 향상된 곳은 서울권과 제주권뿐이다. 이는 외래객 수가 급격히 증가하고 있으나 특정지역으로 '집중도'만 키웠을 뿐 전국으로의 '분산도'로 이어지지 않았음을 보여주는 것이다. 서울연구원의 조사결과는 더 우려스럽다. 2013년 서울지역 방문 외국관광객의 전체 숙박일 수는 6.8일이며 이 중 5.3일을 서울에서 숙박하며 지방에서는 1.5일에 그치고 있다.

이와 관련해 일본과 비교해 보면 우리의 관광객 분산이 더욱 심각함을 알 수 있다. 한국의 경우 최근 5년간 외래객의 서울방문이 평균 80.2%를 기록하고 2013년 연간 숙박객 수 중 서울의 비중이 50.1%를 차지하고 있다. 그러나 일본의 경우 전체 외래객의 60.3%만 도쿄를 방문하고, 숙박일 수를 기준으로 할 경우에도 도쿄가 전체의 29.3%에 머물러 있다.

이처럼 우리의 외래객 지역분산이 활성화되지 못한 이유로 지방으로의 접근성 개선 부진, 지방의 낮은 서비스 수준, 킬러 콘텐츠 및 상품개발 소홀, 홍보 · 마케팅 역량 부족, 관광시장에 대한 과학적 분석 미흡 등 여러 가지로 열거할 수 있겠으나 가장 중요한 것은 서울 중심적 사고로 인해 지방분산 노력을 체계적으로 추진하지 못했기 때문이다.

그렇다고 외래객의 지방분산이 간단하거나 쉬운 것이 아니다. 체계적인 대책과 지속적인 재정투입을 전제로 하고 있으며, 지속가능한 성과를 얻기 위해서는 중장기적 국가관광발전 시스템의 혁신을 전제로 하여야 한다. 그동안 정부 정책을 뒷받침하기 위한 논의와 정책연구도 활발히 진행돼 왔으며, 이제 외래객의 지방분산이 정부정책의 핵심 목표가 되고 이를 달성할 수 있는 정책수단을 마련하는 계기가 됐으면 한다.

그리고 외래객 지방분산을 위한 정책목표는 지역관광의 자생력 및 글로벌 경쟁력 확보에 두고 단계별로 추진했으면 한다. 즉, 국내외 관광왕래 규모를 계속 키워나가되 전국 각지에 국제경쟁력 있는 관광거점을 육성하여 외래관광객을 지방으로 분산시키고 지역경제 활성화를 도모하면서 장기적으로 지역의 글로벌화를 달성하는 것이 관광정책의 중요한 과제가 되어야 한다.

특히 수도권과 지방 간 관광협력기반 구축, 외래객 출입국 편의 개선, 외래객 조사분석의 과학화, 지역관광 핵심 콘텐츠 발굴 및 관광수용태세의 글로벌화 등을 적극 추진해야 한다(출처: 교통신문, 2015. 3. 16; 註: 문맥 유지를 위해 최신 데이터로 수정하지 않음).

참고자료 20

외래객 지방분산과 국제관광거점 만들기

지난 2016년 3월 말 정부는 관광정책의 컨트롤타워 역할을 담당하기 위하여 문화체육관광부에 관광정책실을 신설했다. 이는 관광산업을 국가 전략산업으로 육성하기 위한 정부의 강력한 의지를 표명한 것으로 향후 관광산업을 육성하기 위한 다양한 정책이 추진될 것으로 기대된다.

1961년 교통부에 속해있던 관광행정조직이 육운국에서 관광공로국으로 분리되면서 국(局)의 명칭에 관광이 처음 쓰이기 시작했다. 이후 1978년 외래객 100만 명을 돌파하면서 1979년 관광행정조직을 관광진흥국과 관광지도국으로 2국 체제를 유지한 적이 있었으나 금번처럼 관광정책을 실(室) 차원으로 승격시키기는 정부출범 이후 처음이다.

그렇다면 기왕 설치된 관광정책실의 가장 중요한 책무는 무엇일까? 여러 가지 짐작을 할 수 있겠지만, 국제관광정책관을 신설한 것으로 미루어 대대적인 인바운드 관광 육성책이 추진될 것으로 보인다. 그리고 외래객 2,000만 명 유치에 그치지 않고 3,000만 명까지 달성할 수 있는 장기 플랜도 수립 · 시행할 것으로 예상된다. 또 외래객 유치를 위한 접근방식도 기존 서울을 위시한 수도권 중심에서 벗어나 전국 각지로 관광객을 분산하기 위한 노력이 더한층 강화될 것으로 보인다. 이를 증명이라도 하듯 최근 문화체육관광부는 방한 외래관광객의 지역분산과 다양한 방한수요 충족을 위한 '글로컬(glocal) 관광상품'을 5개 선정하여 지역의 대표 관광 콘텐츠로 육성하고 있다.

문제는 외래객의 지방분산 정책에 대한 정부의 강력한 추진의지와 정교한 추진전략이 필요하다는 점이다. 그동안 외래객의 지방분산이 활성화되지 못한 이유로 접근성 미흡, 열악한 편의시설, 상품과 콘텐츠의 한계, 홍보 및 마케팅 성과 미흡 등을 열거할 수 있겠으나 정부 차원에서 외래객의 지방분산에 대한 인식이 부족했던 것도 빼놓을 수 없다. 지금이라도 수도권과 인천공항 중심의 인바운드 관광구조에서 벗어나 지역 관광인프라를 글로벌화하는 방향으로 국가관광대계를 세워야 할 때다.

이웃 일본은 지난 2015년 한 해 동안 외국관광객이 전년보다 무려 633만 명이 늘어난 1,974만 명을 유치하였다. 내수경제를 기반으로 지역관광 인프라를 튼튼히 하고 지역 관광콘텐츠를 글로벌 수준으로 육성한 것이 외래객 증가의 비결이 아닐까 여겨진다. 이에 고무된 듯 최근 일본은 아베 수상의 주도하에 2020년에 4천만 명을 유치하고 2030년에는 6천만 명을 유치하는 외래관광객 유치목표를 새로 세웠다.

그리고 핵심 정책목표로 외래객의 지방분산을 설정해 외국인의 연 숙박수를 2020년에는 2015년 대비 3배인 7,000만 박을 설정하고 있고 2030년에는 1억 3,000만 박으로 늘리는 '외래객의 지방 체재일 수 확대전략'을 추진하고 있다.

굳이 일본을 사례를 들었지만 외래객의 지방분산은 이제 세계적인 화두가 되었다. 2014년 11월 호주에서 열린 G20 정상회의에서 기조연설을 한 탈립 리파이(Taleb Rifai) 세계관광기구 사무총장은 향후 세계관광이 '글로벌 성장과 로컬 혜택(global growth, local impact)'이라는 두 가지 좌표를 추구해야 함을 강조했다.

외래객의 지방분산을 위해서는 무엇보다 수도권과 지역 간 상생형 관광네트워크가 구축돼야 한다. 서울방문 외래객 중 60% 정도만 지방을 방문하며 40%는 서울에만 줄곧 머물다 그냥 출국하는 것으로 나타났다. 또한 외래객의 평균 방한일수는 6.8일이며, 서울 방문자들은 서울에서 5.4일을 체류하는 것으로 나타나 지방체류일은 불과 1일을 갓 넘고 있다. 따라서 서울방문 외래객을 대상으로 '2일은 지방에서'와 같은 지방 여행장려 캠페인을 전개해야 한다.

그동안 외래관광객을 유치하는 데 크게 기여한 관광콘텐츠는 수도권이 강점으로 보유하고 있는 한류관광, 의료관광, MICE, 공연관광, 게임관광 등이었다. 그러나 이제 미래 한국관광의 먹거리가 될 킬러 콘텐츠를 지방에서 찾아내야 한다. 수도권보다 지방이 더 많이 확보하고 있는 역사유적, 크루즈, 생태, 음식, 레저스포츠, 스토리 등의 콘텐츠를 집중 발굴하여 차세대 관광상품으로 키워야 한다.

그리고 외래객의 지방분산이 지역사회 및 경제의 발전에 실질적인 도움을 주기 위해서는 '국제관광 거점지구'를 육성하는 방안도 검토할 필요가 있다. 국제관광 거점지구는 증가하는 외래객의 지방분산을 위해 지역 중 외래객의 숙박체류가 유망한 지역을 선정해 독창적 테마설정과 최적화된 수용태세 정비를 통해 지역사회 · 경제의 발전을 도모하기 위한 글로컬 관광특구를 말한다.

한마디로 말해 30~50만 명의 외래객을 유치할 수 있는 20개 정도의 국제관광 거점지구를 육성하여 최대 1,000만 명까지 지방이 분담하는 방안도 구사해 볼 때다. 이제 외래관광객의 증가에 따른 양적 · 질적 파급효과가 지역으로 골고루 확산되는 '실질적인' 외래객 지방분산 정책을 추진할 때가 되었다(출처: 교통신문, 2016. 4. 21; 註: 문맥 유지를 위해 최신 데이터로 수정하지 않음).

참고자료 21

글로컬 관광 거점도시를 조성할 때다

정부는 외래객의 방한 증대와 더불어 시급한 과제로 부상한 외래객의 지방분산을 위하여 글로컬(glocal) 관광상품을 적극 육성하고 있다. 외래객의 서울집중도가 다소 완화되고 있지만 여전히 원톱 구조를 이루고 있다. 문화체육관광부의 2015년 외래객 실태조사를 보면, 78.7%가 서울을 방문하고 있으며, 10%대인 제주, 경기, 부산을 제외할 경우 나머지 지역은 0.2~6.8% 수준에 그치고 있다.

2016년 2월 정부는 외래객의 유치 가능성이 높은 5개 지역을 대상으로 글로컬 관광상품으로 선정하였고 이후 해외 홍보마케팅 사업을 집중 추진하고 있다. 당시 선정된 관광상품은 부산의 'SMS 메디 · 뷰티 힐링여행', 강원의 'Hello! 2018 평창', 경남의 '한류웨딩 · 커플여행', 전남의 '여수밤바다', 대구의 '진짜 대구여행'으로 각각 타깃시장을 선정하여 당일 및 1박 2일 일정으로 코스화하고 있다. 그동안 해외여행업자를 대상으로 한 팸투어를 통하여 관광상품화가 진행되어 중화권은 물론 구미주, 동남아, 일본 관광객을 유치하는 데 일조하고 있다.

글로컬 관광상품의 육성은 하드웨어에 대한 지원을 배제한 채 홍보 및 마케팅에 전력을 경주하였음에도 사업성과가 두드러지게 나타나고 있다는 점에서 고무적이다. 그리고 지방의 우수한 관광콘텐츠를 상품화하여 국제관광 시장에 출시해도 잘 먹혀들 수 있음을 보여준다.

그런데 글로컬 관광상품을 육성하려는 목적을 좀 더 구체화할 필요가 있다. 외래객의 수도권 집중을 완화하는 것도 중요하지만 외래객의 방한행태에 대한 심층적인 분석을 바탕으로 증가하는 개별자유여행객(FIT)들이 좀 더 편하게 여행할 수 있도록 여건을 마련하는 데 초점을 두어야 한다. 방한 외래객의 FIT 비중이 2012년 64.4%에서 2015년 67.9%로 계속 증가하고 있으며, 에어텔까지 포함할 경우 4명 중 3명이 FIT를 차지하고 있기 때문이다.

다음으로 한국을 재방문하는 외래객의 지방 유도에도 초점을 두어야 한다. 한국을 처음 방문한 외래객의 비중이 최근 수년간 60% 내외를 기록했지만 2015년에는 53.9%로 줄어들고 대신 재방문자의 비중이 두드러지게 늘어난 현상에 주목할 필요가 있다. 예를 들어 전라권에서 가장 많은 관광객이 방문하는 전주시의 경우 최초 방한자보다는 3~4회 이상 방문자의 비중이 상대적으로 높게 나타나고 있다. 이는 방한횟수가 많을수록 지방방문 가능성이 높게 나타난다는 것을 보여준다. 따라서 FIT의 대세화, 재방문 비율의 증가, 그리고 다빈도 방한객의 지방선호 경향에 부응하기 위해서는 글로컬 관광상품화 전략 외에 핵심 유망지역을 대상으로 내·외국인이 함께 교류하는 국제관광 거점도시 사업을 병행 추진할 필요가 있다. 한류 확산에 따라 한국적인 생활문화와 문화콘텐츠를 직접 체험할 수 있도록 관광역량이 우수한 도시를 적극 발굴해야 한다.

향후 2천만, 나아가 3천만 명의 외래객 유치하는 데 있어서 지방의 역할이 더없이 막중하다. 서울 중심의 원톱 구조를 해소하고 올코트 프레싱을 통하여 지방도 함께 뛸 수 있도록 연간 30만~50만 명 이상을 수용할 수 있는 최대 20개 정도의 글로컬 관광거점 도시를 육성하는 것이 필요하다.

그리고 지역을 방문하는 외래객의 편의를 제고하기 위해서는 관광거점 도시를 대상으로 한 관광품질 인증사업을 통하여 여전히 아쉬운 관광수용태세를 개선해 줘야 한다. 그동안 추진했던 '올해의 관광도시' 사업이 국내관광 활성화에는 기여했지만 외래객의 유치까지 고려하지 못했던 점을 반면교사로 삼아야 한다. 이를 위해 외래객의 지역별·도시별 방문패턴과 규모를 감안하고 선정 이후 최소한의 인프라 확충으로 최고 수준의 관광수용태세를 확보하도록 재정지원의 효율화를 지향해야 한다.

또한 기존에 육성하고 있는 5개 글로컬 관광상품의 활성화는 물론 향후 추가적인 상품을 선정할 경우에도 글로컬 관광거점 도시와의 연계성을 확보하도록 해야 한다. 즉 하드웨어 인프라와 소프트웨어 관광상품을 효율적으로 결합할 경우 다양한 시너지 효과를 낼 수 있다. 일본의 경우 외래객 방문지역의 다양화와 지역관광의 글로벌화 차원에서 '외국인 관광객들로 붐비는 도시' 36개소를 숙박형 국제관광테마지구로 선정하여 육성하고 있다.

그리고 향후 추진할 글로컬 관광거점의 공간체계는 기존의 단일 도시 중심에 국한된 개발에서 벗어나 주변지역으로 관광이동의 외연을 넓힐 수 있도록 한 개의 거점 도시에 5개 내외의 주변 관광지를 묶은 허브앤스포크(Hub & Spoke) 방식을 채택하여 스타(☆) 관광거점으로 육성할 필요가 있다. 이럴 경우 특정 도시에 머물기보다는 전국 구석구석이 외래객들의 놀이터로 변모할 수 있다(출처: 교통신문, 2016. 4. 21; ; 註: 문맥 유지를 위해 최신 데이터로 수정하지 않음).

제4편

융복합과 혁신기반 관광산업의 과제

구성과 주요 내용

제4편에서는 관광산업에 초점을 두고 융복합과 4차 산업혁명형 혁신방향을 모색하기 위하여 "융복합과 혁신기반 관광산업의 과제"라는 제목으로 '융복합을 통해 관광의 경계를 확장하자'와 '4차 산업혁명 시대 관광산업을 혁신하자'는 주제로 엮었다.

07

"융복합을 통해 관광의 경계를 확장하자"에서는 관광의 경계가 허물어지고 타 산업과의 왕성한 제휴가 이루어지고 있는 상황에서 관광의 복융합 대상을 레저스포츠, 의료관광, 산업관광, 복합리조트로 더욱 확장하자는 내용을 담았다. 소주제로 '새로운 융복합, 레저 · 스포츠를 통한 관광진흥', '의료관광을 고도화하자', '산업관광의 전략적 거점을 육성하자', '한국형 복합리조트를 조성하자'를 설정하였다. 이 글들은 많은 복융합 현상 중 필자의 각종 기고문과 자문원고에서 일부를 선정하여 수정 · 보완되었으며, 이 밖에 신문칼럼 중 '외국 자본의 카지노 첫 개방의 득실'을 참고자료로 엮었다.

08

"4차 산업혁명 시대 관광산업을 혁신하자"에서는 관광분야에서도 들이닥치는 4차 산업혁명의 영향을 슬기롭게 대처하기 위하여 스마트 관광, 혁신성장, 공유경제에 초점을 두고 논의하였다. 필자가 작성 · 발표했던 '4차 산업혁명 시대의 관광정책', '스마트 관광 기술력을 키우자', '관광산업 혁신정책을 추진하자', '공유경제 시대의 관광산업 혁신'을 실었으며, 이 밖에도 '혁신성장 시대의 관광산업 육성전략'과 '온디맨드 시대의 관광서비스 혁신'을 참고자료로 담았다. 주요 내용은 4차 산업혁명으로 나타나고 있는 여러 가지 현상 중 스마트 관광, 공유관광, 산업육성, 관광서비스 혁신 등 관광산업정책의 방향을 모색하는 것이다.

07

융복합을 통해 관광의 경계를 확장하자

■ 새로운 융복합, 레저 · 스포츠를 통한 관광진흥

2014년 10월 정부는 정부조직법을 개정하여 문화체육관광부의 직제를 4실 6국 체제에서 6실 체제로 개편하였다. 주목할 만한 점은 관광과 체육의 융복합을 더욱 가속화하기 위하여 기존 관광국, 체육국, 관광레저기획관을 제2차관 산하의 관광체육레저정책실로 통합한 것이다. 이는 관광부문의 위상 제고는 둘째치더라도 그동안 느슨하게 연계되어 왔던 관광과 레저 및 스포츠가 한 울타리에서 긴밀한 연결고리를 갖추는 계기가 되었다.

박근혜 정부 출범 시 중점 국정과제로 관광산업의 '고부가 · 고품격화'가 핵심 정책목표가 되었으며, 이는 창조경제 시대에 맞추어 관광부문과 타 연관 부문 간의 융복합을 전제로 하였다. 일반적으로 융합은 복합, 혼합과 엄밀한 의미에서 구별된다. 혼합(mix)은 두 가지 이상의 물질이 화학적인 결합을 하지 아니하고 섞이는 일이라면, 복합(complex)은 두 가지 이상을 의미있게 하나로 합치는 것을 말한다.

이에 비해 융합(fusion, convergence)은 다른 종류의 것이 녹아서 서로 구별이 없게 하나로 합하여지는 것으로 말 그대로 '가치있는 재탄생'을 의미한다. 예를 들어 구슬이 혼재한 상태는 혼합이며, 구슬이 색깔과 형상에 따라 집적되어 있는 것은 복합이고, 구슬과 실이 결합하여 새로운 보배가 되는 것을 융합이라 할 수 있다.

당시 대표적인 추진과제로 MICE, 의료, 한류, 크루즈, 역사 · 전통문화 체험, 레저 · 스포츠이다. 그러나 MICE, 의료, 한류, 역사 · 전통문화 등의 분야는 정책일관성을 확보하여 가시적인 성과가 나타나고 있는 반면, 레저 · 스포츠 분야에 대한 관광정책은 체계적인 정책개발과 지속적인 사업시행으로 연결되지 못하고 있는 상황이다. 특히 국민의 레저 · 스포츠가 일상권을 벗어나 다양해지고 있는 추세를 감안할 경우 그동안 별개로 추진되어 온 관광과 체육이 서로 힘을 합쳐 '레저 · 스포츠를 통한 관광진흥'에 박차를 가하는 계기로 삼아야 할 시점이다.

관광융복합은 기능 복합, 기술 복합, 가치 융합으로 분류할 수 있다. 여기에서 기능 복합은 관광산업 자체의 하부구조들 간 융합이 중심이 되며, 관광객의 편의성과 효율성 제고를 목적으로 기존 기능의 복합화를 의미한다. 기술 복합은 전통적 관광 서비스가 가상현실, SNS 서비스 등 ICT 신기술과의 접목을 통해 관광서비스 기능의 개선 및 효과 확대를 의미한다. 그리고 가치 융합은 타 산업 서비스, 제조업, 의료, 바이오, ICT 산업 등 다양한 분야가 창조적 사업 아이디어와 결합해 새로운 관광 비즈니스 모델을 창출하는 것을 의미한다.

관광부문이 레저나 스포츠 부문과 연계하여 새로운 융복합 관광정책을 추진하기 위해서는 국민들의 자유시간 활동에 대한 면밀한 검토가 필요하다. 대표적으로 국민의 여가생활, 스포츠 활동, 관광활동을 개별적으로 관점보다는 종합적인 관점에서 살펴볼 필요가 있다.

융복합 관광의 유형 분류

유형	기능 복합	기술 복합	가치 융합
특징	• 기존 기능의 복합화 • 관광객의 편의성과 효용성 제고	• 기술의 적용 및 결합 • 새로운 첨단기술과 제품을 통한 혁신적 관광서비스 제공	• 타 분야와의 광범위한 융합 • 관광객의 욕구를 반영한 새로운 사회적 · 경제적 가치 창출 • 창조적 아이디어와 결합해 새로운 관광관련 비즈니스 모델 창출
사례	• 패키지여행상품 • 복합리조트	• 온라인 여행사 • 여행정보서비스 • CT융합서비스 제공	• 농촌관광(관광+농업) • 의료관광(관광+의료) • MICE(관광+전시컨벤션) • 한류관광(관광+엔터테인먼트)

자료: 안희자 · 심원섭(2013), 창조경제시대 산업 간 융합을 통한 관광산업 발전방안, 한국문화관광연구원.

우선 문화체육관광부가 조사하여 발표하고 있는 '2018 국민여가활동조사' 결과를 살펴보자. 최근 수년간에 걸친 저성장 시대로 인하여 가장 타격을 받고 있는 것이 국민의 레저생활이다. 국민의 여가활동 중 가장 많은 비중을 차지하는 것은 취미오락활동(90.5%)과 휴식활동(86%)이다. 스포츠 관람이나 참여는 각각 15.4%, 35.3%이며 이에 비해 상대적으로 시간과 비용이 많이 소요되는 관광은 14.6%에 그치고 있다. 주목할 점은 스포츠 관람은 물론 스포츠 참여활동도 증가하고 있다는 점이다. 물론 일상권에서의 스포츠 활동 참여가 대부분이며 관광(이동)을 통한 스포츠 활동의 비중은 아직도 미약한 상황이다.

'2017 한국의 체육지표'를 보면 국민의 체육활동 직접 참가는 걷기, 등산, 헬스, 수영, 축구 등의 순으로 나타나 주로 일상 거주지에 집중되어 있음을 알 수 있다. 문화체육관광부의 '2018 국민생활체육활동 참여실태 조사'를 보면 체육활동의 참여 이유는 건강유지 및 증진(42.9%), 여가선용(18.2%), 체중조절(17.9%), 스트레스 해소(6.2%), 자아실현(4.3%)의 순으로 나타났다.

관광부문에서 보는 레저 · 스포츠 활동실태도 검토해 볼 필요가 있다. 문화체육관광부의 '국민여행실태조사' 결과를 보면, 2017년 현재 관광여행지 주요 활동으로 자연 및 풍경감상이 28.5%로 가장 많았고, 음식관광(21.2%), 휴양 · 휴식(13.9%), 야외위락 및 스포츠 활동(12.5%)의 순으로 나타났으며, 스포츠 관람(0.6%)을 포함할 경우 레저 · 스포츠형 관광은 전체 관광활동의 13% 정도를 차지하고 있다. 주목할 만한 것은 관광 여행 중 활동 가운데 야외위락 및 스포츠 활동의 비중이 점차적으로 늘어나고 있다는 점이다. 2009년에 4.0%에 불과하였으나 2013년에는 9.8%로 증가하고 2017년에는 12.5%로 계속 확대되고 있다.

국민 국내 여행 시 주요 활동 추이

(단위: %)

구 분	2010	2011	2012	2013	2014	2015	2016	2017	2018
자연 및 풍경감상	29.5	31.0	30.6	31.3	29.8	29.4	28.7	28.5	68.2
음식관광	12.7	18.2	17.2	18.2	19.0	19.3	19.7	21.2	57.0
휴식/휴양	31.9	15.5	16.3	16.9	16.1	14.9	15.6	13.9	54.7
야외위락 및 스포츠 활동	4.3	8.2	9.4	9.8	9.7	11.1	11.6	12.5	7.4
테마파크, 놀이 시설 등 방문	5.4	5.6	4.8	4.5	4.8	4.7	4.8	4.9	7.5

주: 상위 5위만 표기함 2018년부터는 조사방식 변경(중복 집계, 응답항목 통합)됨.
자료: 문화체육관광부(각년도), 국민여행 실태조사.

기존 통계자료를 기초로 할 경우 국민들은 여가활동 중 15%(관람)~35%(참여) 정도는 레저 및 스포츠에 참여하고 있으며 이들 중 상당수는 일상 거주지에서 이루어지고 있으나 관광활동에서도 레저 · 스포츠의 비중이 13%에 근접하고 있으며 점차 확대되고 있다. 이에 따라 관광부문의 경우에도 그동안의 정태형 관광패턴(감상형 및 휴식형 관광)에서 벗어나 동태형 관광패턴이 증가하고 있는 추세에 부응하여 레저 · 스포츠와 융합된 관광정책의 개발에 더욱 노력할 필요가 있다.

그러나 레저 · 스포츠와 연계한 관광정책 개발은 강변 관광자원 개발, 자전거관광 활성화, 스키코리아(Ski Korea) 브랜드화 등 간헐적으로 추진되고 있는 반면, 체육부문에서 관광과 연계한 스포츠 정책개발에 더 적극적이었다. 2013년 8월 발표된 문화체육관광부의 '스포츠비전 2018'은 "스포츠가 삶의 방식과 문화가 되고 스포츠로 경제 · 사회의 미래를 바꾼다"는 취지하에 수립되었다.

그리고 스포츠 관광육성은 3대 전략 중 '경제를 살리는 스포츠' 차원에서 지역의 명품 스포츠이벤트 선정지원, 올림픽 관광활성화, 레저스포츠 시설 및 운영기준 마련, 올림픽 스포츠 콤플렉스 조성을 핵심과제로 선정하였다.

2018년 발표된 '2030 스포츠비전'은 모든 국민이 스포츠를 즐기며 건강한 삶을 누리고, 스포츠 가치의 사회적 확산으로 행복한 공동체 형성을 목표로 하고 있다. 4대 추진전략으로 신나는 스포츠, 함께하는 스포츠, 자랑스러운 스포츠, 풀뿌리 스포츠를 선정하였으며, 관광과 연계된 사업으로 올림픽 개최지 연계관광, 지역 스포츠관광 컨소시엄 구축을 선정하였다.

물론 스포츠 이벤트와 시설물의 관광활용에 초점을 두고 있다는 점에서 국민 일반의 레저스포츠 관광트렌드에 부합하는 신규 정책개발을 활발히 모색해 나가야 한다. 이제 문화체육관광부 직제 개편에 따라 관광부문이 레저 · 스포츠와의 융합을 통하여 경제적 효과는 물론 사회문화적 효과를 제고하기 위한 노력을 강화할 필요가 있다.

레저 · 스포츠와 관광의 융합정책의 추진과제는 레저 · 스포츠 융합

관광개발 제도의 정비, 스포츠 이벤트 및 시설의 관광이용 확대, 유망 아웃도어 레포츠 관광 육성을 들 수 있다.

첫째는 레저 · 스포츠 융합 관광개발 제도의 정비이다. 관광부문이 늘어나는 레저 · 스포츠 활동 수요에 부응하기 위해서는 법제도의 정비가 필요하다. 문화체육관광부 내에 스포츠관광 활성화를 위한 기획단 또는 태스크포스팀(TFT)을 가동하여 지속적인 정책개발을 추진할 필요가 있다.

정책개발의 주안점은 주5일 근무제 및 각종 휴일제도의 확대에 따라 국민들의 체육활동이 일상 거주지뿐만 아니라 비일상권인 관광지에서도 아무런 불편없이 즐길 수 있도록 배려해 주어야 한다는 것이다. 이를 위해 국민의 '레저 · 스포츠 관광실태'에 대한 면밀한 분석과 대응과제 도출이 필요하다.

그리고 국제관광 거점으로 육성하기 위해 도입된 기존의 관광특구 제도를 손질하여 내국인 관광수요도 수용할 수 있도록 도시형, 산악 및 해양 등으로 유형화할 필요가 있다. 또한 기존의 관광개발제도와 관련하여 관광단지의 개발 시 체육시설의 설치를 확대하는 방안도 검토해야 한다.

현재 관광단지의 경우 운동 · 오락시설을 1종 이상 의무적으로 설치하게 되어 있는데, 운동 · 오락시설의 범위를 등록 및 신고 체육시설로 구분하여 각 종류별 1개 시설 이상으로 확대하는 방안을 검토할 필요가 있다.

둘째는 스포츠 이벤트 및 시설의 관광이용 확대이다. 올림픽, 아시안게임 등 국제 스포츠이벤트 개최 시 관광객 유치는 물론 시설물의 사후 활용방안에 검토가 확대되어야 한다. 특히 2018년 개최된 동계올림픽 개최지를 '올림픽 관광특구'로 지정하여 올림픽 관광유산에 대한 체계적인 연구를 통하여 개최효과를 극대화하고 개최후 창출되는 유·무형적 자산을 관광상품으로 개발하여 지역경제 및 관광산업 발전에 기여토록 유도할 필요가 있다.

이를 위해 스포츠와 힐링을 주제로 하여 동계 올림픽 개최 도시 3개 시군이 갖고 있는 다양한 관광자원을 선형적으로 연계한 테마형 체험관광루트를 개발하도록 하여야 한다. 그리고 신설 경기장을 사후에 시즌과 비시즌별로 훈련지 및 스포츠관광 체험공간으로 활용하고 일반인 및 청소년 대상으로 기업연수 교육, 청소년 캠프 등이 가능한 스포츠 체험캠프로 활용할 필요가 있다.

셋째는 유망 아웃도어 레포츠 관광의 육성이다. 최근 캠핑, 마라톤, 자전거 등 아웃도어 레저스포츠 시장이 확대되고 있으며, 승마관광, 산악관광 등 선진국형 관광이 새로운 트렌드로 부상하고 있다는 점에서 향후 유망 아웃도어 레저·스포츠를 관광부문이 적극 활성화할 필요가 있다. 특히 캠핑인구의 증가와 고급화는 물론 임벽등빈, 산악자전거, 둘레길 걷기 등 아웃도어 시장의 고도성장에 따라 이들 수요를 적극 흡수할 수 있도록 관광자원 개발 시 레저스포츠의 테마별·유형별 개발을 유도할 필요가 있다.

최근 제주도가 기존 올레길에 승마를 융합하여 말레길(馬路) 조성사업을 추진하고 있듯이, 향후 말산업 특구로 지정되는 지역에 대한 승마관광 활성화 방안을 적극 강구할 필요가 있다. 나아가 국민의 레저관광 수요가 산악 및 해양 지역으로 집중되고 있는 만큼 산악관광을 활성화하기 위한 산악관광특구의 도입은 물론 스노클링, 스킨스쿠버다이빙, 패러세일링, 모터보트, 관광낚시 등의 활동을 유치할 수 있는 해양관광특구의 도입도 적극 검토할 필요가 있다.

■ 의료관광을 고도화 하자

오래전부터 사람들은 여러 가지 이유로 거주하고 있는 곳에서 멀리 떨어진 지역으로 이동하여 의료 서비스를 받거나 건강증진 활동을 해왔다. 최근에는 교통과 통신의 급속한 발달로 인해 이러한 현상이 매우 활성화되었으며, 이제는 이러한 활동이 국경을 넘어서까지 발생하는 경우가 많아졌다.

특히 다른 지역이나 국가와 비교하여 비용이 저렴하면서 높은 수준의 의료 서비스와 고급 휴양시설을 갖춘 지역에서 더욱 활발하게 이루어지고 있다. 이들은 일반적인 관광객들과 달리 체류기간이 대체로 길고, 체류하는 동안 일반관광객보다 지출액이 많아 고부가가치 관광상품으로 일컬어진다.

국내에서는 2009년에 '의료법' 개정으로 영리를 목적으로 외국인 환자에 대한 국내 의료기관으로의 유치행위가 허용되었으며, 이에 대한 중앙 및 지방정부의 육성정책에 힘입어 최근에 급속히 성장하고 있다. 보건복지부(2014)에서 발표한 '2013년도 외국인 환자 유치실적 자료'에 따르면, 국내에서 진료를 받은 외국인 환자 수는 전년 대비 32.5%가 증가한 총 211,218명으로 나타났다.

2013년도 한국을 방문한 외국인 관광객이 12,175,550명으로 전년 대비 9.3% 증가에 그친 것에 비하면 의료관광객의 증가는 괄목하다고 하겠다. 국민건강보험공단에 따르면, 외국인 환자가 지출한 진료비 또한 꾸준히 증가하여 2013년도에 유치한 외국인 환자 진료수입은 총 3,934억 원으로 전년 대비 47.2%의 증가율을 보이고 있다.

2018년의 경우 외국인 환자 · 유치실적은 378,967명으로 2009년 의료법 개정 시 60,201명과 비교 시 10년 동안 6.3배라는 괄목할 만한 성장을 하였다. 한국으로 의료관광을 다녀간 외국인의 국적도 2009년 139개국에서 2018년에는 190개국으로 증가하였다. 내국인 수 대비 외국인 실환자의 비율도 2009년의 0.13%에서 2018년에는 0.79%로 크게 늘어났다.

방한 의료관광객 수 및 국적 수 현황

(단위: 명, 개국, %)

구분	2009	2010	2011	2012	2013	2014	2015	2016	2017	2018
환자수	60,201	81,789	122,297	159,464	211,218	266,501	296,889	364,189	321,574	378,967
국적수	139	163	180	188	191	190	187	186	190	190
비율	0.13	0.18	0.27	0.34	0.45	0.53	0.63	0.77	0.67	0.79

주: 비율은 내국인대비 외국인 환자의 비중임.
자료: 한국보건산업진흥원(2019), 2018 외국인 환자 유치실적 통계분석보고서.

2016년에는 '의료해외진출 및 외국인 환자 유치 지원에 관한 법률'을 제정하여 외국인 환자 사전·사후 관리, 유치기관 및 평가지정 제도, 외국인 대상 의료광고 실시 근거를 마련하여 외국인 환자 유지 활성화를 지원하고 있다.

그런데 우리나라 의료관광은 위와 같은 긍정적인 측면과 함께, 언어 소통의 부족, 문화 다양성 부족, 높은 물가와 낮은 가격 경쟁력, 우리나라 의료에 대한 낮은 인지도 등의 약점과 국가 간 경쟁 심화 및 최근 세계 금융위기로 촉발된 실물경제위기 등의 위기 요인으로 인한 부정적인 측면에도 동시에 안고 있다.

실제 우리나라 의료관광산업의 국제 경쟁력은 OECD 35개국 가운데 중하위권인 19위를 기록하고 있다. 종합경쟁력에서는 OECD 평균(0.00)을 약간 웃도는 수준(0.005)인 가운데, 의료기술 수준, 인프라 및 성장성 부문의 경쟁력에 있어서는 OECD 평균을 넘는 0.102로 13위, 그러나 시장성장성 부문에 대해서는 OECD 평균에 미치지 못하는 0.097로 24

위인 것으로 나타나고 있어 우리나라 경쟁력은 특정 부분에 편중된 심각한 불균형 구조를 갖고 있다.

이러한 점들에 기초해 볼 때 우리나라 의료관광산업은 일본, 아이슬란드, 룩셈부르크, 오스트리아, 덴마크 등 국제경쟁력 상위 국가들에 비하여 아직까지는 개선의 여지가 많아 보인다.

의료관광(medical tourism)은 의료와 관광이라는 두 분야가 연결된 서비스산업으로 환자가 진료, 휴양, 관광활동을 병행하는 것이므로 한국의 경우 의료비용이 선진국과 비교하여 저렴하면서 동시에 선진국 수준의 의료서비스와 관광휴양 시설을 갖춘 관광지에서 활발하게 이루어진다는 특징을 갖고 있다. 미주지역의 미국, 멕시코 그리고 아시아 지역의 싱가포르, 태국, 인도 등의 국가에 비해서는 뒤지지만, 우리나라도 2009년도 의료관광이 법으로 허용된 이후 급속도로 발전하고 있다. 특히 2016년 외국인 환자 유치 지원에 관한 법률을 제정하면서 의료업계와 관광부문 간 동반성장의 기틀을 마련하였다.

진료유형별 외국인 실환자 현황을 보면, 2009~2013년간 입원환자가 연평균 50.6% 증가하였으며, 외래환자는 39.3%, 건강검진 환자는 22.9%였다.

2009~2013년 진료유형별 외국인 실환자 현황

(단위: 명, %)

<table>
<tr><th rowspan="2">구분</th><th colspan="2">2009년</th><th colspan="2">2010년</th><th colspan="2">2011년</th><th colspan="2">2012년</th><th colspan="2">2013년</th><th rowspan="2">연평균 증가율</th></tr>
<tr><th>실환자</th><th>비중</th><th>실환자</th><th>비중</th><th>실환자</th><th>비중</th><th>실환자</th><th>비중</th><th>실환자</th><th>비중</th></tr>
<tr><td>입원</td><td>3,915</td><td>6.5</td><td>7,987</td><td>9.8</td><td>11,945</td><td>9.8</td><td>14,809</td><td>9.3</td><td>20,137</td><td>9.5</td><td>50.6</td></tr>
<tr><td>외래</td><td rowspan="2">56,286</td><td rowspan="2">93.5</td><td>63,891</td><td>78.1</td><td>95,810</td><td>78.3</td><td>128,711</td><td>80.8</td><td>172,702</td><td>81.8</td><td>39.3</td></tr>
<tr><td>건강검진</td><td>9,911</td><td>12.1</td><td>14,542</td><td>11.9</td><td>15,944</td><td>10.0</td><td>18,379</td><td>8.7</td><td>22.9</td></tr>
<tr><td>계</td><td>60,201</td><td>100</td><td>81,789</td><td>100</td><td>122,297</td><td>100</td><td>159,464</td><td>100</td><td>211,218</td><td>100</td><td>36.9</td></tr>
</table>

자료: 보건복지부(2014).

한편 2018년도 기준으로 국적별 외국인 환자는 중국이 31.2%로 가장 높은 가운데 미국(11.9%), 일본(11.2%), 러시아(7.2%), 몽골(3.7)이며, 기타 국가는 모두 1~2% 내외인 것으로 나타났다.

2018년도 외국인 환자 유치 현황

(단위: 명)

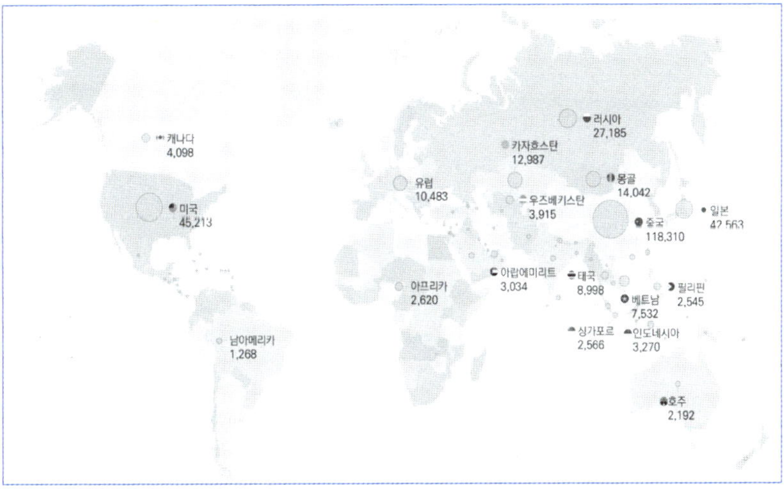

자료: 한국보건산업진흥원(2019), 2018 외국인 환자 유치실적 통계분석보고서.

다음으로 국제경쟁력 현황을 파악하기 위해 OECD 주요 국가의 5개 부문별 경쟁력을 비교해 볼 필요가 있다. 우리나라는 일본과 함께 부문 간 불균형 구조가 두드러진 가운데, OECD 평균을 상회하는 부문은 시설 · 장비(0.234, 2위)와 의료서비스(0.082, 4위), 의료기술 수준(0.070, 9위)이며, 평균을 밑도는 부문은 인적 자원(-0.201, 31위), 관광산업(-0.178, 33위)인 것으로 나타났다. 주요 선진국에 비하여 여전히 의료와 관광산업의 연계가 낮다.

OECD 주요국가의 부문별 경쟁력지수 비교

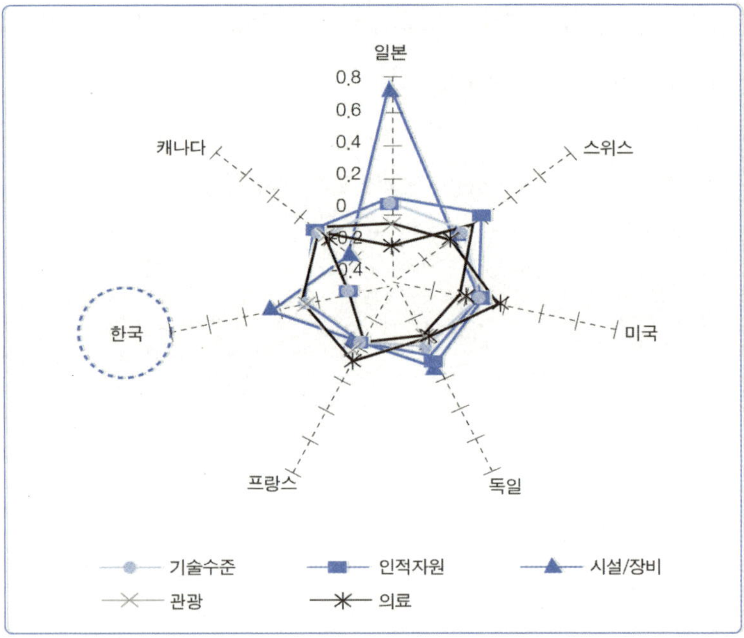

자료: 허문구 · 조현승 · 최윤기 · 박형진 · 정기택(2013). 의료관광산업의 국제경쟁력 분석과 정책과제. 산업연구원.

우리 정부가 2009년 초에 미래 한국을 이끌어 갈 '신성장 동력산업'으로 글로벌 헬스케어, 관광 등의 3대 분야 17개 신성장 동력 서비스 산업을 선정하여 집중 육성하기로 발표한 이후, 2009년에 60,201명이던 외국인 유치환자 수가 2018년에는 378,967명으로 동 기간 동안 6배 이상 증가했다. 외국인 환자의 유치확대에는 유치업자의 노력도 한몫하였는데, 2014년 1,181개 업체에서 2018년 1,572개 업체로 증가하였다.

이렇듯 우리나라를 찾는 외국인 의료관광객 수를 토대로 보았을 때 외형적인 면에서는 분명 발전하였으나, 의료관광을 추진해 온 시기가 짧고 내부적인 문제 및 인프라 면에서 아직 경쟁국에 비해 뒤처진 상황이다. 이에 경쟁력 향상을 위한 다각적인 노력이 진행되고 있는 바,

혁신적 마케팅, 구전 홍보 활용, 신뢰성 확보, 협력시스템 구축 등이 그 예라 할 수 있다. 그러나 의료관광이 보다 활성화되기 위해서는 문제점으로 지적된 요인 중의 하나인 외국인 친화적인 인프라가 강화될 필요가 있다. 의료관광이 활성화된 지역(지구)의 경우에는 의료형 관광특구로 지정하여 집중 육성하여야 한다.

■ 산업관광의 전략적 거점을 육성하자

산업관광의 육성은 2012년 외래객 2,000만 명 시대를 견인할 '한국형 산업관광 활성화 방안'을 마련하면서 시작되었다. 당시 선정된 핵심과제는 산업관광 기반조성, 산업관광 수요창출 및 확산, 산업관광 진흥체계 고도화, 민간참여형 산업관광 육성이었다.

산업관광이란 1차, 2차, 3차 산업의 현장을 대상으로 관광상품을 개발하여 관광객을 유치함으로써 당해 기업과 지역경제 활성화를 도모하는 사업이다. 따라서 산업관광의 목표는 관광객은 물론 관광기업과 지역사회라는 3가지 차원에서 살펴볼 수 있다.

산업관광의 타깃별 파급효과

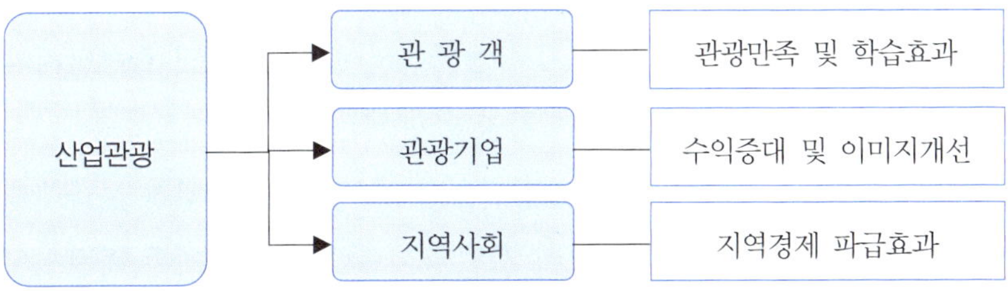

첫째, 관광객에게는 산업현장을 직접 체험함으로써 학습효과를 거두고 만족도 향상을 도모할 수 있다. 둘째, 관광기업은 기업의 생산현장 및 상품에 대한 견학과 판매를 통하여 수익을 증대하고 기업이미지

를 개선하는 효과를 가져올 수 있다. 셋째, 지역사회는 관광상품의 다양화 및 판촉제고를 통하여 경제적 파급효과를 확대할 수 있다.

산업관광 육성에 적합한 개발방식과 관련하여 현행 관광진흥법상 관광개발 방식은 관광지 개발방식, 관광자원 개발방식, 관광특구 조성방식으로 구분할 수 있다.

관광진흥법상 관광개발방식 분류

구분	관광지 개발방식	관광자원 개발방식	관광특구 조성방식
유형	관광지, 관광단지	관광자원 및 시설 활성화	관광특구
특징	신규 관광자원 및 시설의 창출	기존 관광시설의 활용 · 추가개발	기존 자원의 지정 · 활용
조항	관광진흥법 제5장 제1절	관광진흥법 제4장(제48조)	관광진흥법 제5장 제2절
지정주체	시 · 도지사	문화체육관광부장관, 지자체장	시 · 도지사
산업관광 개발모델	×	○	×

첫째, 관광지 개발방식은 관광진흥법 제5장 제1절의 조항에 의거 문화체육관광부령에 의거 시 · 도지사가 지정하며, 관광지 및 관광단지와 같이 신규 관광자원 및 시설의 창출형태이다.

둘째, 관광자원 개발방식은 관광진흥법 제4장(48조)에 의거 문화체육관광부장관 및 지방자치단체장이 사업추진주체가 되며 기존 관광시설의 활용 및 추가개발을 모색하는 관광시설의 활성화 형태이다. 셋째, 관광특구 조성방식은 관광진흥법 제5장 제2절의 조항에 의거 문화체육관광부령에 의거 시 · 도지사가 지정하며, 기존 자원과 시설을 활용하는 형태이다.

산업관광의 육성에 적합한 개발방식으로는 현행 관광진흥법상 '관광자원 개발방식'을 제시할 수 있는데 그 근거는 다음과 같이 제시할 수 있다. 첫째, 산업관광 육성은 단기적으로 중앙정부가 주도적인 역할을 해야 한다는 점에서 추진주체의 설정에 있어서 문화체육관광부가 포함되어야 한다. 관광지 개발방식이나 관광특구 조성방식은 문화체육관광부의 일정한 역할이 주어질 수 있으나, 산업관광과 같이 아직 제도화되지 않은 경우 정부의 일정한 역할이 필요하다.

둘째, 산업관광 육성은 관광진흥법 제48조 제4항에 의거 최소한의 법적 추진 근거를 확보하고 있는 상황이다. 관광진흥법 제48조 ④항은 "문화체육관광부장관과 지방자치단체의 장은 관광객의 유치, 관광복지의 증진 및 관광진흥을 위하여 대통령령으로 정하는 바에 따라 다음 각 호의 사업을 추진할 수 있다."고 규정하고 있으며, 여기에 해당되는 사업은 1. 문화, 체육, 레저 및 산업시설 등의 관광자원화 사업, 2. 해양관광의 개발사업 및 자연생태의 관광자원화 사업, 3. 관광상품의 개발에 관한 사업, 4. 국민의 관광복지 증진에 관한 사업, 5. 유휴자원을 활용한 관광자원화 사업이다.

셋째, 산업관광의 대상은 국내외 관광객 모두에 적용되어야 하며, 기존에 관광과 직접적으로 관련되어 형성된 자원 및 시설이 아니라는 점에서 외국인 관광객 유치촉진에 적합한 관광특구 조성방식으로는 부적절하다. 관광진흥법 제2조에는 "관광특구란 외국인 관광객의 유치 촉진 등을 위하여 관광활동과 관련된 관계 법령의 적용이 배제되거나 완화되고, 관광활동과 관련된 서비스·안내 체계 및 홍보 등 관광 여건을 집중적으로 조성할 필요가 있는 지역으로 이 법에 따라 지정된 곳을 말한다"라고 규정하고 있다.

현행 관광진흥법에서는 산업관광과 관련하여 추진주체, 추진목적만 명시하고 있으며, 이를 구체적이며 지속적으로 추진할 수 있는 제도적 규정을 담지 못하고 있다. 산업관광의 추진주체는 문화체육관광부장관과 지방자치단체의 장이며, 산업관광의 추진목적은 관광객의 유치, 관광진흥에 두고 있다.

관광특구나 관광지, 의료관광진흥과 관련해서는 관광진흥법 시행령에 조항을 두고 있으나 산업관광을 포함한 '관광자원화 사업'에 대해서는 시행규정이 미비하여 정부 차원에서 임의적으로 추진될 소지가 있다.

대표적인 유사사례로 의료관광 육성을 위한 제도적 장치를 검토할 수 있다. 관광진흥법 시행령(2009.10.7. 신설)의 주요 내용은 ① 의료관광기관에 대한 규정(외국인 환자 유치 의료기관 또는 외국인 환자 유치업자, 한국관광공사, 의료관광 활성화 추진실적 보유 기관), ② 의료관광에 대한 지원규정(외국인 의료관광 유치 · 지원 관련 기관에 대한 관광진흥개발기금의 대여나 보조), ③ 외국인 의료관광 지원(외국인 의료관광 전문인력을 양성하는 전문교육기관 중에서 우수 전문교육기관이나 우수 교육과정을 선정하여 지원), ④ 국내외에 외국인 의료관광 유치 안내센터를 설치 · 운영, ⑤ 지방자치단체의 장이나 의료기관 또는 유치업자와 공동으로 해외마케팅사업의 추진이다.

이 시행령에서는 의료관광 육성을 위한 추진주체, 사업시행자, 재정지원 근거, 인력양성, 유치센터, 해외마케팅 등에 대한 제도화가 되어 있다.

따라서 산업관광 육성을 위한 제도적 보완이 필요하다. 산업관광의 육성방식으로 '관광자원 개발방식'이 적합하지만, 산업관광의 육성을 위하여 관광특구 또는 의료관광육성 관련 조항에 준하는 구체적인 제도적 장치가 필요하다. 그리고 추가적으로 논의되어야 할 사항은 다음과 같다. 첫째, 산업관광 및 '관광자원 개발방식'의 개념화 및 용어정의이다. 둘째, 산업관광 육성의 범위 설정이다. 셋째, 산업관광 육성을 위한 추진주체(정부 및 지자체, 사업체의 역할과 책임)이다. 넷째, 산업관광 육성을 위한 재정지원의 근거이다. 다섯째, 산업관광 육성을 위한 거점지구 지정 및 육성계획 수립에 관한 사항이다. 여섯째, 산업관광 거점지구의 선정, 지원, 평가 등에 관한 사항이다.

산업관광 거점지구 제도의 도입방안은 산업관광 클러스터와 산업관광특구로 구분하여 살펴볼 수 있다. 첫째, 산업관광 클러스터(industrial tourism cluster)는 전국의 산업관광 유망지구 중 일정 지역에 다수의 유사한 산업관광시설이 집락되어 상호 연관성이 크고 사업효과가 크게 나타날 수 있는 지역을 지정하여 육성하는 것이다. 둘째, 산업관광특구(industrial tourism zone)는 기존 관광특구와 같이 관광객을 위한 자원을 확보하고 있는 지역에 관광활동과 관련된 서비스 · 안내 체계 및 홍보 등 관광 여건을 집중적으로 조성할 필요가 있는 지역으로 지정된 곳을 말한다.

두 가지 방식의 검토 결과, '산업관광특구' 방식은 기존 관광특구와의 차별성이 부족하다는 점에서 창의적이지 못하고, 형식적인 인프라의 조성 수준에 그칠 수 있으며, 지속가능한 관광개발이 곤란하다는 점에서 클러스터 방식의 제도 도입을 검토해야 한다. 그동안 관광자원개발과 관광기업 육성을 연계하고 여기에 관련 기관(지자체, 협회, 대학, 연구기관 등)이 가세하여 지원하는 '통합형 관광관리'(integrated tourism management), 즉 관광클러스터 전략이 충분히 구사되지 못하였다.

관광클러스터는 관광사업으로 분류되는 기업을 중심으로 형성되는 직접적 클러스터뿐만 아니라 농업, 의료, 문화 등 인접산업의 육성을 지원하는 간접적 클러스터도 존재한다. 산업관광 클러스터는 대표적인 간접적 관광클러스터이다. 산업관광 클러스터가 성공적으로 추진되기 위해서는 배후에서 지원할 수 있는 시스템이 적절히 확보되어야 한다. 즉 관광인력양성, 금융지원, 관광홍보 · 마케팅, 이벤트 개최, 정보서비스 등과 같은 지원서비스의 제공이 필요하다.

산업관광 클러스터(거점) 육성을 위한 지원방안은 다음과 같다. 첫째, 각 시도별 최소 2~3개 산업 관광상품의 개발을 유도하여 전국 각 지역별 독창적인 산업관광 육성을 위한 특화형 산업관광상품을 개발하는 것이다. 둘째, 산업관광을 위한 지역협력체계 구축이 필요하다. 문화체육관광부에 산업관광 육성을 위한 민관협의체를 구성하고 각 시·도, 관광협회, 문화사업자, 기업체, 그리고 대학 등으로 구성된 '지역별 산업관광진흥 협의회'를 구성하여 산업관광 육성을 위한 소재발굴, 상품개발, 홍보마케팅 지원, 전문인력 양성 등 다각적인 노력을 경주할 필요가 있다.

셋째, 프로슈머(prosumer)형 체험 산업관광 프로그램의 개발이 필요하다. 현재의 산업관광은 생산현장의 견학 및 상품구매를 중심으로 이루어지고 있으나 소비자의 트렌드, 즉 프로슈머(생산적 소비자)의 확산에 부응하는 체험형, 교육형 산업관광 프로그램의 개발을 확대할 필요가 있다. 넷째, 산업관광 소재의 다각적 발굴이 진행되어야 한다. 관광의 소재는 유형 및 무형 등 다양하나 산업관광은 주로 유형적 소재에 의존하고 있다는 점에서 지역산업 중 관광융복합이 가능한 생산현장을 발굴하는 것이 필요하다. 예를 들어 와인투어, 농장투어, 목장투어, 자동차공장투어, 농산물유통단지, 광업소(석재, 보석 등) 투어, 재래시장투어 등 관광과 연계 가능한 산업현장을 발굴하고 이를 체험화, 상품화할 수 있는 지원체계를 구축할 필요가 있다.

다섯째는 산업관광 수용태세의 정비 및 모니터링의 실시이다. 산업관광을 활성화하기 위해서는 해당 업체로 선발될 경우 공공기관 및 전문가로 구성된 자문단을 운영하여 산업관광객의 수용시설, 안내체계, 쇼핑시설, 편의시설, 홍보실태 등 수용태세에 대한 정비 및 정기적인 모니터링을 실시할 필요가 있다.

■ 한국형 복합리조트를 조성하자

최근 리조트는 기존의 숙박과 편의시설 중심에서 테마파크, 문화예술 공연장, 의료시설 등 연관시설 기반 서비스사업의 경계를 넘나들며 복합화되는 추세이며, 원스톱 레저서비스, 몰링 문화, 올인원 레저패턴 등의 트렌드와도 밀접한 관련이 있다. 그렇지만 복합리조트(integrated resort)는 '카지노가 포함된 리조트'를 지칭하고 있다.

복합리조트화 현상은 이 시대의 분명한 트렌드이지만, 이러한 복합리조트를 조성하려는 움직임이 당초 관광부분의 '필요'에 의해서라기보다는 외부요인에 의해 '촉발'되고 있다는 점에서 관광정책당국의 슬기로운 대처가 필요한 시점이다. 사전 심사제는 정식 허가신청서 제출 전 사전심사를 청구하고 행정기관이 심사결과를 통지하여 허가신청 과정에 투자자의 경제적 · 시간적 부담을 경감코자 도입된 제도이다. 그러나 사전심사제가 카지노 운영 허가를 서류만으로 미리 내주는 사실상의 사전허가제로 인식되면서 특혜 시비, 론스타식 '먹튀 사건' 재연, 카지노 난립 등의 후유증이 제기되고 있다. 또한 인천 영종도 일대에 4~5개의 복합리조트가 경쟁적으로 추진된다면 '제2의 마카오'로 전락될 소지가 있다.

복합리조트를 조성하여 대규모 외국인 관광객을 유치하고 이들에게 카지노를 포함한 다양한 관광서비스를 제공하는 것은 시대적 흐름이라는 점에서 수용할 만하다. 그러나 한국관광의 장기적인 플랜에 근거하지 않고 제도화가 미흡한 상태에서 성급하게 추진할 경우 자칫 부작용을 떠안을 수도 있다는 점에서 관광정책당국의 신중하면서도 체계적인 접근이 필요하다. 외국기업의 투자는 적극 수용하되 개발과 운영은 철저히 '한국형'에 부합하도록 선제적인 대응책을 강구할 필요가 있다. 이와 관련 몇 가지 제안을 하고자 한다.

첫째, 복합리조트 제도의 근거를 관광진흥법에서 두도록 해야 한다. 즉 복합리조트를 관광사업의 업종으로 편입시키고 관련 특별법에서도 도입시설 및 최소투자 금액한도를 준용할 수 있도록 유도해야 한다. 이와 관련 관광사업의 업종에 별도의 휴양업으로 두거나 종합휴양업에 새로운 업종을 추가하거나, 카지노업을 개별카지노업과 복합카지노업으로 구분하는 방안도 있다.

둘째, 복합리조트의 경우 조성면적 및 투자규모별 최소 도입시설의 종류와 최소투자금액 한도를 재설정하고 카지노 전용면적도 투자규모 및 시설면적에 따라 탄력적으로 설정할 필요가 있다. 즉 도입시설의 경우 필수시설, 권장시설, 서브시설로 유형화하여 필수시설은 MICE, 테마파크, 의료서비스, 한국문화체험 등과 관련된 시설로 명시하고, 서브시설로 전체 시설면적의 5% 미만으로 제한하여 카지노를 두며, 권장시설은 업체가 자율적으로 선택할 있도록 관련제도를 개선할 필요가 있다.

셋째, 카지노형 복합리조트 조성에 집착하는 것은 신규 유망 관광시장을 선점하지 못할 가능성이 있다는 점에서 한국형 복합리조트의 유형화가 필요하다. 현재 카지노형 복합리조트에 국한된 논의와 시행에 그치지 않고 향후 유사 복합리조트의 조성도 감안하여 한국형 복합리조트의 다양화를 위한 제도개발에 박차를 가할 필요가 있다.

넷째, 복합리조트 개발에 따라 확보된 공공재원의 활용방안에 대한 심층적 논의가 필요하다. 기존의 강원랜드 및 외국인전용카지노의 경우 관광진흥개발기금을 부과토록 되어 있으며, 이를 통해 관광산업 진흥에 재투자되고 있다. 복합리조트의 경우에는 경제자유구역 등에 집중될 가능성이 있다는 점에서 공공재원의 확보 및 활용방안에 대한 심도있는 논의가 필요하다.

다섯째, 복합리조트의 도입으로 기존의 관광지, 관광단지, 관광특구, 관광레저도시 등 관광관련 각종 개발제도와 종합휴양업, 카지노업 등 관광사업의 목표, 기능, 도입시설 등에 대한 전반적인 재검토를 통하여 '미래지향적 관광공급체계'를 구축할 필요가 있다.

한편 정부는 2012년 대규모 관광산업 외자유치를 촉진하기 위해 '사전심사제'를 도입했고 복합리조트 유치라는 대형 프로젝트를 추진하기 시작했다. 외국 자본을 최대한 유치해 국내 일자리를 늘리고 외국인 관광객들을 더 많이 끌어들이자는 시도다.

그런데 2013년 7월 문화체육관광부는 2건의 카지노 사전심사 신청에 대해 '부적격' 판정을 내렸다. 사전에 충분한 논의를 거치지 않고 시행령 개정을 졸속으로 추진했기 때문에 어느 정도 예견된 결과라고도 볼 수 있다.

그럼에도 카지노형 복합리조트는 다음과 같은 이유 때문에 우리가 착실하게 준비를 해 나갈 필요가 있다. 첫째, 복합리조트는 일자리 창출 효과가 크다. 최근 저성장 · 저소비 · 고실업 등으로 특징되는 뉴노멀(New Normal) 시대가 도래함에 따라 '고용창출을 동반한 성장' 패러다임이 주목받고 있다. 복합리조트는 지역에 따라 1~2만 명 또는 그 이상의 신규 일자리를 창출할 수 있는 고용탄력성이 큰 서비스 산업이다.

둘째, 복합리조트는 고수익 창출형 관광산업이다. 외국인 관광객이 2,000만 명의 시대로 다가서는 현재 관광산업의 혁신과 재도약, 그리고 '큰손' 중화권 관광객을 유치하기 위해서라도 복합리조트를 관광산업의 신성장동력으로 삼아야 한다.

셋째, 복합리조트는 고부가가치형 창조경제 모델이다. 정부는 의료관광 · 크루즈 · 한류 · 역사문화체험 · 생태관광 등 6대 고부가가치 관광 · 레저부문을 중점 육성하겠다고 밝혔다. 이들 부문에 대한 개별적인 접근뿐만 아니라 여러 부문을 융복합해 국제경쟁력이 있는 복합리조트를 시의적절하게 조성할 필요가 있다.

일각에서 우려하는 역기능보다 순기능에도 우리는 주목할 필요가 있다. 복합리조트 내부에 설치된 카지노에는 내국인 입장이 불허된다는 점에서 전 국민의 도박 중독 현상은 크게 염려할 필요가 없다고 본다. 오히려 싱가포르의 복합리조트 조성에 따른 재정수입 증대, 외래관광객 유치, 대규모 고용 창출, 타 산업 재투자 효과 등의 순기능을 더 눈여겨봐야 한다. 지금부터라도 시야를 좀 더 넓혀서 관련 부처 간의 협조와 제도 개선이 선행돼야 한다.

참고자료 22

외국 자본의 카지노 첫 개방의 득실

2014년 3월 18일 문화체육관광부는 인천 영종도에 외국인전용 카지노를 포함한 복합리조트 조성을 신청한 리포&시저스 컨소시엄(LOCZ코리아)의 사전심사 결과 '적합' 판정을 내렸다. 이번 판정은 외국자본의 국내 카지노 첫 개방이라는 점에서 한국 카지노 산업사에 큰 획을 긋는 사건이며, 이에 따른 여러 가지 득과 실을 면밀히 살펴할 필요가 있다.

우선 제도적인 측면에서 외국인 투자유치의 가시적 성과가 절실했던 이명박 정부 시절 경제자유구역특별법 시행령을 개성하면서 도입된 '서류(paper)'로만 심사하는 카지노 사전심사제의 부산물인 것이다. 박근혜 정부로 들어와 지난해 투자자격 요건의 미달로 2건의 사전심사를 모두 부적합 판정을 내린 적이 있으며, '사전심사제' 대신 '공모형 사전심사제'로의 정책전환을 천명한 바 있다. 그런데 이번 심사 결과는 정부의 새로운 카지노 정책이 시행되기도 전에 업체가 서둘러 자격요건을 채우고 사전심사를 요청하였다는 점에서 제도미비의 허를 찌른 셈이다.

다행스러운 것은 동아시아 카지노 각축전에서 추가적인 외자유치의 신호탄이 될 수 있다는 점이다. 그동안 동남아에서 시작되어 동북아로 북상 중인 복합리조트 조성 경쟁에서 밀리지 않고 최대 카지노시장인 중국시장을 겨냥하는 데 유리한 위치를 확보했다는 점에서 긍정적으로 평가할 수 있다. 그리고 세계 굴지의 카지노 업체들이 대규모 투자를 전제로 내국인 출입이 가능한 오픈 카지노를 집요하게 요구하며 투자를 관망하던 터라 이번 적합 판정은 정부의 오픈 카지노 불허에 대한 확고한 시그널을 전달되는 계기가 되었다. 다만 향후 '우리 국민의 소득수준이 크게 상승되거나' 반대로 '카지노 영업이익이 기대에 미치지 못할 경우'와 같은 정책 돌발변수가 발생할 경우 너도나도 내국인 출입허용을 요구할 가능성이 있다는 점이 우려된다.

또한 이번 사전심사 결과가 서비스 산업의 경쟁력 강화와 일자리 창출로 선순환될 것인가이다. 적합 판정을 받은 LOCZ코리아는 카지노 외에 호텔, 오피스텔, 컨벤션센터 등의 시설들을 2018년 초까지 7,437억 원을 들여 1단계 사업을 마무리할 예정이며, 그럴 경우 리조트 고용효과가 2,100명에 이를 것이라 주장하고 있다. 정부가 사활을 걸고 추진하는 '고용율 70% 로드맵'의 달성과 관련하여 복합리조트는 분명 새로운 고용창출 모델이 될 수 있다. 또한 5대 서비스 유망산업으로 '관광'을 선정하고 대대적인 관광산업 규제완화 및 투자유치 노력을 경주하고 있다. 이번 판정이 관광분야 일자리 창출에 기여하는 방향으로 관리되어야 한다. 다만 국부유출 및 형평성 논란을 비껴가기 어렵게 되었다. 복합리조트에서 카지노는 일종의 캐시카우(cash cow)이자 재정엔진(financial engine)으로 불린다. 카지노에 유난히 집착하는 이유가 그것이다. 외국투자자들이 카지노 사업에만 몰두하여 추가적인 투자를 기피하거나, 투자이익 조기 환수 후 소위 '먹튀' 현상이 발생하지 않도록 유의해야 한다. 따라서 2023년까지 총 3단계에 걸쳐 2조 3천억원을 투자할 예정인 LOCZ코리아의 계획과 약속이 1단계에서 그치지 않고 차질없이 이행되도록 적극적인 점검과 독려가 수반되어야 한다. 나아가 외국기업에만 사전허가 혜택을 주는 것은 불합리하다. 형평성 차원에서 국내업체에 대한 역차별 문제를 시정하고, 기존 영세 업체들도 고사하지 않도록 장기적으로 국내 카지노 기업의 경쟁력을 키워나가야 한다.

금번 적격 판정이후 3~4개 외국 업체들의 추가적인 사전심사 요구가 현실화될 경우 인천 영종도는 카지노 '대박도시'로 부상할 수 있지만 반대로 '도박도시'라는 오명을 뒤집어쓸 수도 있다. 자칫 외래객의 수도권 집중을 더욱 고착화시킬 가능성도 있다. 또 오픈 카지노 요구가 불거질 경우 경제적 편익 못지않게 사회적 비용도 더 많이 감수해야 한다. 그만큼 카지노는 '허가' 절차도 중요하지만 허가 이후 '관리와 감독'이 더 중요한 것이다. 이제라도 한국관광의 백년대계를 염두에 두고 미비한 카지노 제도를 조속히 개선해야 한다(출처: 매일경제, 2013. 6. 26; 註: 문맥 유지를 위해 최신 데이터로 수정하지 않음).

08

4차 산업혁명 시대 관광산업을 혁신하자

■ 4차 산업혁명 시대의 관광정책

ICT를 근간으로 하는 4차 산업혁명 시대가 성큼 다가왔다. 4차 산업혁명은 디지털 혁명에 기반을 두고 물리적 공간, 디지털적 공간 및 생물학적 공간의 경계가 희석되는 한마디로 융합의 시대인 것이다. 기술융합을 통해 제소업과 서비스업을 연결시키고 생산과 소비의 경계도 점차 없어지고 있다. 우리의 생활과 산업 전반에 인공지능(AI), 사물인터넷(IoT), 빅데이터 등으로 대표되는 신기술이 상호 융합되어 새로운 부가가치 상품과 서비스를 만들어내고 있으며 관광부문도 예외는 아니다.

이미 지구 반대편에 있는 관광명소를 미리 볼 수 있으며, 박물관을 가지 않아도 유물을 생생하게 감상할 수 있다. 국립과천과학관은 석굴암 가상체험을 개발하여 3D로 만든 실제 크기의 석굴암 안을 직접 걸어 다니면서 구경할 수 있는 서비스를 제공하고 있다. 현재는 가상현실(VR) 체험이 가시화되고 있으나 향후에는 여기에 증강현실(AR)을 결합한 혼합현실(MR)이 관광분야로 활성화될 전망이다.

다행히 4차 산업혁명 시대에 관광부문의 일자리는 크게 영향을 받지 않을 것으로 예상된다. 2015년 영국의 BBC가 만든 웹사이트(로봇이 당신의 직업을 대체할까?)에 들어가 검색하면 흥미로운 결과가 나온다. 레저 및 여행서비스 직업군은 로봇의 대체가능성이 35%이며 전체 직업군 366개 중 217위이다. 여행대리점은 26%로 231위이며, 호텔과 숙박경영의 경우에는 대체가능성이 0%로 거의 없어 365위를 차지하고 있다.

그렇다고 안심할 수는 없다. 파이낸셜타임즈(FT)에 의하면, 향후 50년 안에 사라질 대표적 직업으로 소규모 여행사들이며, 여행가이드의 역할도 축소될 것으로 보인다. 이에 따라 4차 산업혁명 시대를 잘 활용하여 관광산업을 혁신적으로 변모시킬 필요가 있다. 기존의 전통적인 관광에서 벗어나 하이테크와 하이터치에 입각한 스마트 관광의 형태로 진화될 경우 배낭여행, 가족여행, 나홀로 여행과 같은 개별여행객들이 충분한 정보와 안전 서비스를 통하여 전국 구석구석에 골고루 분산되는 효과를 거둘 수 있다.

2017년 문화체육관광부는 가상현실, 증강현실 등 신기술 기반 콘텐츠를 발굴 · 육성하기 위해 관광 가상현실 콘텐츠의 제작지원과 국내 주요 거점에 체험존 조성을 추진한다. 이 정도 수준에 그쳐서는 안 된다. 2017년 2월 10일 문화체육관광부가 개최한 미래관광발전을 위한 토크콘서트의 참석자들은 이구동성으로 관광산업도 4차 산업혁명에 적극 따라잡아야 한다고 주장을 폈다. 이에 따라 4차 산업혁명 시대에 대비한 정부의 관광정책도 좀 더 광폭 행보를 펴야 할 시점이다.

첫째, 가장 시급한 것은 4차 산업혁명 시대 대비 관광종합계획이 수립돼야 한다. 현재까지는 이러한 시도조차 못하고 있다. 4차 산업혁명 시대는 제조업 대비 서비스업 비중의 증가가 두드러지게 나타날 것이라는 점에서 관광산업의 역할이 확대돼야 한다. 단기적으로는 ICT와의 융합을 통한 관광산업 콘텐츠를 개발하되 중장기적으로는 미래형 인

재양성 및 일자리 발굴, 그리고 연구개발 투자확대에 주력해야 한다.

둘째, 중앙과 지방정부, 관광 전문기관, 관광업계 간 튼튼한 공조체계를 구축해야 한다. 대표적인 사례로 일본은 2020년 도쿄올림픽 개최 전까지 약 3만 곳의 무료 와이파이 구역을 조성하고 빅데이터 수집과 활용을 하여 관광정보를 철저히 분석하여 이를 지자체 및 여행업체 등에 제공할 계획이다. 우리도 관광공사에게 관광 빅데이터 분석·연결·공유를 위한 기본적인 역할을 담당하게끔 하고 국가 소유의 데이터를 모든 수요자가 사용할 수 있도록 개방해야 한다.

셋째, 4차 산업혁명 시대에 관광산업이 대응하기 위해서는 발 빠른 공진화(共進化) 노력이 필요하다. 무엇보다 새로운 기술을 기존 관광산업으로 접목시키는 플랫폼을 구축할 필요가 있다. 한국관광공사가 스마트관광 통합 플랫폼의 구축에 주력하는 것도 시의적절하다. 정부와 관광기업 간의 중간지원기관들을 집합시켜 왕성한 서비스 기술을 발굴·개발하는 혁신지원시스템이 모색돼야 한다. ICT 분야의 중소기업, 소상공인, 청년사업가, 창업자 등을 규합하여 관광부문으로 더 끌어들여야 한다.

끝으로 4차 산업혁명에 대응한 관광정책의 방향은 새로운 고객가치의 창출과 품질개선에 두어야 한다. 단순한 관광정보 서비스 전달에 그치지 않고 여행 전체를 편안하게 만드는 ICT 연계 고객맞춤형 여행서비스를 창출하는 데 초점을 두어야 한다. 또한 여행의 전 과정을 상호 연결하는 ICT 플랫폼을 구축하여 여행 시 겪게 되는 불편과 애로사항을 발굴·해소하고 여행의 품질을 혁신시키는 계기로 삼아야 한다. 미래학자 피터 슈워츠는 '미래는 준비하는 자의 것이고, 성공은 실천하는 자의 것'이라고 했던 것을 명심하자.

■ 스마트 관광 기술력을 키우자

2017년 '현대 건축의 아버지'로 불리는 르코르뷔지에의 전시회에서 롱샹 성당에 대한 가상현실(VR) 체험을 같이 했던 지인이 며칠 전 직접 프랑스로 여행가서 그의 불멸의 건축물을 직접 보겠다고 연락이 왔다. 그 순간 우리의 관광산업도 여행이전 단계부터 사람들에게 여행욕구를 주고 기대감을 높일 수 있는 사전체험 기술력을 키워야겠다는 생각을 하였다.

2017년 한국의 국제관광 경쟁력이 2015년의 29위에서 19위로 껑충 뛰었을 때 우리의 정보통신기술(ICT) 수준이 세계 6위로 평가된 것이 큰 도움이 되었다. 그렇다고 우리 관광산업 자체의 ICT 수준이 뛰어난 것은 아니다. 최고 수준의 ICT 인프라를 기반으로 세계인들에게 더 큰 매력을 주고 관광객으로 유치할 수 있는 여행 정보기술과 서비스 기반을 개선하는 것이 급선무이다.

최근 제4차 산업혁명 시대의 도래에 따라 초연결, 초실감, 지능화 등으로 대변되는 기술발전이 단편적인 관광서비스의 제공에 그치지 않고 타 산업과의 융복합을 통해 새로운 서비스의 창출로 나타나면서 관광산업의 범위도 확장되고 있다. 이제는 숙박업, 여행업 등 전통적인 관광산업 중심의 단편적인 관광기술 도입만으로는 한계가 있다. ICT가 관광산업 생태계의 중심이 되어 관련 부문을 연결시키고 서비스를 혁신하는 핵심적인 역할을 담당하도록 재편되어야 한다.

정부에서도 문화기술 R&D 기본계획을 수립하며 관광분야의 기술력 향상을 도모하고 있다. 세계경제포럼의 일자리의 미래(2016) 보고서에서는 4차 산업혁명으로 인해 총 710만 개의 일자리가 사라지고 신규 기술이 200만 개의 일자리를 새로 창출할 것으로 전망하고 있다. 관광산업은 고용 및 일자리 측면에서 기술자동화로 직무 대체가능성이 낮은 산업이라는 점에서 크게 주목받고 있다.

정부의 문화산업 분야에 대한 R&D 예산은 지난 2013~2017년간 총 3,553억 원이 투자되고 매년 증가하였다. 그렇지만 관광분야는 5년간 69억 원으로 전체의 1.9%에 그치고 있으며 투자액도 감소하고 있어 좀처럼 혁신적 성과를 기대하기 어려운 상황이다. 그간의 연구개발도 관광객 편의제고를 위한 정보제공, 사전체험 지원 등 서비스 R&D 추진에 그치고 있다. 우선 문화산업 분야의 콘텐츠, 저작권, 도서관, 스포츠에 비해 상대적으로 저조한 관광기술 분야 R&D 투자를 대폭 확대할 필요가 있다.

그리고 관광기술력을 개선하기 위해서는 사전에 관광분야의 서비스 경쟁력을 정확히 분석하고 관광기술력의 혁신을 통해 국내외 관광객의 만족도를 향상시키면서 산업의 부가가치도 극대화하는 입체적 추진노력이 필요하다. 선진국에 비해 여전히 뒤처져있는 관광기술력을 감안하여 관광산업의 서비스 R&D 역량을 제고하며, 사람 중심의 여행향유 및 행복증진 솔루션을 지속적으로 개발하고, 관광기술 확산을 위한 추진체계를 재정립하는 것이 필요하다.

첫째, 관광기술력 혁신의 궁극적 목표는 스마트(smart) 관광기반을 구축하여 관광객, 관광기업, 지자체 등이 최고 수준의 관광기술을 공유하며 서비스 만족도를 제고하는 데 초점을 두어야 한다. ICT를 기반으로 위치기반 실시간 맞춤형 서비스를 통해 내 · 외국인 관광객들에게 고품질 관광콘텐츠를 제공하며, 관광산업의 구조혁신을 통하여 고부가가치를 유발하는 범정부 차원의 '스마트 관광 육성계획'이 시행되어야 한다.

둘째, 스마트 관광은 관광객, 관광기업, 공공기관 등이 공동 협력을 통하여 오감체험 기술력을 증대하는 데 초점을 두어야 한다. 또 스마트 관광의 육성 시 여행 전, 여행 중, 여행 후의 단계별 접근이 요구된다. 여행 전에는 잠재적인 여행수요와 기대감을 창출하며, 여행 중에는 위치기반 정보서비스와 콘텐츠 체험기회를 제공하고 사고 및 혼잡에 따른 리스크를 관리해 주며, 여행 후에는 관광객의 리뷰 및 키워드 분석을 통하여 여행 프로세스 전반에 걸친 오감만족도를 끌어올려야 한다,

셋째, 관광기술 개발 시 향유할 계층을 명확히 선정하고 이들에게 맞춤형 관광서비스를 제공해야 한다. 최근의 관광트렌드가 단체관광에서 개별여행으로 전환됨에 따라 관광기술의 개발 역시 싱글투어 시대에 맞게 자기주도적 여행 프로그램을 지원하고 사용자경험(UX)을 향상시키는 데 초점을 두어야 하며 청소년, 장애인, 노인층, 여성 등 계층 맞춤형 서비스 기술도 중요하다.

끝으로, 관광기술력 향상을 위한 빅데이터 활용과 연구개발 및 생태계를 시급히 구축하여야 한다. 관광관련 정보를 폭넓게 보유하고 있는 한국관광공사나 지방공기업은 물론 연구개발 역량이 우수한 관광관련 연구기관들의 실질적인 참여가 필요하다. 여기에 민간부문의 관광 스타트업과 학계까지 가세하여 '스마트 관광기술 혁신포럼'을 구성하고 산학민관의 유기적인 협력을 모색할 때다.

■ 관광산업 혁신정책을 추진하자

우리 경제에서 제조업이 차지하는 고용의 비중이 2013년 19.8%에서 2017년 19%로 낮아지고 있고, 취업자의 증가율도 2018년 하반기 -9.5%에서 2019년 상반기는 -16.5%로 현저한 감소추세를 보이고 있는 상황에서 관광산업을 새로운 성장동력으로 삼고 돌파구를 찾아야 한다.

UN세계관광기구가 추산하는 전 세계 관광산업의 규모는 세계 GDP 및 고용 대비 10%를 차지하고 있고, 국제관광객 수도 2018년 14억 명에서 2030년까지 연평균 2.9%의 성장률을 바탕으로 18억 명에 달할 것으로 예측되고 있다. 이 때문에 선진국·개도국 누구 할 것 없이 관광산업을 육성하는 데 몰두하고 있다.

한국개발연구원(KDI)도 2019년 4월 '선진국형 서비스산업 발전 방향' 정책토론회를 통해 문화예술·관광 등 5개 분야의 서비스 산업을 발전시키면 경제성장률이 최고 3.6%로 상향 조정되고 일자리도 15만 개 정도 더 증가할 것이란 전망을 하고 있어 관광산업의 혁신과 고도화가 우리의 당면과제인 셈이다.

각국이 관광산업을 육성하기 위해 박차를 가하고 있지만 우리는 프랑스나 일본처럼 범정부적인 관광드라이브 정책을 대대적으로 추진하지 못하고 있다. 정부 부처마다 관광산업을 보는 태도가 다르기 때문이다. 그렇다고 관광산업을 맹목적으로 육성하자는 것은 아니다. 관광산업의 문제점을 제대로 분석하고 그에 맞는 솔루션을 찾아야 한다.

최근 방한 외래객 수는 2016년 1,724만 명에서 2018년 1,535만 명으로 감소한 상황이며, 반대로 해외여행객은 폭발적으로 증가하여 2018년에는 2,870만 명을 기록하였다. 이에 따라 관광수지 적자규모도 2014년 -14억 달러였던 것이 2018년에는 -132억 달러로 심화되고 있다. 국내관광의 이동총량은 2015년 4.1억 명에서 2017년 4.8억 명으로 증가했지만 최근 3년 동안 연평균 5.1% 수준의 증가에 그치고 있다.

또한 GDP 대비 관광산업의 비중은 2014년 5.0%에서 2018년 4.7%로 계속 감소하고 있으며, 관광산업의 고용기여도 역시 2015년 5.6%에서 2018년 5.2%로 낮아지고 있다. 관광산업의 취업유발계수는 18.9명으로 제조업(8.8명)의 두 배 수준이나 낮은 임금, 미스매치, 높은 이직 등으로 인하여 일자리 창출이 정체되어 있다. 관광사업체 중 매출액 10억 미만의 영세사업자가 전체 사업체의 86.1%를 차지하고 있으며, 업체당 평균 종사자 수도 2013년 12.3명에서 2017년 8.5명으로 감소하고 있다.

이러한 상황을 타개하기 위해서는 관광산업에 대한 범정부 차원의 지원책이 필요하다. 정부도 2019년 4월 대통령의 주재로 확대국가관광전략회의를 개최하여 '대한민국 관광 혁신전략'을 발표하였다. 그 전략의 핵심은 관광수요 확대와 제도적 기반조성을 통하여 관광산업을 혁신하고 지역을 혁신하며 콘텐츠를 혁신하는 등 '혁신'에 방점을 찍고 있다.

이제부터 관광산업에 대한 정부정책은 '자원개발' 위주의 재정집행에서 벗어나 '산업혁신'을 위한 생태계 조성으로 전환되어야 한다. 또 관광산업의 혁신을 위해서는 기존 7개 관광업종 중심의 정책에서 벗어나 타 산업과의 융합을 통하여 새로운 성장동력군을 발굴하고 관광R&D 사업에 지속적인 투자를 하는 것이 중요하다.

그리고 중장기적 관점에서 새롭게 부상하는 관광산업의 경제적 측면을 평화경제, 공유경제, 포용성장, 체험경제, 방문자 경제, 그리고 스마트경제로 재정립하여 관광산업의 고도화를 위한 혁신전략을 수립하고 성장기반을 마련해야 한다.

첫째, 북미 간 비핵화 협상의 진전에 따라 남북 간 관광교류 및 협력사업도 활발히 전개될 것으로 예상된다는 점에서 향후 관광산업이 평화경제(peace economy)의 핵심 역할을 담당해야 한다. 중단된 금강산 관광의 재개노력도 중요하지만 비무장지대의 관광인프라를 개선하여 전 세계인들이 평화를 염원하면서 자유롭게 여행하도록 해야 한다.

둘째, 세계관광이 가파르게 공유경제(sharing economy)로 전환되고 있는 추세를 감안하여 우리도 '관광공유경제' 기반을 확충해야 한다. 관광소비자들이 전통적인 관광상품에 얽매이지 않고 색다른 경험을 선호하고 있다는 점에서 한국형 숙박공유기업, 집밥공유 플랫폼, 주민 주도의 온라인 관광두레 시스템을 마련해야 한다.

셋째, 포용적 성장이 글로벌 대세라는 점에서 관광산업도 포용적 성장에 기여하는 방향을 모색해야 한다. 관광산업이 낙후된 지역의 소득증대에 기여하기 위해서는 지역주민들의 일자리 창출을 위한 중소기업형 관광 비즈니스 모델을 발굴하고 창업지원 및 전문인력 양성사업을 추진하여야 한다.

넷째, 한국의 독특한 문화콘텐츠에 기반을 둔 체험관광 기반을 지속적으로 확충해야 한다. 한국국제교류재단에 의하면, 2018년 현재 전세계에 약 9천만 명의 한류동호회원들이 한국의 문화관광 정보를 접하고 있다. 이들에게 음악, 음식 등 이른바 한류문화와 연계된 유튜브 관광(TourismTube) 콘텐츠를 지속적으로 제공하여 관광마케팅의 효과적 도구로 삼아야 한다.

다섯째, 방문자 경제 시스템을 보다 확고하게 정착시켜야 한다. 지자체마다 외국인 유치를 위하여 매년 막대한 투자와 유치홍보를 전개하고 있으나 80%에 가까운 외래객의 서울집중도를 해소하지 못하고 있다. 현재 49.6%에 그치고 있는 외국인의 지방방문 비율을 끌어올리기 위해서는 서울과 각 지방을 연계한 '서울&' 캠페인을 적극 전개해야 한다.

끝으로, 내 · 외국인들의 개별자유여행(FIT)의 증가에 따라 소규모 단위 여행이 편리할 수 있도록 ICT가 관광산업을 혁신하는 데 활용되어야 한다. 특히 관광객의 입장에서 교통수단별 스케줄, 스마트투어카드 시스템, 모바일 간편결제 시스템을 도입하고 관광객들이 집중되는 다중이용 장소에 첨단 5G 시스템과 와이파이 서비스를 확대해야 한다.

■ 공유경제 시대의 관광산업 혁신

2019년 4월 2일 확대국가관광전략회의에서 논의된 '대한민국 관광혁신 전략'을 보면 최근 관광산업의 핵심 트렌드인 평화경제, 체험경제, 공유경제, 스마트경제, 그리고 방문자 경제에 초점을 두고 범정부 차원에서 관광산업을 혁신할 태세이다.

그중 가장 주목할 만한 것은 공유경제 중심으로 관광산업을 빠르게 개편하겠다는 것이다. 그 주요 대책으로는 도시형 공유민박 시범사업을 도입하고, 공유서비스를 시범 적용하며, 관광콘텐츠 유통공유 플랫폼을 구축하겠다는 것이다. 우리의 경우에도 2016년 관광진흥법에 공유민박업을 도입하고 2017년에는 도시민박업으로 명칭을 변경하였으며, 2018년 말 현재 전국적으로 1,811개 업소가 지정되어 있다.

이 시점에서 공유경제에 더 관심을 기울여야 하는 이유는 여행소비자들이 예전과 달리 새롭고 색다른 관광경험을 선호하고 있으며, 변변한 관광시설과 인프라가 없는 지역의 경우에도 공유 플랫폼을 통하여 관광객을 끌어들일 수 있기 때문이다. 또한 관광산업에 대한 과잉투자의 문제점을 해결하기 위하여 기존 시설의 연계 · 공유 · 활용 방안도 가능하다.

이미 북미나 서유럽에서는 다양한 공유 플랫폼을 도입하여 수익을 창출하고 있다. 전 세계적으로 공유경제는 2013년 약 260억 달러 수준에서 2025년에는 3,350억 달러 규모로 급성장세를 보일 것이다. 그러나 우리나라의 경우 7개 업종 중심으로 관광산업을 그대로 유지한다면 P2P(peer to peer) 방식의 관광서비스를 전달하는 데 한계에 봉착할 수 있다.

2016년 OECD는 '관광동향과 정책보고서'를 통하여 관광공유경제(tourism sharing economy)라는 용어를 도입하며, 공유경제에 기반을 둔 새로운 기술과 비즈니스 방식은 사람들에게 숙박, 관광체험, 교통 등에 대한 새롭고 추가적인 선택지를 제공함으로써 관광산업의 지형을 변화시킬 것이라 예측하면서 관광정책 당국이나 사업자들의 적극적인 관심을 환기시킨 바 있다.

공유경제는 협력적 소비 또는 참여형 경제라고도 불린다. 이것은 관광관련 다양한 콘텐츠를 P2P 혹은 공유사용을 기반으로 서비스를 제공하는 시장을 말한다. OECD에 따르면, 어떤 도시를 방문하는 관광객들에게 집의 일부 혹은 전체를 빌려주거나 개인차량을 이용하여 P2P 방식의 서비스를 제공하고, 소비자에게 소유권 대신 회원권이나 일시적인 접근권한을 허용하는 것이다.

우리 관광산업이 공유경제로 전환되기 위해서는 전략적으로 대상분야를 선정할 필요가 있는데 숙박, 교통, 식사, 여행경험 등이 유망할 수 있다. 우선 숙박부문의 경우 에어비앤비(Airbnb)나 홈어웨이(Homeaway)와 같은 한국형 숙박공유기업을 육성할 필요가 있다. 정부가 도시형 공유민박 시범사업과 공유서비스를 추진하겠다고 밝힌 만큼 조기 추진을 통하여 전국적인 확산이 필요하다.

교통 분야의 경우, 선진국에서 활발히 운영 중인 우버(Uber), 리프트(Lyft)와 같은 공유사업체의 성격과 도입가능성을 적극 연구해야 한다. 얼마 전 사회적으로 큰 이슈가 되었던 택시업계와 승차공유 업계 간의 갈등을 감안할 때 외국관광객에 한정하여 차량공유사업을 검토할 단계이다. 또 서울 시내에 설치되어 있는 자전거의 경우에도 출퇴근 시간 외에는 외국인들이 쉽게 이용될 수 있도록 자전거공유(bike-sharing) 여행시스템을 재정비할 때다.

식사의 경우에도 공유사업이 가능하다. 집주인과 손님을 이어주는 집밥공유 플랫폼인 비즈잇(BizEat)과 집주인 셰프가 준비하는 저녁식사 파티를 연결해 주는 집밥공유 플랫폼인 이트윗(EatWith)도 좋은 사례이다. 우리에게 공유경제의 우수사례가 없는 것은 아니다. 서울시가 공유도시로 부상하기 위해 적극 육성했던 집밥(Zipbab) 프로젝트가 대표적인 예이다.

여기에 여행경험도 관광공유 비즈니스로 유망한 분야이다. 개별여행자들에게 관광경험을 제공하는 온라인 마켓인 바야블(Vayable)이나 개별여행자들과 현지인을 연결해 주는 온라인 플랫폼인 투어스바이로컬스(ToursByLocals) 사례는 우리의 경우 관광두레사업에도 적용될 수 있다. 관광두레사업의 지속가능성을 확보하기 위해서는 소비자와의 직접적인 온라인 연결고리를 갖추고 지역주민이 관광안내 및 서비스를 제공하도록 재정립될 필요가 있다.

끝으로 한국이 관광공유경제의 모델국가가 되기 위해서는 각종 규제요소들을 철저히 파악하여 플랫폼을 구축하는 동시에, 기존 관광사업체와의 협업시스템을 구축하여 강소형 P2P 기업들을 육성해야 한다. 또한 기존 관광사업체들에게 수익이 줄어들 수 있겠지만 그 반대로 포용성장의 관점에서 지역주민에게 혜택이 주어지고 소비자들의 만족도도 높아진다면 관광공유경제를 지속적으로 추진해야 한다.

참고자료 23

혁신성장 시대의 관광산업 육성전략

혁신성장이라는 용어가 정부 정책의 핵심 기조로 자리 잡았다. 캥거루 출발법이 대표적이다. 1896년 제1회 아테네올림픽 100m 달리기에서 5명의 선수 중 토마스 버크는 그 전에는 아무도 하지 않던 크라우칭 스타트, 일명 '캥거루 스타트'(Kangaroo Start)로 1위를 차지했다. 다시 말해 혁신성장은 기존의 관행이나 제도를 타파하고 새로운 혁신적인 방식을 도입하여 경제를 성장시키는 전략이다. 슘페터식 공급혁신 이론에 입각한 혁신성장론은 수요보다 공급분야에 규세개혁과 신산업 발굴을 통해 산업생태계를 일신하려는 것이다. 이 과정에서 정부의 역할은 각 경제주체들이 각자 하는 일에서 새롭게 시도해 혁신을 통한 성장이 성공할 수 있도록 지원하는 것이다.

정부도 2016년 11월 혁신성장 전략회의를 개최하고 혁신성장을 경제, 사회 전반에 걸쳐 범정부 차원에서 주신할 내세이다. 관광부문도 예외는 아니다. 이미 11월 3일 민관합동 관광관련 경제현안 간담회에서 경제부총리는 혁신 대상이 벤처 · 창업기업뿐만 아니라 농림 · 수산업 등 기존 산업과 문화 · 관광 등 전 분야에 걸쳐 추진하겠다고 표명한 바 있다.

이에 따라 향후의 관광정책도 혁신성장이 지속가능하게 추진되도록 관광산업의 혁신을 이끌어내는 근본적인 동력을 발굴하고, 또 혁신을 촉진하기 위한 강력한 지원체계를 구축하는 것이 중요하다. 가뜩이나 논란거리가 된 '관광패싱' 정책에 대한 우려를 불식시키기 위해서는 관광산업의 지속적인 성장을 위한 대책도 활발히 제시되어야 한다.

정부의 관광산업 경쟁력 강화 방침에 따라 문화체육관광부도 직제개편을 통하여 관광정책국 산하에 관광산업을 전담하는 관광산업정책관을 두고 관광분야 일자리 창출, 관광사업 창업지원 및 벤처육성, 웰니스 관광상품화 등을 추진하고 있다. 한국관광공사도 일자리창출팀을 신설하고 관광사업지원실을 확대 · 개편하면서 정부정책을 발 빠르게 뒷받침하고 있다.

그렇지만 관광산업의 혁신과제 도출을 위해서는 관광시장과 산업경쟁력, 관광산업의 경제적 기여도, 관광사업체의 운영실적 등에 심층적인 조사 · 분석이 선행되어야 한다. 해외여행소비액은 세계 7위로 올라설 정도로 규모가 커지고 있으나 인바운드는 중국시장 비중이 46.8%까지 올라가면서 의존도가 오르는 만큼 관광수용 태세도 왜곡되고 있다. 관광산업의 GDP 및 고용 비중도 세계 평균, 아태지역 평균에 거의 절반 수준에 그치고 있어 세계 관광산업의 트렌드와 동떨어져 있다. 2016년 12월 말 기준 관광사업체 수는 2만 7,696개이나 여행업이 60%를 차지하고 있고, 관광사업체 종사자 수는 2014년 23만 명에서 2016년 26만 명까지 늘어났으며, 관광사업체의 매출액도 2014년 22.5조 원에서 2016년에는 25.3조 원까지 신장되었다. 그렇지만 관광사업체의 총이용객 수나 관광사업체 1개소당 연간 평균매출액과 관광종사자 1인당 평균매출액은 감소추세에 있다. 이에 따라 관광시장의 다변화를 통하여 인바운드 경쟁력을 계속 키워야 하며, 외래객의 소비지출 확대를 위한 고부가가치형 관광 신산업을 발굴 · 육성해야 한다.

우선 관광산업 혁신비전을 세우고 실천계획을 수립하여 조기에 추진되어야 한다. 글로벌 무한경쟁 시대에 큰 성과를 내기 위해서는 정부의 강력한 의지가 담긴 계획이나 프로모션 캠페인을 적극 전개하고 나아가 경쟁우위의 관광콘텐츠 창출이 필요하다. 일본의 관광대국화를 이끌고 있는 '관광입국플랜', 말레이시아 정부가 관광객 유치를 위해 강력히 추진했던 'Malaysia, Truly Asia' 캠페인, 카지노 금지를 과감히 포기한 싱가포르의 복합리조트 등은 대표적인 혁신성장의 사례이다. 우리의 관광정책도 좀 더 과감해야 한다. 고부가 관광서비스의 혁신을 통하여 관광시장을 지속적으로 확장하고 관광일자리의 창출로 이어지는 선순환을 확보하기 위해서는 관광산업의 체질을 개선하고 국제경쟁력을 더 끌어올려야 한다. 정부가 선정한 크루즈관광, 의료관광, MICE, 쇼핑관광 등 고부가 혁신산업군(群)을 계속 육성하기 위해서는 정부의 관광시장 개척이 더 활발해야 한다. 기존의 정책사업들을 답습하거나 일부만 개선해서 시행하는 것으로는 부족하다.

4차 산업혁명 시대에 부응한 관광산업 생태계를 조성하기 위하여 스마트 관광기술을 개발하고 공공데이터 개방을 통하여 관광 R&D를 더욱 강화해야 하며, 관광스타트업(관광벤처)을 집중 육성하고 여전히 전자상거래 기반이 미흡한 관광사업체 대상 온라인 플랫폼을 구축할 수 있도록 '관광산업펀드'를 조성하는 것이 중요하다. 그리고 서울, 제주, 부산에 집중된 외래관광객을 전국으로 분산하기 위하여 비수도권 도시 중 관광인프라가 잘 구축된 2선 도시들을 국제관광 거점도시로 선정 · 육성하는 방안도 검토할 만하다. 그 무엇보다 관광산업 혁신성장을 위해서는 관광법제를 획기적으로 정비해야 한다(출처: 교통신문, 2017. 12. 21; 註: 문맥 유지를 위해 최신 데이터로 수정하지 않음).

참고자료 24

온-디맨드 시대의 관광서비스 혁신

요즘 관광 산업계에 '온-디맨드(On-Demand)'가 새로운 화두로 떠오르고 있다. '온-디맨드'란 각종 서비스와 재화가 모바일 네트워크 혹은 온라인 장터를 통해 수요자가 원하는 형태로 제공되는 주문형 경제시스템을 말한다. 카카오택시가 대표적이다.

공급자에서 소비자에게로 경제 중심의 축이 옮겨간다는 이 패러다임은 일상의 패턴들이 모바일로 기록되는 시대를 맞이하면서 주목되고 있다. 관광부문에서도 비중이 커져가고 있는 개별자유여행(FIT)의 증가 추세와 맞물려 비중있게 다뤄지고 있다.

먼저 온-디맨드 경제가 활성화된 미국의 경우 공유경제 분야 중 엔터테인먼트와 미디어 분야의 이용률이 9%까지 상승돼 있으며, 자동차와 운송이 8%, 그리고 숙박 · 외식 · 여행분야가 6%를 차지하고 있다. 가장 대표적인 업체가 에어비앤비(Airbnb)로 공유경제와 온-디맨드를 융합한 숙박공유 서비스업체들이다.

국내의 경우에도 온-디맨드 중계서비스가 예약앱, 숙박앱, 배달앱, 택시앱, 투어앱 등으로 점차 분화되고 있다. 하나투어가 출시한 '나만의 자유여행만들기' 앱은 항공과 호텔을 가격대별로 한눈에 확인할 수 있고 손쉽게 예약하도록 하는 서비스이다. 최근 출시된 '짐좀에어'는 공항과 숙소 간 여행 짐을 정확한 시간에 안전하게 옮겨주는 온라인 기반 딜리버리(delivery) 서비스이다.

또한 자동차와 여행 콘텐츠를 결합한 '카썸'과 맛집, 관광명소, 드라이브 코스, 나홀로 여행, 숙박 서비스를 제공하는 카카오의 '트래블라인'도 또 다른 사례이다. 특히 트래블라인은 카카오스토리, 인스타그램 등 소셜네트워킹서비스(SNS)에서 이용자들이 남기는 여행 기록을 분석해 인기 여행정보를 제공해 주고 있다.

따라서 온-디맨드형 관광서비스는 실시간에 가까운 데이터 분석을 기반으로 정보를 갱신해 이용자가 일일이 검색해야 하는 불편을 줄이고 신뢰도 높은 최신 정보를 한 눈에 보여주는 것이 강점이다.

최근 한국방문위원회가 출시한 K트래블버스도 시의적절한 시도라 할 수 있다. '2016~2018 한국 방문의 해'를 맞아 서울을 출발하여 대한민국의 각 지방 명소를 1박 2일로 돌아볼 수 있는 FIT 대상 대표적인 버스여행상품이며, 편리한 교통과 숙박, 통역까지 한 번에 해결되는 이점이 있다. 다음 달 출시되는 '전북투어패스'도 국내외 관광객들이 한 장의 카드로 전북 도내의 관광지, 주차장, 맛집, 숙박시설, 공연 등을 자유롭게 이용할 수 있다는 점에서 환영할 만하다.

우리가 온-디맨드형 관광서비스 시스템을 시급히 구축해야 하는 이유는 저가항공 확대, 모바일 플랫폼 구축과 모바일 여행사(MTA)의 영향력 강화에 신속하게 대응하기 위해서이다. 관광상품의 구매 트렌드가 1세대는 불과 10여 년 전까지 여행사의 오프라인 '패키지'를 중심으로 이루어졌다면, 2세대는 2000년대 온라인 채널의 급성장에 따라 '온라인+FIT'의 형태로 나타났으며, 2010년대에는 모바일 플랫의 등장과 저가항공(LCC)의 공급확대 및 이로 인한 가격 합리화 등을 배경으로 '모바일+FIT'가 3세대형 트렌드로 자리잡고 있기 때문이다.

외국인 자유여행객들의 상품구매에 있어서도 여행업계보다는 온라인여행사(OTA) 및 메타서치를 기반으로 한 기업들이 막강한 영향력을 행사하고 있어 관광기업들의 필승전략은 고객이 원하는 콘텐츠를 얼마나 확보하고 또 신속하게 어필하느냐에 달려 있다. 그러므로 하나로 묶인 패키지 상품의 구매보다 파편화되는 구매패턴에 대응하여 항공, 호텔, 여행패스, 일일투어 등을 실시간으로 예약과 결제가 가능한 FIT 비즈니스 시스템을 구축하는 것이 필수이다.

관광은 교통, 숙박 등 다양한 O2O서비스와 결합해 시너지를 낼 수 있는 대표적인 분야이다. 인천발전연구원의 조사에 의하면, 중국인 아웃바운드 FIT의 82%는 인터넷을 통해 상품을 주문 및 결제를 하고 있다. 중국인 FIT의 60%는 항공권과 숙박권 외에 공항픽업 서비스, 택시, 입장권, 일일투어 등을 구매하고 있다. 이에 따라 인바운드 관광의 지속가능한 성장을 위해서는 증가하고 있는 FIT의 니즈를 정확히 파악하고 시장의 규모를 키워 나가는 것이 중요하다.

정부 차원에서도 점점 더 개인화 · 고도화되고 있는 FIT의 눈높이에 부합되도록 관광산업 구조를 혁신시키려는 노력이 뒤따라야 한다. 물고기를 잡기 위해 미끼만 던지지 말고, 그물을 촘촘하게 짜야 한다. 특히 공공부문의 손길이 미치지 못하는 분야에 외국인 FIT의 여행을 편리하게 만드는 관광 스타트업(startup)을 지속적으로 육성해야 한다.

필요하면 관광진흥법 상 불법으로 간주되는 이들 사업에 대한 양성화 조치도 검토해야 한다. 문화체육관광부 및 관광공사를 중심으로 이뤄지고 있는 창조관광사업의 육성뿐만 아니라 최근 서울시와 제주도를 중심으로 추진되고 있는 테마형 관광 스타트업 육성을 전국적으로 확대할 필요가 있다(출처: 교통신문, 2016. 7. 21; 註: 문맥 유지를 위해 최신 데이터로 수정하지 않음).

제5편

포용적 관광성장과 일자리 창출

구성과 주요 내용

제5편에서는 그동안 관광사업에서 소외되어 왔던 계층과 함께 주민주도형 관광사업 육성을 모색하기 위하여 "포용적 관광성장과 일자리 창출"이라는 제목으로 '모두를 위한 포용관광을 추진하자'와 '관광두레형 주민주도 관광기업을 육성하자'는 주제로 엮었다.

09

"모두를 위한 포용관광을 추진하자"에서는 최근 '사람'이 강조되고 '모두를 위한 관광(tourism for all)'의 트렌드가 확산되고, 관광일자리 창출을 통한 사회경제적 배려가 중요한 이슈가 되고 있어 '사람 중심적 관광정책', '포용적 관광성장 정책', '주민포용적 관광정책', '무장애 관광 종합대책'과 함께 '미래형 관광 일자리 창출'과 '관광벤처기업 육성'을 논의하였다. 이 글들은 필자의 각종 기고문 중 일부를 선정하여 수정 · 보완되었으며, 이 밖에 신문에 기고한 칼럼 중 '관광산업, 양질의 일자리 창출에 매진해야', '관광스타트업 열풍을 조성하자'를 참고자료로 엮었다.

10

"관광두레형 주민주도 관광기업을 육성하자"에서는 2010년대 초반부터 관광사업에 주민의 참여를 정책적으로 포함할 수 있는 방안을 모색하면서 2013년 등장한 관광두레사업의 추진에 적극적으로 참여하는 계기가 주어지면서 작성했던 글을 중심으로 논의하였다. 필자의 주된 관심은 '주민주도', '사업의 고도화 및 명품화', '수익화', '주민체감형'에 초점을 두었으며, 이와 관련하여 신문 칼럼으로 엮었다. 주요 내용은 관광두레사업에 있어서 주민의 적극적인 참여를 위하여 관광시스템의 과감한 전환을 모색하며, 관광두레를 세계적 관광사업 모델로 육성하기 위하여 고도화 및 명품화를 모색하며, 주민들에게 실질적인 일자리 및 소득증대 효과가 나타날 수 있는 방안을 모색하는 것이다.

09

모두를 위한 포용관광을 추진하자

■ '사람' 중심적 관광정책의 추진 방향

문재인 정부로 들어와 '사람'이란 단어가 유난히 강조되고 있다. 그동안 흔하게 쓰던 대한민국, 국가, 국민이라는 경직된 용어보다 개인, 공동체, 사회라는 용어가 더 살갑게 다가오고 있다. 정부 각 부처들도 '사람 중심의' 또는 '사람이 있는'이라는 문구가 들어간 정책방향을 설정하고 있다. 물론 문화 및 관광정책 분야도 예외는 아니다.

2017년 12월 도종환 문화체육관광부장관은 '문화비전 2030'의 기조를 발표하면서 '사람이 있는 문화'를 강조하고 문화, 예술, 관광, 체육 등의 분야를 포괄할 수 있는 정책의제로 개인의 창작 및 향유권리 확대, 문화다양성의 보호와 확산, 문화를 통한 창의적 사회혁신 등 8대 과제를 제시하였다. 이후 문화체육관광부는 새문화정책준비단을 발족시켜 '사람이 있는 문화'의 가치, 방향, 그리고 의제를 폭넓게 도출하고 있다.

최근 문화정책이 정치적 입김에 의해 좌지우지돼서는 안 될 것임을 국민 모두 뼈저리게 느꼈을 것이다. 소위 문화계에 대한 광범위한 블랙리스트가 작성되면서 우리의 문화는 자율성이 침해됐으며 다양성이 제약받았고 창의성도 억눌리는 결과를 초래했다. 따라서 사람들이 중심을 잡고 살아갈 수 있도록 지원하고, 동시에 사람을 중심에 두고 정책을 추진해야 한다는 당위성이 생성됐다.

사람 중심적 정책을 논의할 때 거론되는 대표적인 사례는 과도한 근로시간이다. 2017년 우리의 근로시간은 2,069시간으로 OECD 내 꼴찌 순위를 멕시코(2,255시간)에게 넘겨주었지만 여전히 세계 최고의 노동과잉 사회에서 벗어나지 못하고 있다. 그로 인해 소득과 복지, 여가가 조화를 이루는 행복지수는 물론 건강과 사회관계를 반영한 웰빙지수도 계속 하락되고 있는 상황이다. 이쯤 되면 국민들의 행복과 웰빙은 안중에도 없다고 비난받을 수 있다.

2019년에 발표된 통계청의 사회조사 결과를 보면, 일과 삶의 균형(워라밸)을 우선시하는 사람들이 일을 우선시한다는 사람보다 처음으로 더 많아졌다. 일을 우선시한다는 응답의 비중은 2017년 43.1%보다 1% 포인트 낮아진 42.1%이며, 가정을 우선시한다는 응답의 비중도 2017년 13.9%보다 0.2% 포인트 줄었다. 반면, 둘 다 비슷하다는 답변의 비중은 44.2%로 2017년보다 1.3% 포인트 올라갔다.

일과 삶의 균형(워라밸)에 대한 국민의식 변화

(단위: %)

구분	2017	2019
일을 우선시한다	43.1	42.1
일과 삶의 균형을 우선시한다	42.9	44.2
가정을 우선시한다	13.9	13.7

자료: 통계청(2019), 2019 사회조사.

2017년 12월 18일 국무총리 주재로 열린 제1차 국가관광전략회의에서 발표된 관광진흥기본계획은 '쉼표가 있는 삶, 사람이 있는 관광'을 비전으로 삼았다. 관광정책의 이해 당사자 중 사람을 기업, 지역, 타국보다 더 높은 반열에 두고 있다. 특히 생애주기별 · 계층별 관광지원, 휴가활성화 및 여행자 보호를 통하여 '여행이 있는 일상'을 지원하는 데 최우선적 가치를 부여하고 있다.

이러한 사람 중심의 관광정책이 효과를 거두기 위해서는 여가, 휴가에 대한 재인식과 더불어 일과 삶의 균형(work and life balance)을 도모하려는 일명 '워라밸' 문화가 더욱 확산돼야 한다. 저녁이 있는 삶을 보장하는 데 그쳐서는 안 된다. 국민들이 열심히 일한 만큼 쉬면서 재충전하고 휴가여행을 적극 누릴 수 있는 여유(餘裕)사회로 전환돼야 한다.

또한 수요자 지향적 관광시장 질서를 정립하기 위해서는 불공정 거래현상을 과감히 개선하지 않으면 안 된다. 여전히 만연된 바가지요금이나 외국인들에게 강요하는 쇼핑행태 등은 품질로 승부하기보다는 비용을 부당하게 전가시키는 우리의 부끄러운 자화상이다.

정부는 중장기 문화비전 수립을 위해 2017년 미래관광포럼과 열린 관광 토론회를 통하여 각 분야의 전문가와 관광업계 실무자들의 의견을 수렴하였으며, 지역과 시민사회의 목소리에 귀를 기울이고 있다. 2018년에 발표된 관광진흥기본계획이 5개년 계획이라면 '문화비전 2030'에 반영된 사람 중심의 관광정책은 좀 더 장기적이고 근본적인 사회혁신까지도 염두에 두었어야 했다.

이에 따라 중장기 관광정책의 핵심 가치를 개인 차원의 자율성, 공동체 차원의 다양성, 그리고 사회 차원의 창의성을 증진하는 데 두어야 한다. 첫째, 관광에 있어서 자율성을 보장하기 위해서는 모든 사람들이 휴가권, 여행권을 누리면서 행복을 누릴 수 있도록 제도적인 조치를 강구하여야 한다. 특히 자기주도적 학습여행 또는 인문학 여행 프로그램 개발을 지원한다든가 개별자유여행(FIT)이 충실하도록 스마트 관광시스템을 구축하는 것도 중요하다.

둘째, 다양성을 확보하기 위해서는 우리 사회 내 소수자에 대한 배려와 그들의 문화를 보호하기 위한 노력이 뒤따라야 하다. 특히 장애인뿐만 아니라 다문화가족, 고령자 등도 불편없이 여행에 동참할 수 있도록 무장애 프로그램을 확대해야 한다. 반대로 오버투어리즘(over tourism)으로부터 지역주민의 일상생활을 보호할 수 있도록 책임여행 실천제도를 강화하며, 관광거래의 부조리를 해소할 수 있는 공정관광 혁신센터를 설립 · 운영하는 것도 고려해 볼 만하다.

끝으로, 창의성을 증진하기 위해서는 관광산업이 문화, 체육, 기술, 과학 등과 융합을 통하여 미래 사회발전의 토양 역할을 수행하도록 하며, 향후 지역 및 도시재생 과정에서 있어서 주민주도형 관광사업 모델을 개발하고 지원사업을 추진할 필요가 있다.

■ 포용적 관광성장 정책을 추진하자

'포용적 성장'이 대세이다. 요즘 세계은행, OECD, APEC은 물론 세계경제포럼, 다보스포럼 등 국제기구들의 경우 포용적 성장을 빼놓고 회의 주제를 정하지 못할 정도이다. 국내에서도 문재인 정부가 혁신성장과 소득주도성장의 두 가지 수레바퀴로 경제운용을 시도했으나 2019년부터는 포용적 성장으로 가닥을 잡아 국정 전반으로 확산시키고 있는 상황이다.

'포용적 성장(inclusive growth)'은 본래 누구를 배제함이 없이 모든 계층을 포함해 복지수준을 골고루 나눠 불평등을 해소하기 위한 정책이다. OECD는 기존의 경제성장 중심에서 벗어나 사회구성원의 삶의 질 향상, 사회의 다양한 불평등 문제 해소, 그리고 계층 간 형평성 있는 분배 등을 추구하는 복합적 개념으로 규정하고 있다.

얼핏 보면 분배와 복지에 초점을 두고 있는 것처럼 보이지만, 소득과 경제적 불평등을 방치할 경우 그것이 장기적으로 성장을 약화시킨다는 점에서 포용적 성장을 강화한다는 것은 본질적으로 친(親)성장 전략인 것이다. 우리 사회가 추구하는 '사람과 지역 중심'의 사고방식 역시 포용적 성장의 핵심적 정책기조인 셈이다. 관광은 지역의 초(超)고령화 현상, 지역소멸의 위기를 타개하고 포용적 성장을 달성할 수 있는 유효적절한 수단으로 인식되고 있다.

국민관광 이동총량을 보더라도 전체 관광의 82.3%가 대도시가 아닌 도(道) 지역에 집중돼 있고, 또한 수도권이 아닌 지방에 78.3%가 집중돼 있어 정책추진의 명분도 크다. 외래관광객의 경우 서울집중도가 78%로 높으나 점차 감소하고 있으며, 반대로 각 지방의 방문비율이 꾸준히 증가되고 있다. 따라서 지역관광 부문을 잘 정비하고 육성할 경우 지역 간 균형발전에도 크게 기여할 수 있다.

관광부문에 있어서 포용적 성장이 주목받고 있는 것은 그동안의 관광성장이 돈 있는 도시 소비자들, 외국 관광객들, 외지 자본가들에 초점을 두다보니 여행취약 계층, 농어촌 지역주민들을 제대로 배려하지 못했기 때문이다. 장애인, 노약자, 어린이 등의 여행 소외계층을 충분히 지원하지 못함에 따라 관광을 통한 사회통합을 도모하지 못했다. 또 지역주민이 관광사업에서 배제되다 보니 삶의 터전은 내주고 적당한 일자리도 얻지 못하는 상황이었다.

그렇다고 국내 관광부문에서 모범사례가 없는 것은 아니다. 정부가 추진하고 있는 열린 관광지 사업과 관광두레사업이 대표적이다. 특히 후자는 지역(of)의 자원과 콘텐츠를 바탕으로 주민의 주도(by)에 의하여 지역사회 경제(for)를 위한 자생적 관광사업으로 큰 성과를 내고 있으며, 지난해 세계관광기구가 포용적 관광지의 대표적인 모델로 선정한 바 있다.

주목할 점은 관광관련 국제기구들이 관광을 통한 포용적 성장의 핵심적 이슈로 지역주민을 위한 좋은 일자리 창출, 관광취약계층에 대한 배려, 이해 당사자 간 파트너십 구축, 관광일자리에 있어서 성평등 개선, 낙후지역 개발을 위한 지식공유 확대, 중소기업형 관광사업체 육성에 관심을 더 두고 있는 것이다. 2018년 서울에서 열린 UNWTO 세계도시관광총회에서는 관광을 통한 도시재생과 '모두를 위한 도시' 조성을 위해 공정하면서도 포용 가능한 관광이 제안되기도 했다.

이 시점에서 우리는 포용적 성장과 관광을 별개로 파악하기보다는 한 몸으로 일체화된 '포용적 관광성장'으로 통합해 다각적인 정책을 추진해야 한다. 무엇보다 해당 지역의 관광 수용력을 초과하는 오버투어리즘의 사례가 빈번하게 나타나고 있듯이, 관광객 유치 일변도의 균형감각을 잃은 관광마케팅에서 벗어나 관광객과 지역주민이 상호 긴밀한 상호작용을 하면서 경험을 공유할 수 있도록 지속가능한 관광관리 시스템을 만들어 가야 한다.

또 포용적 관광성장이 성공을 거두기 위해서는 지역주민들에게 괜찮은 일자리를 제공하는 데 최우선적 관심을 두어야 한다. 지역주민들이 주도적으로 관광사업을 꾸려나갈 수 있도록 지역마다 사회적기업이나 중소기업형 사업체를 적극 설립할 수 있도록 지원을 해야 한다.

2019년부터 정부가 의욕적으로 추진하고 있는 지역관광지원센터 구축사업도 지역주도의 관광혁신 거점을 구축하고 주민관광기업 육성, 창업지원 및 전문인력 양성 교육을 담당한다는 점에서 포용적 관광성장을 활성화시키는 기폭제 구실을 할 것으로 기대된다.

앞으로 포용적 관광성장을 추진하는 데 있어서 할 일도 많다. 포용적 성장에 대한 관광부문의 이해도가 낮다는 점에서 이를 주제로 한

왕성한 토론과 학습이 선행돼야 한다. 기존에 추진돼 온 포용적 관광 성장과 관련된 우수사례를 적극 발굴해 '포용'이 새로운 관광경쟁력의 기반임을 주지시켜야 한다. 관광경쟁력이 현저히 낮은 취약지역의 경우에는 정부가 찾아가는 컨설팅 사업을 적극 전개해 전 국토가 균형되고 지속가능하게 발전하길 기대한다.

■ 주민포용적 관광정책의 과제

문재인 정부는 '지역이 강한 나라, 균형잡힌 대한민국'을 비전으로 지역주도 자립적 성장기반 마련을 위한 구체화를 모색하고 있다. 핵심 기조는 지방분권, 혁신성장, 포용적 성장이며, 이를 통해 지역발전 정책을 추진하고 있다. 그동안 경제정책의 초점이 '경제와 기업 중심'이었으나 '사람과 지역 중심'의 포용적 성장정책이 강화됨에 따라 관광정책도 변화를 모색할 때이다.

관광시스템이 종전 '영리성' 중심에서 '지속가능성' 중심으로 전환됨에 따라 지역주민의 참여가 전제되는 지역관광정책의 추진이 필요하다. 포용적 성장이 경제성장의 효과가 지역에 파급되도록 유도한다는 점에서 관광정책도 '관주도'에서 벗어나 '지역주민 포용'에 초점을 두고 '다 함께 열어 가는 지역관광'을 슬로건으로 삼아야 한다.

관광행태의 대상이 전통적인 산과 물 등 경관감상 중심에서 삶의 현상으로 이동함에 따라 관광자원 확충을 위해서는 신규 시설 · 자원의 도입보다는 지역주민의 다양한 생활문화자원과 역사문화 콘텐츠를 활용한 주민의 관광사업 참여지원을 통하여 지역의 관광경쟁력을 확보할 필요가 있다.

전국 대부분의 기초 지자체의 경우 관광정책의 핵심사업이 관광인프라 구축, 관광마케팅 추진, 관광지원조직 운영 등 하드웨어 구축 및 관광 마케팅 사업에 초점을 두고 있으나 생활자원을 관광콘텐츠로 육성하거나 주민역량 강화는 상대적으로 부족한 상황이다.

이에 따라 지역관광을 혁신하기 위해서는 주민 포용을 기조로 하여 '주민의' 생활문화 콘텐츠를 지속 발굴하고 '주민에 의한' 관광사업을 추진하여 '주민을 위한' 행복과 삶의 질 향상정책에 초점을 둘 필요가 있다.

2019년부터 추진 중인 문화체육관광부의 생활관광 활성화 공모사업은 새롭게 변화하는 여행트렌드와 소비자 유형을 고려하여 그 지역만의 독특한 생활양식과 스토리를 발굴할 수 있도록 지원하며, 사업유형은 '현지 나들이형(반나절~하루)'과 '현지 살아보기형(7일 이상)'으로 구분하고 있다.

정부의 생활관광 활성화 사업에 관련하여 신규 시설의 추가 도입보다는 지역주민의 '삶의 현장'을 신규 관광 콘텐츠로 활용함으로써 생활체험관광의 모델(1주일 살기)로 육성할 필요가 있다. 예를 들어 전북 완주의 경우 기존 관광객 유치 핵심 자원은 대둔산, 모악산, 대아수목원, 고산자연휴양림 등 산악형이 핵심적 역할(2015년 86.1% → 2018년 83.3%)을 하였으나, 생활콘텐츠의 관광자원화 추세에도 불구하고 지역주민의 삶의 모습을 콘텐츠화하는 데 미흡하였다.

향후 관광콘텐츠 발굴 시 '산과 숲'의 힐링자원 못지않게 들판(논과 밭)에서 일궈 왔던 전원형 생활문화의 소재를 체계적으로 콘텐츠화하여 '일상의 관광화' 트렌드에 적극 대응할 필요가 있다. 특히 우리나라의 풍부한 농촌생활문화와 아름다운 삶의 터전을 바탕으로 농가민박, 관광농원, 교육농장, 6차 산업, 로컬푸드, 체험휴양마을의 육성에 역점을 두어야 한다. 각 지역에서 경제적으로 추진하고 있는 경 · 품 · 미 · 촌의 콘텐츠도 역시 개별적으로 관광자원화하기보다는 상호 연계시켜

관광상품화와 관광코스화를 모색하여야 한다.

경 · 품 · 미 · 촌 콘텐츠의 관광활용방안

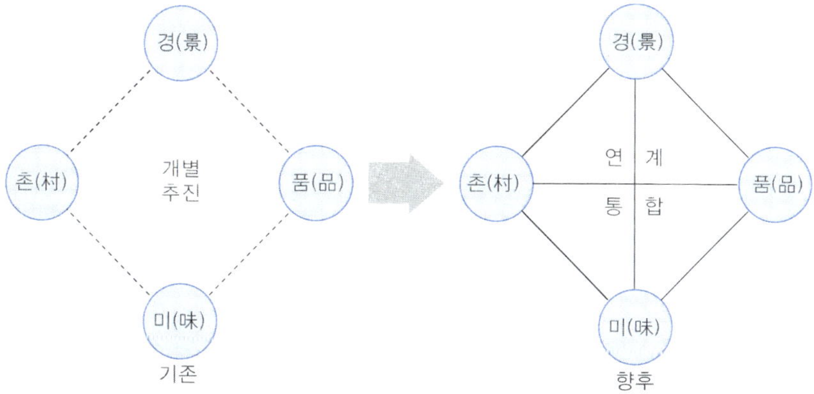

그리고 지역관광 추진주체 역량강화 사업의 일환으로 숙박, 음식점, 관광형 마을 운영자 및 종사자에 대한 실무교육을 추진 중에 있으나 민관협력형 관광진흥사업은 상대적으로 미진한 상황이다. 관광 및 관련 사업자, 관광관련 단체, 주민 등이 이해 당사자가 고루 참여하는 '지역관광협의회'를 공동으로 구성하여 운영하는 방안을 강구해야 한다.

관광진흥법 제49조9에는 지역관광협의회의 기능을 지역의 관광수용태세 개선, 지역관광홍보 및 마케팅 지원, 관광사업자 및 관련 단체 지원, 수익사업 및 위탁업무 등을 담당토록 하고 있으나 제대로 실천하는 지자체들이 별로 없는 것이 현실이다.

또한 주민포용형 관광사업을 추진하기 위해서는 다문화가정, 귀촌자, 청년 예술가 등 소수 계층에 대한 배려를 통하여 화합을 바탕으로 한 지속가능한 관광생태계를 조성하여야 한다. 예를 들어 다문화 이주여성을 활용한 한상차림 식당을 운영하는 '여수1923'의 창업과 구례지역 예술인들이 중심이 되어 방문객을 위한 '토요 오픈스튜디오' 창업을 참고할 필요가 있다.

주민주도적 포용관광을 추진하기 위해서는 정부의 컨설팅 지원을 신청할 필요가 있다. 문화체육관광부와 한국관광공사의 지역관광 경쟁력 진단사업은 지속가능한 관광경쟁력의 선순환 체계를 유도하기 위하여 지역별 관광정책, 관광자원집적, 포용적 성장, 관광성과, 관광 수요촉진 총 5개 분야를 대상으로 진단을 실시하고 있으며, 2018년에는 전체 시군구 243개를 대상으로 실시하였다.

대부분의 지자체들이 '관광자원 집적'과 '관광성과'는 우수하지만 '관광정책', '관광포용성' 등의 경쟁력이 미약하다는 점에서 정부지원 관광경쟁력 심화 컨설팅 후 획기적 개선방안을 강구하여야 한다.

'지역주민의' 관광사업은 지역주민의 생활문화를 관광콘텐츠로 육성하는데 초점을 두는 것이며, '지역주민에 의한' 사업은 주민이 관광사업에 적극 참여할 수 있는 기반을 제공하는 것이다. 그리고 '지역주민을 위한' 사업은 관광사업의 결과가 해당 지역주민의 일자리 확충과 삶의 질 향상에 두어야 한다. 이럴 경우 주민주도형 포용관광의 성공 모델이 창출될 수 있다.

주민주도형 포용관광 모델

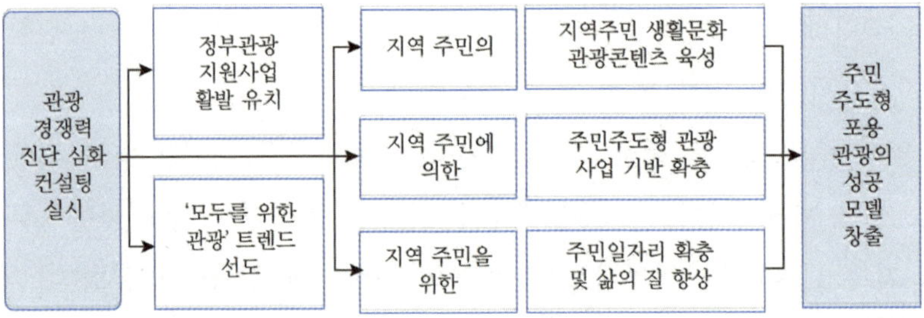

자료: 장병권(2019. 8. 27), 완주관광정책, 이제 주민을 포용할 때다. 완주관광포럼 자료집.

■ 무장애 관광 종합대책을 조기 추진하자

2018년 전주에서 지역관광 활성화 포럼이 개최됐을 때 발표자로 장애인을 모신 적이 있다. 그에게 서울서 전주에 오면서 불편함이 없었는지를 묻자 '그리 큰 어려움은 없었다'고 말했다. 장애인들이 여행을 하는데 불편함이 없지 않겠지만 그 불편함의 정도를 최소화시켜주기 위한 사회적 관심과 배려가 계속돼야 한다.

우리나라의 경우 2016년 현재 전체 인구의 4%에 해당하는 251만 명이 장애인으로 등록돼 있다. 2018년의 경우에는 259만 명으로 늘어났다. 매년 수만 명씩 증가하고 있다. 그런데 최근 고령화가 급속도로 진행되면서 고령인구와 장애인구의 경계가 모호해지고 있는 상황임을 감안할 때 그 범위를 좀 더 넓혀야 하지 않을까 생각된다. 독일의 경우 전체인구의 10%를 관광장애인, 그리고 30%를 관광약자로 분류하고 있음에 주목하자.

따라서 무장애(barrier-free) 관광에 대한 정의도 새롭게 시도할 필요가 있다. 당초 무장애 관광은 이동, 시각, 청각 등의 결핍으로 여행상품과 서비스 환경에 접근할 능력이 부족한 사람들을 위해 유니버설 디자인을 통해 여행상품, 서비스 환경을 제공하는 조치로 인식됐으나 최근에는 이들 장애인뿐만 아니라 고령층, 임산부, 영유아 등의 관광약자, 관광취약 계층까지도 포함되고 있는 추세이다.

국제적으로 무장애 관광에 대한 논의는 2000년대 이전부터 제기되어 왔지만 대부분 선언적인 수준에 그쳤다. 우리나라의 경우에도 관광약자에 대한 정책적 배려대상으로 한때는 장애인에 초점을 두었으나 어떤 정권에서는 저소득층으로 국한하기도 했고, 또한 그러한 복지 관광정책이 정권의 입맛에 따라 시행 또는 중단되기도 했다.

다행히 무장애 관광에 대한 정책적 노력은 2014년 관광진흥법을 개정하고 이후 장애인 차별금지 법령에서 관광활동의 차별금지에 대한 각종 시책을 강구토록 규정하게 되면서 전환점을 맞게 됐다. 그 대표적인 사업이 2015년부터 시작된 '열린관광지' 조성이다.

그러나 본격적인 무장애 관광정책은 '사람을 우선하는' 문재인 정부에서 크게 중시되고 재정지원도 확대되고 있다. 정부의 100대 국정과제에서는 국민이 편안하게 여행할 수 있는 여건을 조성할 것임을 천명한 바 있다. 2017년 12월 개최된 제1차 국가관광전략회의에서는 국민 누구나 쉽게 여행을 떠날 수 있도록 생애주기별, 계층별 관광지원을 강화하고 열린관광지의 추가 조성과 동시에 나눔 관광의 확대를 발표한 바 있다.

2019년 정부는 열린관광지 조성, 무장애여행 코스 추천, 무장애 관광환경 조성계획 수립, 온라인 및 모바일 서비스 고도화 등 다각적인 사업추진을 발표했다. 서울, 강원, 전북, 제주 등 지자체들도 관광약자를 위한 관광환경 조성, 관광활동 지원의 근거인 조례를 마련했다. 그럼에도 산업계와 일반 국민들의 인식은 아직 개선할 여지가 많다는 점에서 이쯤에서 무장애 관광정책 추진현황을 점검하고 대책을 강구할 때다.

우선 정부 차원에서 무장애 관광에 대한 종합적인 대책을 강구하고 체계적으로 추진해야 한다. 무장애 관광이 단순히 장애인에 국한하거나 일부 관광취약계층을 위한 단편적인 시도에 그쳐서는 안 되며, 국민들의 생애주기별 맞춤형 관광서비스를 증진하는 데 초점을 두어야 한다. 그리고 궁극적으로는 '모두를 위한 관광'이 조기에 완결될 수 있도록 해야 한다. 이에 따라 무장애 관광에 대한 범정부 차원의 대책, 즉 '무장애 관광한국(Barrier-free Tourism Korea)' 구상도 추후 국가관광전략회의 개최 시 핵심 의제로 삼아야 한다.

둘째, 무장애 관광을 복지뿐만 아니라 산업적 관점에서도 접근되어야 한다. 즉 공공부문에 의한 복지정책만으로는 소기의 성과를 거둘 수 없다. 장애인들은 스스로 복지관광의 수혜자인 양 간주되는 것을 한사코 거부한다. 그들도 여행의 편익을 지불할 수 있는 정당한 관광소비자이며, 그들과 동반하는 가족 또는 친지를 감안할 경우 관광사업자에게 득이 되면 되었지 손해는 없을 것이라고 주장한다. 따라서 무장애 관광활성화를 위한 관광업계의 전향적인 투자노력이 수반돼야 할 것이다.

셋째, 무장애 관광시스템이 조기에 완결되기 위해서는 정부, 산업계, 민간부문을 포함한 광범위한 추진체계를 확보하는 것이 필요하다. 정부 내 관련 기관뿐만 아니라 관광협회 및 장애인관광 관련 단체들도 포함해 무장애 관광에 대한 종합적인 분석을 통하여 수요자맞춤형 관광을 강화하고 필요시 무장애 관광지원을 위한 추진 협의체를 구성하는 것도 필요하다.

끝으로 무장애 관광정책은 하드 및 소프트웨어 사업을 동시에 병행해야 한다. 장애인을 위한 관광환경을 개선하는 하드형 사업도 중요하지만 그게 전부여서는 안 된다. 그들이 각자 주도적으로 참여할 수 있도록 맞춤형 여행 프로그램을 지원하는 소프트형 사업도 매우 긴요하다. 이를 위해 정부 재정지원 사업에 '무장애 관광정책 가이드라인'을 수립 반영하도록 해야 한다.

■ 미래형 관광일자리를 창출하자

중국의 '한한령(限韓令)' 발동과 북핵 위기로 2017년 상반기 외래관광객 총량이 크게 감소했지만 지난 수년간의 관광성장은 괄목할 만하다. 국가의 관광산업 경쟁력도 2015년 세계 29위에서 2019년에 16위로 올라섰다. 관광산업의 영역도 전통적인 관광사업체 중심에서 제조업, 쇼핑, 음식, 문화오락 등으로 외연을 계속 확대해 가고 있다.

그렇지만 '외화내빈'이라 할 정도로 관광산업의 내실화는 더디게 진행되고 있다. 4차 산업혁명시대가 도래했지만 여전히 수동적이다. 또 관광산업이 일자리 창출의 보고라고 자랑하지만 실상을 자세히 들여다보면 속 빈 강정이라 할 수 있다.

문화체육관광부의 조사결과를 보면, 관광사업체 수가 2013년 1만 8,441개에서 2018년 3만 3,452개로 두 배 가까이 증가했지만, 관광사업체 종사자 수는 22만 명에서 26만 명대로 18%의 증가세에 그쳤다. 그리고 관광사업체의 매출액도 2013년 23조 원에서 2018년에는 25조 원대로 약간 증가하였다. 관광사업체를 이용한 총고객 수는 2013년 4억 8천만 명에서 2016년 5억 6천만 명으로 늘었으나, 2018년에는 5억 3천만 명으로 감소하였다.

한마디로 말해, 관광사업체는 증가하고 있으나 일자리 창출로 연결되지 못하고 있으며, 관광사업체의 생산성은 물론 고객가치 창출과 유치역량도 기대 이하 수준을 보이고 있다. 이 시점에서 우리 관광산업의 한계를 짚어보는 이유는 관광산업의 고용창출 전략을 다시 고민해야 할 시기이기 때문이다.

문재인 정부로 들어와 관광정책의 핵심과제의 하나로 관광산업 육성을 통한 일자리 창출에 최우선적 관심을 두고 있다. 관광일자리 추진 기반을 확충하면서 유망 관광산업을 육성하며, 신규시장을 창출하고 품질을 제고하며 취업지원과 전문인력을 양성하는 데 초점을 두고 있다. 일자리 창출을 위해 법, 조직, 정보, 인력 등 다각적인 접근을 시도한다는 점에서 긍정적으로 평가할 수 있다.

그렇지만 우리의 관광산업에 대한 정확한 분석과 시의적절한 일자리 창출의 대안을 모색하는 데 더 집중해야 한다. 일부 지자체들은 관광산업의 고용유발계수가 제조업의 2배라는 환상에 젖어 과학적인 분석 없이 맹목적으로 육성하겠다고 아우성치고 있다. 국내외 관광왕래가 급증하고 있으나 관광일자리가 늘지 않는 기현상도 간과해서는 안 된다.

향후 관광일자리를 창출하는 데 있어서 가장 중요한 과제는 우선 관광산업의 파이를 키워야 한다. 외래관광객을 더 많이 유치하고 국내관광 총량도 지속적으로 확대시키는 정책이 필요하다. 연간 3,000만 명에 육박한 해외여행시장에 비해 국내관광시장은 거의 정체상태이다. 정부가 노동자 휴가지원제, 공휴일 제도개선, 열린관광지 확대 등을 통하여 국내관광을 활성화하는 것은 관광일자리 창출을 위한 저변을 확대한다는 점에서 환영할 만하다.

이제 관광일자리를 창출하는 데 있어서 미래형 관광일자리를 발굴하고 新직업을 육성하는 적극적인 노력도 병행돼야 한다. 관광산업의 신규 채용규모가 지속적으로 감소하고 있는 현상을 그대로 방치할 수 없다.

대학 관광전공자들의 관광분야 취업률이 30% 내외로 낮아진 있는 이유는 저임금, 비정규직, 사회적 저평가 등 관광산업의 낮은 고용의 질에도 이유가 있지만 기존 관광산업에서는 이들의 창의와 도전정신을 발휘할 공간을 제공하지 못하고 있는 미스매치 현상도 간과할 수 없다.

따라서 사회변화에 부응한 공정여행기획자, 관광재생디자이너, 복지여행 동행자, 할랄전문가, 관광스타트업 등 관광분야의 새로운 유망 직업을 발굴하고 제도적으로 육성해야 한다. 그러면서 관광산업의 파이를 키우는 것뿐만 아니라 그 파이를 나누기 위한 고용 분배정책에도 관심을 가져야 한다.

관광산업의 직접 고용자는 23만 명(2013년 기준)이며 간접 고용까지 포함할 경우 46만 명 수준이다. 한국고용정보원의 분석에 의하면 2005년부터 2014년까지 연평균 3.1%대를 기록하던 관광종사자 수가 2014년부터 2020년까지는 연평균 1.7%로 반 토막 수준으로 떨어질 것으로 예상하고 있다. 이제 관광사업체 직접고용뿐만 아니라 관광 연관 산업을 아우르는 간접고용을 확대하는 것에도 비중을 두어야 한다.

이를 위해 산업융합형, 지역융합형, 복지융합형 관광일자리 창출을 적극 모색해야 한다. 농업, 의료업, 면세점, 공연장 등 관련 산업과의 연계를 강화함과 동시에 지역주민들이 관광두레, 게스트하우스, 도시민박 등 소규모 관광숙박 및 콘텐츠 서비스를 제공할 수 있도록 문호를 더 개방해야 한다.

나아가 정부가 중점 추진하고 있는 '관광여가사회의 실현'을 위해서는 늘어나는 노령자, 장애인, 청소년 등의 여행수요를 잘 케어해 줄 수 있는 복지관광 전문인력, 즉 따뜻한 관광일자리를 만들어 볼 필요가 있다. 이를 위해 관련 부처 간 '관광일자리창출위원회'를 구성해 긴밀한 협력이 필요하다.

■ 관광벤처기업을 육성하자

일반적으로 벤처사업은 첨단기술, 새로운 아이디어를 사업화하는 데 있어서 경영의 위험성이 높지만 성공할 경우 상당한 수익이 기대되는 신규 사업을 의미한다. 따라서 벤처기업이란 '고위험과 고수익을 특징으로 하는 기술 · 지식집약적 중소기업'이라고 할 수 있다.

이를 바탕으로 한국관광공사는 관광벤처 사업을 "다양한 사업 간 기술이나 서비스의 결합을 통하여 관광객이 새로운 경험과 창의적인 관광활동을 할 수 있도록 새로운 시설, 상품 또는 용역을 제공하는 사업"

으로 규정하고 있다.

관광에 있어서 벤처기업이 중요하게 된 것은 그동안의 관광정책이 관광시설, 자원개발 등 하드웨어 중심의 대규모 개발에 주력하였으나 앞으로 4차 산업혁명 시대에는 아이디어, 서비스 등 소프트웨어의 개발을 바탕으로 지식기반사업, 첨단서비스 산업을 활성화시킬 필요가 있기 때문이다.

1999년 7월 문화체육관광부는 관광산업 분야의 유망 중소기업을 육성하고 지식기반산업으로의 성장을 지원하기 위해 민간투자회사와 함께 매칭펀드 형식으로 관광기업에 전문적으로 투자하는 벤처투자조합을 설립한 적이 있다.

본격적인 관광벤처 사업은 2011년에 시범사업으로 시작하여 2018년까지 548개의 관광벤처기업을 발굴하였으며, 총 1,766명의 일자리를 창출하였다. 2011년에는 제1회 관광벤처사업 공모전을 개최하였으며, 2012년에는 관광벤처기업 육성을 전담할 관광벤처팀이 한국관광공사에 신설되었으며, 2회의 공모전과 1회의 창업경진대회를 통하여 유망사업을 발굴하였다. 2013년은 관광벤처기업의 양적 확대 시기로서 담임경영 컨설턴트를 도입하여 관광벤처사업 BI를 개발하여 데이터베이스를 구축하였다.

2015년에는 관광벤처 사업을 지원할 펀드를 조성하고 기금 특별융자 제도를 시행하였다. 2017년에는 관광벤처기업의 체계적 관리와 다각적인 협력을 유도하기 위하여 관광벤처보육센터를 구축하고, 국내외 홍보 및 판로개척 지원사업을 개최하였다. 2018년에는 관광벤처 협업 네트워킹 프로그램을 다각화하고, 관광부문의 교육사업을 특화하고 컨설팅을 강화하였다. 2019년에는 관광기업 협업네트워크 활성화 사업을 추진하였으며, 벤처기업 홍보 및 판로개척의 다각화를 모색하고 있으며, 기업의 성장 단계별 지원을 강화하고 성과관리를 통하여 차등지원제도를 도입하였다.

2019년 4월에 개최된 제3차 확대국가관광전략회의에서는 관광분야 창업을 지원하기 위하여 2022년까지 1,000개의 융복합 관광기업 창업을 활성화하고, 예비창업–창업초기(3년 이내)–창업도약(3~7년)–재도전 등 성장단계별 맞춤지원 및 사업화 자금으로 관광벤처의 자생력을 강화하기로 하였다.

그리고 경제활력을 제고하기 위하여 국내에서도 기업가치 1조 원이 넘는 비상장 기업을 의미하는 유니콘 기업(Unicorn)을 적극 육성할 계획이다. 특히 관광벤처기업에 대한 개별 지원에서 나아가 기업 간 융복합 사업소재 등을 개발하는 관광프로젝트를 실시하여 신시장 개척에 주력할 방침을 세웠다. 4개 프로젝트는 서비스 결합, 시설과 서비스의 결합, 기술과 서비스의 결합, 기술 결합이 그것이다.

관광벤처사업의 융복합 사업 지원유형

구분	결합 예시
서비스 결합	- 인접 지역 관광상품 간 결합 · 공동개발 - 체험상품, 레저 액티비티, 투어패스 간 결합
시설+서비스 결합	- 체험상품과 숙박(낚시, 요트, 시골민박 등) 결합
기술+서비스 결합	- 지역 체험상품과 IT 기술 협업 - 중개 플랫폼과 체험 프로그램 결합
기술 결합	- 플랫폼 및 특정기술 결합

자료: 관계부처 합동(2019. 4. 2), 대한민국 관광 혁신전략, 제3차 확대국가관광전략회의.

한국관광공사는 매년 관광벤처사업 공모전을 개최하여 성장단계별 육성 · 지원을 위하여 예비관광벤처기업과 관광벤처기업으로 구분하여 공개 선발하고 있다. 특히 관광벤처기업은 이전의 공모전에서 선발된 예비관광벤처기업과 매년 관광벤처기업 부문에 응모한 성장가능성이 높은 기업 중에서 선정하고 있다.

선발된 관광벤처사업의 유형은 크게 4가지로 구분된다. 첫째, 시설기반형은 관광벤처형 숙박시설, 생태길, 카누, 목장, 생태마을 등 사업을 추진함에 있어 활용가능한 시설 또는 물적 기반으로 하는 벤처기업을 말한다. 둘째, IT 기반형은 스마트 관광, 소셜 플랫폼, 모바일 지도 등 IT를 기반으로 한 관광사업으로 IT 자체가 주요 수익모델이 되는 벤처기업을 말한다. 셋째, 체험기반형은 지역축제, 궁중체험, 뷰티케어, 드라마 · 행사 · 전시 연계관광, 마음치유여행 등 인식 및 치유의 감성만족, 타 분야 산업과의 융합, 직접 참여하여 느끼고 공감할 수 있는 체험 중심의 벤처기업이다. 그리고 넷째, 아이디어형은 타 유형에 속하지 않은 창의적인 관광벤처기업을 말한다.

관광벤처기업으로 선정된 업체에 대해서는 사업화 자금의 지원, 협업 및 네트워크 구축, 홍보 및 판로개척, 컨설팅 및 교육 등의 지원 프로그램뿐만 아니라 투자유치 및 마케팅, 홍보 지원, 해외 박람회 및 전시회 참가 지원, 추가 사업화 자금 지원 등 사후관리 프로그램을 실시하고 있다.

이를 위해 한국관광공사는 2019년 일자리기획팀을 중심으로 관광기업지원센터를 설립하여 관광산업 현장에서 발생하는 다양한 기업의 애로사항에 대한 상시적, 단계적 상담서비스를 제공하며 해당분야별 전문가 상담을 통한 최적의 솔루션을 지원하기 위하여 설립하였다. 주요 업무는 관광기업들의 창업·성장 과정에서 발생하는 애로사항을 해소하기 위해 관광에 특화된 종합컨설팅 서비스를 제공하고 있다. 대표적으로 전통적 관광기업뿐만 아니라 융복합 관광기업을 대상으로 상시 애로 사항에 대한 원스톱 지원서비스를 운영하고, 관광산업에 대한 정보 구축 및 모객을 위한 센터 홍보를 담당하고 있다.

해양수산부는 문화체육관광부 및 한국관광공사의 관광벤처사업과 연계하여 해양관광벤처 사업을 추진하고 있다. 이는 성장잠재력이 풍부한 해양(호수, 강 등 내수면 포함) 관광시장에 특화된 상품 개발과 서비스 공급을 준비하는 예비창업자들에게 기회를 주기 위함이다. 2017년에 선정된 해양관광벤처 기업으로는 토종수초 개발과 무균배양 기술 등을 바탕으로 관상수초 세트와 체험상품을 판매하는 '씨알', 이용자가 교육을 통해 서핑보드를 직접 제작하는 '와이케이서프' 등이 선정되었다.

지자체 차원에서도 관광벤처사업을 적극 육성할 필요가 있다. 일례로 인천광역시와 인천관광공사는 인천방문 관광객이 인천의 매력을 편리하게 체험할 수 있도록 돕는 ICT기반 서비스 및 체험형 상품을 개발하고자 '인천 관광벤처사업 공모전'을 추진하고 있다. 2019년 실시된 제2회 공모전은 인천방문 관광객이 인천의 매력을 편리하게 체험할 수 있도록 돕는 ICT 기반 서비스 및 체험형 상품 개발 · 운영 사업 2개 분야를 대상으로 선정하였다.

경북도의 경우에도 2019년 처음으로 스타관광벤처 육성사업을 추진 중에 있다. 공모유형은 정부의 공모유형과 같이 시설기반형, 체험기반형, ICT기반형, 기타형 4개 분야이다. 관광벤처기업에 선정되면 사업과 지원금 최대 2,000만 원까지 지원하고 경북문화관광공사, 한국관광스타트업협회 등을 통해 창업교육, 맞춤형 컨설팅, 국내 홍보 · 마케팅 등 제공과 판로개척을 지원한다.

그러나 한국관광공사의 '관광기업 활성화 지원전략 로드맵(2017)'에 의하면 관광벤처사업체들이 겪는 애로사항으로 운영자금 부족, 판로 확보 곤란, 인력부족, 해외진출 및 개척 곤란, 네트워크 부족을 들고 있듯이 개선해야 할 점도 많다.

가장 심각한 것은 관광벤처기업의 영세성이다. 한국문화관광연구원이 2018년 관광벤처 인증 사업체 246개사의 운영 실태(재무 · 자금 현황, 종사자 수 등)를 조사한 결과, 열악한 근무 여건과 유커 감소로 인한 업종 침체로 인력난과 적자를 겪는 것으로 드러났다. 평균 자산도 3억 4000만 원에 불과해 영세한 규모를 벗어나지 못했다. 자산 중 절반(1억 5882만 원)은 부채였으며, 필요한 자금 절반(48%)을 정책 자금에 기대고 있었다.

이에 따라 관광벤처사업을 육성하기 위한 다각적인 노력이 필요하다. 첫째, 관광진흥법상 7대 업종에 국한되었던 각종 지원사업에서 벗어나 벤처기업을 집중 투자하여 세계적인 관광기업으로 육성하려는 노력이 필요하다. 관광부문에 있어서도 기존의 하드웨어 중심의 대규모 시설개발을 지양하고 새로운 아이디어 및 첨단 기법을 활용한 고부가가치 산업을 육성하는 데 있어서 벤처기업을 적극 활용할 필요가 있다.

둘째, 기존 4가지 유형에 한정된 관광벤처기업의 유형을 다양화할 수 있도록 관광벤처사업의 콘텐츠 유형을 지속적으로 확충할 필요가 있다. 한류, 뷰티 등 어떤 분야라도 관광과 융합하면 창조적인 고부가가치 산업이 될 수 있다. 기존의 시설기반형, IT기반형, 체험기반형, 그리고 아이디어형으로 구분하고 있으나 시설기반형을 관광관련 물적 시설과 자연생태자원으로 분리하고, 수(해양)자원형도 별도로 발굴해야 한다. 그리고 체험기반형의 기존 축제 및 이벤트 체험형 외에 관련 산업과의 융합을 확대할 수 있도록 산업융합형도 신규로 육성해야 한다.

셋째, 2019년에는 연간 2회의 공모전을 추진하였듯이 벤처사업수요가 늘어나고 있다는 점에서 서울뿐만 아니라 지역별 관광벤처사업을 확충할 수 있도록 해야 한다. 한국관광공사가 자체 집계한 관광벤처기업의 지역별 분포를 보면 서울이 55%로 절반을 넘었고, 경기와 인천의 15%를 합칠 경우 70%에 달하고 있다. 따라서 연중 최소 1회 정도 지역

관광벤처사업 공모전의 명칭으로 사업을 추진하여 지역의 벤처사업 참여 열기를 북돋아 주어야 한다.

관광벤처기업의 지역별 분포 현황

(단위: %)

서울	경기·인천	강원	세종·충북	대전·충남	전북	광주·전남	대구·경북	부·울·경남	제주	합계
55	15	6	1	3	5	8	2	3	2	100

자료: 박은정(2018), 한국관광산업을 혁신하는 관광벤처기업, 한국문화관광연구원, 한국관광정책(겨울호).

나아가 관광벤처기업 중 글로벌 기업으로 성장할 수 있는 우수 업체에 대해서는 지속적인 지원을 통하여 글로벌 기업과 경쟁할 수 있도록 기원이 필요하다. 끝으로 관광벤처사업의 육성이 해당 벤처기업의 육성에서 그치면 안 된다. 기존의 관광사업체들과 긴밀한 네트워크를 구축해야 한다. 지속적인 수요를 창출하기 위해서는 여행업체들과 협력이 필요하고 숙박이나 유원시설업 등 벤처사업과 연관성이 높은 분야의 경우 해당 업종별 협회와 협력 네트워크를 구축해야 한다.

참고자료 25

관광산업, 양질의 일자리 창출에 매진해야

관광산업은 다양한 일자리와 비즈니스를 창출하고 있다. 이는 탈산업화 내지 서비스화로 표현되는 경제 전체에서의 서비스 산업의 비중 증가와 맞물려 있다. 과거 제조업 중심의 일자리 패러다임도 이제는 지식기반 서비스업으로 전환되고 있다. 지식기반 서비스업은 지식을 창출 · 가공 · 활용 · 유통시키거나 지식이 체화된 중간재를 생산활동에 집약적으로 활용해 고부가가치의 서비스를 제공하는 산업을 말하며, 관광산업도 경제의 서비스화 시대에 부응하여 많은 일자리를 만들어내고 있다.

몇 년 전 엘 에리언이 저서 『새로운 부의 탄생』에서 세계경제위기 이후 저성장, 저소비, 고실업으로 대표되는 뉴노멀(New Normal) 시대로 진입하면서 '고용창출을 동반한 성장'이 새로운 패러다임으로 중요시될 것을 주장한 바 있다.

그리고 박근혜 정부가 일자리 창출에 주력하는 창조경제 정책을 강화하면서 관광산업의 일자리 창출도 새로운 시각에서 접근되고 있다. 즉 기존 관광산업 업종의 일자리 창출에 대한 논의에서 더 나아가 다른 산업과의 왕성한 융복합을 통해 신규 일자리를 만들어 내고 함께 생산성을 제고해 고부가가치형 산업구조로 전환하려는 시도이다.

그동안 관광산업에 대한 경제적 기여도에서 GDP 또는 총고용 대비 관광산업의 비중을 확대하는 측면이 강조돼 왔으나, 이제는 창조형 관광산업 생태계를 구축하여 일자리의 양적 확대뿐만 아니라 좋은 일자리(decent job)의 창출과 확산 노력이 필요한 시점이다. 또한 관광산업이 안고 있는 낮은 상용근로자 비중, 높은 이직률 등 고용안정성을 저해하는 요소들도 시급히 해결해야 할 과제이다.

당초 문화체육관광부는 관광산업을 한국형 창조산업으로 육성하고 고부가가치 산업 육성 및 창조관광 육성, 관광숙박시설 확충, 새로운 지역관광개발투자 등을 통해 2018년까지 6만 명의 신규 일자리를 창출할 방침이었다. 2010년 관광산업 종사자 수가 18만 6천 명에서 2013년에 22만 7천 명으로 21.9%가 증가했다는 점에서 6만 명의 신규 일자리 창출도 불가능한 것은 아니다. 다만 양질의 일자리 창출을 위하여 더 적극적인 자세가 필요하다.

일단 외래관광객 유치를 지속적으로 확대해 관광산업의 파이를 키우고 보다 많은 청년들이 관광부문에서 생업을 도모할 수 있도록 해야 한다. 지난 2009년 700만 명 대였던 외래관광객이 2014년 두 배에 가까운 1,420만 명으로 증가하면서 양적 고용창출 효과를 가져왔다. 그렇다면 향후 2020년까지 2,000만 명을 상회하는 관광대국을 염두에 두면서 질적 고용을 설계하고 지속적인 노력을 전개하여야 한다.

특히 관광이 경계의 벽을 허무는 융복합 시대를 주도함에 따라 타 산업 분야와의 융복합을 통해 MICE, 크루즈투어, 요트투어, 의료관광, 승마관광 등 고부가가치형 관광을 집중 육성하는 것이 중요하다. 해외에서 융복합 관광일자리 창출의 성공모델로 인식되고 있는 복합리조트 조성도 조기에 가시화될 수 있도록 정책적인 지원을 강화해야 한다.

국민들이 국내여행에 더 많이 참여할 수 있는 여건을 만들어 내는 것도 중요한 과제이다. 국내여행 참여율은 꾸준히 증가하고 있으나 여행총량은 여전히 답보상태이다. 2009년 3억 8천만 명 수준이었던 국내여행 이동총량이 2014년에는 4억 명 수준으로 6%의 성장에 그치고 있다.

이에 따라 관광의존성이 커지고 있는 지역의 상황을 고려하여 정부에서도 구석구석 캠페인, 관광주간, 휴가분산 등을 더욱 강화할 필요가 있다. 관광부문의 다양한 재정지원사업도 일자리 창출에 최우선 가치를 부여하고 수시로 지표점검을 통해 성과를 극대화해야 한다.

주목해야 할 것은 국내여행을 많이 하자고 캠페인을 전개하는 것도 중요하지만 각 지역도 양질의 서비스와 체험 프로그램 개발을 통해 관광객 흡인력을 확보해야 한다. 대표적인 것이 관광두레사업이다. 2013년부터 시작된 관광두레는 현재 31개 지자체에서 약 280여 명의 주민이 참여하고 있는데, 사업의 지속적인 확대를 통해 지역주민들에게 새로운 일자리를 제공하는 모델사업이 돼야 한다.

끝으로 관광관련 직업교육도 관광특성화 고등학교, 전문대학, 4년제 대학의 특성에 맞게 차별화시켜야 한다. 매년 3만 명 정도의 관광전공 학생들이 배출되고 있지만 그중 3분의 1정도만이 관광부문에 진출하고 있을 뿐이다. 관광전공자와 관광업계 간 미스매치 현상도 그 이유 중 하나이다. 따라서 관광을 전공한 학생들에게 양질의 일자리를 제공하기 위하여 정책당국에서 정기적인 토론회를 개최하거나 각계의 의견을 수렴하는 장치를 가동할 필요가 있다(출처: 교통신문, 2015. 11. 6; 註: 문맥 유지를 위해 최신 데이터로 수정하지 않음).

참고자료 26

관광스타트업 열풍을 조성하자

스타트업(Startup)은 보통 혁신적 기술과 아이디어를 지니고 있고, 설립된 지 오래되지 않은 신생 벤처기업을 말한다. 대규모 자금을 조달하기 이전 단계에 있다는 점에서 벤처기업과 차이가 있다. 스타트업은 2000년대로 들어와 미국 실리콘밸리에 창업열풍에 관심이 집중되면서 벤처기업의 대체 용어로 사용되고 있다. 이제는 IT 대표기업으로 자리를 잡은 구글, 페이스북은 물론 에어비앤비도 당초 스타트업에서 출발한 대표적인 사례이다. 우리나라의 경우에도 정부의 지원이 확대되면서 스타트업 신설 법인 수는 2013년 7만 5,574개에서 2014년에는 전년보다 1,234개가 늘어난 7만 6,808개까지 늘어났다.

우리가 스타트업의 육성에 주목해야 하는 것은 스타트업은 기존 사업에 새로운 패러다임을 제시하며 혁신주도형 경제를 주도한다는 점에서 매우 의의가 크다. 우리 경제가 ICT 발전에 따라 모바일 플랫폼이 구축되고 크라우드 펀딩이 등장하며 소셜미디어가 확산되면서 창업비용이 하락되고 시장 접근성이 제고되어 투자유치가 용이하면서 스타트업이 활성화된 것이다. 문재인 정부도 '혁신성장' 정책에 초점을 두고, 관광산업을 일자리 창출은 물론 국부창출 효과가 크다는 점에서 혁신성장의 엔진으로 육성하고 있다.

최근 관광분야에서도 스타트 업체가 점차 증가하고 있는 것은 고무적인 현상이다. 국내 · 외 관광시장이 급속히 고객맞춤형으로 전환되고 있으며, FIT 및 SMART 관광의 증가는 물론 소셜미디어의 활성화에 따라 관광스타트업의 증가도 필연적이다. 그렇지만 현재 관광스타트업의 업종은 여행업, 체험업, 숙박업, ICT서비스업으로 다양하나 관광사업체 업종등록은 여행업에 국한돼 있는 것으로 나타났으며, 업종등록하지 않는 이유도 필요성을 느끼지 못하고 있거나 비등록에 따른 제약도 크게 느끼지 못하고 있는 것으로 나타났다.

관광분야에 스타트업이 활성화돼야 하는 것은 1980년대부터 커다란 변화없이 유지돼 온 기존 관광산업계에 혁신과 창의를 불어넣을 수 있기 때문이다. 대개 사업위험을 회피하고 안정적 수익을 추구하는 기존 사업체들은 틈새시장의 발굴에 소극적이기 때문이다. 따라서 사회경제적 환경 및 트렌드 변화에 대응한 관광상품 및 고객맞춤형 서비스 발굴을 위해서도 관광스타트업의 육성이 필요한 시점이다. 그러나 아직 관광스타트업이 성공하기까지 여러 가지 난관이 봉착할 수 있다는 점에서 정부 차원에서의 지속적인 관심과 투자가 필요하다. 문화체육관광부와 한국관광공사가 관광산업 경쟁력 강화를 위해 창조관광 스타트업 페스티벌을 개최하거나 서울시가 서울의 숨겨진 매력을 찾기 위해 관광스타트업 공모전을 추진하는 것이 대표적이다. 이들 정책사업은 관광스타트업을 집중 육성해 일자리 창출을 확대하고 관광산업의 경쟁력을 강화하는 데 일조하고 있다.

관광스타트업 육성의 가장 큰 방향은 이들 업체에 대한 단계별 지원책을 강구하는 것이다. 관광스타트업의 큰 특징은 실패한 기업 수가 성공하는 기업 수를 크게 상회한다는 점이다.

이에 따라 관광스타트업 육성 시 첫 단계는 다양한 관광창업자가 참여할 수 있도록 씨앗형으로 공모사업을 추진하고, 다음 단계는 비즈니스 모델을 통해 잠재시장 및 고객을 확보하고 있는가에 대한 평가를 통하여 덩치를 키워줘야 한다. 그리고 실제 수익모델이 작동되고 있거나 신규 투자를 받을 가능성이 있는 경우 대규모 지원책을 강구해 봄 직하다.

또 관광스타트업이 성공하기 위해서는 공공부문이 보유하고 있는 DB를 과감히 오픈데이터(open data)화 해야 한다. 민간 부문의 관광비즈니스 모델 창출을 위해 가치있고 정확도가 높은 데이터를 적극 공개해야 하며, 필요시 각 공공기관이 추진하고 있는 공연이나 시설 등에 대한 예약, e티켓, 지불, 지도서비스를 확대해야 한다. 관광스타트업은 공공이나 민간부문 단독으로 추진하기 곤란하다는 점에서 민관 부문 간 역할 분담과 동시에 상호 협업까지도 적극적인 비즈니스의 대상이 돼야 한다. 이와 동시에 기왕 관광스타트업을 육성하기 위해서는 관광스타트업의 활성화를 위한 생태계의 구축에 만전을 기할 필요가 있다. 공공부문, 대기업, 컨설팅 기관, ICT기업, 벤처캐피탈, 관광진흥개발기금 등으로 구성된 최적화된 생태계를 구축할 필요가 있다. 또한 2017년 9월 117개 회원으로 구성된 한국관광스타트업협회의 출범을 계기로 이제 공공주도형 육성에서 벗어나 민간서비스 영역을 보호하는 데 관심을 두어야 한다. 물론 민간부문도 자생력 확대를 위한 적극적인 노력이 필요하다.

일단 관광진흥법상 관광사업체 유형에 관광스타트업들이 진입할 수 있도록 업종등록 규제개선 방안을 강구할 필요가 있으며, 향후 영향력 확대를 위해서는 관광스타트업의 성공사례를 창출하는 것도 중요한 정책지원의 명분으로 작용할 수 있다. 관광스타트업을 혁신성장의 아이콘으로 삼아 보자(출처: 교통신문, 2017. 11. 7; 註: 문맥 유지를 위해 최신 데이터로 수정하지 않음).

10

관광두레형 주민주도 관광기업을 육성하자

■ 주민주도형 관광기업을 육성하자

지역 관광발전이 그동안 공공부문과 관광진흥법의 관광사업 종류에 해당하는 관광사업체를 중심으로 추진되고 왔으나 관광부문의 경우 최근 부상하고 있는 마을기업, 사회적기업, 사회적 협동조합 등 신사업 모형이 활발히 도입되지 못하고 있다.

과거 지역관광발전이 공공부문과 민간부문 간 느슨한 연대에 의거 별개로 추진되었다면, 최근 민 · 관 파트너십에 의거 협력형 관광발전 모델이 모색되고 있다. 향후에는 지역주민이 주도하는 관광발전 모델이 지속적으로 창출될 것으로 보이며, 이러한 트렌드에 부응하기 위해서는 주민주도형 관광기업(조합)을 적극 육성할 필요가 있다.

지역관광발전의 핵심주체 변화

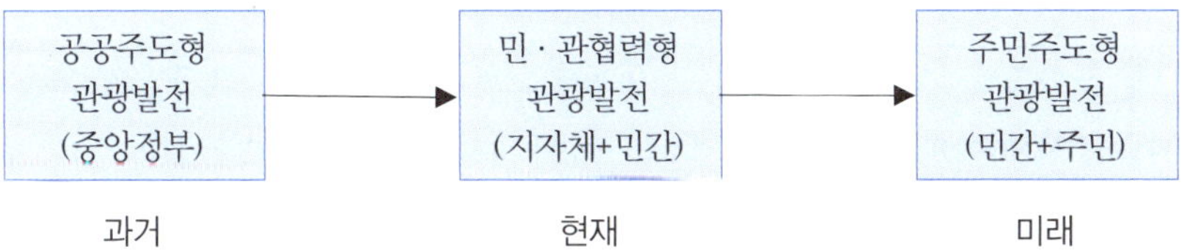

자료: 최자은(2013), 지역관광발전 추진체계 개선방안 연구, 한국문화관광연구원.

관광분야 역시 사회적기업이 성공할 수 있는 유망 분야이며, 지속가능한 관광추구, 소외계층의 관광향유권 확대, 지역관광자원 활용을 통한 광광수익의 외부유출 억제, 관광을 통한 지역사회 발전 등의 사회적 목적을 추구하고 그 실현과정에서 경제적 수익이 실현될 수 있다.

'사회적기업(social enterprise)'이란 비영리조직과 영리기업의 중간 형태로, 사회적 목적을 추구하면서 영업활동을 수행하는 기업을 말하며, 사회적기업 육성법에서는 취약계층에게 사회서비스 또는 일자리를 제공하거나 지역사회에 공헌함으로써 지역주민의 삶의 질을 높이는 등의 사회적 목적을 추구하면서 재화 및 서비스의 생산 · 판매 등 영업활동을 하는 기업으로서 사회적기업 육성법 제7조에 따라 인증받은 자를 말하며, 사회서비스란 교육, 보건, 사회복지, 환경 및 문화 분야의 서비스, 그 밖에 이에 준하는 서비스로서 대통령령으로 정하는 분야의 서비스를 말한다.

사회적기업과 비영리기관 및 영리기업 비교

구분	비영리기관	사회적기업	영리기업
동기	이타성	양자간 혼합된 동기	이윤추구
핵심가치	사회적 사명	공익성과 시장성의 균형	수익성, 효율성
목표	사회적 가치추구	사회적+재무적 가치	경제적 가치추구
자원조달	자선적 자본 및 정부보조금	다양한 자원조달 혼합	투자적 자본
수익용도	비영리 목적사업	사회적 목적 실현을 위한 기업이윤 재투자	투자자 배당 및 재투자
리스크 수준	낮은 리스크	비교적 높은 리스크	리스크 감수를 장려

자료: 신용석(2009), 관광분야 사회적기업 활성화 방안, 한국문화관광연구원.

또한 국내에서 2012년 12월부터 조합 설립 요건을 대폭 완화하는 내용을 골자로 한 "협동조합 기본법"이 시행되어 업종과 분야에 관계없이 5인 이상만 모여도 다양한 협동조합의 설립이 가능하다. 이전까지는 농협과 수협, 신협 등 특별법에 의해 8개 유형의 협동조합 설립만이 가능하였으나, 자본금의 제한규정도 없고, 신용사업과 보험(공제)사업을 빼면 어떤 사업이든 할 수 있으며, 다만, 취약계층 고용과 사회 서비스 등을 제공하는 사회적 협동조합은 별도로 인가를 받아 설립하도록 하고 있다.

전국의 인증 사회적기업은 2012년 12월 총 723곳에서 2019년 12월 현재 2,435곳으로 크게 증가하였으나, 서울과 경기 지역이 36%로 압도적으로 많다. 마을기업은 지역공동체에 산재한 각종 특화자원(향토 · 문화 · 자연자원 등)을 활용, 지역공동체에 기초한 비즈니스를 통해 안정적 소득 및 일자리를 창출하는 마을 단위의 기업으로 정의되고 있다.

2013년 6월 고용노동부는 비주류 경제 분야이던 사회적 경제부문을 정부의 '고용률 70% 달성'의 핵심으로 선정하고 2014년부터 한국사회적기업진흥원을 사회적경제 통합지원기관으로 확대 · 개편하였다. 한국사회적기업진흥원은 중앙정부의 다양한 지원사업이 현장과 유기적으로 만나고 협력할 수 있도록 지원하고, 지역에서는 지역 중심의 순환적 사회적 경제시스템을 조성하고 있다.

고용노동부(2013)에 따르면, 사회적경제(social economy)란 윤리적 입장을 갖는 기업 및 협동조합, 상호부조 조직, 자발적 조직들에 의해 수행되는 공적 목적의 경제 행위 일체를 뜻한다. 이러한 사회적경제 활성화로 사회적 가치와 일자리 창출을 동시에 이뤄내겠다는 것이다. 이를 위해 고용노동부는 사회적기업의 활동범위를 노동시장 통합서비스 제공, 사회문제 해결, 국제공헌, 사회적기업 지원영역으로 확대시킬 계획이다.

고용노동부는 사회적경제 영역의 고용 규모를 2013년 임금근로자의

0.4%에서 2017년까지 2%, 즉 유급근로자 50만 5,560여 명으로 늘릴 계획이다. 이에 따라 새로운 지역관광발전 주체로 관광형 사회적기업, 관광형 마을기업, 관광형 협동조합의 설립을 장려하고 지역주민이 주도하는 발전시스템을 구축할 필요가 있다.

주민주도형 관광기업(조합)은 '기존 관광진흥법상 관광사업 종류와 별도로 지역주민이 주도적으로 조직한 마을기업, 사회적기업, 사회적 협동조합 등 사회적 공익 목적을 추구하면서 영업활동을 수행하는 기업'으로 규정할 수 있다. 주민주도형 관광기업(조합)은 관광객을 대상으로 지역자원을 활용한다는 점에서 마을기업, 사회적기업, 사회적 협동조합의 형태로 분류할 수 있다.

주민주도형 관광기업 육성은 향후 지역관광의 활성화 차원에서 취약계층에게 안정적이고 지속가능한 고용기회를 제공하며, 지역사회의 관광자원에 기반한 인적 · 물적 자원을 활용하여 지역주민의 소득증대에 기여함을 목적으로 하며, 육성에 따른 제약요인을 발굴하여 문제점을 해결하고 연차적으로 확대하는 방안을 강구하여야 한다.

그 주요 내용은 주민주도형 관광기업 지원센터의 운영이다. 사회적기업의 육성을 위한 조직으로 한국사회적기업진흥원 및 민간단체로 한국사회적기업중앙협의회가 운영되고 있으며, 사회적 협동조합은 협동조합기본법에 의거 설립되며 역시 한국사회적기업진흥원에 의해 관리되고 있다.

관광분야의 마을기업, 사회적기업, 사회적 협동조합을 활성화하기 위해서는 각 지역별 '가칭' 지역관광산업진흥원 조직 내에 주민주도형 관광기업 발굴 및 경영지원을 위한 '주민주도형 관광기업 지원센터'를 별도로 설치하여 지역별 체계적인 육성책을 전개할 필요가 있다.

주민주도형 관광기업의 육성 재원은 국비와 지방비의 매칭방식으로 충당하고, 주민주도형 관광기업의 육성과 경영지원은 지역관광산업진흥원이 추진하되 법인의 설립은 사회적기업 육성법에 의거 한국사회적기업진흥원에서 연계 · 관리하는 것이 적절하다.

주민주도형 관광기업지원센터의 추진체계

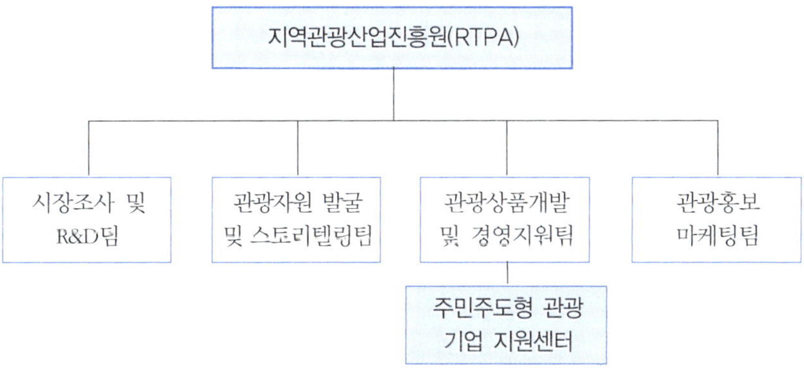

■ 관광두레의 고도화 및 명품화가 필요하다

최근 수년간 관광분야에서도 '주민의, 주민에 의한, 주민을 위한 사업'이 활발히 추진되고 있으며, 그 대표적인 것이 관광두레이다. 관광두레는 지역주민들이 자발적으로 서로 협력하며 숙박, 식음, 여행알선, 체험, 레저, 기념품 등 다양한 분야의 관광사업체를 만들고 자립적으로 경영해 가는 사업단위를 말한다. 우리의 옛 산업 생활양식 중 '두레'라는 상호 협력적 공동체를 현대 서비스 경제시스템에 발전적으로 재(再) 접목한 관광사업 단위인 셈이다.

그동안 정부 각 부처에서 마을기업 육성사업, 사회적기업 육성사업, 농촌공동체회사 육성사업, 농촌체험 · 휴양마을 사무장 채용 지원사업 등 관광두레와 유사한 사업들이 출범했으며, 일본의 경우에는 2007년 '관광지역 프로듀서 모델사업'이 도입됐다. 관광두레 사업이 지니고 있는 가장 큰 특징은 전통적인 관광에서 지속가능한 관광으로 전환되는 추세에 가장 잘 부합되고 있으며, 지역주민이 주체가 된 사업모델이라는 점이다.

일본의 관광지역 프로듀서 모델사업은 관광진흥 여건이 우수한 8개 지역을 대상으로 정부가 관광지역 프로듀서를 선발하여 지자체의 관광진흥사업을 지원하는 체계이다. 그러나 우리의 관광두레사업은 관광두레 PD가 지역주민을 상대로 관광공동체를 조직하고 지역진단과 멘토링을 통해 관광기업을 창업시킨다는 점에서 큰 차이점이 있다. 전자가 '지역 지향적'이라면, 후자는 '주민 지향적' 사업인 셈이다.

사실 그동안의 관광형태는 '영리'를 바탕으로 관광객, 관광기업, 관광자원 3요소 간 상호작용의 결과라고 할 수 있다. 그런데 근래 활발히 추진되고 있는 지속가능한 관광에는 '지역주민'이 제4의 핵심요소로 추가됐으며, 관광두레 사업도 지역주민의 참여와 역할이 보장된 지속가능한 관광경영의 시대가 도래를 하면서 비로소 빛을 보게 된 것이다.

또한 관광두레는 외지 자본에 의한 인위적인 개발이 아니다. 지역 내에 부존하는 다양한 자원과 구슬을 관광상품이라는 보배로 꿰매는 대표적인 지역관광운동인 것이다.

이러한 관광두레 사업의 핵심적 리더는 뭐니 뭐니 해도 두레 PD이다. 앞서 일본의 관광지역 프로듀서 모델사업이 홍보 마케팅, 모니터링, 특산품 개발, 관광가이드 북 제작 등 지역 관광진흥의 '보조자' 역할에 그친 반면 우리의 관광두레 PD는 주민공동체의 발굴과 조직화에서부터 역량강화, 창업과 경영개선, 네트워크 구축, 홍보마케팅에 이르는 사업 전반을 진행하는 '주도자 역할'을 담당하고 있다. 그만큼 관광두레 PD들은 열정과 리더십, 소통 및 문제해결, 자발성과 책임성 등 다방면에 걸친 역량을 요구받고 있다.

지난 2013년 시작된 관광두레사업은 전국 각 지역을 대상으로 다양한 관광비즈니스 모델을 탐색해 가고 있다. 사실 어떤 유형의 사업이든 지역주민을 대상으로 3년간의 교육 · 훈련을 통하여 소기의 성과를 도출한다면 더없이 좋을 것이다. 그러나 새로운 사업모델을 추진하다 보면 예기치 않는 상황에 맞닥뜨리게 되는 일들이 적지 않다.

맨 먼저 '관광두레가 뭡니까?', '그런 거 왜 해야 합니까?'라면서 인식이 부족한 주민들을 설득해야 하고, 다음으로 사업에 동참시키면 멘토링과 교육훈련을 통해 사업역량을 키워서 기업을 만들어야 하고, 그 다음 단계에서는 관광두레에 맞는 타깃시장을 발굴하고 홍보 마케팅을 전개해야 한다. 이러한 것들은 1년에 한 단계씩 뚝닥뚝닥 되는 게 아니다. 따라서 단기적인 사업성과에 집착하기보다는 차근차근 사업역량을 축적하면서 중 · 장기적인 성과를 낼 수 있도록 지켜봐야 한다.

또한 관광두레 PD들이 역량을 충분히 발휘하고 성과 창출에 진념할 수 있도록 과다한 업무를 교통정리 해 줘야 한다. 현재 관광두레 피디는 주민공동체 발굴 및 조직화, 지역진단 및 사업 모델개발, 두레 네트워크 구축, 서포터즈 관리, 홍보 및 마케팅 등 관광두레 사업 전반에 대한 종합적인 업무를 담당하고 있으며, 일당백(一當百)처럼 혈혈단신으로 처리하기에는 과중한 업무를 호소하고 있다. 이에 따라 관광두레의 전국적인 확대 추세에 맞추어 각 지역별로 '중간지원조직'을 운영할 필요가 있다.

향후 관광두레 사업의 성공은 여전한 중앙정부와 주민 간의 수직적 추진체계에 탈피해 지자체, 언론, 대학, 시민단체 등 지역 단위의 수평적 지원체계를 여하히 구축하느냐에 달려 있다. 여기에 관광두레 사업을 이끌어 가고 있는 두레 PD들의 사회적 위상을 높여줌과 동시에 애로사항을 해소하면서 역량강화 차원에서 경쟁시스템을 조성하는 것도 중요한 과제가 되고 있다.

또 관광두레 사업이 지속가능하게 운영되기 위해서는 이제부터 공정여행시장, 복지관광 수요자, 교육체험 수학여행, 1사(社)1두레 등 핵심 타깃시장을 발굴하고 이를 관광두레와 연결시키는 협력사업을 적극 진행해야 할 시점이다. 관광두레는 전 세계에서 찾아보기 어려운 우리만의 주민주도형 관광사업이다. 이것이 한국의 대표적인 관광사업 모델로 육성해야 하는 까닭이다

이제는 관광두레사업의 명품화와 더불어 고도화도 모색할 때이다. 2013년에 관광두레사업이 출범하면서 정부 관광정책에 큰 변화가 생겼다. 그것은 관광객, 관광대상, 관광기업으로 구성된 종래의 관광산업 생태계에 '지역주민'을 가세시켜 주민이 주체적으로 참여해 이익을 취할 수 있도록 문호를 열어준 일종의 정책실험인 셈이다. 당시 관광두레사업이 크게 주목을 받았던 이유는 지역주민들의 공동체를 기반으로 지역방문객을 대상으로 다양한 서비스를 제공함으로써 지역관광의 저변을 확대하고 주민소득 증대는 물론 일자리 창출에 기여할 수 있다고 보았기 때문이다.

지난 수년간 시행착오로 있었지만 정부 차원에서 관광두레사업의 성공적 도입을 위해 심혈을 기울여왔다. 일단 관광두레사업이 시작된 2013년에는 5개 지역 선정되었으나 2017년까지 총 51개 지역이 선정됐으며, 2018에도 10개 지역이 선정되는 등 지역사회의 참여열기가 계속되고 있다. 초기 5년간에는 관광두레PD의 사업추진 역량을 강화하는데 초점을 두었다면 2018년부터는 관광두레 사업체의 육성에 초점을 두면서 청년PD 제도를 새로이 도입하였다.

그러나 지금까지의 관광두레는 여전히 관(官)주도적인 성격을 보이

고 있다. 정부가 정의(定義)내리고 있지만, 주민이 지역 고유의 특색을 지닌 관광사업체를 창업할 수 있도록 정부가 사업체 발굴에서부터 경영 개선까지 밀착 지원하는 사업이다. 즉 당초 취지와는 달리 지역이나 두레PD, 지역주민의 자율성은 아직 신장되지 못하고 있다. 또한 참여지역에 있어서 강원, 전남, 경기의 참여율이 상대적으로 높은 반면 서울, 대전, 울산 등은 선정된 실적이 아예 없어 주민주도형 관광사업의 전국적 확산이 더딘 상황이다.

또한 지난 5년간 사업육성의 과정을 관찰해 보면, 관광두레가 민(民)주도의 새롭고 신선한 관광사업이라며 정책홍보의 소재로 크게 활용되었지만, 정작 관광두레사업의 조기 성공을 위하여 소비자층을 대상으로 한 수요창출 노력은 충분하지 못하였다. 그리고 관광두레사업을 추진할 수 있는 조직체계의 적절성에 대한 논란도 자주 지적되고 있으며, 중간 매개체 역할을 하는 관광두레PD의 불만도 적지 않았다.

이제 그동안의 성과분석과 반성을 통해서 보다 적극적인 관광두레사업을 추진할 때이다. 첫째는 미래의 관광환경에 효율적으로 대응하고 글로벌 트렌드를 선도하기 위해서는 관광두레사업을 한국의 대표적인 지역관광 정책모델로 계속 육성해 나가는 것이 바람직하다. 이를 위해 관광두레의 육성비전과 추진과제를 담은 행동계획, 즉 '관광두레 육성 액션플랜'을 수립해 지속적으로 육성할 필요가 있다. 정부의 정책의지와 시그널을 정확히 전달해 주어야 지역주민들도 호응하고 동참할 수 있기 때문이다.

둘째는 관광두레만의 독특한 틈새시장을 창출해 주어야 한다. 아직까지 관광두레사업은 주민사업체를 만들어주는 정책적 노력으로 인식하다 보니 시장개척과 방문객 유치는 소홀한 측면이 있다. 관광두레만의 독창적인 관광시장수요를 형성될 수 있도록 국민을 대상으로 캠페인을 전개할 필요가 있다.

또한 장기적으로는 외국인 관광객들이 한국의 지방에서도 안심하고 여행할 수 있는 '관광두레 비엔비(BNB) 네트워크'를 구축하는 것도 고려해야 한다. '관광두레'를 한국형 생활관광의 모델로 육성해야 한다.

셋째는 관광두레사업을 지속적으로 추진하고, 또한 관광을 통해 지역진흥을 모색하고자 한다면 관광두레 전문인력을 법적으로 보호해줄 필요가 있다. 과거 관광안내와 스토리텔링의 중요성으로 인하여 문화관광해설사의 양성과 인증을 관광진흥법에 명시한 것처럼, 관광두레 사업의 핵심 퍼실리테이터인 두레PD와 청년PD들에 대해서도 전문 자격제도를 도입하고 지속적인 활용방안을 강구할 필요가 있다. 또한 관광두레PD연합회를 구성토록 해 지속적인 권익보호와 더불어 민간중심의 교육훈련과 인력활용 방안을 모색할 때다.

넷째로 관광두레사업의 최종 성과는 정부의 각종 투입요소나 관광두레PD의 양성실적이 아니다. 실질적인 성과는 주민사업체의 소득창출과 일자리 규모에 두어야 한다. 2017년 기준 관광두레사업의 참여지역은 40개이며 참여 주민은 총 157개에 1,163명으로 사업체당 평균 7명 정도이나 해가 갈수록 업체당 일자리 수가 감소하고 있는 상황을 타개할 필요가 있다.

끝으로 관광두레 사업이 전국적으로 더 확대되고 국민의 국내여행 소비를 획기적으로 끌어올리기 위해서는 관광두레 사업체에 지출하는 사용금액의 일정한도를 '관광두레 세액공제'로 지원해 주는 방안도 검토해 볼 만하다. 정부가 2019년 7월부터 문화예술계 활성화 차원에서 박물관, 미술관 입장료의 30% 공제율을 적용하는 제도를 도입하였지만 관광부문도 공익적 가치와 지역경제에 대한 기여도를 감안할 때 마냥 도외시할 수 없다. 관광두레사업의 고도화를 적극 추진할 때다.

■ 수익공유형 관광두레 사업을 모색하자

2013년부터 문화체육관광부와 한국문화관광연구원은 관광두레사업 대상 기초 자치단체를 대상으로 관광두레 PD를 선정하여 육성하고 있다.

'관광두레'는 지역주민이 주도적으로 지역을 방문하는 관광객을 대상으로 숙박, 식음, 여행알선, 운송, 오락과 휴양 등의 관광사업을 경영하는 관광사업체를 성공적으로 창업시키고 자립 발전하도록 지원하는 사업이다. 나아가 관광두레기업 간 네트워크를 통해 관광두레를 형성함으로써 공동체 의식을 함양하고 지역관광을 활성화를 모색하는 새로운 지역관광 경영시스템으로 주목받고 있다.

관광두레로 선정되면 문화체육관광부, 지방자치단제, 한국관광공사, 문화관광연구원 등 관광관련 기관들이 사업계획 수립, 관광두레 조직화, 자원조사 및 지역진단, 지역특화사업 모델개발, 홍보마케팅, 모니터링 등 다양한 행 · 재정적 지원을 제공해 준다는 점에서 지역의 입장에서 반갑지 않을 수 없다.

여기에서 우리가 정부 관광정책의 패러다임이 변하고 있음을 주목하지 않으면 안 된다. 우리 주변에 관광단지, 관광지, 관광레저도시, 관광특구 등 다양한 관광시설들이 산재해 있지만 그것은 민간부문의 투자를 전제로 하고 있다. 1990년대까지 관광개발 사업이 관(官)주도형으로 추진되었으나 2000년을 전후로 민간의 투자가 전제되는 민관협력형으로 전환되었다.

그러나 저성장 경제구조로 접어들면서 이들 하드웨어 중심의 조성사업에 대한 투자가 지지부진해지고 있으며, 설령 개발되었다고 해도 국민들의 관광트렌드에 부합되지 못하여 이용이 저조한 상황에 있다. 특히 기존의 관광지들은 소비자들의 체험욕구, 감성적 느낌을 전달하는 데 역부족이다. 또한 획일적인 서비스로 인하여 독특한 스토리를 직접 현장을 찾아가는 관광객들의 취향을 만족시켜주지 못하고 있다.

그리하여 최근 들어 관주도형과 민관협력형 관광개발사업이 점차 퇴색하고 있는 반면 지역주민이 관광서비스 제공의 최일선에서 고객을 응대하는 구조로 전환되고 있다. 즉 지역주민이 지역관광 활성화의 핵심주체로 강조되고 있는 것이며, 향후 주민주도형 관광개발 사업이 각광을 받을 것으로 예상된다. 바로 이러한 패러다임을 선도하는 형태가 사회적 협동조합이며, 관광두레 사업도 지역관광 분야의 대표적인 사회적 협동조합의 형태로 자리매김할 전망이다.

향후 정부에서 관광두레 사업을 지속적으로 확산시킬 예정이라는 점에서 각 기초지자체도 이에 대한 적극적인 대비책을 강구할 필요가 있으며, 기존에 선정된 관광두레 대상 지역도 전국 최고의 성공모델 창조를 위하여 다각적인 노력을 경주해야 한다. 우선 관광두레가 성공할 수 있도록 프로듀서의 헌신적인 자세가 무엇보다 필요하다. 관광두레 프로듀서는 지역 내 유망관광 소재와 주민 기업을 연결하여 수익을 창출할 수 있는 비즈니스 모델을 만들어 내도록 해야 한다.

다음으로 지자체에서는 관광두레가 성공할 수 있도록 프로듀서에게 근무공간을 제공하고 두레사업의 성공을 위해 함께 노력하고, 이해관계가 상충될 경우 같이 고민하고 함께 풀어나가야 한다. 민간인 프로듀서와 관광 공무원이 공동으로 사업을 추진한다는 점에서 초기에는 '어색한 동거' 형태가 될 수 있겠지만 향후의 관광개발 패러다임을 감안할 때 '적극적인 동행' 자세가 필요하다.

또한 관광두레 사업이 기초 자치단체 단위로 추진한다는 점에서 성급한 추진보다는 단계적으로 주도면밀한 프로세스를 거쳐 최고의 성공모델을 창조해야 한다. 그리고 3년간 단계적으로 추진되기 때문에 초기에는 관광두레 사업에 적합한 자원조사를 철저히 수행할 필요가 있으며 다양한 인적 네트워크를 구축하는 것이 필요하다. 그 다음에 수익을 창출할 지역의 농어촌 숙박, 여행업, 기념품, 음식점, 팜파티, 체험시설, 탐방로, 문화예술 등 우군(友軍) 사업자를 확보하여 기존 관광상품과 차별화된 통합 관광상품을 개발하고 적극적인 홍보마케팅을 통하여 경영 다각화 및 수익 확대를 모색할 필요가 있다.

끝으로 관광두레 사업의 성공적 추진을 위해서는 참여하는 주민 간에 예상되는 이해관계나 지분과 관련된 갈등을 사전에 예방할 필요가 있다. 그리고 경제적인 측면의 갈등뿐만 아니라 사회적인 측면에서도 귀촌 예술가, 귀농 생활자, 다문화 가정 등에 대한 적극적인 포용과 협동으로 이들이 지역관광 발전에도 기여할 수 있도록 유도할 필요가 있다. 이제 관광사업에 새로운 패러다임을 제공할 관광두레 사업이 지역 주민 간 상생적 수익공유 모델이 되기를 기대한다.

참고자료 27

주민체감형 관광사업을 추진할 때

2013년 여름 동해시 묵호항 언저리에 있는 '논골담길'을 방문한 적이 있다. 논골담길은 묵호의 이야기를 바탕으로 소박한 담화가 그려진 골목을 뜻한다. 벽화 대신 담화라고 쓴 것은 지역의 어르신, 작가, 그리고 여행자들이 서로 소통하고 이야기를 나눈다는 의미이다. 논골담길은 1941년 개항 이래 묵호항의 역사와 삶의 이야기를 고스란히 보여주는 감성스토리 마을이다.

30여 년 전까지만 해도 '동네 개도 만 원 짜리를 물고 다녔다'고 할 정도로 번성했지만, 이후 쇠락을 거듭하였다. 그런데 2011년부터 동해 문화원이 지역주민과 미술가들을 참여시켜 문화적 감성과 디자인을 가미한 논골담길로 재탄생시켰으며, 매주 평균 1천여 명이 방문하고 있다.

동해시의 논골담길을 거론하는 것은 이제 관광개발의 패러다임이 거대 자본에 의한 대규모 개발에서 벗어나 풍부한 생활문화 콘텐츠를 지니고 있는 지역(마을)을 중심으로 '주민에 의한, 주민을 위한' 소프트형 개발로 전환된 대표적인 사례이기 때문이다.

예전에 관광학을 처음 접했을 때 관광의 핵심요소는 주체(관광객), 매체(관광업체), 객체(관광자원) 3가지로만 구성되어 있는 것으로 배웠다. 아직도 그렇게 공부시키는 교과서들도 남아 있다. 그러다 보니 지역의 관광개발 사업에서 주민은 소외되고 업자들만 이득을 얻는 前근대적 시스템이 여전히 잔존하고 있다. 그러나 시대가 변하였다.

요즘 같이 경제의 저성장 추세, 超고령화, 환경문제, 윤리적 소비 등의 여건변화로 인하여 대규모 관광투자를 통하여 물량적 관광소비를 추구하는 것은 이미 구시대적 산물이 되었다. 지금도 외지 자본을 많이 끌고 들어와 대규모 관광시설을 개발하여 수익지향적인 관광개발을 모색하려는 지자체들도 있다. 이것은 경제적 이득은 얻을 수 있지만 지역사회의 문화적, 환경적 지속성을 확보하기 어렵다는 점에서 경계해야 할 방식이다.

이제는 관광객들이 관광사업체를 거치지 않고 바로 지역주민과 접촉하면서 교류하며 대화하고 특산품을 구매하는 관광패턴이 새로운 트렌드로 자리잡아가고 있다.

다시 말해 그동안 소외되어 왔던 '지역주민'이 관광의 네 번째 핵심요소로 확고한 자리를 차지하고 있음을 명심해야 한다. 관광객을 많이 유치한다고 하더라도 지역 경제 활성화로 직결되지 못하는 것은 많은 편익이 역외로 유출되고 지역 안에서 순환되지 못하였기 때문이다.

이에 따라 관광개발 사업을 추진 시 지역주민의 역량을 어떻게 개발하고 그들을 중심으로 관광사업을 추진하여 실질적인 혜택을 제공하는 것에 대해 많은 고민을 해야 할 때이다. 동해시의 논골담길 조성은 젊은이들이 촉매역할을 하였지만 지금은 마을의 중장년층들이 방문객들에게 안내와 해설을 하고 다양한 환대서비스를 제공하는 주역으로 활약하고 있다. 그들의 관광사업 아이디어는 다소 투박하고 촌스러운 측면도 있지만 도시인들은 바로 그런 감성적인 측면에 매료되고 있다. 있는 그대로의 신솔한 마을 모습을 간직하고 가식적이지 않은 주민들의 태도로 인해 논골담길을 방문한 사람들은 지역주민들의 삶의 모습과 그 속에 담긴 이야기들을 찾아내고 모바일을 통해 전파하면서 사람들을 계속 끌어 모으는 역할을 대신해주고 있다. 최근 들어 정부에서 '관광두레'와 같이 지역주민이 주도하는 관광사업을 적극 추진하고 있다. 주민이 고령화되고 있다며 "마을관광 사업이 되겠냐?"고 한탄할 때가 아니다.

청장년층이나 노령층이 지역의 관광인력으로 활동할 수 있도록 중간지원조직들이 속속 등장하고 있다. 공공미술가, 농촌활성화지원센터, 관광프로듀서, 창조관광기업, 지역관광파트너, 마을기업, 관광협동조합 등을 예로 들 수 있다. 공공부문에서는 이들 중간지원조직을 마을주민들에게 적절히 소개하고 공동으로 사업을 추진할 수 있도록 유도해야 한다.

여기에서 가장 우선적으로 추구해야 할 목표 가치는 지역주민들이 관광사업에 직접 참여할 수 있도록 기회를 주고 그들이 사업의 성과를 체감할 수 있도록 배려하는 것이다. 이를 구현하기 위해서는 주민이 직접 유 · 무형 관광자원을 발굴하는 주민자원조사단을 운영하여 자원평가와 동시에 사업 아이템을 개발하도록 유도하여 '주민에 의한 사업추진의 여건'을 확대해 나가야 한다.

또한 '지역주민을 위한 관광사업'으로 농가숙박, 시골밥상, 로컬 푸드, 6차 산업, 마을축제 등과 같은 관광비즈니스 모델을 개발하여 지역주민이 노력한 만큼 수익이 발생되도록 지원하고, 또한 도농 간의 교류협력 네트워크를 만들어 지속가능한 관광수요를 창출해야 한다.

정부에서도 지속가능한 관광개발을 위해 그동안의 원칙론적, 철학적인 관점에서 벗어나 지역을 중심으로 지역주민이 체감할 수 있는 실천적인 정책수단을 강구하고 있는 상황을 감안하여 지자체들도 선제적인 대응이 필요하다(출처: 새전북신문, 2014. 12. 18).

제6편

관광안전과 지속가능 관광사회 창조

구성과 주요 내용

제6편에서는 국내외 관광규모가 확대되면서 크고 작은 안전사고가 빈번히 발생함에 따라 관광산업의 위기관리의 필요성이 제기되고, 관광의 지속가능성에 대한 논의가 활성화됨에 따라 그 방향성을 찾기 위하여 "관광안전과 지속가능 관광사회 창조"를 제목으로 설정하였고, '관광안전과 위기관리에 충실하자', '관광의 지속가능성이 최우선이다'는 주제로 엮었다.

11

"관광안전과 위기관리에 충실하자"에서는 최근 국민의 국내외 여행에서 빈번히 발생하고 있는 안전사고는 물론 관광관련 사고로 인하여 관광산업의 피해가 발생함에 따라 위기대응이 중요한 이슈가 되고 있다. 이와 관련 필자가 작성했던 여러 기고문을 종합하여 '관광산업의 위기관리가 중요하다', '관광산업 위기관리 대응체계의 중요성', '국내외 관광산업 위기관리 사례', '관광산업 위기관리 대응체계의 구축방안'을 논의하였으며, 이 밖에 신문칼럼 중 '철저한 여행안전시스템 구축 시급하다', '메르스 사태와 중국관광객 유치'를 참고자료로 엮었다.

12

"관광의 지속가능성이 최우선이다"에서는 2010년대 중반부터 정부 및 관광업계에서 관광의 지속가능성에 대한 관심증대와 '지속가능한 관광개발포럼' 활동에 참여하면서 작성했던 기고문과 신문 칼럼을 중심으로 엮었다. 주요 내용은 '관광정책의 방향, 지속가능성에서 찾자'이며, 이를 효과적으로 추진하기 위하여 '지속가능한 관광 거버넌스의 시대'에 부응할 수 있는 협치구조를 모색하였다. 그리고 유럽에 이어 한국에서도 오버투어리즘이 발생하고 주민들의 반발현상이 나타남에 따라 '관광 만능주의'를 경계하자는 것이다. 그리고 농촌관광의 새로운 모델로 지속가능한 관광비즈니스 모델에 대하여 논의하였다. 이 밖에 지역축제의 경우에도 주민이 주도하는 방식을 참고자료로 제시하였다.

11

관광안전과 위기관리에 충실하자

■ 관광산업의 위기관리가 중요하다

관광산업의 위기관리에 대한 정책대응을 위해서는 세계관광의 일시적 침체 원인에 대한 분석이 필요하다. 지난 60년간 세계관광은 지속적으로 성장하고 있으나 2000년대 이전에는 각종 테러나 전쟁에도 불구하고 감소하지 않았지만 2000년대 이후 2001년 뉴욕 9 · 11테러, 그리고 2003년 사스(SARS) 발생, 2009년 세계경제 침체 및 멕시코발 인플루엔자A[H1N1](신종플루)의 발생으로 국제관광이 전년 대비 감소하였다.

경제의 글로벌화로 인하여 국가 간의 교류와 의존경향이 심화되고 있으며, 이러한 특징은 관광산업에도 영향을 주어 한 국가나 지역에서의 관광위기가 그 지역에 국한되지 않고 바로 전파되는 경향을 보이고 있다. 그 결과 21세기의 세계관광산업은 점차 '불확실성(uncertainty)'과 '취약성(vulnerability)'에 크게 노출되어 가고 있다.

최근 두드러지게 나타나고 있는 테러, 질병, 자연재해 등 예기치 못한 돌발 상황으로 인하여 국제관광 성장에 대한 낙관적 전망을 하기 곤란하며, 특히 인체 및 가축 전염병의 발생 시 해당 국가는 물론 인접 지역까지 관광객 유입을 저해하는 요소로 작용하였다. 특히 2003년 중국 및 동남아 등에서 발생한 사스(SARS)의 공포, 2011년 동일본 지진 후 방사선 오염은 한국까지 외래관광객의 규모를 감소시켰다.

최근 글로벌 의료·보안 서비스 전문 비영리 단체인 '인터내셔널 SOS(International SOS)'는 여행객들이 유의해야 할 지역을 표시한 '2020 세계여행 안전지도'를 발표하였다. 3종류의 지도를 발표하였는데, 첫째는 건강위험 지도로서 주로 아프리카 지역에 집중되어 있다. 둘째는 안전위험 지도로서 아프리카와 중미, 중동 지역이 포함되어 있다. 셋째는 도로안전위험 지도로서 아프리카, 중동 및 동남아 지역이 포함되어 있다. 한국은 3가지의 지도 모두에서 상대적으로 높은 안전성을 지니고 있는 것으로 나타났다.

2020년 세계여행 안전지도

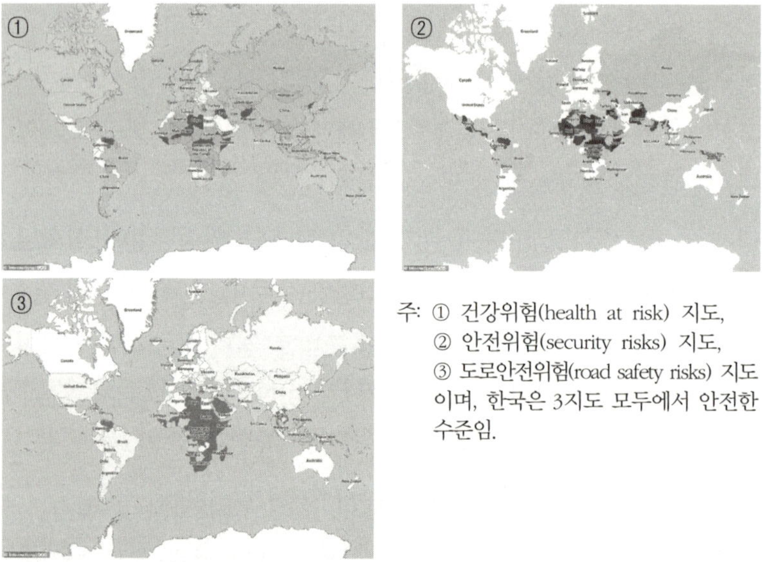

주: ① 건강위험(health at risk) 지도,
② 안전위험(security risks) 지도,
③ 도로안전위험(road safety risks) 지도
이며, 한국은 3지도 모두에서 안전한 수준임.

자료: https://www.dailymail.co.uk/travel/travel_news/article-7690287/Most-dangerous-countries-world-2020-revealed-Somalia-Libya-riskiest.html

이러한 지도를 제시하는 이유는 여행 지역의 위험 등급을 색깔별로 표기해 여행객들이 참조하도록 하는 것이다. 우선 빨간 지역은 안전을 담보할 수 없는 위험 지역으로 여행을 피해야 한다. 지도상 표기되지는 않았지만 최근 시위가 격화된 홍콩, 칠레 등과 2019년 12월 중국 우한시에서 발병한 신종 코로나바이러스 감염증이 확산된 중국은 가능한 회피하면 좋다. 우리나라는 미국, 일본, 유럽 등지와 함께 여행하기 안전한 곳으로 나타나 있다. 반대로 2020년의 경우 리비아, 소말리아, 아프카니스탄, 베네수엘라는 가장 위험한 국가로 지목되었다.

최근 국내관광의 경우도 국제정세 및 각종 전염병로 인한 피해가 확산되고 있다. 한국도 국제적인 관광위기 요인으로부터 자유롭지 못한 나라가 되었으며, 최근 한국의 외래관광객 유치현황이나 해외여행 동향을 보면 1990년대 말 IMF 구제금융 시기는 물론 뉴욕 9·11사태, SARS 발생, 미국발 금융위기, 2020년 전 세계로 확산된 코로나19 등으로 인하여 관광수요가 크게 감소하기도 하였으며, 동시에 관광현상 자체에 있어서도 외래관광, 해외여행, 국내여행의 3부문 간 불균형적 성장과 해당 업종의 영업에 막대한 손실을 초래하였다.

우리나라 국내여행의 총량을 살펴보면 국내여행 참가자 수, 국내여행 참가횟수, 국내여행 이동총량은 전반적으로 2007년까지 증가하다가 2008년 이후에는 감소하는 추세를 보이고 있다. 2008년 전 세계 경제위기, 2009년 신종플루의 대유행, 2010년 남북관계 긴장고조(천안함 사건, 연평도 포격 등) 및 이상기후(폭우 등), 2011년 구제역 파동, 2015년 메르스사태 등이 국민들의 관광활동에 부정적인 영향을 끼쳤다.

관광위기는 전국적, 국지적으로 발생하며 해당 지역 주민은 물론 관광업계 전반에 막대한 피해가 발생하게 된다. 국지적 사례로 2007년 12월 7일 발생한 서해안 허베이 스피리트호 기름유출사고는 해당 지역은 물론 서해안지역 전체에 대한 관광이미지를 악화시키는 요인으로 작용하고 지역관광사업에 위기를 초래하였다. 그리고 전국적 사례로 2009년 신종플루 출현과 2010년 하반기 발생한 구제역 파동은 국민의 관광이동을 극도로 억제시키고 겨울 및 봄축제를 개최코자 준비해 왔던 다수의 지역들에 축제의 취소로 재정적인 손실을 끼쳤다.

관광산업이 국가경제(GDP)에서 차지하는 비중(7.1%)과 고용비중(8.1%)을 감안하여, 관광위기요인에 대한 지속적인 연구개발과 정책대응체계의 구축을 통하여 국민의 생명과 재산을 보호함은 물론 지역경제·관광산업의 지속가능한 발전을 도모해야 할 시점이다. APEC의 지속가능한 관광을 위한 국제센터(AICST)는 2006년부터 2012년까지의 '아태지역 지속가능한 관광개발 행동계획'을 수립하면서 5대 핵심과제의 하나로 '관광위기 및 위험관리'를 선정한 바 있다.

■ 관광산업 위기관리 대응체계의 중요성

관광산업의 발전에 제약을 주는 위기는 자연재해, 테러 등 통제불가능한 외생적(external) 요인뿐만 아니라 내생적(internal) 요인(즉 관광산업의 구조적 문제)에 의해서도 발생한다. 그러나 관광부문의 내생적 요인, 즉 관광산업의 저성장 현상, 낮은 경쟁력, 정부의 규제심화도 관광성장을 가로막는다는 점에서 일종의 '관광위기'라고 부를 수 있다. 그러나 내생적 요인은 앞서 제시한 관광산업의 불확실성 및 취약성과는 거리가 멀고 정책적 노력에 의해 개선될 수 있다는 점에서 논외로 하고자 한다.

예를 들어 박현수(2008)는 문화저널21(2008.10월호)에서 '한국관광의 심각한 위기'라는 뉴스기사에서 '관광수지 계속해서 마이너스 성장', '아시아경쟁관광국 8개국 중 관광매력도 7위'라는 내용으로 관광위기를 논의하였다. 또한 대한상공회의소는 '새정부 출범과 관광선진화 5대

과제(2008)'라는 보고서에서 관광산업에 대한 정부의 일관성 없는 정책으로 인해 한국관광이 위기에 봉착했다는 주장을 하였다. 즉 관광산업에 대한 각종 행정규제가 관광산업의 발전의 발목을 잡고 있다고 보는 것이다.

관광위기는 '예측하지 못한 상태에서 발생한 사건으로 관리를 잘못할 경우 이해관계자뿐만 아니라 관광조직, 관광산업에 부정적 영향을 미칠 수 있는 중대한 위협'으로 정의되며 다양한 피해를 수반하고 있다. 관광부문의 위기의 전개과정은 위기의 출발이 되는 관광부문의 위험요소의 증폭을 거쳐 관광위기 상황으로 발전되며, 이는 다시 심각한 인명피해 및 재산손실, 관광산업의 치명적 타격 등을 동반하는 관광재난으로 발전하게 되는데 재난은 위기를 잘못 관리한 결과로 나타났다.

관광부문의 위기전개과정

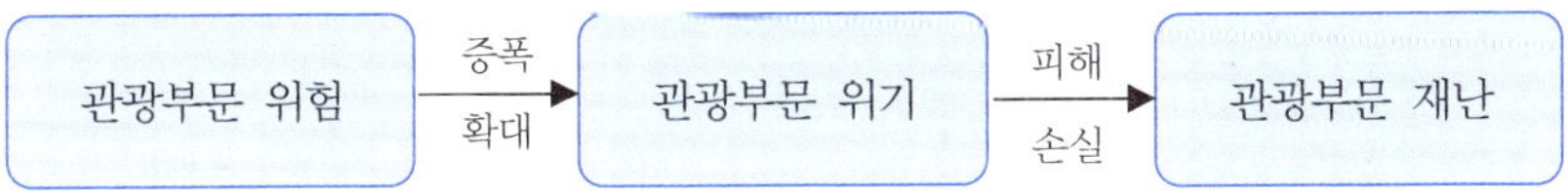

자료: 김대관(2005), 관광부문 위기관리체계 구축의 필요성, 한국문화관광정책연구원, 한국관광정책, 통권 제21호.

관광위기는 사망, 심각한 부상, 사람에 대한 위협, 동식물 · 재산 · 정보에 대한 피해, 정책 및 경영집행의 단절, 계획을 실행하는 데 있어서 위협, 대상지 및 대상국의 이미지에 대한 타격, 그리고 재정적 위협 등의 피해를 동반한다.

관광과 관련되어 발생되었던 위기의 요인은 사회경제적 요인과 자연 · 기술적 요인으로 대별하고 위기의 강도를 '강함'에서 '정상'이라는 연속체로 파악할 수 있다. 여기에서 갈등이나 정신질환적 행동과 같은 사회경제적 요인들이 관광위기를 강하여 유도하는 반면, 커뮤니케이션이나 시장상황은 상대적으로 영향 정도가 약하다. 그리고 자연 · 기술적 요인 중에도 자연재해가 강한 영향을 주는 반면, 시스템오류는 상대적으로 낮은 영향을 주는 것으로 나타나고 있다. 반면 과도한 개발과 같은 인프라 요인과 방사능 오염과 같은 보건위생 요인은 중간 정도의 영향을 주는 것으로 파악하고 있다.

관광부문에서의 위기발생요인과 영향 정도

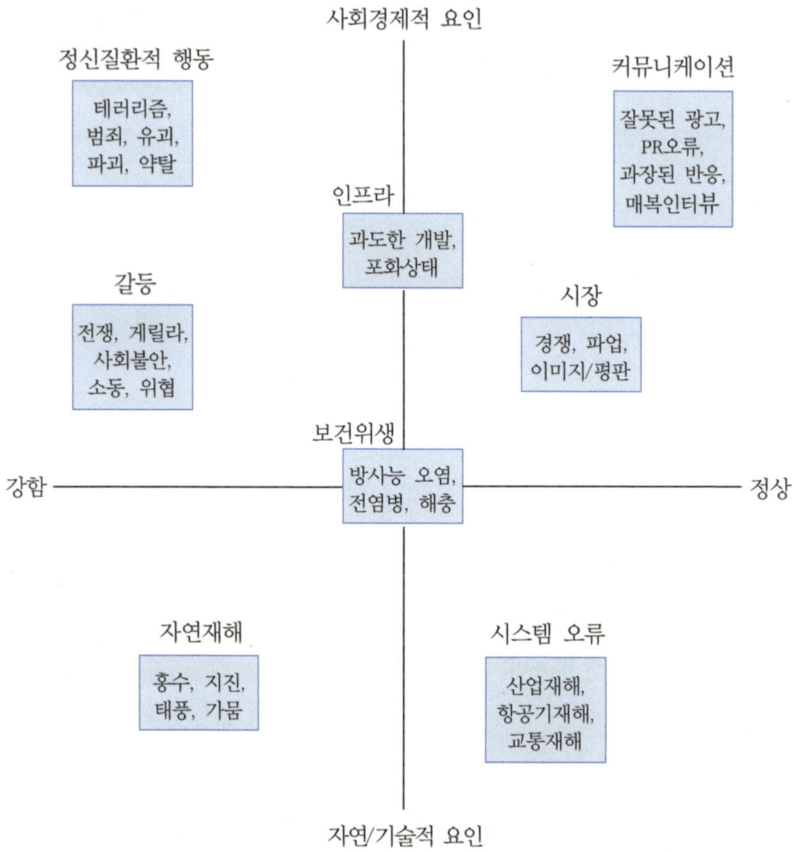

자료: G. Santana(2004), Tourism and Crisis Management, London: I. B. Tauris & Co Ltd.

관광위기의 발생요인은 다양하며 그 폭도 확대되는 추세이다. 2000년 이전까지는 오일쇼크, 전쟁, 경제위기 등이 주된 위기요인으로 작용하였으나, 이후 테러리즘, 자연재해, 질병 등도 커다란 영향을 주며, 또한 종래 국지적 차원의 관광위기가 최근에는 글로벌 차원으로 범위가 확산되었다.

위기관리는 '위기로 인한 부정적인 결과를 예방하거나 최소화함으로써 위기의 피해로부터 조직, 이해관계자, 산업계, 국가를 보호하는 것'으로 정의되고 있다.

관광위기관리는 '관광위기 발생을 예방하고 위협을 최소화시키고, 이미 발생한 위기에 대해서는 신속하고 효과적으로 대응하며, 가능한 한 빠르게 정상상태로 복구를 시도하는 모든 행동'으로 정의된다. 가장 효과적인 관광위기관리는 잠재적 위기상황을 사전에 감지하여 예방하는 것이며, 위기가 발생하였을 때 신속히 해결하는 것이며, 이를 위한 시스템의 구축이 필수적이다.

■ 국내외 관광산업 위기관리 사례

해외 관광위기관리의 성공사례도 검토할 필요가 있다. 첫째는 세계관광기구(UNWTO)의 신종플루 위기관리 사례이다. 멕시코에서 발생한 신종 인플루엔자A로 인하여 경제적 요인뿐만 아니라 위생적 요인까지 겹쳐 세계관광수요가 급속히 감소되자 2009년 세계관광기구는 추가적인 피해를 방지하고 인플루엔자A 바이러스의 감염을 예방하기 위하여 세계보건기구(WHO)와 연계하여 '긴급 관광대응 네트워크(Tourism Emergency Response Network)'를 구축 · 운영하였다.

둘째는 싱가포르의 SARS 위기관리 사례이다. 2003년 싱가포르관광청에 의해 추진된 사스관리전략은 Cool Singapore Award Program(호텔 등 관광업계의 사스 대처 우수사례 발굴 및 인증), SARS Bridging Loan Program (사스 피해 관광업계 자금지원 프로그램), SARS Contact Tracing Program(모바일업체와 사스감염 보고체계 마련), SARS Communications 전략(국내외 여행업계, 언론계, 주요 인사, STB 홈페이지 회원 등 이해관계자 대상 주간 SARS 정보 제공, SARS 현황, 복구 현황 등 싱가포르의 위기대처 관리 대대적 홍보) 등을 추진하였고, 그 결과 관광업계의 SARS 위기를 신속하게 복구하고 싱가포르가 안전한 목적지로 신속한 이미지를 확보하는 계기를 마련하였다.

셋째는 호주의 지방(주) 차원의 위기관리 사례이다. 호주의 경우 주정부 차원에서 관광위기관리계획(R-TCMP; Regional Tourism Crisis Management Plan)을 수립 · 운영 중이다. 퀸즈랜드(Queensland) 주의 관광위기관리계획은 세 가지 레벨(level)별 대응체계로 구성되어 있다. '레벨 1'은 방문자 사고, 사망과 같은 단기적으로 지역 차원에서 발생하는 사건이고, '레벨 2'는 관광관련 산업분쟁이나 테러와 같이 중장기적으로 처리해야 할 사건이며, '레벨 3'은 국내테러활동이나 외국의 주요 사건(예: 9 · 11테러)과 연관되어 퀸즈랜드 관광산업에 장기적으로 영향을 주는 사건으로 선정하였다. 각각의 레벨에 따라 달리 대응하게 되는데, 주요 관광위기관리 시 대응 및 복구활동으로 커뮤니케이션, 연구 및 자료수집, 마케팅, 관광산업발전 지원, 제품 및 인프라 재개발 등을 추진하고 있다.

국내의 경우 관광위기관리의 사례로는 허베이 스피리트(Hebei Spirit)호 기름유출사고의 위기관리를 들 수 있다. 2007년 12월 7일에 발생한 허베이 스피리트호 기름유출사고는 대부분 관광업에 종사하고 있는 지역사회에 실질적인 피해가 발생했다는 점에서 대표적인 관광재난으로 분류되었다.

천혜의 비경과 풍부한 관광자원을 가지고 있는 해안지역이었다는 점에서, 관광산업 의존도가 높은 서해안지역으로서는 해양 · 수산자원의 오염은 물론 관광객 감소로 인하여 지역주민의 생존과 생계유지에 심각한 영향을 주었다.

사고발생 직후 정부에서는 태안군을 비롯한 9개 시 · 군을 '특별재난지역'으로 선포하고 중앙재난안전대책본부와 중앙사고수습본부(해양경찰청), 지역사고대책본부(태안군 등)를 구성 · 운영하고 가용 인력과 장비를 동원하여 유출기름의 연안확산을 방지하는 데 주력하였다. 문화체육관광부는 '태안 관광산업 복구지원 T/F'를 구성 · 운영하며 관광피해조사, 관광활성화 지원, 관광이미지 개선 등을 담당하였고, 훼손되지 않은 관광자원 소개 및 홍보, 신문광고, 태안지역 '구석구석 찾아가기' 행사를 추진하였다.

2008년 1월 문화체육관광부는 이들 9개 시 · 군의 관광사업체(관광호텔, 휴양콘도, 종합유원시설, 일반유원시설, 관광식당, 관광펜션 등)와 관광지 내 일반 숙박시설 등 관광사업체에 대한 특별융자지원을 시행하였다.

그러나 관광위기관리의 4단계별 프로세스에 입각할 경우 '예방'과 '대비' 영역은 부실하였다. 이는 우리나라 재난행정의 안전불감증의 전형적인 특징이다. 다만 '대응' 영역은 민 · 관부문의 협력에 의해 조기에 원상복구 노력을 경주하여 피해를 최소화하는 계기가 되었으며, 재난관련 국내외 커뮤니케이션 노력도 활발히 전개되었고, '복구' 영역과 관련하여 연인원 120만 명에 달하는 자원봉사 행렬을 통하여 자원봉사관광(Volun-tourism)이 새로운 관광패턴으로 등장하는 계기가 되었다.

■ 관광산업 위기관리 대응체계의 구축방안

관광산업의 위기관리를 위해서는 점차 빈발하고 있는 관광위기의 체계화 및 성격별 대응방향의 설정이 필요하다. 최근 수년간 국제적 차원에서 발생한 국제경제 침체 및 신종플루, 동일본 지진 및 방사선 오염사고, 코로나19 등은 인·아웃바운드 관광객의 수요 침체로 이어져 관광업계(여행업, 호텔업 등)에 상당한 타격을 주었다.

국내적 차원에서 태풍 루사(2002년)와 매미(2003년), 동해안 지역 화재로 인한 문화재 손실 등(2005년), 그리고 신종플루(2009년), 2010년의 남북관계 긴장고조(천안함 사건, 연평도 포격 등) 및 이상기후(폭우, 폭설 등), 2011년 구제역 파동, 그리고 최근의 미세먼지 확산과 코로나19의 발병 등은 국내 관광업계뿐만 아니라 지역사회에 타격을 끼쳤다.

최근 국내관광 위기관리의 핵심은 관광산업부문이 사전에 대비할 역량을 구축할 수 있는가 여부에 따라 대응책을 장·단기 관점에서 강구할 필요성을 보여주고 있다. 구제역 파동, 이상기후, 남북관계 등은 관광부문에서 사전에 예측하기 곤란하다는 점에서 신속한 대응·복구·지원체계(단기, 비상시)를 구축하는 것이 필요하며, 또한 지구온난화로 인한 다양한 기후적 영향이 직·간접적으로 관광패턴과 목적지에 중대한 변화를 초래할 것이 명백하므로 이를 대비하기 위한 '예방·대비 체계'(중장기, 상시)를 구축하는 것이 관광정책의 최우선 과제로 추진되어야 한다.

또한 산업화와 도시화로 인한 인구감소 및 산업기반의 약화로 대부분의 지자체(기초)들이 관광산업을 중시·의존하는 정책을 추진하고 있는 상황을 감안하여 관광위기 발생시 지역경제 타격의 최소화 방안을 강구해야 한다. 국내외 관광위기 발생시 관광업계의 재정난을 타개할 수 있도록 지원할 수 있는 관광산업 특별지원 대책반 및 재정지원제도의 도입·시행이 요구된다.

첫째 과제는 정부의 관광위기관리 종합대책 수립·시행이다. 문화체육관광부의 "제3차 관광진흥 5개년 계획(2009~2013)"에서는 관광선진국에 걸맞은 수용태세 구축을 위한 핵심과제로 '관광안전체계의 구축'을 설정하고 있다. 세부 추진과제는 관광산업의 위기관리시스템 구축, 외래관광객의 국내관광 안전체계 확보, 국민 해외여행 안전체계 구축, 국민의 관광안전 인식강화 및 대응체계 구축, 관광경찰 도입으로 관광객 안전도 제고와 국가 안전이미지 개선, 안전한국(Safety Korea) 캠페인 실시 등 6가지를 선정하고 있다.

이 가운데 관광산업의 위기관리시스템 구축과 관련하여 관광산업별 위기대응 가이드라인 수립, 관광종사원 안전교육, 범정부적 대응방안 강구, 예방 · 대응 · 복구 · 보상 방안 마련 등을 거론하고 있다. 그러나 동 계획의 핵심내용은 관광객을 대상으로 한 안전체계 및 의식강화, 홍보사업에 초점을 두고 있으며, 각종 위기발생 시 정책대응체계 마련 및 직접적으로 피해를 당한 지역사회 및 관광업계에 대한 구체적인 지원책을 충분히 제시하지 못하고 있다.

문화체육관광부의 '제3차 관광진흥 5개년 계획'의 수립 이후에도 관광산업에 타격을 주는 각종 위기요인(태풍, 구제역, 지진, 미세먼지 등)들이 계속 발생하고 있으나 이에 대처할 수 있는 구체적인 대책을 후속적으로 강구하지 못하고 있는 상황이다.

이에 따라 단기적으로 '관광안전체계 구축'과 관련된 정부의 대책을 시급히 수립할 필요가 있으며, 관광객의 안전을 위한 조치뿐만 아니라 각종 위기로 인한 관광업계의 피해에 대한 지원책을 구체화하여 입법조치(관광진흥법 및 관광진흥개발기금법 개정)까지 염두에 둘 필요가 있다.

둘째는 관광위기 신속대응 4R 매뉴얼 구축이다. 2007년 발생한 허베이 스피리트(Hebei Spirit)호 기름유출사고의 관광부문 위기관리 학습사례는 신속한 대응을 할 수 있는 위기관리 신속대응 매뉴얼의 필요성을 널리 인식하게 되었으나 이후 이에 대한 후속조치가 강구되지 못하고 있는 상황이다. 위기관리 신속대응 매뉴얼은 천재지변, 전염병, 환경오염 등 다양한 위기유형별로 작성하여 사안별 대처능력을 제고할 필요가 있으며, 중앙정부와 지자체 간의 역할분담에 대한 추가적인 논의도 필요하다.

'관광위기관리 4R매뉴얼'은 예방, 대비, 대응, 복구로 구분하되 '4R'에 기초하여 개발하여야 한다. 한편으로 PATA(2005)는 사전위기단계(Pre-Crisis Stage), 위기발생단계(Crisis Stage), 그리고 사후위기단계(Post-Crisis Stage)로 구분하고 있다. 관광위기관리 4R매뉴얼의 단계별 주요 과제는 다음과 같다.

관광위기관리 모형과 단계별 정책적 대응체계

영역	주요 활동	정책적 대응과제
예방 영역 (reduction)	잠재위험을 초기에 감지하여 그 영향을 최소화하는 방안을 강구하는 것	• 관광위기 사전예방 대책의 수립 • 위기발생 가능성 상시 대응력 • 위기취약 부분에 대한 이슈관리
대비 영역 (readiness)	위기노출에 대해 분석하고 사전훈련 및 협조체제를 구축하며, 위기계획 점검	• 위기플랜 수립 및 재원확보 • 사전훈련 및 협조체제 구축 • 관광재해 경보체제 구축
대응 영역 (response)	피해자 보호 및 구호조치, 이해상황 응급복구, 위기관리 홍보활동 전개	• 위기대응 기관 간 협조체제 구축 • 피해자 보호 및 응급구호조치 • 전략적 언론 관리로 타격 최소화
복구 영역 (recovery)	관광인프라 복구, 피해상황 파악 및 지원, 관광위기 발생 원인 분석 및 평가	• 피해상황 파악 및 지원책 강구 • 관광이미지 구축 및 관광객유치 • 관광위기발생 원인 분석 및 대책

자료: 장병권 · 강문호(2009), 국내외 관광위기관리의 동향과 정책과제, 위기관리의 이론과 실천, 5:2.

특히 여러 행위주체 간의 원활한 협조네트워크의 구축뿐 아니라 명확한 역할정립이 요구되며, 업계의 자체적인 적응이 필수지만, 무엇보다 업계의 이익을 대표하는 관광협회의 보다 적극적인 역할이 요구된다.

셋째는 문화체육관광부 차원의 관광위기 · 재난관리시스템 구축이다. 문화체육관광부에서도 매년 국가재난관리계획을 수립 · 시행하고 있으며, 이 계획에 의거 재난대응 안전한국훈련을 실시하고 있으며, 주로 문화 · 레저시설 안전관리와 해외관광객 및 문화재 보호분야의 재난관리 훈련에 초점을 두고 있다. 그러나 관광부문의 경우 재난대응계획이 해외여행자의 안전에 집중되어 있으며, 국내 관광부문의 경우 관광사업체의 안전관리, 여행업의 지도 등에 한정되어 있어 수시로 발생하는 외부적 위기요인에 의한 관광업계의 피해상황에 대한 신속한 파악 및 대책수립을 보강할 필요가 있다.

추진방안으로 문화체육관광부 차원의 관광위기 · 재난관리 전담조직 구성 및 전담인력 선발 · 업무 분장이 필요하다. 최근 관광산업에 부정적 영향을 주는 외부적 요소가 빈발하여 지역 및 관광업계의 피해사례가 늘어나고 있음에도 불구하고 대증요법(對症療法)적 관광위기관리 대책을 추진하는 데 그치고 있다. 이에 따라 상시적 조직은 불가능하더라도 '관광위기 · 재난관리 전담대책반'(TF형태)을 구성하여 관련 정보 수집 · 분석은 물론 분기별 · 월별 관광위기 및 재난상황을 수시로 점검 · 예방하고 대책을 강구할 필요가 있다.

전담조직의 업무를 상시 위기관리업무와 수시 재난관리업무로 구분하여 전자의 경우 관광객 보호 차원에서 각종 관광숙박시설, 유원시설업 등 대형사고 발생 가능한 부문을 집중적으로 점검하며, 후자는 태풍, 구제역, 지진, 질병 등 재난발생 시 관광객 보호는 물론 관광업계의 경영정상화를 위한 재난복구 · 홍보 · 재정지원 업무를 추진토록 해야 한다. 대책반 구성 시 한국관광공사, 관광협회중앙회 및 업종별 협회, 연구기관, 복구·보상관련 전문가 등을 참여시켜 업계와의 협력방안을 강구해야 한다.

넷째는 관광위기발생시 지역·관광업계에 대한 신속한 지원이다. 2010년 하반기 발생된 구제역 피해는 농업(약 7조 원)에 그치지 않고 지역대표 축제 및 연말연시 해맞이 행사 등이 취소되어 행사관련 준비예산 1,600여억 원의 손실이 발생하고, 구제역 확산방지 위한 통행제한으로 지역의 관광객 방문이 약 30% 이상 감소하여 6,527억 원의 관광소비지출 감소, 1조 1,130억 원의 생산유발 감소와 4,601억 원의 부가가치 감소, 1만 4,948명의 취업자 감소 효과(문화체육관광부 집계)가 발생하였다.

이에 따라 호우, 태풍 등 천재지변이나 구제역 등 전염병의 발병 시 지역 관광업계의 피해를 신속히 해결할 수 있도록 관광업계 피해구제 금융(특별융자) 제도를 적극적으로 시행할 필요가 있다. 정부 차원에서 내나라 구석구석 여행대상지로 지원하거나 지역 대표 관광상품의 개발을 지원하고 관광객을 위한 이벤트 및 관광지 무료개방 실시, 분위기 활성화를 위한 공연예술 프로그램·스포츠 행사 개최 등 간접적인 지원책도 강구하였다.

우선 관광업계의 특별지원책으로 관광위기 사안발생 이후의 경영손실(예: 전년 대비 결손액) 전액까지 무상(또는 저리) 융자하는 방안을 검토해야 한다. 현행 관광진흥개발기금법상 기금용도로 피해보상지원 규정의 명시화가 필요하며, 단, 지원대상을 등록 관광사업체로 한정하여 정부 기금운용의 합법성을 확보해야 한다. 관광업계 지원체계를 확립하기 위해서는 정부와 관광협회가 공동으로 관광사업체의 정확한 실태조사, 인력 및 영업실적 등에 대한 기초적 데이터를 구축하고, 이를 기반으로 할 경우 관광위기 시 피해조사 및 보상업무의 효율성을 도모할 수 있다.

문화체육관광부가 지자체를 통하여 지원하고 있는 각종 축제 및 이벤트의 경우 관광재난으로 인해 취소(또는 연기) 시 국가지원책이 필요하다. 정부 내(행안부, 농식품부 등) 및 정부 간(지자체) 조정을 통하여 지역축제의 취소로 인하여 발생할 수 있는 지역 관광이미지 악화를 억제하고 관광업계의 손실을 최소화해야 한다.

다섯째는 민간참여형 관광위기관리 거버넌스 구축이다. 2007년 발생한 허베이 스피리트호 기름유출사고의 신속한 위기관리(복구) 사례는 향후 관광위기 발생 시 관광업계는 물론 지역주민, 나아가 국민의 참여가 매우 필요하다는 것을 입증하고 있으며, 당시 120만 명에 달했던 자원봉사관광을 상시 가동할 수 있는 시스템을 갖출 필요가 있다. 당시 문화체육관광부, 관광공사, 관광협회, 대학 및 사회단체 등 관광부문의 지속적인 관심과 참여로 태안관광을 되살려야 한다는 국민적 여론을 형성하는 계기가 되었다.

관광위기 발생 시 민간부문을 보조적 관점(일회성 위기관리 봉사업무)보다는 민간부문에 적합한 업무를 발굴하여 적극적으로 육성하는 위기관리 거버넌스를 구축할 필요가 있다. 이에 따라 관광위기 발생 시 민·관부문의 협력에 의해 조기에 원상복구 노력을 경주하여 피해를 최소화할 수 있는 조직체계를 확보하는 방안을 마련하며, 재난관련 국내외 커뮤니케이션 노력도 병행하여 국민적 동참의식을 형성함과 현지 방문을 독려하는 기능을 담당하도록 해야 한다.

끝으로, 국내외의 관광지에 있어서, 사고, 재해 등의 발생의 상황에 관한 정보를 제공하는 비상통신체계를 정립할 필요가 있으며, 여기에서는 기상정보의 제공, 하천정보의 제공, 피난체제의 확립, 도로정보의 제공 등을 고려해야 한다.

우선 기상정보의 제공은 '기상 레이더'를 이용한 방재기상정보의 고도화, 국내외 관광객을 위한 기상청 홈페이지의 충실 등을 적극 모색해야 한다. 하천정보의 제공은 최근 하천에서의 활동이 다양화하고 있는 데서 하천관리자, 지방자치단체, 수면이용자가 상호 협력하여, 하천의 안전이용을 추진하기 위한 안전 강습 등의 지원, 인터넷이나 휴대전화에 의한 하천정보의 제공 등을 추진해야 한다.

피난체제의 확립과 관련하여 관광객은 일반적으로 지리 등에 대한 정보가 없기 때문에 이들에게 재해위험 개소 및 피난장소 · 피난길 등에 관하여 철저히 주지시킬 필요가 있다. 도로의 재해정보의 제공과 관련하여, 재해 발생 시 도로이용자의 편의의 향상 및 안전하고 원활한 도로교통의 확보를 위하여 도로정보판 외 휴대단말기 등에 의한 도로 재해정보의 제공을 추진해야 한다.

참고자료 28

철저한 여행안전시스템 구축 시급하다

1994년 성수대교가 붕괴되어 등교하던 여고생들의 목숨을 앗아간 지 20년 만에 이번에는 바다에서 안산시 단원고 수학여행단 325명을 포함해 총 476명이 탑승했던 세월호가 침몰했다. 극심한 안개 속에서 무리한 급선회로 인해 침몰하는 어처구니없는 대형 참사가 발생한 것도 문제지만, 조난 신고 후 컨트롤 타워를 중심으로 신속한 구조활동을 전개하지 못하고 우왕좌왕한 것은 더 심각한 일이다.

탑승자 중 174명만 구조되고 나머지 302명은 사망 또는 실종됐으나, 이들을 구출해야 할 위치에 있었던 선장과 항해사, 기관사 등 선박직 선원 15명은 전원 탈출해 국민적 공분을 사고 있다. 아직도 고객의 생명은 제쳐 두고 직원 자신들의 안위만 신경 쓰는 기업이 있다니, 이게 과연 21세기형 선진한국의 모습인가 의문이다.

국민들이 종전처럼 희생자 가족들에 대한 애도에서 그치지 않고 크게 분노한 것은 이번 참사를 생생히 지켜보면서 '누구도 믿을 수 없다'는 무력감을 느꼈기 때문이다. 한마디로 '신뢰의 붕괴'이다. 앞으로 내 아들딸들이 어려움에 처했을 때 누구한테 그 안전을 의지할 수 있을 것인가에 대해 국민들은 답을 얻지 못하고 있는 것이다. 세월호에 5명 정도의 외국인도 탑승하였고 그중 일부가 실종돼 국제적 뉴스거리가 되면서 한국관광의 국제적 신인도(信認度)도 땅으로 떨어졌을 게다.

또한 최근에 나타난 사고들의 특징을 보면, 국민들의 자유시간 영역이 큰 위협을 받고 있다는 느낌이다. 주5일 근무제 및 수업제가 정착되고 휴가분산제, 대체휴일제 등 국민의 삶의 질을 제고하기 위한 다양한 자유시간 제도가 확대되고 있는데, 유독 대형 사고가 즐겁고 행복해야 될 자유시간대에 발생하고 있다. 2013년 샌프란시스코 공항에서의 항공사고, 2014년 2월 경주 리조트에서의 체육관 붕괴사고, 고속도로 버스대열 운행으로 인한 연쇄 추돌사고 등은 귀책사유도 없는 여행자들에게 희생만 강요했던 대표적 사례들이다.

우리 사회가 좀 더 선진화되기 위해서는 국민들이 즐겁게 여행할 수 있도록 공적 여행안전 서비스를 좀 더 확실하게 제공할 필요가 있다. 특히 수학여행 등 단체여행을 잘 보낼 수 있도록 교통, 숙박, 음식 등의 핵심 요소에 대한 상시 안전점검이 실시돼야 한다. 더는 침몰, 추락, 추돌 등으로 인해 귀한 생명을 앗아가는 일이 발생해서는 안 된다.

또 사고수습과 향후 대책 마련에 있어서 우리 사회 전반에 퍼져 있는 편의지향적 '대충대충형' 문화도 속히 청산하고 과학적이며 데이터 분석에 입각한 '철두철미형' 문화가 정착돼야 한다. 선장과 항해사의 조종 미숙이 이번 사고의 직접적 원인으로 지목되고 있지만, 넓게 보면 정부나 기업, 그리고 사회 지도층들도 책임에서 벗어날 수 없다. 평상시 안전운행 관리나 재난극복 훈련을 더 철저히 했어야 했고, 기업의 사회적 책임의식은 물론 종사원들의 고객보호 의무를 강화하고 안전지향적 생활문화와 교육을 강화했어야 했다.

이번 참사를 보고 뼈저리게 느꼈지만, 대형 사고의 위험에 노출된 국민의 자유시간을 온전히 보호하기 위해서는 범정부 차원, 그리고 민관협력을 통한 체계적 대책이 강구되어야 한다. 이제 국내 여행 시 '여행의 즐거움'에 앞서 '여행의 안전'이 더 기본적 가치가 되었으면 좋겠다. 관광정책 당국과 업계부터 안전 사각지대와 취약요소를 먼저 발본색원하고, 국민의 자유시간이 잘 보호되도록 제도 개선을 주도해야 한다. 더는 국민들의 자유시간에 행복은커녕 슬픔을 주지는 말자(출처: 서울신문, 2014. 4. 21; 註: 문맥 유지를 위해 최신 데이터로 수정하지 않음).

참고자료 29

메르스 사태와 중국관광객 유치

2015년 5월 말부터 불청객 메르스(MERS) 사태가 전국으로 확산되면서 온 나라가 큰 시름을 앓고 있다. 관광성수기임에도 불구하고 전국이 한산하다. 외국인들도 한국을 메르스 '수퍼전파 지역'으로 간주하고 여행예약을 대거 취소했다.

지난 1일부터 18일까지 방한하기로 하고 예약을 취소한 외국인은 총 12만 3,390명으로 이 중 중화권이 75.4%를 차지하고 있다. 메르스 사태 초기에 한국인 메르스 감염자가 홍콩을 거쳐 중국에 입국했으니 화들짝 놀랄 수밖에 없었고, 그러니 다른 나라들보다 중화권 국가의 방한 예약 취소가 더 많은 비중을 차지한 것이다.

그런데 중국 관광객들에게 이번 메르스 사태와 방한 취소는 한국에 대한 좋지 않은 이미지를 갖게 할 소지가 있어 적극적인 대응이 필요하다. 예를 들어보자. 지난 2000년부터 한국을 찾은 중국관광객들은 연평균 21.5%씩 높은 성장률을 보였다. 그렇지만 딱 한 번 감소한 적이 있다. 2002년 하반기 중국에서 발생한 사스(SARS) 사태로 인해 2003년 중국인들의 방한인원이 전년보다 4.8% 감소했다. 그런데 13년 만에 한국에서의 전염병 발생으로 중국인들의 '사스' 트라우마가 행동화된 것이다.

벌써 한국 대신 일본, 대만, 동남아 국가로 행선지를 바꾸고 있다. 일본은 엔저를 무기로 중국관광객 유치여건을 놀랄 만하게 개선했으며, 주력 방문층인 버링 · 쥬링허우 세대들은 1980~1990년대에 태어나 반일감정도 약하고 쇼핑, 유행, 감성 등을 추구하여 일본을 한국여행의 대안으로 삼는 것이다. 중국관광객의 입장에서 볼 때 일본은 '젊은 청년들'이 선호하는 관광지라면, 한국은 '젊은 여성들'의 관광지이다.

한국을 방문하는 중국인의 연령대는 20~30대가 전체의 46.2%를 차지할 정도로 저(低)연령화돼 있지만, 더 주목해야 할 점은 남성(37.5%)보다도 여성(62.5%)의 방문비율이 훨씬 높다. 벌써 메르스 사태로 인하여 이들 젊은 여성층들이 즐겨 찾는 면세점, 백화점, 호텔, 마트도 발길이 뚝 끊어졌다.

문제는 메르스 사태를 겪으면서 관광정책 당국이나 관광사업자들도 중국관광객 유치의 지속가능성에 대한 고민을 더 했으면 하는 바람이다. 중국 관광시장의 가장 큰 특징 중에 하나는 민족감정과 질병사태에 의해 여행수요가 급변하는 특징을 보이고 있다는 점이다.

원래 중국인들은 불과 5년 전까지만 해도 한국보다 일본을 더 많이 방문하였다. 그러던 것이 중 · 일 간 역사왜곡과 영토분쟁으로 2011년부터 방일 중국인이 급격히 감소하고 한국이 반사이익을 얻었다. 또한 필리핀 및 베트남은 남중국해 영토분쟁과 외교 갈등을 겪을 때 중국관광객이 급감하여 곤욕을 치르기도 하였다.

중국관광객들은 저성장 시대 세계경제의 성장동력이자 블루칩이며, 관광부문의 '큰손'으로 각광받고 있지만, 그들의 자존심을 건드리는 경우에는 시장의 흐름을 통째로 바꾸거나 판을 뒤집어 놓을 만한 게임체인저(game changer) 구실을 서슴없이 행사할 수 있다. 1980년대 이후부터 한 · 중 관광 교류는 줄곧 한국인의 중국방문이 방한 중국인 수보다 많았다.

그러나 2013년 방한 중국인이 처음으로 수적 우위를 보이게 되었고, 2014년에는 방한 중국인 수가 방중 한국인 수보다 무려 200만 명이 더 많은 613만 명으로 급증하면서 이제부터 중국시장 의존도가 더 높아질 것이다.

그동안 중국인 해외여행시장 대비 한국의 점유율을 보면 우리 정부와 관광업계가 상당히 많은 노력을 해 왔음을 알 수 있다. 2013년 중국인 해외여행자 9,818만 명중 홍콩과 마카오가 전체의 66.8%를 차지하였고, 나머지 33.2%를 가지고 전 세계 국가가 치열한 유치경쟁을 하였다.

그런데 한국이 4.4%를 차지했으니 엄청난 성과가 아닐 수 없다. 지난해에는 시장점유율이 5.6%까지 상승했다. 그래서 현재의 시장점유율을 유지한다고 가정하면 2020년 방한 중국인 수는 1,300만 명까지도 유치할 수 있다.

그러나 이번 메르스 사태를 겪으면서 "앞으로 중국관광객을 계속 유치하고 우리가 원하는 경제적 파급효과를 얻어낼 수 있을까?"하는 질문에는 선뜻 대답하기 어렵다. 왜냐하면 그동안의 중국관광객 유치가 양적인 성장에만 매몰되어 환골탈태도 못하고 있고, '저가 덤핑상품을 내걸고 관광객을 유치해 와서는 바가지요금 씌우는' 것이 대단한 기술인 것처럼 호도되어 왔기 때문이다.

이제는 '지속가능성'을 관광정책의 핵심 목표로 삼고 앞으로 예상되는 각종 위기에도 굳건히 견딜 수 있는 질적 관광산업 시스템을 만들어내야 한다. 이를 위해서는 중국시장 변화에 대한 선제적 대응, 중국인 맞춤형 관광서비스, 한국형 여행의료서비스 제도화, 고효율적 방문객 관리, 중국인의 지방분산과 관광거점 육성, 고부가 관광콘텐츠 발굴 등 '중국인 친화형 관광 패러다임'으로 탈바꿈해 나가야 한다(출처: 교통신문, 2015. 6. 26; 註: 문맥 유지를 위해 최신 데이터로 수정하지 않음).

12

관광의 지속가능성이 최우선이다

■ 관광정책의 방향, 지속가능성에서 찾자

관광산업에 대한 중요성이 증대되고 관광시장의 규모가 지속적으로 확대됨에 따라 많은 국가가 관광객 유치를 위한 다양한 관광 인프라를 확충하는 데 주력하고 있다. 관광산업에 대한 정책기조가 양적 성장에서 질적 혁신으로 전환되면서 관광산업의 창조역량, 융복합 관광 콘텐츠 구축, 지역주도형 관광개발 등이 적극 모색되었지만, 최근 세월호 침몰 이후 관광객 안전 보호도 새로운 과제로 급부상하고 있다.

창조성, 융복합성, 지역성, 안전성 네 가지 모두 관광의 질적 발전을 모색하는 데 있어서 중요한 가치임은 분명하지만 지속가능성을 가장 포괄적인 동시에 상위개념으로 삼아 관광정책의 핵심 기조가 됐으면 한다.

지속가능성의 개념이 어제오늘 도입된 것은 아니지만 제도화 노력은 아직 충분치 못했다. 여전히 우리 사회 곳곳에 양적 성장주의가 잔존하고, 안전 시스템이 부실한 상태에서 두꺼운 사회적 자본까지 형성되지 못함에 따라 세월호 침몰과 같은 대형 참사를 막아내지 못했다. 그동안 선진국 턱밑까지 따라왔지만 이제 명실상부한 선진국으로 올라서기 위해서는 처절한 반성과 지속가능한 철학의 생활화가 절실하다.

관광산업이 업종 간 네트워크 거래 구조를 유지하고 있었다는 점에서 세월호 침몰사건의 책임에서 완전히 벗어날 수는 없다. 그리고 자업자득인지 모르지만 국민적 조문 행렬, 정부의 수학여행 금지, 지역축제 연기 등에 따라 지역 관광업계가 큰 타격을 입게 됐고 정부는 이들 피해 업체에 대해 관광기금을 특별융자 해 주는 '악순환의 법석'을 떨었다. 이제야말로 지속가능성을 국정기조로 삼고 제도화된 시스템을 확립해 불필요한 사회경제적 비용을 최소화해야 한다.

관광분야도 더 이상 머뭇거릴 새가 없다. 지속가능성을 정책의 핵심기조로 삼아 근시안적 사고에서 벗어나 중장기 발전의 토대를 형성하고, 무리한 개발과 비효율적 투자보다는 수익을 창출할 수 있는 비즈니스 모형을 만들어내며, 지역 및 주민이 관광사업을 주도할 수 있도록 역량을 북돋워주며, 관광안전 시스템을 구축해 관광수요를 지속적으로 창출해야 한다.

지속가능한 관광을 생태 · 환경적 측면에 국한된 것으로 해석해서는 안 되며, 신뢰할 만한 관광수요-공급 네트워크를 구축해 경제 · 사회적으로 부유하고 행복한 관광산업 생태계를 만들어 가는 것으로 이해해야 한다. 이를 위해 효율적인 관광자원 개발 및 투자를 통해 내수소비 진작, 관광 일자리 창출, 지역별 관광격차 해소, 나아가 지역 행복생활권 창조로 이어지는 관광 트리클다운(tourism trickle-down), 즉 선순환형 관광 낙수효과를 창출해야 한다. 또한 관광산업도 IT와 공공데이터, R&D를 기반으로 문화유산, 헬스케어, 농어촌, 레저스포츠 등을 포용력 있게 지원하는 개방혁신(open innovation)형 솔루션을 확보해야 한다.

한편 관광산업에 대한 지역의 의존 비율은 커지고 있는 반면 대도시로의 청년취업과 농촌의 인구고령화 등으로 인해 지역의 활력이 저하되고 있는 상황을 감안해 일자리 중심의 관광 사회경제 구조를 확립하는 것이 필요하며, 도농 간 관광 네트워크를 확보해 줄 수 있는 지역 내 관광 디자이너, 관광 프로듀서, 관광 스토리텔러 등을 육성하는 데 주력해야 한다. 나아가 관광산업의 규모 확대에 부응해 국민의 행복여행을 지원할 수 있도록 관광 관련 시설과 자원의 안전성을 확보하고 각종 재난에 신속하게 대응할 수 있는 관광 안전 및 위기관리 계획을 수립·시행할 필요가 있다.

지속가능한 관광은 '지속가능성'의 틀 내에서 경제·사회·환경적으로 지속가능함을 추구하는 관광을 의미한다. 세계적으로 관광에 있어서 환경의 중요성에 대한 논의는 1960년대까지 거슬러갈 수 있다. 그러나 지속가능한 관광은 1987년 세계환경개발위원회가 브룬트란트 보고서에서 지속가능한 발전이라는 용어를 쓰면서 개념이 서서히 형성됐다.

이후 1995년 세계관광기구가 주도하여 제정한 '지속가능한 관광헌장'을 통해 지속가능한 관광의 원칙과 역할에 대한 지침을 제시하면서 본격적인 공론화 단계로 접어들었다. 2000년대로 들어와서는 친환경적인 자원개발과 관광활동, 기후변화 대응 전략과 실천방안에 대한 논의가 활발했다. 특히 2012년 Rio+20 정상회의를 통해 지속가능한 소비와 생산을 위한 주요 사업으로 지속가능한 관광이 선정됐다.

그동안의 지속가능한 관광에 대한 논의를 종합하면 1980년대까지는 지속가능한 관광개념의 도입기였으며, 1990년대는 지속가능한 관광개념의 형성기였다. 그리고 2000년대는 지속가능한 관광개발의 확산기였다면, 2010년대는 지속가능한 관광 거버넌스 구축을 위한 협력기라 할 수 있다.

이 시점에서 지속가능한 관광 거버넌스가 강조되고 있는 것은 관광의 규모가 커지고 사업범위가 넓어지면서 관련 이해 당사자들이 확대되고 있으나 이를 효과적으로 관리할 만한 파트너십과 네트워킹이 미흡하기 때문이다. 즉 관광발전의 이해 당사자 간 연계와 선순환 시스템 구축을 통해 지역경제 활성화, 일자리 확충, 지역문화 보존, 생태계 보호 등을 합목적적으로 달성해야 할 시점인 것이다.

그리고 지속가능한 관광 거버넌스를 구축하는 데 있어서 제반가치, 구성요소, 수급균형, 협력방안 등을 종합적으로 고려하고 정보와 지식의 공유, 상생과 협력을 통한 성과의 극대화 노력이 더 절실한 상태이다. 따라서 지속가능한 관광 거버넌스를 구축하기 위해서는 다음과 같은 원칙이 설정돼야 한다.

첫째, 지속가능한 관광의 가치창출을 위한 노력이 필요하다. 즉 경제 · 환경 · 사회문화적, 그리고 체험적 가치들이 상호 공존하고 다른 가치에 의해 일방적으로 저하되어서는 안 된다. 둘째, 지속가능한 관광은 기존의 관광객, 관광산업, 관광자원뿐만 아니라 지역사회가 중요한 구성요소라는 점에서 이들 요소 간 선순환 관계를 확보해야 한다. 셋째, 지속가능한 관광이 수요-공급 부문 간 균형을 확보하기 위해서는 관광 거래에서 지속가능한 소비와 생산(SCP)의 원칙을 적극 실천해야 한다. 넷째, 지속가능한 관광의 추진주체는 관주도적 개발방식에서 벗어나 지역 간 연계 협력과 민 · 관부문 간 상생적 개발방식을 적극 도입해야 한다.

그동안 우리 사회는 지속가능한 관광거버넌스의 구축 차원에서 '관광두레' 사업과 같은 성공적인 주민주도적 관광사업의 모델을 창출했으며, 관광관련 이해 당사자가 참여하는 '지역관광협의체'라는 거버넌스 체제를 활발히 도입하고 있다. 그리고 행정안전부는 정부 3.0 국민디자인단을 운영하면서 관광분야 전문가와 주민을 활용하는 관광서비스 디자인 사업을 확산시키는 계기가 되었다.

향후 지속가능한 관광거버넌스 체계를 성공적으로 구축하기 위해서는 무엇보다 관광부문의 이해 당사자들이 독자적 혹은 상호 협력을 통해 장기적인 이슈들에 대해 공동 대응하면서 관광발전의 가치를 극대화하여야 하며, 이를 위해 통합적(integrated) 거버넌스로 전환돼야 한다. 정부 차원에서 지속가능한 관광정책 및 중장기 관광진흥계획 등 굵직한 계획 수립 시 민간참여를 확대하고 있는 것은 바람직한 현상이며, 관광 트렌드 변화에 신속히 대응하기 위해서는 관련 부처 간 협력사업을 지속적으로 확대하여야 한다.

지역 차원에서는 공공부문과 나미지 부문 간의 이분법적 사고에서 벗어나 공동으로 관광발전을 위한 제도설계 및 조정장치가 강구돼야 한다. 이를 위해 지역 관광계획의 수립과정과 각종 위원회 제도의 운영 시 이해 당사자의 범위를 확대하고 정책참여의 폭을 넓히며 소통을 통하여 발전적인 대안들을 모색해야 한다.

그리고 지속가능한 관광거버넌스의 본래 취지가 소통과 협력을 통한 공동의 문제해결이라는 점에서 거버넌스 운영에 있어서 공공부문의 포용적 자세가 중요하며 자치단체장의 적극적인 관심과 지원, 그리고 공무원들의 협력적 태도가 요구된다.

끝으로 지속가능한 관광거버넌스의 성과 제고를 위하여 부처(서) 간 협의건수, 관광만족도, 주민과의 협의 건수, 자원개발 운영 시 주민의 참여 정도 등 성과측정 지표를 개발해 지속가능한 우수 관광도시제도를 시행하거나 기존에 운영 중인 '관광발전지수'나 '관광개발 가이드라인' 지침으로 반영돼야 한다.

■ 관광 만능주의와 오버투어리즘을 경계하자

"삼천리 금수강산 너도나도 유람하세 구경 못한 사람일랑 후회 말고 팔도강산 모두같이 구경 가세"의 가사로 시작되는 가수 서수남, 하청일의 '팔도강산 유람하세' 곡을 들어보면 1970년대를 전후한 여행풍속도를 잘 엿볼 수 있다. 당시의 관광은 주로 명산, 온천, 해변, 고적, 고궁 등을 둘러보며 맛있는 음식을 먹는 것이 전부였다.

그런데 수십 년이 지난 요즘 관광과 관광지의 개념이 크게 바뀌었다. 관광의 일반적 의미는 타 지역을 방문해 그곳의 아름다운 자연풍경과 유서깊은 역사유적을 보면서 쉬고 견문을 확대하는 활동을 가리킨다. 얼마 전까지만 해도 관광지는 일상 생활권과 별개의 공간이라는 시각이 지배했다. 그렇지만 근래 '모든 것이 관광자원(Everything is tourism)'이라고 할 정도로 여행 트렌드가 크게 변했다.

우선 주5일 근무제 및 휴가제도가 확대되면서 여행이 일상화됐다. 또한 정보기술과 자동차의 보급, 나아가 SNS의 영향으로 맘만 먹으면 어디로든 떠날 수 있다. 그런데 국립공원, 역사유적, 관광단지 등 전통적인 관광지들이 퇴조하고 있으며, 그 대신 있는 그대로의 삶의 모습, 즉 일상적인 것들이 새로운 관광자원으로 부상하고 있다. 서울의 북촌이나 전주 한옥마을, 통영 동피랑 마을 등이 대표적이다.

일상적인 삶의 모습이 관광의 주요 소재가 되었지만, 그렇다고 일상생활 공간의 관광지화에는 여러 가지 문제점이 있다. 너도나도 관광산업과 연결 지으려다 보니 지역주민들이 혜택을 보기보다는 오히려 심한 스트레스를 받고 있다. 과거 산업화와 교외화 현상으로 구(舊)도심의 공동화 현상이 발생하자 이를 타개하기 위하여 너도나도 관광연계형 재생사업을 전개하고 있다. 관광 부문도 모든 산업이나 지역까지 살려낼 것처럼 기세등등하다. 여기에 바로 관광 만능주의의 함정이 도사리고 있는 것이다.

관광객들이 주거지역까지 찾아가 소음과 쓰레기, 주차문제를 발생시키며 골목상권을 변형시킴에 따라 삶의 질이 급격히 하락된 거주민들의 분노를 초래하고 심지어 다른 지역으로 이주하고 있다. 또한 과도한 관광객들의 등쌀에 밀려 온전했던 커뮤니티가 붕괴되고 그로 인해 주민들의 집단적인 반발로 이어지고 있다.

지난 20여 년 동안 베니스, 바르셀로나 등 유럽의 주요 관광도시에 관광객의 대규모 유입으로 인해 발생됐던 관광공해 현상과 반(反)관광운동(일명 Tourist Go Out)을 반면교사로 삼아야 한다. 오버투어리즘은 어떤 한 지역에 너무 많은 방문객들이 집중되어 지역주민이나 관광객 모두에게 부정적인 영향을 줄 때 발생한다.

도로나 공공장소, 대중교통이 혼잡할 때 주민이나 관광객 모두 불편을 하게 되고, 관광 젠트리피케이션은 지역주민을 삶의 공간에서 퇴출시키게 되며, 결과적으로 지역의 전통과 제도가 소멸되고 대신 기념품점이나 방문자용 식음료 시설로 대체되는 것이다.

국제관광단체인 리스펀서블 트래블(Responsible Travel)은 전 세계 오버투어리즘 지도(The Over Tourism Map)를 제시하면서 지역주민 대비 관광객 수가 가장 많은 국가로 아이슬랜드이며 주민 대비 관광객 수가 6.52배에 달한다. 다음은 크로아티아, 바하마, 오스트리아, 사이프러스 등의 순이다. 그리고 도시를 기준으로 주민 대비 관광객 수가 가장 많은 도시는 이탈리아의 친퀘테레로 무려 1,800배나 달하고 있다, 다음은 할슈타트, 두브로브니크, 베니스, 산토리니의 순으로 나타났으며, 한국의 제주도가 9위에 랭크되어 있다.

세계의 오버투어리즘 지도

주: 현재 오버투어리즘은 유럽을 중심으로 발생되고 있으며, 아시아의 경우 교토(일본), 제주도(한국)가 극심한 상태임.

자료: https://www.responsibletravel.com/copy/overtourism-map

국가별 및 도시별 오버투어리즘 순위

국가별 순위			도시별 순위		
순위	국가	주민 대비 관광객(배수)	순위	도시	주민 대비 관광객(배수)
1	아이슬란드	6.52	1	친퀘테레	1,800
2	크로아티아	3.78	2	할슈타트	1,283
3	바하마	3.64	3	두브로브니크	1,000
4	오스트리아	3.34	4	베니스	364.64
5	사이프러스	3.01	5	산토리니	128.62
6	몬테네그로	3.02	6	잘츠부르크	45.94
7	그리스	2.53	7	교토	36.39
8	에스토니아	2.47	8	팔마 데 마요르카	32.26
9	아일랜드	2.15	9	제주도	24.8
10	덴마크	2.04	10	암스테르담	22.5

자료: https://www.responsibletravel.com/copy/overtourism-map

지역개발로 인해 지역에 거주하던 원주민이 내쫓기는 젠트리피케이션(gentrification) 현상에 이어 최근 일반 거주지역이 관광지로 부상하면서 몰려드는 관광객들로 인해 거주환경이 악화되는 투어리스티피케이션(touristification, 또는 tourist gentrification)에 대한 반발도 빈번히 발생하고 있다.

가수 이효리씨가 2013년 “친애하는 제주도 관광객 여러분, 죄송하지만 우리 집은 관광 코스가 아니다”며 여행풍토를 질타하고, 서울 이화동 주민들이 마을의 벽화에 직접 페인트칠을 해 버렸던 사건을 예사롭게 넘길 수 없다. 서울 북촌의 경우, 많은 관광객으로 인해 주민의 불만이 커지자 급기야 종로구청이 정숙관광 캠페인을 벌이기도 하였다.

서울 종로구청의 정숙관광 캠페인 포스터

자료: 시정일보(2018. 4. 4).

이제 일상공간이 관광지화 되면서 ‘관광이 관광을 망치는’ 현상을 더 이상 방관할 수 없다. 정부 차원에서 도시관광 활성화 사업을 통해 구도심의 재생을 꾀하고 있지만 이에 따른 부작용이 발생되지 않도록 사전 예방장치를 강구해야 한다. 도시관광특별지구를 지정하되 관광영향평가를 철저히 시행해 주민들의 삶을 해치는 시설이나 행태가 발생할 소지를 없애야 한다.

관광객의 과다 유입에 따라 주민생활 편의시설 대신 호텔이나 게스트하우스, 마트 등이 급속히 침투하면서 나타나게 되는 부동산 가격상승, 주차 혼잡, 쓰레기 투기 등 오버투어리즘의 폐해를 충분히 분석하면서 방지책을 강구할 필요가 있다.

관광객들도 여행매너를 바꿔야 한다. 남의 사적인 공간을 마구 침범한다든가 주민의 사생활을 침해하는 사진 찍기는 눈살을 찌푸릴 수 있다. 이에 따라 주민의 사생활과 기본적 권익을 침해하지 않으면서 상호 공존할 수 있는 착한 책임관광(responsible tourism) 문화가 정착돼야 한다.

관광은 모든 부문과 잘 융합할 수 있는 강점이 있다. 그러나 모든 부문을 살릴 수 있다는 관광 만능주의의 오만함을 벗어나 절제된 접근이 필요하다.

문재인 정부가 새롭게 '국민관광신탁제도'를 도입하겠다는 것도 구도심 및 낙후지역의 재생사업을 추진하는 데 있어서 큰 도움을 줄 수 있다. 관광개발 사업에 있어서 수요자와 공급자 간 공정한 거버넌스 기반을 구축하는 것이 중요하다.

단순히 소비적인 관광행태를 조장해서는 안 된다. 각 지역이 간직한 문화유산과 콘텐츠를 바탕으로 주민과 기업, 단체, 공공기관 등이 상호 협력하여 탐방 또는 체험 프로그램을 개발하고, 그 혜택이 골고루 되돌아갈 수 있도록 유도해야 한다.

또한 최근 들어와 오버투어리즘이 핫 이슈다. 오버투어리즘은 특정 공간에서 수용력을 초과할 정도로 관광객이 몰려들어 지역의 정체성이 훼손되고 지역주민의 삶의 질이 현저하게 떨어지는 현상을 말한다. 불과 10년 전까지만 해도 관광객들을 유치하느라 정부나 도시 모두 혈안이 돼 있었다.

그렇지만 요즘은 관광객들로 몸살을 앓는 도시들이 늘어나게 되면서 도시다운 기능을 제대로 하지 못하고 문화훼손, 교통대란, 주거난, 소음공해, 쓰레기 투기 등의 현상이 속출하고 있다.

해외의 뉴스매체에 자주 인용되고 있는 대표적인 도시들은 지중해 연안에 집중되고 있다. 스페인의 바르셀로나, 남 프랑스 연안 도시들은 물론 이탈리아의 베네치아가 대표적인 도시들이다. 이들 지역은 그동안 세계적인 관광도시로서의 수용태세를 갖춰왔음에도 불구하고 최근 들어 관광객의 급증으로 인해 수용력의 한계를 보이면서 관광의 경제효과보다도 사회문화적 부작용이 심심찮게 제기되고 있다.

우선 오버투어리즘의 발생 배경부터 살펴볼 필요가 있다. 가장 큰 이유는 역설적이지만 세계 평화와 번영에 기인한다. 제2차 세계대전 이후 평화를 구가하면서 국제관광객 수는 1950년 2,500만 명에서 2018년 14억 300만 명이 되기까지 약 56배가 늘어났고 전 세계 관광판도도 구미주 중심에서 벗어나 아시아까지 가세했다. 그런데 증가하는 관광객만큼 어떤 나라의 관광수용력도 비례해 개선되지 못했다.

또한 21세기의 ICT혁명도 오버투어리즘을 막지 못했다. 인터넷의 등장 이후 가장 두드러진 특징은 정보의 습득기회가 많아지면서 상대적으로 오지였던 지역이나 색다른 문화를 보유한 지역으로의 방문 열기를 고조시켰다.

수년전 이탈리아 라스페치아(La Spezia) 지방의 5개 해안 마을로 구성된 세계유산이자 이탈리아 국립공원인 친퀘테레('5개의 마을'을 뜻함) 중 마나롤라(Manarola)와 리오마조레(Riomaggiore) 2개 마을을 방문한 적이 있다. 뜻밖에 놀란 것은 이들 친퀘테레 마을이 최근 10여 년간 급격한 대중화로 본래의 정체성을 잃고 몸살을 앓고 있다는 점이었다. 또 급격한 패키지 관광지화로 방문객들은 마을의 역사 문화를 체험하기보다는 사진이나 찍고 젤라또를 사먹고 사진엽서나 기념품을 사 가는

'삶의 공간의 관광지화' 현상을 보이고 있었다. 역사문화 콘텐츠의 관광상품화를 한 수 배우러 갔는데, 오히려 관광객의 과도한 증가가 지역사회의 정체성을 훼손함에 따라 경각심을 주었다.

친퀘테레 전경

주: 이탈리아 서부 라스페치아 지방의 세계문화유산인 친퀘테레는 5개의 마을로 구성된 독특한 역사문화적 자산을 보유하고 있었지만 너무나 유명한 나머지 관광의 대중화, 패키지화로 인하여 본래의 정체성을 잃고 있다. 이로 인해 지역주민의 삶의 공간까지 관광지화되는 폐해를 보이고 있다.

오버투어리즘을 부추긴 경우도 있다. 국제기구나 각국 정부, 그리고 지역사회 모두가 은근히 대규모 관광객 유치를 유도함으로써 오버투어리즘을 예방하지 못했다. 선진국뿐만 아니라 많은 개도국들은 매년 관광객 유치목표를 설정하고 달성하는 데 골몰했다. 이러한 '목표달성'

문화가 반드시 나쁜 관행은 아니지만 사전에 충분한 대책을 강구하지 못한 것이 결정적인 실책이다. 국제기구들도 '세계문화유산'과 같은 제도들을 도입하면서 유산의 엄격한 보전보다는 이용에 더 방점을 두는 데 일조했다.

도시 전체가 관광지가 되는 경우도 있지만 서울시의 경우에서 나타나고 있는 것처럼 도시 내 일부 지역에서 급속히 관광지화되는 현상, 즉 투어리스티피케이션은 오버투어리즘의 부작용을 지역주민이 감수해야 하는 매우 심각한 상황이다. 서울시의 북촌 한옥마을이나 이화동 벽화마을 등에서 발견되고 있듯이 관광지화는 오랫동안 거주해 왔던 주민들의 삶 자체에 큰 영향을 줌에 따라 반관광(anti-tourism) 운동으로 표출되고 있다. 여기에 아시아 신흥국에서 온 일부 관광객들의 매너없는 행동들로 인하여 관광에 대한 부정적 인식도 커지게 되었다.

그렇다고 지역을 찾아온 관광객들에게 '고 홈(Go home)'을 외치는 것은 현실적인 대응이라고 생각하지 않는다. 통제불가능한 관광현상을 통제가능케 하며 관광객과 지역주민 모두가 상생하는 시스템을 만들어 볼 때다.

그동안 국제기구나 시민단체 들이 공정관광, 책임관광, 착한관광, 지속관광 등을 주창하며 관광행태의 변화를 기대했지만 큰 소득이 없었다는 점을 잘 인식해야 한다. 관광객의 변화만 기대해서는 안 된다. 관광지화되었지만 고유성을 잘 간직하고 있는 프랑스 남부 니스 지방의 예술인 마을인 생폴드방스(Saint-Paul de Vence)의 관리체계에서 해답을 찾아보자.

해결책은 지역주민의 힘을 길러주고 그들에게 권한을 주어 커뮤니티 중심적으로 전환하는 것이다. 서울 서촌에서 행해지는 '골목 가이드투어'는 지역 내 전문가를 해설사로 활용하여 방문객들의 지적 욕구를 제대로 충족시켜주는 대표적인 대안이 될 수 있다. 북촌지역에서 거주지 내 입장을 통제하는 '관광이용시간제'도 엄격 시행돼야 한다.

역사문화 지구의 관광지화에 따라 고유한 스토리 소재들은 줄어들고 늘어나는 것은 카페나 음식점, 기념품점뿐이다. 더 이상 외부 자본에 의해 관광행태가 변질되어서는 안 된다. 지속가능한 관광지로 탈바꿈하기 위해서는 지역주민과 함께하는 '행복관광공동체' 지원사업을 도입하여야 한다.

그동안 '관광두레'와 같은 사업을 통해서 지역주민의 관광사업 역량을 길러냈듯이, 도시재생을 통해 새롭게 부상하는 관광지구의 경우에는 처음부터 주민이 참여하는 견고한 관리운영 제도가 시행되어야 한다. 더 이상 '소문난 잔치에 먹을 것 없다'는 말이 나와서는 안된다.

■ 농촌의 지속가능한 관광비즈니스 모델을 창출하자

그동안 정부 차원에서 농촌살리기 운동을 다각적으로 추진하였으며, 2003년부터 시작된 '1사1촌' 운동은 도시와 농촌의 교류활성화를 통하여 상생을 모색하고 있으나 이러한 캠페인이 관광적 차원에서는 주목받지 못하고 있다. 이에 기존 1사1촌 운동을 한 단계 격상시켜 농촌관광을 체류형 비즈니스 모델로 개발함으로써 도시민들이 장기체류하면서 정주할 수 있는 여건을 만드는 것이 농촌지역의 활성화에 중요한 과제로 부상하고 있다. 즉 기존 '도농상생형 농촌만들기' 사업의 후속으로 체류형 관광교류 비즈니스 모델을 도입하여 농촌의 지속가능한 발전방안을 모색해야 한다.

현재 농촌인구의 노령화와 과소화가 매우 심각하여 범정부 차원에서 대응이 필요하다. 전국의 읍면단위 인구비중이 1980년의 43%에서 2000년의 경우 20%로 감소하고 있으며, 2011년에는 17.6%로 감소하여 농촌의 활력이 계속적으로 저하될 것으로 보인다. 농촌의 경우 65세 이상의 고령자의 비중이 1995년의 11.8%에서 2010년에는 20%를 상회할 것으로 전망된다.

또한 농업소득의 정체와 농외소득의 감소로 인하여 농가소득이 정체상태에 있으며, 이로 인하여 1990년대 중반 이후 도농 간 소득격차가 빠르게 확대되고 있다. 도시근로자 가구소득과 비교한 농가소득의 비중은 1995년의 95% 수준에서 2000년에는 80.6%, 2004년에는 77.6%로 더욱 하락하고 있다.

관광사업은 농업개방 등의 여건 극복을 위한 내발적 자구책으로 주목받고 있다. 전통적인 농업정책에만 의지해서는 농어촌 지역의 활성화를 기대하기 어려운 상황에서 농업소득의 감소분을 대체할 수 있는 새로운 소득원의 개발이 필요하며 그 대표적인 수단으로 관광사업이 각광을 받고 있다.

한때 농외소득기반의 확충이 시급한 과제로 등상함에 따라 농촌의 잠재자원인 농업, 전통문화, 자연경관 등을 활용한 지역활성화 수단으로 농촌관광(농업+관광사업)이라는 1.5차 산업이 등장하였다. 최근에는 전통적인 농업(1차 산업)에 지역특산품(2차 산업)과 숙박관광 서비스(3차 산업)를 혼합한 6차 산업이 새로운 농촌관광의 트렌드로 부상하고 있다.

그러나 국민생활수준 및 가치관의 변화에 따라 아름다운 자연경관을 감상하면서 건강과 실질적 체험을 중시하고 있으나 기존의 농촌관광개발 계획제도에서는 이러한 사회적 흐름을 적극적으로 수용하지 못하고 있는 한계성을 극복할 필요가 있다. 주5일 근무제의 확대 시행, 휴가분산제 시행, 웰빙 열풍, 은퇴 샐러리맨의 증가, 건강에 대한 관심 증대에 따라 전원지향적 라이프스타일이 갈수록 농후해지고 있다.

국민의 환경에 대한 인식수준은 다른 어느 사회문제보다 높으며, 중앙정부 및 지방자치단체도 녹색환경을 보전하기 위하여 다각적인 노력을 경주하고 있다. 최근 급속한 도시화 및 도시성장의 시대가 종언을 고하고 지속가능성과 삶의 질을 추구하는 시대가 됨에 따라 아름다운 마을 등 양호한 경관에 관한 국민의 관심이 높아지고 있다.

1999년 농협의 팜스테이(farmstay)를 시작으로 기존의 관광농원 방식과는 다른 새로운 형태의 농촌관광사업이 중앙정부, 지자체, 그리고 주민 사이에서 활발하게 진행되고 있으며, 중앙정부 차원에서는 농식품부, 농촌진흥청, 해양수산부, 환경부, 행정안전부 등에서 농어촌을 대상으로 한 관광마을 사업을 전개하고 있다.

특히 문화체육관광부는 관광행정의 주무부서로서 주5일 근무제 시대, 국민생활관광의 실천 차원에서 농촌관광에 적극적인 관심을 보이고 있다. 일본의 경우에는 2008년 7월 "관광지개발법"을 공포하여 국내 및 외국 관광객들이 특정 관광지에서 2박 3일 이상 여행할 수 있는 관광지 개발을 적극 지원하고 있으며, 2012년 3월 현재 48개 지역이 선정되어 있다.

지방자치단체의 경우 농촌지역 활성화를 위한 주요 전략으로 농촌관광, 도농교류, 장소판촉 등을 채택하는 움직임이 증가하고 있으나 몇몇 지자체를 제외하고는 제도적, 인적, 물리적 기반이 부족하여 가시적 성과를 얻는 단계까지 진전되지 못하고 있다.

이제 하드웨어형 농촌개발에서 농촌의 자주적인 체류형 관광교류 비즈니스 모델을 개발할 때이다. 기존에 추진되고 있는 정부 차원의 농촌관광지원사업은 여전히 하드웨어형 농촌관광개발에 초점을 두고 있으며, 앞으로도 수년간 지속적인 지원책이 필요한 실정이나 이와 동시에 개발된 농촌 관광인프라를 최대한 활용할 수 있는 새로운 접근방식의 접목이 필요한 실정이다.

향후 농촌지역을 대상으로 한 관광사업은 지역사회가 관광서비스의 공급을 주도하고, 지역사회의 노력에 대한 보상시스템을 도입하며, 지역사회와 관광객 간의 지속가능한 유대를 형성하기 위한 마케팅을 적극적으로 추진될 필요가 있다.

농촌관광사업은 도시민의 농촌방문을 확대하고 그들에게 질적인 여행만족과 체험을 제공하고 농촌의 특산품을 구매할 수 있는 기회를 제공하는 데 초점을 두어야 하며, 이를 위해서는 농협 등이 추진하고 있는 '1社1村' 운동에서 '체류형 농촌관광 비즈니스 모델' 개발을 통하여 실질적인 농촌살리기 운동으로 개선되어야 한다.

정부 및 공공단체에서 기존에 추진하고 있는 농어촌지역 대상 관광개발 및 관광사업의 현황을 살펴보면 다음과 같다. 우선 중앙정부 차원에서 추진되고 있는 농촌관광사업은 농식품부(녹색농촌 체험마을, 관광농원, 문화마을 등), 농촌진흥청(농촌전통 테마마을), 해양수산부(어촌체험 관광마을), 행정안전부(아름마을 가꾸기), 산림청(아름다운 마을숲 조성, 산촌마을), 환경부(자연생태 우수마을)에서 각각의 특성을 살린 농촌관광사업을 전개하고 있으며, 나름대로 괄목할 만한 성과를 가져오고 있다.

정부 및 공공단체의 농촌관광 육성사업 현황

사업명	추진주체	추진사업내용
녹색농촌 체험마을	농식품부	농촌관광마을 경관조성, 생활편의시설 등 기반시설 지원
관광농원	농식품부	농어촌의 자연자원과 농림수산 생산기반을 이용하여 관광객에서 서비스를 제공하는 농원 지원
문화마을	농식품부	문화마을을 대상으로 생활환경을 정비하고 농촌관광, 농촌체험, 소득증대 및 생산기반과 연계추진

농촌전통 테마마을	농촌진흥청	고유한 농촌전통문화를 테마로 발굴 · 보전하여 농촌활력화 및 도농교류 기여
어촌체험 관광마을	해양수산부	어업과 관광을 접목하여 어업외 소득증대 및 어촌경제 활성화
아름마을 가꾸기	행정안전부	쾌적한 자연 및 생태공간 및 전통문화를 테마로 개발
아름다운 마을숲 조성	산림청	농산촌의 생활환경을 개선하고 녹색관광과 연계한 소득증대 모색
산촌종합개발 (산촌마을)	산림청	산림 · 휴양자원을 활용한 소득원 개발과 주거환경 개선으로 낙후된 산촌마을의 개발
자연생태 우수마을	환경부	자연생태계가 잘 보전되거나 훼손된 생태계를 성공적으로 복원

관광주무부서인 문화체육관광부도 보다 적극적으로 관광마을사업에 대한 종합적인 정책 평가 및 조정, 나아가 대안제시 등을 강구할 필요가 있다. 그러나 농촌관광 육성에 있어서 관광이 중요한 비중을 차지하고 있음에도 불구하고 문화체육관광부의 농촌관광지원사업은 이루어지지 않고 있는 실정이다.

문화체육관광부의 경우에도 1969년부터 관광지 지정 · 조성사업, 1974년부터 관광단지 개발사업을 추진해 왔으며, 2000년대 신관광시대를 맞이하여 1999년부터 문화관광자원 개발사업, 2003년부터 생태 · 녹색관광자원 개발사업을 추진하는 등 관광자원 개발사업의 다각화를 추진하고 있으나 국내관광 활성화 차원에서 관련 기관과 공동으로 체류형 농촌관광 비즈니스 모델을 적극 검토하여 추진할 필요가 있다.

참고로 일본은 농촌관광진흥을 위하여 1995년 “농산어촌체류형여가활동 촉진법”을 제정하여 농촌체류형 여가활동을 위한 지원책을 추진 중이며, 관광부문의 경우 2008년 관광지개발법을 제공하여 국내외 관광객들이 2박 3일 동안 체류할 수 있는 농촌관광지 개발사업을 추진 중(현재 48개 지역 선정 육성 중)에 있으며, 특히 일본의 동북(東北)지방에서는 지역자원을 활용한 체류형 비즈니스 모델을 개발하여 성공한 바 있다.

민간부문의 경우, 농협은 1999년 농촌관광활성화 차원에서 팜스테이 제도를 도입하여 시행 중에 있으며, 2003년부터는 '1촌1사 운동'을 적극적으로 전개하여 괄목할 만한 성과를 보이고 있다.

농협을 중심으로 구성된 농촌사랑 범국민운동본부의 사업은 농촌주민이나 마을이 주도적이기보다는 자매결연을 추진하는 기업을 중심으로 추진됨으로써 농어촌 주민의 주도적 참여에 장애가 될 수 있다.

기존 1사1촌 운동은 기업의 사회봉사활동을 농촌과 연계하여 기업의 이미지를 제고하고 기업체 임직원의 여가복지 증진에 초점을 둠으로써 '1사1촌 운동'의 방향을 '체류형 농촌관광 비즈니스 모델' 개념으로 심화·확대시킬 필요성이 제기되고 있다. 그렇지만 농촌돕기 운동(1사1촌) 차원에서 농촌정체성 찾기운동으로의 전환이 필요하다.

체류형 농촌관광 비즈니스 모델은 농촌의 정체성 확립과 어메니티 및 관광인프라 확충 차원에서 먹거리, 볼거리, 즐길거리, 살거리, 잘거리 등을 확충함으로써 지속적인 농촌매력을 창출하는 방향으로 전환하는 데 초점을 두고 있다.

체류형 농촌관광 비즈니스 모델이 성공적으로 추진되기 위해서는 수요자(기업)의 지속적인 확보와 더불어 공급자(농촌)의 매력성, 정체성 확보노력이 시급히 추진되어야 할 것이다. 체류형 농촌관광비즈니스 모델 개발은 크게 3가지 관점에서 추진될 필요가 있다.

첫째, 자원이용형 관광개발은 농촌마을이 각기 지니고 있는 각종 관광매력자원을 최대한 활용하는 방식이다. 둘째, 자원복원형 관광개발은 농촌마을의 역사와 전통·풍습 등을 발굴, 복원하여 마을의 정체성을 확립하고 이를 관광매력으로 활용하는 방식이다. 셋째, 자원창조형 관광개발은 관광매력이 부족한 마을의 경우 새로운 관광자원을 창조하여 체류형 관광객을 유치하는 방식이다.

체류형 농촌관광 비즈니스 모델을 개발하기 위해서는 농촌마을의 정체성 확립과 상품개발 방안을 검토해야 한다. 즉 1촌1사1품 운동의 성공적 추진을 위해서는 마을별 매력대상(먹거리, 볼거리, 즐길거리, 살거리, 잘거리 등)의 발굴, 개발이 시급하다는 점에서 지역특산품의 명품화 사업의 전개가 필수적이다. 그리고 기존의 주유형(돌아다는) 관광패턴에서 체류형(머무르는) 관광패턴으로 농촌관광을 육성할 수 있는 방안을 탐색해야 한다.

이를 위한 사업으로 지역특산품을 활용한 농촌지연산업(향토산업)의 육성, 자매결연 기업이 농촌과 연계하여 1촌1품 운동을 지원하고 기업도 일정 수익을 올릴 수 있도록 하는 사업공동체의 육성, 농가식당 등 청정농산물을 원료로 하는 독창적인 먹거리 문화의 육성, 농촌경관정비사업의 지속적 추진(꽃길, 경관작물, 성황당, 당산나무, 마을지붕색, 마을담장 등)을 들 수 있다.

더 나아가 체류형 농촌관광 비즈니스 모델의 개발 방향은 기존 '1사1촌 운동'을 확대한 '체류형 농촌관광 비즈니스 모델'이 범국민적 지원 속에 추진될 수 있는 추진체계, 법적 · 재정적 · 세제 지원책 등을 강구하는 것이다. 또한 농어촌의 지연산업 육성을 통한 농어촌의 지역혁신체계를 구축하며, 체류형 농촌관광 비즈니스 모델의 성공적 추진을 위한 인적 인프라 구축을 위한 다양한 교육훈련 방안을 강구하는 데 두어야 한다. 그 주요 사업추진의 방침으로 다음을 설정할 수 있다.

체류형 농촌관광 비즈니스 모델의 개념도

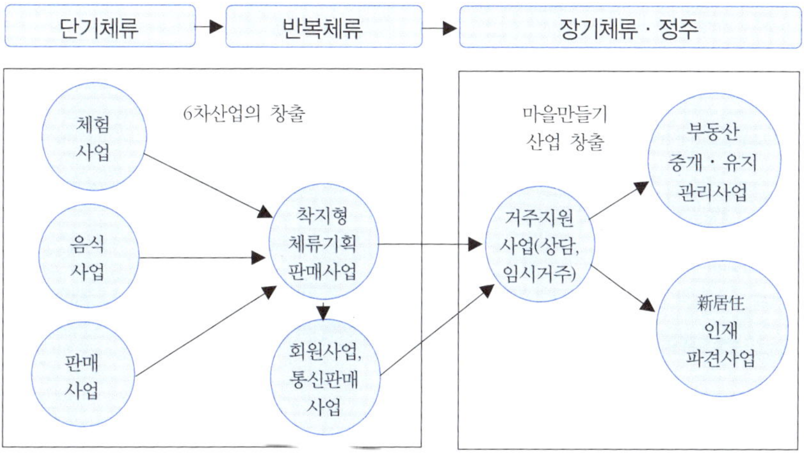

자료: 일본 사례.

첫째, 체류형 농촌관광 비즈니스 모델의 개발이다. 체류형 농촌관광 비즈니스 모델의 발전단계를 현재의 단기체류에서 반복체류로 유도하고 장기적으로 장기체류 및 정주단계로 발전시켜 농촌의 활력증진 및 인구유입에 기여토록 하고, 단기체류와 반복체류 단계에서는 6차 산업의 창출에 주력하며, 장기체류 및 정주 단계에서는 마을만들기 산업창출에 주력할 필요가 있다.

그리고 주요 추진 사업으로는 2박 3일형 농촌관광마을의 육성, 관광정보서비스의 개선, 주민 직접 참여형 관광코스의 개발, 역사적 건물의 개조 및 활용, 교통편의 증대 및 편의성의 개선, 체류확대를 위한 행사개최 등이다.

둘째, 농촌 관광상품 및 서비스 개발과 판매방안의 강구이다. 대도시를 제외한 전국의 9개 도를 대상으로 개발유형별 1개 마을씩 최대 27개 마을을 심사 · 선정하여 사업을 추진하고 개발타당성이 높은 마을을 선정 · 육성한 후 그 효과에 의거 연차적으로 확대한다. 상품개발의 대상을 먹거리, 볼거리, 살거리, 즐길거리, 잘거리 등으로 구분하여 관광마을별 1품 운동을 달성할 수 있도록 유도하며, 농촌관광사업의 활성화를 위하여 연구개발 기관과의 제휴를 모색하도록 한다.

그리고 사업투자 시 공공지원 외에 민간투자의 비중을 강화하여 자매결연 기업 및 기관과 지역주민의 대응투자 능력이 우수한 마을에 인센티브를 제공하며, 이를 위해 중앙정부, 지자체, 공공기관, 시민단체, 지역주민의 협력시스템을 구축하며, 농촌관광기회 제공과 더불어 '농어촌 관광마을' 이용 확대를 위한 '농촌여행상품권' 제도의 도입가능성을 검토한다.

이제 체류형 농촌관광 비즈니스 모델 개발을 통한 농어촌 마을의 특성화를 도모해야 한다. 기존 1촌1사 운동은 도농교류에 초점을 두고 있으나 마을 단위의 이미지 창출, 사업특성화 유도에 미흡하다는 점에서 인센티브의 기준으로 명품개발 노력을 추가함으로써 농어촌 마을의 특성화, 차별화를 유도하고, 인구유입에 기여할 수 있다.

그리고 체류형 농촌관광 비즈니스 모델을 통해 국내관광기반을 확충하고 해외여행의 억제 효과를 도모할 수 있다. 체류형 농촌관광 비즈니스 모델 개발은 21세기 새로운 관광(new tourism)으로의 패러다임 변화에 부응하는 생활관광, 녹색관광, 생태관광, 문화관광의 실천적 대안으로서 국민의 여행욕구 변화를 수용하는 동시에 1주일 또는 한 달 살아보기 프로그램 지원을 통하여 해외여행의 억제 효과를 가져올 수 있다.

농어촌의 체류형 농촌관광 비즈니스 모델의 개발이 성공하기 위해서는 주민의 참여를 통하여 종래와는 다른 방식의 상향식 개발로 육성하며, 주민의 참여와 협력을 전제로 한 다양한 인센티브를 제공해야 한다. 그리고 이를 계기로 '체류형 농촌관광 비즈니스 모델'을 세계적 농촌발전 모델로 육성해야 한다. 이제 한국의 체류형 농촌관광 비즈니스 모델을 조기에 정착시켜 거꾸로 일본, 중국, 동남아 등 지역의 벤치마킹 대상으로 삼아야 한다.

참고자료 30

지역주민이 주도하는 지속가능한 축제로

지난 2005년 3일 상주에서 발생한 대형 참사로 축제의 계절 10월이 처음부터 얼룩진 채 시작되었다. 참사의 원인을 놓고도 행사 관계자인 방송국, 기획사, 시 당국, 경찰 등 누구 하나 책임지려는 자세를 보이지 않고 있다. 그러다 보니 참사의 책임을 애꿎은 군중심리로 전가하려는 징조까지 보이고 있다. 아마도 가장 큰 원인은 안전불감증일 것이다. 매번 사고가 나면 수선을 떨던 안전의식도 때가 지나면 어느새 사라져 버리고 만다. 또한 사고를 강 건너 불 보듯 하는 우리의 경각심 부족과 "나는 괜찮겠지" 하는 무책임이 사고를 양산하고 있다.

사고의 실질적 원인 외에 우리네의 일그러진 축제문화도 사고를 방조하고 있다. 지방자치 이후 우후죽순처럼 생겨난 수많은 축제들은 지역의 전통성은 물론이고 주제 설정(theming)도 미흡하다. 또 경쟁적인 축제 개발로 지자체 간에 유사 축제가 범람하고, 주민의 자발적 참여가 부족해 관 주도적 축제로 전락하고 있다. 여기에 지나친 상업성으로 지역의 정체성을 찾지 못하고 있으며, 내용과 프로그램이 졸속으로 구성되어 형식적 축제에 그치는 등 여러 가지 문제점을 지니고 있다. 한마디로 건전한 축제문화가 부족한 것이다.

여기에다 지역축제들이 사람 모으기에 집착하다 보니 안전에 신경을 쓸 겨를이 없는 실정이다. 매년 전국에서 개최되는 축제의 30%가 10월에 집중됨에 따라 한정된 축제 참가자를 놓고 수십 개의 축제가 관광객 유치경쟁을 벌이고 있다. 말단 공무원들은 축제 준비 때문에 파김치가 되어 집에 들어간다. 이 상황에서 안전관리에 어떻게 신경을 쓸 수 있겠는가? 축제 프로그램에서도 대형 쇼(show)를 중시하고 있지만 대개 축제의 본질과는 동떨어진 프로그램들이다. 결국 축제 성격에 부합하는 프로그램에는 관객이 부족하여 제대로 치르지도 못하여 부실 축제로 전락하고 만다.

정부의 축제 평가도 축제의 외형적인 면에만 집착하다 보니 지역문화축제도 그 잣대에 맞추어지고 있다. 관광객이 얼마나 왔는가, 이들이 뿌리고 간 돈은 얼마인가, 그리고 홍보, 상품, 먹거리 등을 강조하면서 관광 지향적 축제를 조장하고 있다. 지역주민이 자발적으로 참여하여 주민 간 공동체적 의식과 동질성을 확인해 주는 의미 깊은 축제로 승화시키는 데에는 인색하다.

우리의 지역문화축제가 바람직한 방향으로 전개되기 위해서는 주민의 공감대 확보와 적극적인 참여를 전제로 해야 한다. 지방자치제 이후 나타난 지역문화축제 중에는 지역주민의 공감대가 형성되지 못한 상태에서 자치단체장과 축제기획사가 담합하여 몇 번 개최하다 만 경우가 허다하다. 그러므로 지역의 특성과 무관하게 별 요사스러운 축제를 도입하는 행태도 지양되어야 한다.

또한 축제가 너무 많다. 축제를 통 · 폐합하거나 개최 시기를 다른 계절로 분산해야 한다. 어떤 시 · 군에서는 10월에만 서너 개나 되는 축제를 개최함으로써 행정공백을 초래하고 있다. 나아가 축제의 성공 여부를 몇 명이 와서 얼마나 쓰고 갔는가로 평가하는 방식에서 벗어나야 한다. 지역의 자랑스러운 문화를 축적하고 공유하는 데 도움이 되는 축제가 진정한 축제이다. 따라서 생명력을 가지고 지속 가능한 축제가 되기 위해서는 주민이 주도하고 참여하는 축제로 환골탈태해야 한다.

가장 선순환적이며 지속가능한 지역문화축제는 무엇인가? 지역주민의 생활과 유리되지 않고 자발적이며 일종의 세시풍속으로 자리를 잡는 가운데 관광객이 저절로 찾아오고 지역이미지가 제고되어 경제활성화에 보탬이 되는 축제이다. 순리적으로 풀어 가야지 돈부터 생각하는 역순환의 축제관은 퇴치되어야 한다. 이러한 축제문화의 정립을 위해 중앙정부는 물론 지방자치단체들도 기존에 이루어지는 축제들에 대해 냉철히 분석하고 개선책을 강구할 필요가 있다(출처: 경향신문, 2005. 10. 9; 註: 문맥 유지를 위해 최신 데이터로 수정하지 않음).

제7편

지역관광 활성화와 품질향상

13 지역관광 활성화 추진체계를 정립하자
14 지역관광수용태세와 품질을 개선할 때다

구성과 주요 내용

제7편에서는 관광정책의 초점이 국가적 관점뿐만 아니라 지역의 관점으로 옮겨감에 따라, 지역관광 활성화 정책이 활발히 모색함에 따라 '지역관광 활성화와 품질향상'을 제목으로 삼았다. 이와 관련하여 '지역관광 활성화 추진체계를 정비하자'와 '지역관광수용태세와 품질을 개선할 때다'를 주제로 선정하였으며, 여전히 미흡한 추진체계, 관광품질을 집중 논의하였다.

13

"지역관광 활성화 추진체계를 정비하자"에서는 2010년대 중반부터 지역관광 활성화를 위한 추진체계(조직, 예산 등)의 정립 필요성이 제기되면서 등장한 지역관광협의회, 지역관광지원기구 등에 대한 검토를 하였다. 이와 관련 필자가 작성했던 자문원고를 수정 보완하여 '지역관광협의회를 활성화 하자'와 '지역관광산업진흥원을 운용하자'를 제목으로 엮었으며, 2019년 정부의 지역관광 활성화 사업 중 하나인 '정부의 지역관광지원센터 구축사업'을 검토하고 개선방안을 추가로 제시하였다.

14

"지역관광수용태세와 품질을 개선할 때다"에서는 지역관광의 글로벌화를 위하여 관광수용태세에 대한 추진현황과 개선방향을 살펴보았으며, 점차 증가하고 있으나 수도권에 집중된 외래객의 지역분산을 위한 교통서비스의 개선현황과 철도관광 서비스 개선방안과 외래관광객의 지역분산 차원에서 '관광 · 항공 협력강화와 지방공항의 활성화' 방안을 제시하였다. 그리고 중앙정부 차원에서 관광품질 인증제 사업을 추진하고 있어 그 방향성을 제시하였으며, 개별자유여행 시대에 부응한 세심한 관광서비스 전달을 위하여 디테일(detail) 강화전략을 제안하였다. '농촌관광도 이제는 품질이다'라는 신문 칼럼을 참고자료로 제시하여 지역관광 전반에 걸쳐 수용태세 개선과 품질개선 방안을 살펴보았다.

13

지역관광 활성화 추진체계를 정립하자

■ 지역관광협의회를 활성화하자

지난 수십 년간 지역관광 활성화를 위한 다양한 사업을 추진해 왔으나 추진체계의 획기적 개선이 미흡한 상태에서 추진함에 따라 그 성과가 높지 않았으며, 지방주도, 전문기관, 민간참여라는 시대적 흐름을 충분히 반영하지 못하고 있다.

그동안 관광관련 행정기구(TA, Tourism Administration)는 중앙정부, 광역지자체, 기초지자체별로 체계적으로 구축되어 왔으나, 홍보마케팅과 관광자원 개발을 담당하는 관광진흥기구(TO, Tourism Organization)의 경우 한국관광공사 외에 서울, 부산, 경기, 제주, 경북 등 일부 광역지자체, 그리고 강릉, 태백 등 일부 기초지자체에 구성·운영되고 있다.

그리고 각 지자체별로 대부분 관광진흥을 위한 위원회 형태의 '관광발전위원회'가 구성되어 있으나 대부분 자문기능에 그치고 실질적인 역할을 수행하지 못하고 있다. 현재 지역에서는 지역관광협의회의 역할을 가진 유사한 형태의 조직이 일부 시·군에서 운영 중이나 민·관 파트너십을 통한 지역관광산업의 진흥, 협의적 의사결정 등의 역할이 미흡하다.

중앙-지방 관광추진조직 현황

성격	공공			공공+민간	민간
중앙	National Tourism Administration	National Tourism Organization	CVB		관광협회
	문화체육관광부	한국관광공사	한국관광공사 내 컨벤션뷰로		관광협회중앙회 업종별 협회 등
광역	Regional Tourism Administration	Regional Tourism Organization	RCVB	RTB/LTB 부재	지역관광협회
	광역시·도 관광행정조직	지역관광공사 (경기, 제주 등)	경기, 제주 등		17개 시도 지역 관광 협회
기초	Local Tourism Administration	Local Tourism Organization	LCVB		관광협회지부
	시·군 관광행정조직	지역관광공사 (강릉, 태백, 통영 등)	대구, 부산, 서울, 인천 등		산정호수·평택호·여수시 지부 등

자료: 최자은(2013), 지역관광발전 추진체계 개선방안 연구, 한국문화관광연구원.

관광부문에 있어서 지방분권이 진척됨에 따라 지역사회의 주체성을 발휘하는 데 있어 민간의 역할이 적극적으로 요구되고 있으며, 공공과 민간의 파트너십을 형성하는 것이 중요하다. 정보기술의 발달, 비정부조직(NGO)의 활성화 등의 여건변화에 따라 지역관광에 있어서도 정책 이해관계자의 소통과 참여가 활발히 모색될 필요가 있다.

지방분권화 실시로 인해 지역사회의 문제를 결정함에 있어 중앙정부에서 지역사회로 중심의 이동에 따른 민·관부문 간 협치(governance)의 필요성이 제기됨에 따라 지역관광산업의 발전을 위해 지역관광협의회의 활성화가 필요하고 이를 위한 정책적 지원을 모색해야 한다.

전통적인 지방정부 모형으로는 새롭게 등장하는 다양한 정책수요에 대응하는 데 있어서 여러 가지 문제점이 나타나고 있으며, 이를 해결하기 위해서는 단지 운영기법의 개선이라는 미봉책이 아니라 지방정부의 운영방식에 있어서 새로운 패러다임의 도입이 필요하며, 거버넌스형 지역관광발전 추진체계가 새로운 대안이 될 수 있다.

이에 따라 지역관광협회의회는 지방분권 시대에 지역사회(민간)의 역량을 활용하여 민·관협력형 관광발전 추진체계를 구축하여 지역홍보, 마케팅을 효율적으로 담당토록 하는 데 있다.

관광진흥법 제48조에 명시된 지역관광협의회는 관광사업자, 관광관련 사업자, 관광관련 단체, 주민 등이 공동으로 지역의 관광진흥을 위하여 광역 및 기초 지방자치단체 단위로 구성할 수 있다. 관주도에서 민간주도의 관광진흥을 모색하고, 관광중심에서 관련부문 사업자까지 포괄하며, 광역 및 기초 지자체 모두를 적용대상으로 한다는 점에서 지역관광육성의 추진체계에 큰 변화를 가져온 것이다.

지역관광협의회의 명칭과 관련하여 '지역관광발전을 위한 민 · 관협력형 발전사업을 주도적으로 추진할 수 있는 추진주체'로 정의하며, 기존에 통용되던 CVB(Convention & Visitor's Bureau)가 컨벤션 개최 및 방문객 접대에 한정된 역할을 담당하고 있다는 점에서 다음과 같은 핵심적 기능(역할)을 부여할 필요가 있다.

즉 지역관광산업 발전과 관련된 사항에 대한 협의, 지자체 · 관련단체 · 민간사업 등에 대한 경영지원 및 자문, 지역관광산업과 관련된 이해관계자 간의 연계 · 협력 강화, 지역관광 발전계획에 관한 사항에 대한 심의 · 의결 등이다.

추가적으로 지역의 종합적인 관광홍보마케팅(Visitor's Bureau) 및 전시 및 회의유치(Convention Bureau) 사업계획의 수립 기능도 포함하여야 한다. 따라서 지역관광협의회는 영문표기 시 'CVB'보다는 'RTC(regional tourism council) 또는 LTC(local tourism council)로 표기하여 지역관광발전의 이해당사자 간(공공부문과 민간부문) 수평적 결합과 양 부문 간 협력사업을 추진하도록 역할을 설정할 필요가 있다.

현행 관광진흥법에 명시된 지역관광협의회의 기능(업무)은 ① 지역의 관광수용태세 개선, ② 지역관광 홍보 및 마케팅 지원, ③ 관광사업자, 관광관련 사업자, 관광관련 단체 지원, ④ 각종 수익사업, ⑤ 지자체 위탁업무이다. 지역관광발전을 위한 '협치형 조직'이지만 실질적으로는 지자체 사업을 대행하는 '실행형 조직'에 그치고 있는 상황이다.

또한 지역관광협의회의 대표성 확보 및 효율적 운영을 위해서는 참여 이해관계자를 적시할 필요가 있는데 기존의 정책구상에서는 '지역관광업체, 문화계, 상공인, 지역주민, 지자체'로 한정하고 있는데 이를 확대하는 방안을 강구하여야 한다. 즉 기존 지역관광업체(협회), 문화계, 상공인, 지역주민, 관광관련 대학, 연구기관, 지자체 등으로 구성범위를 확대할 필요가 있다. 관광진흥법에는 관광사업자, 관광관련 사업자, 관광관련 단체, 주민으로 참여 범위를 한정시키고 있다.

지역관광협의회가 지역관광의 발전에 기여하고 성공적인 민·관 파트너십 모델로 정착하기 위해서는 독자적인 사업영역을 발굴하고 자율적으로 추진할 수 있는 역량을 확보하는 것이 필요하며, 초기단계에서는 정부 차원에서 재정적 지원사업을 추진할 필요가 있다.

특히 민간부문의 영역을 침범하지 않으면서 민간 관광사업을 활성화시킬 수 있는 민관협력형 관광객 유치사업, 지역관광 홍보·마케팅 사업, 관광이벤트 공동추진사업 등을 담당할 수 있도록 유도하여야 한다.

■ 지역관광산업진흥원을 운용하자

지역관광발전을 위한 공공부문의 노력에도 불구하고 시책의 효율성을 제고하지 못하고 있는 것은 각종 사업에 대한 지원이 일회성에 그리고 지속적인 관리가 뒤따르지 못하였기 때문이다.

또한 중앙정부가 법·제도·재정적 주도권을 행사하는 시스템하에서 지역사회는 독자적인 관광공간 창출 및 관광상품 개발의 기회를 확보하지 못하고 명목적·형식적 공간에 불과하였다.

지역관광에 있어서 관광을 통한 경제활성화를 가속시키고 지역의 관광브랜드를 제고하기 위해서는 지역주도의 관광진흥시스템을 구축할 필요가 있으며, 재정적으로 공공부문과 민간부문을 매개(중계)하면서 관광부문의 소재 발굴, 기술개발, 상품화, 경쟁력 확보를 담당할 수 있는 실행기구가 필요하다.

문화체육관광부가 한국관광공사와 함께 2020년부터 지역관광 추진조직을 선정·육성하는 것도 의의가 있다. 지역관광 추진조직은 지역주민과 정부(지역자치단체 등)의 중간 단위 조직으로서 기초지역 단위에서 관광기획 역량을 갖추고 다양한 협력 연계 네트워크를 활용해 지역의 관광 현안을 해결하는 역할을 담당한다.

2020년 4월에 신정된 지역관광 추진조직의 형태를 보면 관광관련 재단(보령시, 익산시, 고창군, 강진군), 지역관광협의회(고양시, 평창군, 제천시, 단양군, 여수시, 고령군), 사회적 협동조합(포항시), 주식회사(홍성군) 등 다양하다. 이에 따라 기초 지자체를 중심으로 다양한 관광사업을 실행할 주민주도형 추진조직이 활성화될 것으로 예상된다.

현재 광역지자체 중에서 인천시, 부산시, 경기도, 경북도, 제주도 등의 경우 지방공기업을 설립하여 관광상품개발, 시장조사, 기술개발 등의 사업을 추진하고 있고, 서울시, 전북도, 전남도의 경우 관광재단을 설치 · 운영하고 있으나 나머지 지역의 경우에는 관광정책 개발 이후 이를 실행할 수 있는 전문 실행기관이 부재하여 관광산업 발전을 위한 추진력을 확보하지 못하고 있는 상황이다.

또한 일부 지역의 경우 지역실정에 맞지 않는 공기업을 설치하였다가 통폐합된 경우도 있으며, 공기업의 기능이 지역관광 마케팅, 지역관광자원 개발 및 사업운영 등에 초점을 두고 있는 반면 낙후된 지역관광산업 육성을 위한 사업역량을 확보하지 못하고 있다. 이에 따라 관광을 통한 지역경제 활성화와 지역주민의 관광편의 증진을 위한 다양한 업무를 수행할 조직이 필요하다.

지역관광산업진흥원은 '광역지자체 단위 관광진흥을 체계적으로 육성하기 위한 실행조직'으로 규정할 수 있으며, 종래 제안된 적이 있는 지역관광혁신센터와 유사한 기능을 수행할 수 있다.

지역관광산업진흥원은 지역별로 존재하는 유사 '○○산업지원센터' 또는 '○○산업진흥원'과 같이 지역관광산업의 발전을 위한 전문실행기구로서의 성격을 지니며, 모든 광역자치단체에 적용하기보다는 기존 관광관련 공기업이 설치되지 않는 시도를 대상으로 자율적으로 설치할 수 있도록 유도하여 한다.

지역관광산업진흥원은 CVB 내지 DMO의 성격을 띠는 구체적 실행기관으로서의 역할을 담당토록 해야 한다. 지역관광산업진흥원(RTPA: Regional Tourism Promotion Agency)은 지역관광협의회 활동을 적극 지원하는 동시에 관광산업에 대한 R&D, 관광소재 발굴 및 상품화, 관광사업체에 대한 경영지원 및 컨설팅, 지역의 종합적인 관광홍보 · 마케팅 및 전시 및 회의유치 기능을 담당토록 한다.

예를 들어 지자체별로 설치되어 있는 경제통상진흥원의 경우 급변하는 경영환경 속에서 자체 생존능력이 부족한 중소기업이 시장환경에 탄력적으로 적응할 수 있도록, 경영 · 마케팅 · 기술 · 인력 · 자금 등의 애로사항을 한 곳에서 해결할 수 있는 종합지원시스템(One Stop-One Roof Service)을 구축하여 중소기업의 경쟁력 향상과 지역경제 발전에 기여함을 목적으로 설립된 비영리 공공기관이다.

지역관광산업진흥원의 구성은 성과지향성, 전문성, 추진력 등을 기준으로 지자체, 관광사업자단체(협회), 지역 관광대학 및 연구기관 등으로 구성하여 운영하며, 재원은 지자체, 관광사업자단체, 지역대학 및 연구소, 지역발전연구기관 등의 출연을 통하여 법인형태로 운영한다.

지역관광산업진흥원의 모형(안)

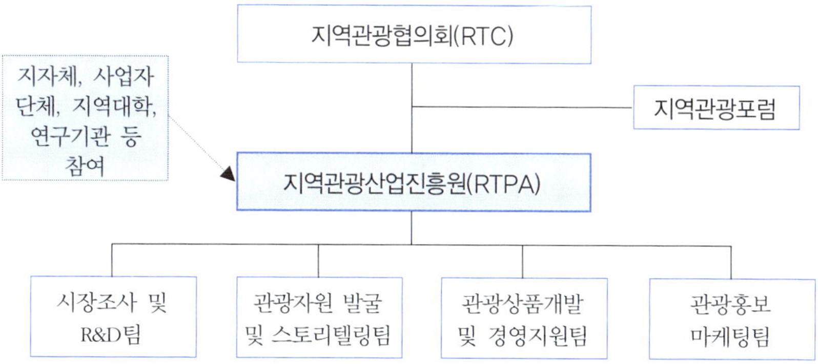

자료: 최자은(2013), 지역관광발전 추진체계 개선방안 연구, 한국문화관광연구원.

지역관광산업진흥원의 구성은 상위 의결기구로 지역관광협의회를 두고 지역관광전문가를 결집시킨 지역관광포럼을 자문기구로 설치하고 산하에 시장조사 및 R&D팀, 관광자원 발굴 및 스토리텔링팀, 관광상품개발팀, 관광홍보마케팅팀 등을 중심으로 지역 실정에 맞게 자율적으로 설치할 수 있도록 유도하여야 한다.

지역관광협의회의 구성과 함께 지역관광산업진흥원의 추진력 확보를 위해서는 관광진흥법상에 설치근거를 두고, 동시에 광역지자체별 관광산업진흥원 설립조례를 만들고 법인형태(재단법인)로 조직할 필요가 있다.

기존 지역별 관광산업 육성을 위한 전문실행기관이 부재하다는 점에서 이와 유사한 형태로 다른 부처와 지자체가 공동으로 설립·운영하는 다양한 형태의 진흥조직(예: 경제통상진흥원, 생물산업진흥원, 정보문화산업진흥원, 바이오산업진흥원 등)을 참조할 필요가 있다.

가장 대표적인 사례로 운영되고 있는 지역별 경제통상진흥원의 경우 '지역균형개발 및 지방중소기업 육성에 관한 법률 제49조', '지역균형개발 및 지방중소기업 육성에 관한 법률 시행령 제63조', 그리고 지자체별 '경제통상진흥원설립 및 운영 조례' 등에 근거를 둔 비영리 재단법인이다.

지역별 관광산업진흥원이 부여된 역할과 임무를 충실히 수행하기 위해서는 재원확충 방안이 강구될 필요가 있으며, 지역별 특성을 고려하여 중앙정부와 지자체 간 매칭펀드(50:50) 형태로 재원마련이 필요하다.

중앙정부의 경우 관광진흥개발기금법을 개정하여 지역관광진흥사업 지원근거를 마련하고, 매년 지자체에 대해 정액제 또는 정율제 형태로 관광기금 지원사업을 추진한다.

또한 지역의 경우 지자체, 관광사업자단체, 대학, 연구기관 등이 협약에 의거 공동 출자하는 형태로 재원확보 방안을 강구해야 한다.

중앙정부의 관광진흥개발기금 지원사업은 매년 일정 금액을 정액제로 제공하기보다는 각 지역별 관광산업진흥원의 핵심 사업에 대한 심사를 통하여 총사업비 대비 50%의 정율제 형태로 사업을 지원하는 방향으로 하며, 지역별 시범사업의 성과에 대한 사전평가를 시행하여야 한다.

나아가 중앙정부 및 지자체가 공동으로 추진한 지역관광발전 우수사례에 대해 성과 공유 및 사업 확산을 위하여 매년 '지역관광산업진흥엑스포(Korea Regional Tourism Promotion Expo)'를 개최하는 방안도 검토할 필요가 있다.

■ 정부의 지역관광지원센터 구축사업

문화체육관광부와 한국관광공사는 2019년 지역기반 관광산업의 자생력 확보를 지원하기 위하여 '지역관광지원센터 구축 사업'을 시행하고 있다. 이 사업은 수도권에 집중된 관광사업체 지원 체계를 지역까지 확산하여 지역주도의 관광혁신 거점을 구축하는 데 있다. 또한 관광기업 육성, 창업지원 및 전문인력 육성을 위한 교육 등 지역 관광산업의 활성화를 위한 선순환 구조를 확립하고 지역 일자리를 창출하는 데 목적이 있다.

이번 사업은 광역지방자치단체 대상의 매칭사업으로 시행하며, 시범적으로 1개 지역을 공모를 통해 선정하였다. 지역관광지원센터는 매년 지역 관광산업 활성화를 위한 사업 추진에 국비를 지원받게 된다. 또한 관광공사의 국내외 네트워크를 활용한 공동사업을 추진하고 홍보·마케팅을 적폭적으로 지원받게 된다. 주요 사업지원 분야는 지역기반 관광 스타트업 창업 및 기업육성, 지역기반 전통적 관광기업 개선 지원, 관광 일자리 허브, 기타 지역 관광산업 활성화 사업 등이다.

한국관광공사는 지역기반의 관광기업 육성을 강화하고 경영 개선을 지원하는 정책을 통해 지역의 관광산업 자생력을 확보하는 데 주력하며, 지자체와의 협력을 통한 성과도출을 통해 지역별 센터 구축을 지속적으로 확대해 나갈 계획이다.

2019년 처음 선정된 지역은 부산이다. 지역 관광기업 지원센터는 현장 밀착 산업인 관광이 지역 특성에 맞는

자생구조를 확립할 수 있도록 지원하기 위해 처음으로 기획·추진한 사업이다. 부산에 설치된 관광기업 지원센터에서는 관광 분야 창업초기·중소기업 등 총 45개사가 입주해 부산 특화 관광콘텐츠·상품 개발을 위한 맞춤형 상담, 교육 및 홍보, 판로 개척 등 부산관광 특성에 맞는 창업·기업 성장, 기업 간 협업 등을 위한 지원을 받으며, 관광업계와 지역인재가 연결될 수 있는 일자리 상담과 취업연계 지원 등을 통해 일자리도 발굴하게 된다.

정부의 지역관광지원센터 육성사업이 활성화되기 위해서는 소규모 일회성 사업으로 추진되어서는 안 되며, 지역의 관광진흥을 위해서는 전국 광역지자체에 조기 확산시켜야 한다. 다행히 2020년도에는 경상남도(창원), 대전광역시 및 세종특별자치시(협업 형태), 인천광역시(송도)가 선정되었다. 그러나 지역관광지원센터가 지역관광 발전의 핵심 선도기관이 되기 위해서는 지역관광협의회(협의형 조직)와 차별화된 지역관광산업진흥원의 기능을 담당해야 한다.

14

지역관광수용태세와 품질을 개선할 때다

■ 지역관광수용태세를 잘 정비하자

국민소득 3만 달러 시대의 한국의 관광인프라는 과거에 비해 많이 나아졌지만 여전히 부족한 상황이다. 전반적인 관광수용태세가 개선되고 있지만 세부적인 측면에서는 여전히 개선해야 한다. 국제적 경쟁력을 갖는 관광대국이 되기 위해 숙박, 관광정보, 음식, 쇼핑 등에 선진화된 관광수용태세를 구축하는 것은 가장 기본적인 조건이다. 특히 외래관광의 측면에서 외래객 2,000~3,000만 명 유치달성을 위해서는 관광숙박시설의 부족현상이 심각한 문제로 지적받고 있는 바, 숙박시설의 공급 확대와 다양화로 숙박수요를 충족시키는 것이 시급하다.

관광수용태세는 관광객을 직접 맞이하는 관광서비스의 제공 행위임과 동시에 사회적 · 문화적 커뮤니케이션 수단으로 작용할 수 있으며, 관광객과 관광객을 맞는 국가 간 상호 이해와 발전을 위한 교류임을 모두가 인식하여야 한다.

정부 차원에서는 외래관광객의 눈높이나 요구도에 부합하는 한국적이면서도 글로벌 스탠더드에 부합되는 관광편의시설의 확충에 초점을 두고 있으며, 반면 지역 차원에서는 외래객(주로 국내관광객)들이 지역을 방문하는 데 느낄 수 있는 불편사항을 최소화하기 위하여 지역관광의 기초인프라를 구축하는 데 초점을 두고 있다.

향후 지역관광정책의 방향은 기존의 인프라 구축을 통한 관광경쟁력 확보에서 하드웨어가 아닌 소프트웨어인 관광서비스의 개선을 통한 경쟁력 확보에 나서야 한다.

전 세계적으로 개별 관광객들의 비중이 점차 확대되고 있으며, 이들이 별 어려움없이 한국이나 지역을 방문할 수 있도록 제반 환경을 조성해 나가는 것이 관광정책의 최우선 과제의 하나로 부상하고 있다.

개별관광객에게 필요한 것은 교통패스, 지역 맛집, 다양한 공연, 합리적인 가격대의 숙박시설, 신변안전 등이며, 따라서 쾌적하고 독특한 숙박정보가 제공되어야 한다. 또한 개별관광객이 각 공항과 항만에서 각 지역으로 찾아갈 수 있도록 관광안내표지판 및 관광안내시스템을 개선하여 편리하게 여행할 수 있도록 해야 한다.

따라서 관광수용태세의 개선은 이용의 국제화, 품질 및 서비스의 선진화, 형식의 표준화를 지향할 필요가 있다. 첫째, 이용의 표준화는 내국인과 외국인 관광객 모두가 불편함 없이 쉽게 이용할 수 있도록 관광안내정보, 편의시설, 안내시스템 등을 국제적 수준으로 향상시키는 데 있다. 둘째, 품질과 서비스의 선진화는 관광안내정보, 편의시설, 안내시스템, 대중교통, 관광홍보 등의 품질과 서비스 수준을 선진국 수준으로 향상시키는 데 있다. 셋째, 형식의 표준화는 관광안내정보, 교육매뉴얼, 안내시스템, 축제 계획 등의 형식을 쉽고 편안하게 이용할 수 있도록 국제 표준화 수준으로 향상시키는 데 있다.

관광수용태세의 개념을 이해하기 위해서는 수용태세, 관광인프라, 관광수용력의 의미를 파악할 필요가 있다. 한국관광공사의 2008년 지자체 관광수용태세 평가 보고서에 의하면, 수용태세(readiness)는 관광객광경험의 질적 수준을 최적 수준으로 유지시키고, 관광객과 지역주민이 관광 현상에 대해 상호 긍정적 태도를 가지는 수준에서 관광 목적지가 최대 방문객을 수용할 수 있게 준비된 상태를 말한다.

이와는 달리 관광인프라(tourism infra)는 관련 기반구조, 시설, 프로그램, 운송, 통신, 숙박시설 등 주로 하드웨어적인 측면에 초점을 두고 있다. 관광수용력(tourism carrying capacity)은 관광 경험의 질적 수준을 최적 수준으로 유지시키고, 관광객과 지역주민이 상호 관광현상에 대해 호감을 가지는 범위 내에서 관광 목적지가 수용 가능한 최대 방문객 수를 의미한다.

보통 관광수용태세는 '적정한 관광수용력이 준비된 상태 또는 관광 적정 수용력이 갖춰진 상태', '관광객 관광 경험의 질적 수준을 최적 수준으로 유지시키고, 관광객과 지역주민이 관광 현상에 대해 상호 긍정적 태도를 가지는 수준에서 관광 목적지가 최대 방문객을 수용할 수 있게 준비된 상태', '관광객을 맞이하기 위하여 준비되어야 할 서비스, 자원(인적자원) 및 관련 인프라 자원' 등으로 정의되고 있다.

관광수용태세는 해당 지역주민의 생활토대임과 동시에 외래 관광객에게는 다양한 편의를 제공하는 서비스 체계이다. 따라서 그 속에서 생활하는 지역주민을 배제한 수용태세도, 관광객 편의를 전혀 고려하지 않은 수용태세도 바람직하지 않을 것이며, 표준화된 서비스에 우리나라 문화의 특성이 묻어나는 환경이 진정한 관광수용태세라 할 수 있다.

한편 한국관광공사의 "국내 대표관광지 수용태세 모니터링 보고서"(2009)에서는 기존 관광수용태세와 달리 관광지수용태세라는 용어를 도입하고 있는데, '특정 지역이 관광객을 원활히 수용하기 위해 제공하는 기본적인 시설 또는 서비스'로 정의하고 있다. 이를 바탕으로 할 경우, 관광수용태세의 3대 성격과 특징은 다음과 같다.

첫째, 관광수용태세는 광의의 관광과정 관리전략(tourism process management strategy)의 일환이다. 관광수용태세는 관광객의 행동과정에 대한 종합적 관리 차원에서 접근되고 있으며, 방문전 단계(정보수집 단계), 방문 단계(가는 단계, 체재단계, 귀환단계), 방문 후 단계(평가, 회상단계) 등으로 나누어 각 단계별 관광객의 기대와 요구에 부합하기 위한 지역의 대응전략이다. 협의의 관광수용태세는 방문단계에 국한하여 논의할 수 있다.

둘째, 관광수용태세는 민관협력형 지역 토탈마케팅(total marketing)을 통한 지역관광발전 시스템을 구축하는 데 초점을 둔다. 관광수용태세는 참여주체 면에서 지역관광발전을 위하여 공공부문뿐만 아니라 민간기업, 지역민까지도 참여해야만 하는 종합적인 관광발전 전략이다. 또한 지역적 차원에서 볼 때, 관광수용태세를 구축하는 것은 주민주도형 내발적 관광발전의 핵심적 요소이다.

셋째, 관광수용태세는 하드웨어+소프트웨어+휴먼웨어의 통합적 전략이다. 종래 관광지의 형성조건은 우수한 관광매력물(하드웨어)이 관광객의 유치의 기본조건으로 간주되었으나, 최근에는 이를 지원할 수 있는 프로그램(소프트웨어) 및 인적자원(휴먼웨어)까지 포함한다.

관광수용태세 개선사업은 2000년대에 들어와 활발히 추진되었다. 문화관광부는 2000년 7월 2002 월드컵 대비 '관광수용태세 개선대책'을 수립한 바 있으며, 당시에는 외래관광객 실태조사와 관광불편신고센터에 접수된 관광불편사례를 중심으로 관광객 수용태세 개선과제를 선정하였다. 당시 선정된 10대 중점 개선과제로는 관광숙박시설 확충, 관광안내소 시설증설 및 기능강화, 관광안내표지판 확대, 관광안내지도 발간 및 질적 개선, 관광안내개선, 공중화장실 청결화, 택시서비스 개선, 음식점 서비스 향상, 볼거리 즐길거리 확대기반 조성, 범국민 친절 의식수준 제고 등이다.

한국관광공사가 2008년 전국 50개소의 지자체 관광수용태세 평가를 위해 선정한 관광수용태세의 구성항목은 6개 분야별 관광서비스(21개)와 관광인프라(15개)로 구분하고 있다. 7개 분야는 숙박서비스 및 인프라(6개), 음식서비스 및 인프라(7개), 관광지 편의서비스 및 시설(8개), 안내정보 서비스 및 시설(7개), 교통서비스 및 편의시설(4개), 쇼핑 및 기념품 서비스 및 인프라(4개) 등 총 36개 세부항목으로 구성되어 있다.

한국관광공사의 관광수용태세 평가지표(2008)

구분	분야	세부항목
관광서비스	숙박서비스	가격 대비 만족도
		청결(위생) 만족도
		시설(비품) 만족도
		종사자 친절도
	음식서비스	가격 대비 만족도
		주차서비스 만족도
		청결(위생) 만족도
		종사자 친절도
	관광지 편의서비스	주차장 만족도
		화장실 만족도
		편의시설 만족도
		관광환경 만족도
		지역주민 환대성
	관광 안내 정보서비스	웹정보 만족도
		관광안내소 만족도
		안내표지판 만족도
		관광안내 · 정보이용 만족도
	교통서비스	대중교통이용 편의성
		자가용이용 편의성
	쇼핑 및 기념품서비스	가격 대비 민족도
		기념품(특산품) 만족도
관광인프라	숙박인프라	관광숙박시설 객실 수
		일반숙박시설 객실 수
	음식인프라	모범식당 수
		지자체 웹등록 식당 수
		특산음식 등록 수
	관광지 편의시설	주차장 확보율
		공중화장실 확보율
		응급 의료지원체제 관리수준
	안내정보	관광안내소 종류
		문화관광해설사 수
		안내정보자료 종류
	교통편의시설	기차역(공항) 관리수준
		고속(시외)버스터미널 관리수준
	쇼핑 및 기념품	특산품 판매소 관리수준
		기념품 판매소 관리수준

자료: 한국관광공사(2008), 2008년 지자체 관광수용태세 평가.

한국관광공사의 "국내 대표관광지 수용태세 모니터링 보고서"(2009)에서는 관광지 수용태세를 구성하는 기본적인 시설 및 서비스로 '온라인 관광안내 서비스', '관광교통 서비스', '관광안내 서비스', '관광지 서비스', '식음료 서비스', '숙박 서비스' 등 5가지 요소로 구성하고 있다. 이러한 구성항목은 '지역'이라는 거시 공간적 측면보다는 '관광지'에 초점을 둔 미시적 차원에서 수용태세를 점검하는 데 의의가 있다. 이에 따라 관광안내와 관련된 항목이 사전여행단계인 온라인 관광안내서비스와 현지여행단계인 관광안내서비스, 관광지 안내체계 등으로 분산되어 있어 이를 통합적으로 접근할 필요가 있다.

2018년부터 새로 시작된 한국관광공사의 지역관광경쟁력 진단모형에서는 지역관광 경쟁력의 핵심요소로 자원집적, 정책수립 및 집행, 가치창출, 포용적 성장, 지속가능성에 두고 있다. 그리고 지역관광 경쟁력을 지역의 관광자원을 집적하고 관광가치를 창출하면서 관광정책의 효과적인 집행을 통하여 지역의 포용적 성장을 견인할 수 있고 지속가능한 관광시스템을 구축할 수 있는 능력으로 정의하고 있다. 이는 기존의 관광수용태세 정비사업이 현재의 이익을 극대화하는 데 초점을 둔 반면 지역관광 경쟁력 진단모형은 지역관광의 지속가능성에 더 역점을 두고 있는 것이다.

그리고 지역관광경쟁력 진단의 핵심 지표로 관광수요촉진(4개 하위지표), 관광정책(3개 세부 지표), 관광자원 집적(3개 세부지표), 포용적 성장(3개 세부지표), 관광성과(2개 세부지표) 등 5개를 선정하고 있다.

한국관광공사의 지역관광경쟁력 진단모형

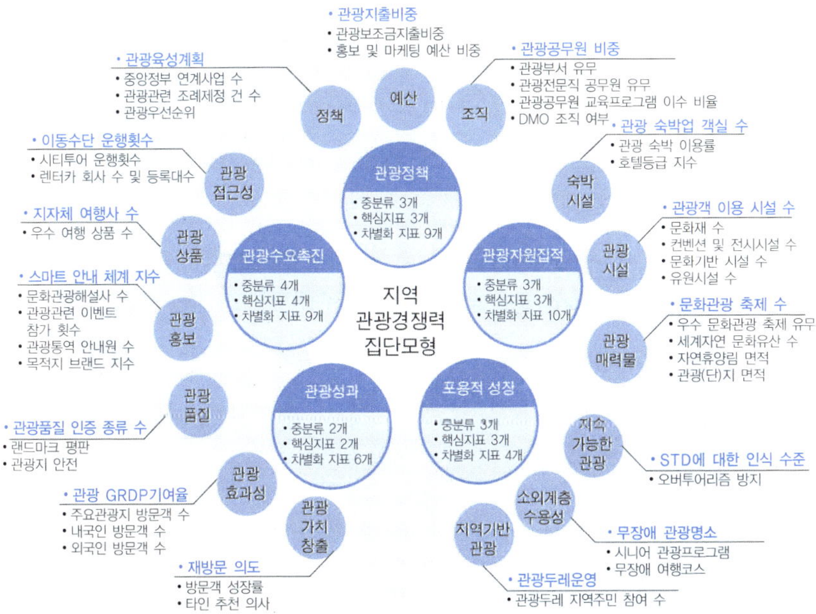

자료: 한국관광공사 홈페이지.

지역적 차원의 관광수용태세의 구성 사례는 강원도, 서울시, 전남도의 사례에서 살펴볼 수 있다. 첫째, 강원도의 2007년 관광객수용태세 종합평가계획에서는 관광객 수용태세 개선을 위한 사업을 분야별로 세분화하여 평가하고 있다. 수용태세 일반은 추진의지, 민간협의회의 활성화 정도, 피드백 시스템 등 3개 분야이고, 관광수용태세 개선추진 분야는 교통, 안내체계, 숙박, 음식, 쇼핑, 전 도민 관광요원화 운동 확산 등 6개 분야에 대하여 평가하는 것이다.

둘째, 서울시는 2010년 10월 1일 중국관광객 유치를 강화하기 위해서 입국, 숙박, 음식, 가이드, 상품, 관광안내, 마케팅, 전담조직 정비 등 8대 분야별 개선대책을 개선한다는 시책을 발표한 바 있다.

셋째, 전남도는 2008년부터 외래관광객 관광수용태세 평가를 통하여 '전남관광대상'제도를 시행한 바 있다. 전남관광대상 제도는 전남도 내 22개 시 · 군을 대상으로 지역관광수용태세에 대한 평가지표를 개발하여 시상하는 제도이다. 주요 평가지표(8개)는 숙박인프라, 음식인프라, 관광지 내 화장실 시설 및 관리, 기념품 활성화, 관광안내소 및 문화관광해설사, 관광안내표지판, 교통서비스, 관광지 주 진입구 및 광장관리이다.

이처럼 관광수용태세의 구성항목은 정부, 관광공사, 지자체, 연구기관별로 다양하게 구분하고 있으며, 이를 종합하면 관광정보, 관광교통, 관광안내, 관광숙박, 관광식음료, 관광쇼핑, 관광편의 등 7개 서비스 분야로 구분할 수 있다.

관광수용태세의 7대 구성항목

관광수용태세 구성항목

- 관광정보(tourism information) 서비스
- 관광교통(tourism transportation) 서비스
- 관광안내(tourism guide/interpretation) 서비스
- 관광숙박(tourism accommodation) 서비스
- 관광식음료(tourism food/beverage) 서비스
- 관광쇼핑(tourism shopping) 서비스
- 관광편의(tourism facilities) 서비스

첫째는 관광정보 서비스이다. 관광지별 온라인 서비스에 대한 평가 항목으로서 관광지 방문 전에 인터넷을 통해 각각의 홈페이지를 방문하여 체크리스트를 작성한다. 관광정보 서비스는 지자체 웹정보 만족도, 스마트 관광정보 제공 여부, 지역관광 홍보자료 제공서비스 등을 측정한다.

둘째는 관광교통 서비스이다. 여행 목적지역 내의 대중교통에 해당하며 작성자의 관광지로의 이동 시 이용하는 교통수단(예: 지하철, 버스, 택시)에 대한 평가가 이루어져야 한다. 관광교통 서비스는 대중교통 이용편의성, 자가용 이용편의성, 기차역(공항) 관리수준, 고속(시외)버스터미널 관리수준 등을 측정한다.

셋째는 관광안내 서비스이다. 각 지역 및 관광지 내에 설치된 관광안내소 및 안내요원의 현황과 서비스형태, 해설수준 등을 평가하며, 방문한 관광지의 전반적인 안내체계에 대한 점검항목별 관찰, 평가한 내용을 반영한다. 관광안내 서비스는 관광안내소 만족도, 안내표지판 만족도, 관광안내 · 정보 이용만족도, 관광안내소 종류, 문화관광해설사 수, 안내정보 자료의 수 등을 측정한다.

넷째는 관광숙박 서비스이다. 숙박서비스 평가항목 역시 크게 '특정 숙박업체 서비스'와 '관광지 전반의 숙박시설'로 구분된다. '특정 숙박업체 서비스'는 숙박시설을 이용하였을 경우 작성하며, '관광지 전반의 숙박시설'은 이용 여부에 상관없이 방문한 관광지 주변의 숙박시설 운영에 대한 전반적인 관찰 및 평가내용을 기술한다. 관광숙박 서비스는 가격 대비 만족도, 청결(위생) 만족도, 시설(비품) 만족도, 종사자 친절도, 외국인 의사소통 만족도, 월 최대 방문객 대비 총숙박시설 객실 수 등을 측정한다.

다섯째는 관광식음료 서비스이다. 식음료 서비스 평가 항목은 크게 '특정 음식점 서비스'와 '관광지 전반의 음식점 서비스'로 구분된다. '특정 음식점 서비스'는 음식점을 이용하였을 경우 작성한다. '관광지 전반의 음식점 서비스'는 이용 여부에 상관없이 방문한 관광지의 주변 음식점 운영에 대한 전반적인 관찰 및 평가내용을 기술한다. 관광식음료 서비스는 가격 대비 만족도, 청결(위생) 만족도, 주차서비스 만족도, 종사자 친절도, 외국인 의사소통 만족도, 모범식당 수, 지자체 웹등록 식당 수, 특산음식 등록 수 등을 측정한다.

여섯째는 관광쇼핑 서비스이다. 관광쇼핑은 크게 지역특산품 판매점과 관광기념품 판매점으로 구분하여 그 만족도 및 친절도, 관리상태 등을 종합적으로 평가한다. 관광쇼핑 서비스는 가격 대비 만족도, 기념품(특산품) 만족도(독창성 및 지역특성 반영, 종사자 친절), 쇼핑점(특산품, 기념품) 관리수준 등을 측정한다.

일곱째는 관광편의 서비스이다. 관광지 편의시설은 크게 공중화장실과 기타편의시설로 구분하며, 방문한 관광지 주변환경 및 안전관리 운영에 대한 전반적인 평가 항목이다. 관광편의 서비스는 주차장 만족도(주차편의성 및 관리수준), 화장실 만족도(이용편의성 및 청결도), 편의시설 만족도(매점, 휴게공간, 포토존, 자판기 등), 관광환경 만족도(도시청결도 및 도시미관), 지역주민 환대성(친절도 등 전반적 대응태도), 외국인 의사소통 만족도, 응급 의료지원체제 등을 측정한다.

■ 외래객의 지역분산과 교통서비스 개선현황

외래관광객이 2009년 782만 명에서 2019년에는 1,750만 명으로 두 배 이상 증가하면서 핵심 정책과제로 떠오른 것은 외래객을 어떻게 지역으로 분산시키냐는 것이다. 많은 지역에서 관광지를 개발하고 관광자원을 새로 창출하고 있지만 내국인 중심적인 관광서비스에 얽매여 좀처럼 외국인 관광객을 유치하지 못하고 있다. 일부 한류 관광지의 경우에는 버스를 중심으로 교통서비스가 적절히 제공되고 있으나 아직도 많은 지역의 경우 외국인의 접근이 곤란한 상황이다. 여기에는 여러 가지 이유가 있겠지만 '교통 네트워크'는 양호하지만 '관광교통서비스'가 미흡한 것도 중요한 이유이다.

과거 단체관광의 비중이 높았던 시기에는 외래객들이 지방으로 자유롭게 여행하지 못하였으나 개별여행의 증가와 함께 공급부문에서 교통서비스의 개선을 적절히 추진할 경우 지방으로의 여행 여건이 크게 개선될 수 있다. 또한 외래객의 수도권 집중도가 매우 높은 상황을 타개하기 위해서는 1차적으로 지방공항으로의 외래객 유치비중을 더욱 확대하는 것이다. 그렇지만 인천공항을 통한 방한입국 비중이 계속 커지고 있고 지역 공항이나 항만들의 비중은 반대로 줄어들고 있는 상황이다.

따라서 차선책은 서울에 집중된 외래객을 안전하고 신속한 철도, 버스 등 대중교통 서비스를 활용하여 지역으로 분산시키는 것이다. 여기에는 열차뿐만 아니라 항공부문과 지자체의 적극적인 협력이 요구된다. 철도부문과 관광부문만의 협력에 그쳐서는 안 된다. 항공교통 서비스의 질과 항공~열차~관광의 협력체계도 중요하다. 수도권의 경우에도 서울집중도가 좀처럼 완화되지 못하면서 부족한 숙박시설을 확보하기 위해 인천과 경기 등 주변지역의 방문비중이 높아짐에 따라 교통난, 숙박난 등의 부작용이 나타나고 있는 상황도 예방해야 한다.

그렇다고 현실적으로 수도권에 집중된 외래관광객의 출입국 패턴을 무시할 수 없다. 보다 현실적인 방안은 수도권과 나머지 지역 간 연계

관광을 활성화해야 한다. 따라서 서울~지방 간 상생관광 네트워크를 구축하는 것도 필요하며, 이를 철도관광을 통해서 해결하는 방안을 검토하여야 한다.

세계경제포럼(WEF)이 격년으로 발표하는 국제관광경쟁력 지수(TTCI)에서 한국의 육상교통인프라는 국가의 종합순위보다 약간 더 높은 것으로 나타났다. 철도인프라의 수준은 2009년부터 2017년까지 10위권 이내에 속한 것으로 나타났으며, 철도밀도(국토면적 대비 철로의 킬로미터)도 2010년대 초반 30위권에 머물렀지만 2015~2017년의 경우 20위권으로 상승하였다. 2019년의 경우 철도인프라의 질, 육상교통만의 질, 철도밀도 등을 통합하여 '육상 및 항만인프라'로 측정한 결과 세계 140개국 중 15위에 랭크되었다. 반대로 항공교통의 경우 항공교통 인프라의 질이 점차 개선되고 있으나 철도교통 부문에 비하면 상대적으로 뒤처지는 것으로 나타났다.

한국의 철도인프라와 철도밀도 등 하드웨어 수준은 비교적 높은 수준이다. 향후 이러한 철도인프라를 바탕으로 철도~관광 연계 프로그램과 서비스의 질을 제고하는 것이 철도교통을 통한 지역관광 활성화의 관건이라 할 수 있다. 참고로 2019년도 아시아태평양 지역의 육상 및 항만인프라는 홍콩(1위), 싱가포르(2위), 일본(5위), 한국(15위), 대만(16위)의 순으로 나타났다. 반면 한국의 항공교통 인프라의 경우 호주(2위), 홍콩(6위), 싱가포르(7위), 뉴질랜드(14위), 일본(19위), 태국(22위)에 이어 24위를 기록하였다.

항공교통 인프라와 항공사 수에 비하여 인구 100만 명당 공항 수로 집계되는 공항밀도(airport density)는 2017년 119위에 그치고 있다. 지방공항의 확대와 내실있는 운영을 모색할 때이다.

세계경제포럼(WEF)의 철도인프라 순위(한국)

(단위: 위)

<table>
<tr><th colspan="2">구분</th><th>2009</th><th>2011</th><th>2013</th><th>2015</th><th>2017</th><th>2019</th></tr>
<tr><td colspan="2">국제관광경쟁력 순위</td><td>31</td><td>32</td><td>25</td><td>29</td><td>19</td><td>16</td></tr>
<tr><td rowspan="4">항공교통</td><td>항공교통인프라의 질</td><td>26</td><td>22</td><td>26</td><td>31</td><td>21</td><td rowspan="4">24</td></tr>
<tr><td>공항밀도</td><td>99</td><td>111</td><td>39</td><td>123</td><td>119</td></tr>
<tr><td>항공사 수</td><td>32</td><td>33</td><td>26</td><td>27</td><td>24</td></tr>
<tr><td>국제항공교통 네트워크</td><td>38</td><td>37</td><td>26</td><td>-</td><td>-</td></tr>
<tr><td rowspan="3">육상교통</td><td>철도인프라의 질</td><td>7</td><td>10</td><td>10</td><td>10</td><td>9</td><td rowspan="3">15</td></tr>
<tr><td>육상교통망의 질</td><td>13</td><td>21</td><td>14</td><td>12</td><td>-</td></tr>
<tr><td>철도밀도</td><td>31</td><td>33</td><td>-</td><td>23</td><td>22</td></tr>
</table>

주: 2019년의 경우 항공교통 각 세부지표를 통합하여 항공교통 인프라로 통합하였고, 철도인프라와 철도밀도를 별도 조사하지 않고 '육상 및 항만 인프라'에 통합하여 측정함. 항공밀도는 인구 1백만 명당 공항 수이며, 철도밀도는 국토면적 대비 철도의 길이(㎞)를 의미함.

자료: WEF(각년도), The Travel & Tourism Competitiveness Report.

외래관광객의 지역분산을 모색하는 데 있어서 여러 가지 요인들을 검토하여야 한다. 우선 양적인 면에서 외래관광객의 지속적인 유치 증대가 필요한 상황이며, 외국인들이 선호할 수 있는 지역별 특특한 관광콘텐츠를 개발하는 것이 중요하다. 또한 인천공항 중심적 입국현상과 서울 중심적 관광행태를 극복하지 않으면 지역의 관광객 유치가 용이하지 않을 수 있다. 외래관광객의 입국장소를 보면, 인천공항이 2014년 57.4%에서 2018년 68.7%로 더 늘어났다. 중국 정부의 한국단체 여행 제한으로 제주공항과 크루즈 관광객의 감소가 주된 요인으로 작용하였다고 볼 수 있으나, 장기화될 경우 지역의 관광객 유치도 타격을 받을 수 있다.

외래객의 방한현황과 행태변화

(단위: 만 명, %, 일, 점)

구분		2014	2015	2016	2017	2018
외래객 현황	외래 관광객 수	1,420	1,323	1,724	1,334	1,535
	입국장소	인천공항 57.4 제주공항 14.2 김포공항 7.8 김해공항 6.0 기타공항 2.5 항만 12.1	인천공항 58.0 제주공항 7.3 김포공항 7.3 김해공항 6.0 기타공항 2.6 항만 18.9	인천공항 57.2 제주공항 7.7 김포공항 6.1 김해공항 6.1 기타공항 2.4 항만 20.5	인천공항 68.1 김해공항 7.9 김포공항 7.1 제주공항 4.2 기타공항 1.1 항만 11.6	인천공항 68.7 김해공항 8.2 김포공항 7.2 제주공항 5.5 기타공항 1.3 항만 9.1
외래객 행태조사	지역별 방문율	서울 80.4 제주 18.0 경기 13.0	서울 78.7 제주 18.3 경기 13.3	서울 78.0 제주 20.2 경기 13.1	서울 78.8 경기 15.6 부산 15.1	서울 79.4 경기 14.9 부산 14.7
	체재기간	6.1	6.6	6.4	7.0	7.2
	여행형태	개별여행 68.9 단체여행 24.9 에어텔 6.2	개별여행 67.9 단체여행 26.2 에어텔 5.9	개별여행 67.4 단체여행 25.0 에어텔 7.6	개별여행 82.8 단체여행 11.6 에어텔 5.6	개별여행 79.9 단체여행 12.4 에어텔 7.7
	대중교통 만족도	87.5	87.7	87.3	89.1	87.0

자료: 문화체육관광부(2019), 외래관광객 실태조사.

여행형태에 있어서 단체여행의 비중이 2014년 24.9%였으나 2018년 12.4%로 줄어들고 있는 것도 지역의 입장에서는 반가운 기회요인이 될 수 있으나 아직까지 지역에 대한 외국인 FIT의 관심도가 높지 못한 상황이다. 다행인 것은 한국여행 만족도에서 대중교통 만족도가 최근 87.0~89.1%의 비교적 높은 수준을 보이고 있다는 점이다. 향후 외래객의 지역분산에 기회요인으로 작용하는 것은 외래객 방한 체재일 수가 점차 증가추세를 보이고 있는 것이다. 2014년 6.1일에서 2017년 7일대로 진입하였으며, 2018년에는 7.2일을 기록하였다.

다음으로 외래객의 관광행태 변화를 살펴보자. 외래관광객의 권역별 분포를 보면, 2018년의 경우 서울이 79.4%, 경상 17.5%, 경기 14.9%의 순으로 나타났으며, 충청권과 전라권은 5% 미만을 기록하고 있다.

그런데 17개 시 · 도별로 보면 서울의 압도적 점유율이 해소되지 않고 있으며, 경기, 부산, 강원, 제주, 인천, 대구를 제외한 나머지 10개 시도의 경우 3% 미만을 보이고 있는 상황이다.

한편 국토교통부의 통계시스템에 의하면, 국내여행 시 교통수단은 자동차(73%), 버스(5.7%), 철도(3.1%)로 나타나 철도이용이 저조한 것으로 나타났다. 그리고 전체 고속철도 이용자가 2010년 4,135만 명에서 2015년 6,053만 명으로 늘어나고 2018년에는 8,973만 명으로 지속적인 상승을 하고 있으나 경부선과 호남선 위주의 서비스로 인하여 다른 지역으로의 접근성은 상대적으로 열악한 상황이다. 주목해야 할 점은 전체 철도여객 대비 고속철도의 수송분남율이 2010년에 37.6%였으나 2017년 SRT의 개통 이후 승객 수가 급증하여 2018년의 경우 57.0%를 차지하고 있다. 따라서 향후 외래관광객을 위한 열차관광 서비스는 '고속철도'에 더 초점을 두고 추진되어야 하며, 현재 외국인에 대한 제한적인 열차여행패스 사업을 시급히 개선하는 데 주력해야 한다.

연도별 고속철도 이용 현황

(단위: 명, %)

연도	정기	비정기	계	고속철도 분담율
2010	1,702,852	39,645,648	41,348,500	37.6
2011	2,183,702	48,125,696	50,309,398	43.1
2012	1,988,252	50,373,777	52,362,029	43.7
2013	2,634,560	52,109,529	54,744,089	42.9
2014	2,848,740	54,067,629	56,916,369	43.2
2015	2,939,816	57,595,169	60,534,985	45.6
2016	3,106,160	62,519,731	65,625,891	48.1
2017	3,273,965	76,271,930	79,545,895	53.9
2018	3,967,561	85,760,829	89,728,390	57.0

주: 승객수송 통계가 2015년부터 변경되었으며, 고속철도 분담율은 전체 철도여객 대비 비율임.

자료: 국토교통부(2019), 철도통계연보(온라인)에 의거 재작성.

다음으로 정부의 철도관광 서비스를 개선하기 위한 사업을 살펴보자. 철도관광 서비스 사업은 역대 정부에서도 중요한 정책과제로 인식되고 지속적인 사업 발굴과 제도개선을 모색해 왔다. 박근혜 정부시절 개최된 제2차 관광진흥확대회의에서는 관광수용태세 개선 차원에서 관광교통인프라 확충사업을 추진하였는데, 주요 내용은 철도 5대 관광벨트 구축, 지방공항 국제노선 확대 및 이용활성화, 관광테마형 경관도로 조성사업, 연안해상교통 여건 개선사업이다. 이 가운데 5대 철도관광벨트는 중부내륙(OV Train), 남도해양(B Train), 평화생명(DMZ Train), 서해골드(G Train), 동남블루(B Train)이다. 또한 지방공항 이용의 활성화를 위하여 2013년 말 45개 노선이었던 국제선을 2014년에 51개 노선으로 확대하는 내용이다.

이와 관련하여 문화체육관광부는 2017년 외국인 관광객의 지역 관광지로의 이동 편의를 향상시키고자 '외국인 관광객의 지역접근성 제고를 위한 관광교통 개선방안' 연구를 수행하였다. 이 연구에서는 1,200명을 대상으로 외국인 관광객이 입국에서 출국에 이르는 과정의 출발목적지뿐만 아니라 교통수단, 교통수단의 불만족 이유, 요금지불 방법 등을 조사하였으나 FIT의 이동과정 전반에 대한 정보파악 및 이동편의 등에 대한 심층적 정보가 부족하였다. 2018년 한국교통연구원의 조사 결과, 지역 내 관광교통체계에서는 일관성없는 대중교통 안내체계, 다국어 안내서비스 미흡, 버스와 택시의 안전운행 미흡이 제기되었고, 지역 간 관광교통체계에서는 KTX 및 일반철도와 고속/시외버스를 대상으로 할 경우 교통수단 또는 노선 간 연계환승 안내체계가 미흡하고, 대규모 거점 관광시설에서의 안내체계가 미흡하며, 예탁시스템이 미흡한 것으로 나타났다.

문재인 정부로 들어와 2017년 12월 개최된 제1차 국가관광전략회의에서 발표된 '관광진흥기본계획'에서는 국민들의 여행편의를 제공하기 위하여 '관광교통패스'를 도입하여 관광지 할인혜택은 물론 생애주기별 · 계층별 관광활동 특성이 반영된 추가할인 혜택을 부여하도록 하였다.

그리고 지역관광 접근성을 제고하기 위하여 국토교통부는 주요 철도역 중심에 렌터카, 카셰어링, 시티투어 픽업존 등을 설치하여 '역사(驛舍)와 숙박관광지' 간 이동 편의를 제고하도록 하였다. 철도와 관련하여 광주~목포 고속철도 건설 조속 추진과 서해선과 중앙선 중 일반간선 철도망을 고속화하여 지역 접근성을 개선하며, 지역의 노후된 기차역의 대합실, 매표소, 화장실 등의 시설 개선을 추진한다. 또한 대중교통에 기반을 둔 관광을 활성화하기 위하여 항공-철도 연계발권 시스템을 구축하고, 항공~철도~관광연계 상품의 개발하며, 공항기차역 · 터미널 등 관광객 이용 주요 교통거점을 관광명소로 육성하고 도보관광지 중심의 관광상품을 개발한다.

또 국토교통부는 하나의 열차승차권으로 렌터카, 숙박, 주요 관광지 입장권을 모두 예약 · 이용할 수 있는 예 · 발매 시스템, 즉 원티켓 올패스(one-ticket, all-pass)를 개발하며, 항공권과 철도티켓을 동시 발권 및 수하물 연계배송 등 항공~철도 연계수송체계를 구축하기로 하였다. 이와 관련하여 국토교통부는 렌터카 등을 원티켓 올패스 서비스의 2단계로 2018년 1월부터 시행하고, 철도공사와 핀에어 간 항공~철도 연계발권시스템을 2018년 상반기에 구축하였다.

한국관광공사는 2018년 개별외국인 관광객의 이동특성에 대한 심층조사를 실시하였다. 이 조사는 외국인 개별여행객의 유형(서울체류형, 지방체류형, 전국일주형)별 이동특성을 파악하여 관광분야와 교통 분야의 개선사항을 도출하며, 관광 · 교통 융합정책을 추진하기 위한 기초연구이다. 이에 따라 2019년부터 외국인 관광객을 위한 관광교통서비스 개선 사업을 추진하게 되었다.

2018년 7월에 개최된 제2차 국가관광전략회의에서 논의된 '지역관광 활성화 방안'에서는 지역관광 서비스 · 인프라 개선을 위해 국토교통부가 교통망 확충을 통한 내 · 외국인의 지역방문 편의를 제고하기 위하여 지방공항 활성화를 모색하며, O2O를 활용하여 철도역사 연계교통의 활성화 방안을 시행하며, 열차표, 렌터카, 시티투어 등을 포함한 '통합예약서비스'를 제공하기로 하였다.

2019년 4월 개최된 제3차 국가관광전략회의에서 논의된 '대한민국 관광 혁신전략'에서는 지역 스마트 관광환경 조성을 위해 국토부와 문체부가 공동으로 한국형 MaaS(Mobility as a Service), 대중교통 편의제고, 다국어 서비스를 제공하기로 하였다. 한국형 MaaS는 관광객의 관점에서 최적 이동경로를 도출하고 다양한 교통수단(철도, 버스, 항공 등) 스케줄을 조회하며, 예약 · 결제를 원스톱 지원하는 시스템이다. 여기에서 MaaS는 전 교통수단이 통합된 단일 플랫폼을 이용해 개별이용자의 수요에 기반을 둔 이동계획을 수립, 이용과 결제를 지원하는 서비스를 말한다. 그리고 대중교통 편의제고를 위하여 코리아투어카드의 보급 확대와 해외카드의 사용을 확대하고 간편 결제를 도입하는 것이다. 그리고 다국어 서비스는 대중교통 외국어 노선도, 출발 · 도착지 안내시스템 확대를 위하여 대중교통 시책, 운영 및 관련 서비스 평가가 다국어 서비스를 반영하는 것이다.

■ 철도관광 서비스 개선방안

한국철도공사(이하 코레일)는 2019년 9월 철도관광 활성화를 위한 중장기 계획을 발표하고 철도관광의 패러다임을 전환하고 있다. 핵심 키워드는 자유여행객(FIT), 신규 관광전용열차, 글로벌, 상생에 두었으며, 그동안의 내국인 중심의 관광에서 벗어나 외국인 여행객을 위한 상품 운영을 확대하고 국내 관광활성화를 위해 제휴 중·소 여행업체와 상생을 도모하며, 개별자유여행객 관광패턴에 맞춰 모바일에 최적화된 서비스를 도입하는 것이다.

특히 모바일을 통해 여행 정보를 얻는 여행객 증가에 따라, 열차 승차권 예매 앱 '코레일톡'을 원스톱 종합여행플랫폼으로 재구축한다. '코레일톡'으로 열차 승차권과 호텔, 렌터카, 공연티켓 등 여행콘텐츠를 한 번에 예약·결제할 수 있는 '토털여행서비스'를 2024년까지 현재 47개 역에서 150개 역으로 확대한다. 여행콘텐츠도 기존 숙박, 렌터카 등에서 공연티켓, 스포츠관람권, 지역 특산물 등이 추가된다. 또한, 2020년 상반기 중으로 승차권 예매 홈페이지(www.letskorail.com)를 모바일에 특화된 철도관광 상품판매 전용 홈페이지로 개편한다.

코레일이 현재 내·외국인의 철도여행을 활성화하기 위하여 운영하는 사업은 내일로패스, 하나로패스, 팔도레일패스, 오레일패스 등의 판매이다. 내일로패스는 만 27세 이하의 내외국인 청년들이 패스 한 장으로 일정기간 동안 해당 열차를 무제한 이용하며 여행할 수 있는 상품으로 3일권(5만 원), 5일권(6만 원), 7일권(7만 원) 3종이 있다. 대상 열차는 ITX-청춘, ITX-새마을, 새마을, 누리로, 무궁화호, 통근열차의 입석 또는 자유석을 무제한 이용할 수 있으나 KTX, 관광전용열차의 입석 또는 자유석 이용은 불가능하다.

하나로패스는 개인화, 웰빙 및 사회적 가치를 중요시하는 여행트렌드에 대응하기 위해 전 국민을 대상으로 기차를 마음대로 사용할 수 있는 상품이나 외국인들에게는 적용되지 않는 문제점이 있다. 그리고 대상열차는 ITX-청춘, 새마을, 누리로, 무궁화호, 통근열차 입석만 제공되는 한계점이 있다. 팔도레일패스는 권역별로 출시되는 기차여행 패스로 해당 권역 내에서 운행되는 KTX와 일반열차를 자유석과 입석으로 이용할 수 있으나 내국인에 한정되어 있다.

오레일패스는 내·외국인 모두 연령제한 없이 사용가능하며, 5대 관광벨트 관광열차의 자유입석을 무제한 이용할 수 있다. 따라서 하나로 패스의 경우에도 외국인에게 적용될 수 있도록 하고, 대상열차에 KTX를 포함하는 방안을 강구하여 신속한 여행편의를 제공할 필요가 있다.

또한 코레일은 호텔과 렌터카 예약 서비스를 제공하고 있다. 호텔예약은 국내는 물론 해외호텔도 포함하고 있으며, 인터파크 투어와 제휴하여 숙박예약 서비스를 제공하고 있다. 렌터카의 경우 롯데렌터카와 제휴하여 일부 할인서비스를 제공하고 있다. 그리고 기차와 숙박, 렌터카, 입장권을 구매할 경우 기차 티켓 값을 최대 35%까지 할인하는 '기차여행만들기' 사업을 추진하고 있다.

이상에서 논의한 결과를 바탕으로 철도관광 서비스의 개선방안을 제시하면 다음과 같다.

첫째는 'Fly & Rail 통합형' 관광교통 서비스체계의 구축이다. 세계경제포럼의 국제관광경쟁력 평가 결과, 한국의 철도인프라 시스템은 세계적으로 상위권 수준에 있으나 홍보·마케팅 및 관광지원 서비스에 있어서는 여전히 개선할 점이 많다. 외래객의 지역분산을 유도하기 위해서는 철도부문만의 노력으로는 한계가 있다.

코레일은 2019년 9월 철도관광 활성화 중장기 계획을 발표하면서, 국내관광 활성화를 위해 해외시장 공략을 모색하고 있다. 우선 레일유럽, JR 등 해외철도 유관기관과 공동마케팅을 통해 외국인 전용 철도패스 '코레일패스' 해외판매망을 확대하며, 중국 시장 공략을 위해 중국 '씨트립'과 협의 중인 코레일패스 판매 대행 계약도 추진한다. 그러나 외국 철도기관과의 동종 간 협력사업도 중요하지만, 국내외 항공사와의 이종 간 협력사업도 적극 추진되어야 한다. 유럽을 중심으로 항공사와 국영철도 회사 간 협력사업이 추진되고 있으나, 우리나라의 경우 양 부문 간 협력사업이 아직 미흡하다. 국내 항공사의 경우 대한항공은 유럽여행 항공권 예약 시 독일 내 철도여행패스 예약을 대행하고 있다.

한국에 취항하고 있는 루프트한자 독일항공은 독일에서 이용할 수 있는 Rail & Fly 프로그램과 익스프레스 열차(Express Rail) 상품을 판매하고 있다. 먼저 Rail & Fly 프로그램은 독일 내 5,600여 개의 도이치 반(DB: Deutsche Bahn) 역에서 출발이 가능하다. 도이치 반과의 협력을 통하여 루프트한자 항공편이 운항하는 독일 내 모든 공항으로 유연하고 합리적인 가격으로 이용이 가능하다. 한국인의 독일행 항공권 구매 시 현지 철도표에 대한 예약서비스를 하고 있다.

다음으로 루프트한자 익스프레스 열차는 항공권과 익스프레스 열차 티켓을 동시에만 구입이 가능하다. 2019년 11월 현재 독일 내 프랑크푸르트 역을 중심으로 15개 역을 대상으로 운영하고 있으며, 서부지역의 6개 역에 대한 서비스를 준비 중에 있다. 익스프레스 열차 상품을 구매할 경우 국영열차인 도이치 반과의 협력을 통하여 탑승권 한 장으로 열차와 루프트한자 항공편을 이용할 수 있고, 열차 내 루프트한자의 전용 객실을 이용할 수 있으며, 열차 이용에 대해서도 마일리지를 적립해 주며, 기차역에서 수하물 위탁 및 수취 서비스의 혜택을 제공하고 있다.

국내의 경우 코레일은 한국에 취항하고 있는 외국계 항공사는 물론 대한항공, 아시아나항공, LCC 등과의 철도티켓 구매협력 서비스를 아직 시행하지 않고 있도록 하였다. 정부는 2018년 항공사가 기차표까지 함께 판매하는 항공과 철도 연계 발권 서비스를 시행하여 외국인 관광객들이 기차표 할인을 받을 수 있도록 하였다. 코레일과 핀에어(핀란드 국적 항공사)가 시범서비스를 시행하고 있는데, 이를 한국에 취항하는 외국계 항공사로 확대할 필요가 있다. 또한 코레일이 일본철도패스(JR패스)와 유레일 글로벌패스를 대행 발권하고 있듯이, 보다 많은 국가의 철도기관과 협력체계를 구축하여야 한다. 그러나 현실적인 문제는 외국인들에게 판매가능한 각종 코레일패스가 한정되어 있고, 지정석만 한정되어 자유석 및 입석은 판매하지 않아 사전예약 서비스의 효과를 기대하기 어렵다는 점이다.

2019년 한국관광공사는 외국인 개별여행객(FIT)의 지방 유치를 증대하기 위하여 외국인 관광객 대상 지방 국제공항과 연계한 주요 관광지 간 교통서비스 개선, 편의제공 및 지방관광 활성화를 목적으로 '관광교통서비스 개선사업'을 추진하면서 대구시와 청주시를 선정하였다. 대구시는 6.8억 원을 들여 외국인 이동실태와 교통거점과 관광지 간 현황 분석을 통하여 외국어 안내표기, 외국어 관광정보 서비스, 연계교통서비스 등 관광교통 서비스 개선사업을 추진한다. 청주시의 경우 4억원을 투입하여 투입해 청주국제공항~오송KTX역 관광교통 안내 시설물의 외국어 표기와 시내버스의 외국어 안내방송 등이 지원된다.

둘째는 O-N-D 통합 관광교통서비스 시스템의 구축이다. 2010년대 후반 SRT의 개통과 KTX의 노선 확장 등 철도망 확충으로 관광교통 네트워크와 이동여건이 개선되었다. 지역 간 이동시간이 절감되고, 인구이동이 활발해지고 있으며, 그동안 단체관광에서 개별관광으로 트렌드가 전환됨에 따라 대중교통체계의 발달은 지역관광의 활성화를 위한 기회요인이 되고 있다. 그러나 고속철도 영향권 외 지역과의 동반성장을 위한 주변 연계 교통시스템의 구축이 지속적으로 추진되어야 한다.

향후 철도관광사업을 활성화하는 데 있어서 중요한 것은 주요 철도

관광 출·도착지와 도착지 주변 관광지를 하나로 묶는 관광교통서비스 시스템을 구축하는 것이다. 이 시스템의 기본적인 개념은 출발지(Origin)~결절지(Node)~목적지(Destination)이다. 철도기반시설 구축 및 역사 조성시 내국인뿐만 아니라 외국인을 위한 서비스 개선이 필요하다. 따라서 철도역사(출발지 및 결절지)를 중심으로 한 주변 관광지(목적지)를 하나로 통합한 관광교통서비스 시스템이 마련되어야 한다.

문화체육관광부의 '2018년도 외래관광객 실태조사' 결과, 외래관광객들이 한국여행을 준비하면서 가장 필요로 했던 정보(중복응답 기준)는 '이동거리 및 교통편'이 52.4%로 가장 많았으며, 방문지에 대한 정보(47.3%), 지역축제 및 행사정보(9.6%) 등도 적지 않게 나타났다는 점에서 서울을 중심으로 한 지역 철도역사와 주변 관광지 및 축제이벤트에 대한 종합적인 정보제공이 필요하다.

외국인의 한국여행 준비 중 가장 필요했던 정보

(단위: %)

구분	1순위 비율	중복집계 시
이동거리 및 교통편	24.3	52.4
방문지 정보	30.0	47.3
음식 및 맛집정보	14.5	46.8
숙박시설	9.5	25.4
쇼핑장소	8.4	33.9
기타	13.2	42.7

주: 응답항목 중 '기타'에는 무료 와이파이, 지역축제 및 행사정보, 금융정보, 한류문화체험관련 정보 등이 포함됨.
자료: 문화체육관광부(2019), 2018 외래관광객 실태조사(재작성).

일례로 대구시의 '2018 대구관광실태조사' 결과를 보면, 대구방문 외국관광의 한국 입국장소로 대구공항이 차지하는 비중은 단체관광의

47.8%, 개별관광의 37.6%이며, 타 지역 공항 및 항만이용자의 비중이 절반을 넘고 있어 관광교통 서비스 시스템을 구축하는 데 신중을 기할 필요가 있다. 대구시를 방문하는 개별여행객의 34.9%는 인천공항, 20.7%는 김해공항을 이용하고 있는 점에서 타 지역의 경우에도 출발지(서울, 부산, 대구, 제주, 청주 등 국제공항 지역)~결절지~목적지 간 연계관광 체계를 다각도로 구축해야 한다. 대구시의 경우 외국인 FIT는 동성로, 중구 시내일원, 서문시장, 근대골목, 김광석 길, 약령시 등 시내권 방문비율이 높고 주변지역 방문비중은 낮은 것으로 나타났다.

현재 외래객의 출입국 통로가 주로 서울이며 일부 부산이나 대구를 중심으로 이루어지고 있다는 점에서 이들 철도역사를 중심으로 단거리, 중거리, 장거리 관광상품화 사업이 체계적으로 육성되어야 한다. 여기에서 단거리는 지방 철도역사로부터 반경 2.5㎞ 이내(도보 중심)이며, 중거리는 7.5㎞(자전거, 택시 등 중심), 그리고 장거리는 17.5㎞ 이내(렌터카, 시티투어 등 중심)의 관광지이다.

O-N-D 통합 관광교통서비스 모형

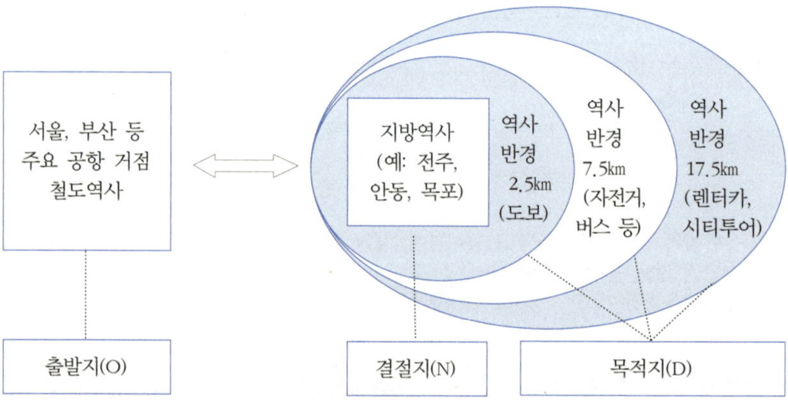

자료: 김향자(2016), 지역접근성 제고를 위한 관광교통 서비스 체계 개선, 관광교통체계 개선 토론회 발표자료를 참고 재작성함.

철도기술연구원의 철도역 영향권별 관광지 및 방문자 수에 대한 분석결과(2016), 모든 철도유형에서 철도역에 가까울수록 관광지 개소 수가 증가하고 있다. KTX를 기준으로 할 경우 철도역사 반경 2.5㎞ 내에 0.59개 관광지가 있으며, 반경 7.5㎞ 내에 0.33개, 반경 12.5㎞ 내에 0.18개, 반경 17.5㎞ 내에 0.13개의 관광지가 있다. 일반 철도의 경우에는 반경 2.5㎞ 내에 0.34개, 반경 7.5㎞ 내에 0.23개, 반경 12.5㎞ 내에 0.15개, 그리고 반경 17.5㎞ 내에 0.14개소가 있다. 반경이 짧을수록 KTX역사 주변 관광지가 약간 더 많은 것으로 나타났다.

셋째는 신개념 5都2村형 '서울&OO' 캠페인의 추진이다. 현실적으로 수도권에 집중된 외래관광객 출입국 패턴을 무시할 수 없다는 점에서 수도권과 나머지 지역 간 연계관광을 추진하는 데 주력해야 한다. 서울연구원의 '서울관광의 질적 내실화 방안(2014)' 연구 결과, 한국여행 중 서울을 방문한 외래관광객 중 60% 정도는 지방을 방문하는 것으로 나타나고 있으며, 40%는 서울에만 줄곧 머물다 그냥 출국하는 것으로 나타났다.

문화체육관광부가 조사한 2018년의 경우 외래관광객의 방한체류일수가 평균 7.2일로 늘어났다는 것은 고무적인 현상이다. 그런데 서울연구원의 2018년도 서울시 방문객을 대상으로 한 숙박일 수는 5.85일로서 전년(5.21일) 대비 0.64일 더 늘어난 것으로 나타났으며, 이를 감안할 경우 외국인들은 지방에서 평균 1.4일 정도에 그치는 것이다. 따라서 단기적으로 서울방문자 중 지방체류일 수를 최소 2박 3일 이상으로 늘리는 방안을 적극 고려할 필요가 있다.

이를 위해 서울시와 지자체, 그리고 관광공사와 코레일이 상호 협력하여 신개념 '5도(서울)2촌(지방) 캠페인'을 전개할 필요가 있다. 외래관광객이 서울에서 한국의 모든 관광콘텐츠를 경험할 수 없다는 점에서 서울시 및 서울관광재단의 경우에도 외래객의 서울집중도에 만족하지 말고 지역과의 관광연계 사업, 즉 '서울&OO' 상품을 개발하며, 여기에 코레일이 중요한 역할을 수행할 필요가 있다.

넷째는 한국형 MaaS에서 스마트 TaaS 사업으로의 전환이다. 온디맨드(on-demand) 시대로 접어들면서 자동차의 구매가 아닌 이동서비스의 구매시대가 점차 가시화되고 있다. 이에 따라 2019년 제3차 국가관광전략회의에서 국토부와 문체부는 한국형 MaaS을 공동 추진키로 하였다. 한국형 MaaS는 관광객의 관점에서 최적 이동경로를 도출하고 다양한 교통수단(철도, 버스, 항공 등) 스케줄을 조회하며, 예약 · 결제를 원스톱 지원하는 시스템이다. 여기에서 MaaS는 전 교통수단이 통합된 단일 플랫폼을 이용해 개별이용자의 수요에 기반을 둔 이동계획을 수립, 이용과 결제를 지원하는 서비스를 말한다.

MaaS에서 TaaS로의 전환 방안

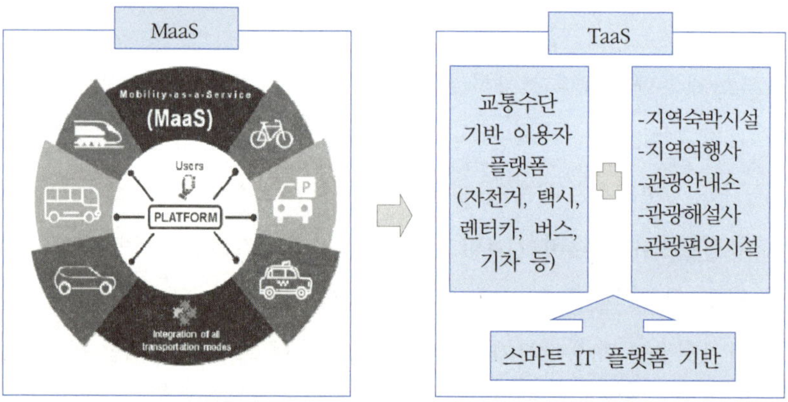

주: TaaS에 대해서는 2017년 교통공학자인 김현명(2017) 교수가 논단에서 제안한 바 있음(김현명, TaaS: 교통기술의 발전과 관광교통 체계의 변화예측, 한국문화관광연구원, 한국관광정책, 겨울호).

자료: MaaS 모형도는 말레이시아의 사례임(출처: http://marii.my/mobility-as-a-service-maas-a-brief-its-amplification-and-challenges).

MaaS 사업은 통행비용을 낮추고 통행시간을 단축하며, 통행에 필요한 승객들의 불편을 최소화해 대중교통 서비스의 질을 근본적으로 변화시키는 기술이다. 철도관광에 MaaS를 도입할 경우 커다란 파급효과를 가져올 것으로 예상된다. 우선 서비스 패키지 내에 자전거, 택시, 자율주행 응답형 대중교통, 공유차량 서비스 등 모든 형태의 교통서비스가 포함되어 철도역 주변의 렌터카 사업도 활성화될 수 있다.

그런데 교통수단의 관점에서 MaaS 사업을 추진하는 것도 시급하지만 MaaS만으로 관광편의를 모두 제공하는 데 한계가 있다. 향후 관광수요자의 요구사항을 충분히 충족시키기 위해서는 교통수단은 물론 숙박시설, 관광지, 관광명소, 관광안내소, 문화관광해설사 등 관광의 핵심요소를 모두 포함시킨 관광서비스 사업(TaaS: Tourism as a Service)으로 전환하는 방안을 적극 검토할 필요가 있다. TaaS 플랫폼이 형성되기 위해서는 기본적으로 MaaS 사업이 활성화되어야 하며, 여기에 지역 내 관광관련 시설들을 추가로 결합시키는 방식이 적정할 수 있다.

그리고 TaaS가 성공하려면 지역 내 호텔시설과의 제휴도 중요하지만 통합서비스를 제공하기 위해서는 숙박시설도 포함되어야 한다. 우선 지방도시 중 숙박시설이 현저하게 부족한 지역의 경우 기존 코레일 역사의 복합숙박 단지화가 필요하며, 최소 1개 층을 유스호스텔 또는 외국인호텔로 개조하여 숙박거점으로 활용하는 방안도 검토해야 한다. 대표적인 사례로 동해시 망상동 구(舊) 망상역사를 개조한 코레일 망상수련원을 들 수 있다. TaaS 사업을 원활히 추진하기 위해서는 한국관광공사와 민간부문의 관광벤처기업을 참여시켜 스마트 IT 플랫폼을 조기에 구축하는 것을 검토해야 한다.

■ 관광 · 항공 협력강화와 지방공항의 활성화

외래관광객이 2016년 1,724만 명으로 사상 최대치를 기록한 이후 2017~2018년 중국의 한국여행 억제조치로 인해 일시적으로 감소하였지만 2019년 1,750만 명으로 정상적인 궤도에 올라섰다. 비록 2019년 중국에서 발병된 신종 코로나19(COVID-19)의 전 세계적 확산에 따라 국제관광이 일시적인 암흑기에 돌입하겠지만, 코로나19의 종식 이후 국제관광의 활성화 방안이 적극 추진될 전망이다.

우리나라의 경우에도 코로나19로 침체된 국내외 관광의 회복과 함께 수도권과 제주권에 집중된 외래관광객을 지방으로 분산시키고 지역관광을 활성화하는 것이 중요한 과제로 부상할 전망이다. 정부도 지역관광의 활성화를 위한 적극적인 정책개발과 후속 사업을 전개하고 있다. 지역관광거점도시 사업, 테마여행 10선, 지역 관광기업 지원사업 등이 그것이다.

외래관광객의 지역분산 방식은 두 가지 관점에서 살펴볼 수 있다. 하나는 허브앤스포크(hub & spoke) 방식에 의거 수도권 방문객의 지방 방문을 유도하는 사업이며, 다른 하나는 포인트투포인트(point to point)의 형태로 지방의 독자적인 외래객 유치역량을 확보하는 것이다. 비용 · 편의 관점에서 보면 전자가 효율적일 수 있으나 지역의 입장에서는 아직 성과가 나타나지 않고 있다는 점에서 후자의 방식도 병행해야 한다. 그러나 후자의 방식을 모색하기 위해서는 관광부문 단독의 노력만으로는 곤란하며, 여러 교통수단 및 인프라(선박, 철도, 버스, 지하철 등) 중 특히 항공부문과의 협력이 중요하다.

2010년대 중반에 크루즈를 통한 방한 외래객의 비중이 2012년 12.4%에서 2016년 20.5%까지 일시적으로 상승하였다. 그러나 중국의 단체관광 제한조치로 인해 2019년 외래관광객의 항만이용은 10.2%로 급감한 상황이라는 점에서 공항을 통한 외국인의 유치노력이 필요하다. 전체 공항 입국자의 비중이 2016년 79.5%에서 2019년 89.8%로 계속 늘어나고 있는 것도 관광·항공부문 간 긴밀한 협력을 요구한다.

외래객의 방한 입국장소의 변화 추이

(단위: 명, %)

구분	외래관광객(전체)	공항(전체)		항만(전체)	
		인원	비중	인원	비중
2012	11,140,028	9,759,454	87.6	1,380,574	12.4
2013	12,175,550	9,891,890	81.2	2,283,660	18.8
2014	14,201,516	11,557,430	81.4	2,644,086	18.6
2015	13,231,651	10,732,468	81.1	2,499,183	18.9
2016	17,241,823	13,714,941	79.5	3,526,882	20.5
2017	13,335,758	11,781,879	88.3	1,553,879	11.7
2018	15,346,879	13,955,750	90.9	1,391,129	9.1
2019	17,502,756	15,739,756	89.8	1,763,000	10.2

자료: 문화체육관광부·한국관광공사(각년도), 한국관광통계.

그러나 관광·항공부문 간 협력도 단순히 방한 외래객의 유치 확대에 초점을 두기보다는 지역관광을 활성화할 수 있도록 정책기조를 재정립해야 한다. 지금까지의 외래관광객 유치가 수도권에 집중되었던 현상을 냉철히 살펴봐야 한다. 이제라도 획기적인 정책전환이 필요하다. 전국의 전체 15개 공항 중 8개의 국제공항이 있으나 인천공항을 통한 외래객의 입국 비중이 2013년의 58.1%에서 지속적으로 증가하여 2019년에는 66.7%에 다다랐다. 나머지 지방공항 중 김해공항과 대구공항은 그 비중과 입국자 수가 꾸준히 증가하고 있으나 제주공항, 청주공항, 무안공항, 양양공항은 비중도 감소하고 입국자 수도 감소하고 있다.

전체 국제공항별 외래객 입국 추이

(단위: 명, %)

구분	인천공항			김해공항			제주공항			김포공항		
	인원	성장률	비중	인원	성장률	비중	인원	성장률	비중	인원	성장률	비중
2012	6,982,771	14.2	62.7	741,716	20.6	6.7	707,518	56.9	6.4	1,251,469	9.1	11.2
2013	7,069,901	1.2	58.1	803,796	8.4	6.6	755,099	6.7	6.2	1,127,754	-9.9	9.3
2014	8,148,522	15.3	57.4	853,857	6.2	6.0	1,093,175	44.8	7.7	1,103,070	-2.2	7.8
2015	7,667,973	-5.9	58.0	791,062	-7.4	6.0	962,129	-12.0	7.3	971,881	-11.9	7.3
2016	9,862,596	28.6	57.2	1,056,549	33.6	6.1	1,328,318	38.1	7.7	1,056,106	8.7	6.1
2017	9,086,053	-7.9	68.1	1,052,591	-0.4	7.9	557,200	-58.1	4.2	945,481	-10.5	7.1
2018	10,550,384	16.1	68.7	1,263,630	20.0	8.2	840,940	50.9	5.5	1,101,506	16.5	7.2
2019	11,672,601	10.6	66.7	1,350,263	6.9	7.7	1,218,438	44.9	7	1,173,054	6.5	6.7

구분	대구공항			청주공항			무안공항			양양공항		
	인원	성장률	비중	인원	성장률	비중	인원	성장률	비중	인원	성장률	비중
2012	9,706	-16.8	0.1	37,432	84.5	0.3	4,592	11.9	0.0	11,314	402.2	0.1
2013	11,707	20.6	0.1	70,610	88.6	0.6	23,591	413.7	0.2	19,213	69.8	0.2
2014	39,871	240.6	0.3	189,916	169.0	1.3	31,884	35.2	0.2	86,688	351.2	0.6
2015	50,521	26.7	0.4	191,535	0.9	1.4	37,559	17.8	0.3	47,007	-45.8	0.4
2016	102,704	103.3	0.6	232,688	21.5	1.3	34,064	-9.3	0.2	34,147	-27.4	0.2
2017	68,595	-33.2	0.5	57,751	-75.2	0.4	3,924	-88.5	0.0	2,442	-92.8	0.0
2018	106,145	54.7	0.7	63,732	10.4	0.4	7,674	95.6	0.1	13,658	459.3	0.1
2019	199,631	88.1	1.1	84,539	32.6	0.5	20,268	164.1	0.1	12,105	-11.4	0.1

자료: 문화체육관광부 · 한국관광공사(각년도), 한국관광통계.

정부는 4차례에 걸친 국가관광전략회의를 개최하여 지역관광 활성화 방안을 지속적으로 강구해 왔다. 특히 문화체육관광부와 국토교통부 간 관광 · 교통 협력사업이 활발히 추진되었다. 제1차 국가관광전략회의에서는 관광진흥기본계획을 확정하면서 지역관광의 접근성 제고를 위하여 항공 · 철도 연계 발권 시스템 구축을 통한 항공~철도~관광 연계상품을 개발하고, 동북아 항공노선 확충과 역내 항공자유화를 통하여 국가 간 관광교류 기반을 확충하는 데 초점을 두었다. 제2차 회의에서는 국제적인 지역관광 거점을 조성하기 위한 지방공항 인근 관광지 연계 및 상품개발을 모색하고, 지역 관광역량을 강화하기 위해 지방공항의 국제노선을 확충키로 하였다. 제3차 회의에서는 지역관광 거점도시 육성과 관련하여 항공~크루즈 국제노선을 확충하며, 지역스마트 관광환경 조성을 위하여 한국형 MaaS의 도입과 공항 공공와이파이를 설치하기로 하였다.

제1～4차 국가관광전략회의의 관광 · 항공 협력사업 추진과제

구분	추진방향	수요 사업 분야	관광 · 항공 연계사업
제1차 회의 (2017.12.18)	지역관광 접근성 제고	교통연계망 구축, 대중교통 이용 편의성 제고, 대중교통 관광활성화	항공-철도 연계발권 시스템 구축, 교통거점(공항, 기차역, 터미널 등)의 관광명소화, 대중교통 이용 관광지도 제작
	국가간 관광 교류 기반 확충	동북아 관광활성화로 신시장 창출	동북아 항공노선 확충, 역내 항공자유화 추진(공동 교통패스 등)
제2차 회의 (2018.7.11)	국제적인 지역 관광 거점 조성	관광전략 거점도시 육성	숙박 · 관광 등 관광인프라 개선(지방공항 인근 관광지 연계, 지방공항 활용 관광상품 개발, 환승관광 프로그램 등)
	지역 관광 역량 강화	지역관광 서비스 · 인프라 개선	지방공항 국제노선 확충
제3차 회의 (2019.4.2)	지역 관광거점 도시 육성	국제관광도시	항공-크루즈 노선 확충
	지역 스마트 관광환경 조성	스마트 교통, 스마트 안내	한국형 MaaS 도입, 교통접점 공공와이파이 설치 확대 및 통합시스템 구축
제4차 회의 (2019.12.12)	한국 · 지역 유치확대	지역과 함께하는 지방공항 입국 홍보	지방입국 환대기간 지정, 지방공항과 해외공항 연계(노선 및 상품)
	외래객 지방 공항 입국기반 조성	지방공항 인바운드 항공노선 확대, 지방공항 취항 항공기 활용 홍보	동남아 신규 노선 확대, 부정기편 허용 확대(지방공항 7개소 포함), 항공기 외부 도배(랩핑), 기내 안내책자 제공

자료: 관계부처 합동(2017, 2018, 2019), 국가관광전략회의 발표자료(1~4차 요약).

제4차 회의에서는 외래객의 지역유치를 위하여 지방입국 환대기간의 지정, 해외공항과의 연계화를 모색하고 외래객 지방공항 입국기반을 조성하기 위해 동남아 신규 노선의 발굴, 부정기편 허용 확대를 추진키로 하였다. 그동안 지역관광 활성화 차원에서 부분적으로 검토되었던 사업들을 이제 종합적인 관점에서 체계적으로 재정리할 시점이다.

이들 관광 · 항공부문 간 협력사업을 구체화하기 위하여 문화체육관광부와 국토교통부는 2019년 4월 30일 '관광 · 항공 정책협력 협의회'를 구성하고 정부 · 공공 · 업계 간 공동협력을 통하여 외래관광객의 유치 확대를 위한 정책과제를 발굴하였다. 주요 내용은 외래관광객의 유치에 공동 대응하며, 지방공항을 연계한 지방관광의 활성화를 모색하고 지방공항 연계 관광상품 발굴 및 공동홍보 강화, 공항에서 도심(관광지) 간 교통 및 안내여건 개선, 지방공항의 인바운드 기여도 제고, 지방공항의 출도착 거점 기능의 확대 등을 추진하는 것이다. 그리고 2019년 12월 12일 문화체육관광부와 국토교통부는 관광 · 국토교통 협력을 위한 업무협약을 체결하여 지방공항 연계 지방관광의 활성화, 관광항공 관련 산업의 육성, 외래객의 지역접근성 개선 및 관광교통 편의 확대, 지역 기반시설의 관광자원화 사업을 공동 추진키로 하였다.

이를 구체화하기 위하여 2019년 6월 5일 제1차 실무협의회를 개최하여 지방공항~관광지 간 이동성을 개선하기 위하여 관련 기관 간 사업의 중복성을 최소화하고 지방공항의 시설 개선 및 서비스 인프라의 개선을 우선적으로 추진하고 지방공항 입국자의 식별정보를 공유하여 최적화된 홍보마케팅을 추진키로 하였다. 8월 14일 개최된 제2차 실무협의회에서는 업계의 동향과 대응현황을 검토하여 요구사항을 수렴하여 동남아 및 일본 시장 특별 홍보 및 프로모션을 확대하고, 인접국 간 협력채널을 활용하여 관광 및 민간교류를 지속 추진키로 하였다.

그리고 관광 · 항공부문 간 협력사업의 발굴을 위하여 2차례의 '관광 · 항공 협력포럼'도 개최하였다. 제1회 회의(2018.11.8)는 관광 · 항공 협력방안, 지방관광 활성화를 위한 지방공항의 역할과 협력방안을 논의하였으며, 제2차 회의(2019.12.2)에서는 최근 관광 · 항공시장의 변화와 대응 방안과 양 부문 간 협력사례를 검토하고 지역관광 · 항공 협력 생태계 구축방안을 논의하였다.

이상에서 범정부 차원에서 모색된 관광 · 항공부문 간 협력사업의 발굴과 추진과제의 선정현황을 살펴보았다. 주요 특징 및 시사점은 다음과 같다. 첫째, 관광 · 항공부문 간 협력사업의 중요성에 대한 범정부 차원의 인식이 확대되었다. 외래관광객의 높은 항공편 이용률을 감안할 때 관광 · 항공 협력은 매우 중요한 과제이다. 둘째, 관광 · 항공부문 간 협력이 논의와 기획의 단계에서 구체적인 실행단계로 진입되어야 할 시점이다. 2019년 문화체육관광부와 한국관광공사가 단독으로 외국인 관광객 대상 지방 국제공항과 연계한 주요 관광지 간 교통서비스 개선, 편의제공 및 지방관광 활성화를 목적으로 '관광교통서비스 개선사업'을 추진하였지만 항공부문과의 협력은 제외되었다.

셋째, 관광 · 항공부문 간 협력사업은 추진과제가 광범위하고 포괄적이라는 점에서 선택과 집중 방식에 의거 체계적으로 추진되어야 한다. 국가관광전략회의와 이후 진행된 정책협력 협의회 활동을 통해 관광 · 항공부문 간 하드웨어, 소프트웨어 등 다양한 사업을 발굴하였으며, 이에 대한 사업성 및 효과성 등을 기준으로 사업 우선순위를 설정하고 단계적으로 육성하여야 한다. 넷째, 관광 · 항공부문 협력사업의 추진 목표는 지역관광 활성화에 두어야 한다. 인천공항이나 부산공항, 제주공항 등 국제적 수준의 인프라를 구축하고 있는 공항보다는 중소 규모의 국제공항에 초점을 두고 지방공항 연계 관광산업 생태계를 조성하는 데 역점을 두어야 한다.

다섯째, 지방공항의 육성이 사업대상과 내용의 선정은 물론 관광·항공부문 간 역할분담이 중요하다. 8개 국제공항 중 역점을 두어 추진할 5개 내외의 공항을 선정하여야 하며, 사업내용이 문화체육관광부 및 국토교통부와 산하 공공기관간 협업을 통하여 추진된다는 점에서 추진주체 간 역할분담과 시너지 창출방안을 강구해야 한다. 끝으로 관광·항공부문의 협력은 기존 정부의 중점 육성사업과 연계하여 정책의 시너지 효과를 거두어야 한다. 2020년 선정된 관광거점도시(국제관광도시, 지역관광거점도시) 사업의 성과 도출을 위해서는 관광·항공 협력 사업도 지원기능을 담당할 필요가 있다.

외래객의 지역방문 촉진의 관점에서 볼 때, 단기적으로는 전자의 사업이 효과적이지만 중장기적 관점에서는 지방공항을 활용한 관광객 유치하는 후자 방식도 병행 추진하지 않으면 안 된다. 이와 관련 지방공항을 활용한 지역관광의 활성화 방안을 몇 가지 제시하고자 한다.

첫째, 관광·항공부문 간 협력사업의 추진목표 및 방향의 명확한 설정이다. 문재인 정부로 들어와 양 부문 간 협력사업이 본격 추진되고 있다는 점에서 사업의 비전과 목표를 폭넓게 공유하지 않으면 안 된다. 우선 2019년 12월 12일 문화체육관광부와 국토교통부가 체결한 관광·국토교통 협력을 위한 업무협약서에서는 '외래관광객 유치 확대 및 지역관광 활성화'를 목표로 설정하고 있다. 그리고 협력사업의 원활한 추진을 위하여 관광·국토교통 정책협의회를 구성하여 사업 발굴 및 공동 추진을 명시하고 있다는 점에서 목표 달성을 위한 사업의 지속적 추진이 요구된다. 일본의 경우 2020년 방일 외국인 유치목표를 4천만 명에서 2030년 6천만 명으로 확대하고, 지방 숙박자 수를 2020년 7천만 명/박에서 2030년 1억 3천만 명/박으로 설정하여 목표달성을 위해 지속적인 사업을 추진하고 있는 점을 참고할 필요가 있다.

문화체육관광부와 국토교통부 간 관광·항공 협력사업은 추진기간이 명시되지 않고 있다는 점에서 향후 지역관광의 활성화의 구체적인 목표(예시: 외래객의 지역방문 비중, 지방공항의 외래객 입국비중 등)를 설정하여 사업기간을 5~10년간 지속적으로 추진하는 방안을 검토해야 한다. 이를 위해 정부는 2020년 외래관광객 유치목표를 합리적으로 설정하고 이를 달성하기 위한 다양한 정책을 개발하며, 외래객의 지역분산을 도모하기 위한 획기적인 접근이 필요하다. 이를 바탕으로 할 경우 관광산업과 항공산업의 동반자적 파트너십도 더 활성화될 수 있다. 또한 협약서에는 명시되어 있지 않지만 '관광·항공협력 실행계획(10개년)'을 수립하고 이의 성과제고를 위한 평가·모니터링 시스템도 강구되어야 한다.

둘째, 지방공항별 관광·항공협력조직의 운영과 방한 항공노선의 확대 노력이 필요하다. 현재 중앙정부 차원에서 문화체육관광부와 국토교통부, 산하 한국관광공사와 한국공항공사, 관광과 항공분야 업계가 참여하는 '관광·항공 정책협의회'를 구성하여 운영하고 있다. 그러나 관광·항공부문 간 협력이 지방공항의 활성화 및 외래객의 지역분산에 초점을 두고 있다는 점에서 중앙정부 차원에서만 추진되어서는 안되며 해당 지자체, 국내외 항공사, 지역관광진흥기구(RTO), 지역관광협회 등을 아우르는 지방공항별 '관광·항공협력 추진협의회'를 구성하여 운영되어야 한다. 다시 말해 지방공항별 맞춤형 관광·항공 정책과 전략을 수립하여야 한다.

관광·항공 협력사업의 성공 여부는 외래관광객의 유치 확대에 좌우될 수 있다. 관광·항공 협력사업이 자칫 내국인의 해외여행 증가로만 나타나서는 안 된다. 전체 8개 국제공항 중 인천, 김포, 제주공항을 제외한 5개 지방공항(김해, 대구, 양양, 청주, 무안)의 외래관광객 입국분담율은 2019년 10.6%에 그치고 있다. 따라서 지방공항을 활용한 관광·항공 협력사업의 가장 중요한 과제는 방한관광 항공노선의 확대이다. 단기적으로는 한중일간 노선의 확대뿐만 아니라 동남아 지역으로 확산하여 지방공항이 동북아 및 동남아권 외래객의 주요 방문거점으로 육성될 필요가 있다. 이를 위해 지방공항 기반 거점 운항 항공사를 설립 지원하여 지방공항 운수권을 제공하고 항공사의 지방공항 운항을 유도하며, 신규 취항 및 증편 시 인센티브를 제공하여야 한다. 그동안의 지방공항 항공노선 이용현황을 보면 일부 공항의 경우 내국인이 90%를 차지하고 있다는 점에서 외래관광객의 유치를 위한 해외 홍보 및 마케팅을 적극 추진되어야 한다. 그리고 지방공항을 취항하는 항공기를 활용한 지역 관광거점도시의 홍보사업도 적극 추진될 필요가 있다.

셋째, 관광·항공부문 간 협력에 그치지 않고 대중교통까지 염두에 둔 FIT지향형 토탈관광교통 서비스 시스템을 구축해야 한다. 외래관광객의 유치 시 공항에서 인접도시 또는 관광지까지 연결되는 대중교통수단에 대한 추가적인 고려가 필요하다. 우리나라의 8개 국제공항 중 인천, 김포, 제주 등 일부 공항을 제외하면 주변도시 및 관광거점과 연계된 관광교통 지원서비스가 여전히 미흡한 상황이다. FIT 관광객의 비중이 증가추세에 있다는 점에서 외래객들이 항공권 구매 시 철도 및 지하철, 셔틀버스, 숙박시설, 관광명소 등을 하나의 서비스로 묶은 한국형 MaaS 나아가 토탈관광 서비스사업(TaaS: Tourism as a Service)을 추진해야 한다. 영국의 경우 외래객의 73%가 공항을 이용하며, 특히 지방공항의 활성화(2015년 전년 대비 15% 증가)는 공항과 시내 연결 철도시스템을 구축하고 스마트 발권 인프라의 구축과 루트를 짜 주는 모바일 애플리케이션(예: Rome2Rio)을 접목한 결과이다.

외래관광객 대상 대중교통기반 관광교통서비스 시스템의 개념도

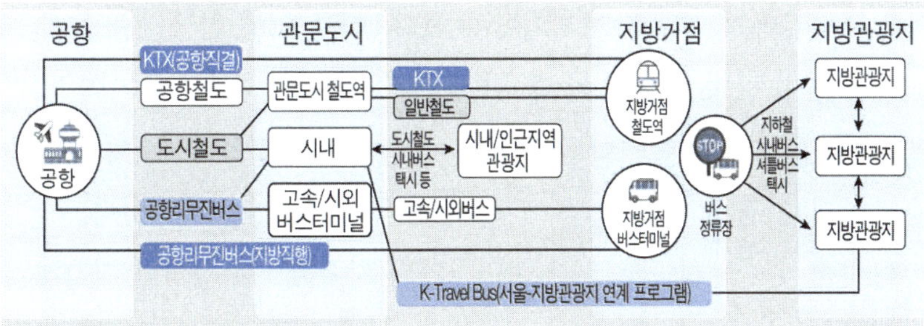

자료: 한국교통연구원(2017), 관광교통체계 개선으로 지역관광을 활성화해야, KOTI Brief, 9:2.

넷째, 지방공항을 활용한 지역관광의 활성화를 위해서는 지역별 글로벌 관광명소의 육성 및 콘텐츠의 지속적인 발굴이 필요하다. 대표적으로 2020년 1월 선정된 5개 관광거점도시가 제대로 성장가도를 달릴 수 있도록 관광 · 항공 협력사업도 지원 역할을 담당해야 한다. 따라서 8개 공항 중 부산(국제관광도시), 강릉, 전주, 목포, 안동(이상 지역관광거점도시) 등 5개 도시의 글로벌 관광홍보 및 마케팅을 연계하여 지방공항을 적극 활용할 필요가 있다. 이를 위해 단기적으로 김해공항(부산), 양양공항(강릉), 청주공항(전주), 대구공항(안동), 무안공항(목포, 전주) 등 5개 지방공항을 우선 선정 · 육성하여 관광거점도시 사업과의 정책시너지를 제고해야 한다. 또한 관광거점도시 사업의 활성화를 위해서는 인접 국내공항(광주공항, 울산공항, 군산공항, 포항공항 등)에 대해 국제선 부정기 항공편의 취항도 적극 검토할 필요가 있다.

또한 관광 · 항공 협력사업이 성공되기 위해서는 외래관광객이 선호하는 우수 관광콘텐츠를 지속 발굴하고 상품화하는 것이 필요하다. 일차적으로 지방공항과 지역 관광자원을 연계한 테마형 고부가가치 관광상품을 개발하며, 의료, 웰니스, K-Pop, 한류 및 공연, 스포츠 등 '1시역 1특화 1고부가 관광상품'의 개발이 필요하다. 이밖에도 기존에 정

부가 추진하고 있는 테마여행10선 사업, 한국관광 유니크베뉴(Unique Venue) 사업과의 연계도 모색되어야 한다. 이를 위해 한국관광공사, 한국공항공사, 공항 인접 지자체, 지역관광사업자가 참여하는 지역별 '관광·항공협력 추진협의회'를 구성하여 인바운드 상품개발, 해외 공동 홍보마케팅 전개, 공동 팸투어 실시 등을 추진할 필요가 있다.

다섯째, 관광·항공부문 간 협력사업이 지속적으로 성과를 창출하기 위해서는 외래객의 지방공항 이용현황에 대한 통합적 실태분석과 공항별 추진전략을 수립할 필요가 있다. 8개 공항 중 인천, 김포, 제주공항 등은 지자체 차원에서 자체적인 조사가 진행되고 있으나 김해, 대구, 양양, 청주, 무안공항 등은 실태조사조차 이루어지지 않고 있다. 문화체육관광부의 2018 외래관광객 실태조사결과, 외래객의 방한 전반적 만족도는 93.1%지만, 출입국 절차에 대한 만족도는 87.7%에 그치고 있으며, 지방공항의 경우 상대적으로 더 열악한 상황이다. 나아가 8개 국제공항 중 인천공항과 김해공항을 제외한 나머지 6개 지방공항은 국제노선보다 국내노선 위주로 운영되어 개선책이 요구되며, 적자상태에 있는 청주, 양양, 무안공항 등의 정상화 방안도 강구되어야 한다.

또한 정부의 외래관광객 실태조사에서는 지방공항 입국자나 수도권 방문자 중 지방방문자 현황에 대한 구체적인 정보조차 파악하지 못하고 있다. 따라서 한국관광공사와 한국공항공사가 지방공항별 외래객 실태조사를 지속적으로 추진할 필요가 있다. 각 지방공항을 이용한 외래관광객의 인구통계적 특성과 출·도착 현황, 주변 도시 및 관광지 이용현황, 숙박 및 관광명소 방문현황, 대중교통수단 이용현황, 공항서비스 만족도 등에 대한 지속적인 조사연구가 필요하다.

참고자료 31

한국형 관광품질 통합인증제의 방향성

최근 정부는 '다시 찾고 싶은 문화관광국, 대한민국'을 표방하며 관광산업의 양적 확충에서 질적 발전으로 정책 패러다임을 전환할 것임을 예고했다. 그 대표적인 것이 수요자 중심의 관광품질관리이다. 관광품질관리는 한국관광의 고품격화와 서비스 경쟁력 향상을 통해 외래객의 유치 확대는 물론 국민들에게 '관광행복'을 제공하고 삶의 질을 높이는 데 매우 긴요한 과제이다.

그동안 관광행태의 다양화 및 관광서비스에 대한 기대수준이 높아짐에 따라 관광서비스의 질적 향상에 대한 요구와 관심이 증대해 왔다. 그렇지만 관광관련 인증이 정부, 지자체, 민간 등을 중심으로 90개에 달할 정도로 우후죽순처럼 과다·중복 시행됨에 따라 이를 효율적으로 관리하는 데 애로를 겪었으며, 낮은 인지도로 인해 소비자들도 합리적인 선택을 할 수 있는 기회를 제대로 얻지 못했다.

주요 관광선진국들은 2000년대로 들어와 공공부문 주도의 통합 인증제를 통해 관광서비스의 질을 제고하고 있다. 대표적인 사례로 홍콩관광청은 2000년에 도입한 '품질관광서비스(QTS)' 제도를 통해 숙박업소, 소매점, 음식점을 대상해 총 1,245개소를 인증하고 있다. 유럽의 경우 스페인은 2000년부터 스페인관광품질원을 설립하여 관광관련 업종에 'Q'마크를 부여하고 있고, 이에 질세라 프랑스(QT)와 영국(QiT)도 통합인증제를 시행해 효과를 얻고 있다.

우리나라도 이제 관광품질 통합인증제를 본격 시행할 때가 되었다. 그동안 관광산업의 외연은 꾸준히 성장하고 있으나 산업경쟁력은 정체되어 있는 것이 사실이다. 관광산업 경쟁력이 지속적으로 상승하지 못하고 있으며, 관광산업의 경제적 기여도 역시 선진국 수준에 훨씬 미치지 못하고 있기 때문이다.

또한 다양한 형태의 관광공급자 출현, 공유경제 확산, 상품소비 단위의 개인화 등에 따라 신뢰도 높은 관광정보 제공에 대한 요구를 충족시키기 위해서도 통합 인증제를 적극 추진해야 할 시점이다.

2015년부터 공공기관의 핵심기능 강화 방침에 따라 공기업인 한국관광공사를 중심으로 관광부문의 통합인증 브랜드를 개발하고 다양한 인증제를 단일화하며 서비스의 질적 향상을 위한 품질관리사업을 추진하고 있다.

향후 관광품질인증제가 성공하기 위해서는 무엇보다 관광 및 관련부문에 대한 신뢰할 만한 통합브랜드의 개발이 중요하다. 그동안 숙박, 음식, 쇼핑 등을 대상으로 90개의 인증제가 시행되고 있으나 이 가운데 관광공사가 인증하고 있는 것은 11개에 불과한 실정이다. 따라서 다원화된 각종 인증제를 효과적으로 통합하고 단일화된 홍보창구를 마련하며 중복 인증에 따른 비효율을 줄여나가야 한다.

둘째로 한국형 관광품질 인증제의 목표를 정확히 설정할 필요가 있다. 관광객의 만족도 제고를 통하여 재방문율을 높이고 국제관광 경쟁력을 10위권 내로 끌어올리도록 해야 한다. 또한 국민해외여행은 2013~2015년간 연평균 12%씩 증가하고 있으나 국내관광총량은 연평균 1.6% 성장으로 정체되어 있다는 점에서 관광서비스 품질 제고를 통하여 내수확대에 기여토록 해야 한다.

셋째로 외래객들에게 한국형 관광시설의 선택 폭을 넓히고 저변을 확대할 필요가 있다. 대표적으로 외래객들의 방한 시 이용하는 숙박시설은 단연 관광호텔이 가장 높다. 그렇지만 굿스테이, 한옥스테이, 게스트하우스, 홈스테이, 사찰 등 대체 숙박시설의 비중이 점차 커지고 있다.

관광호텔의 이용 비율이 2010년 77.3%에서 2015년에는 69.5%로 줄어들었다. 대신 대체숙박시설의 비중은 2010년 25.1%에서 2015년에는 29.5%까지 늘어났다. 따라서 개별여행 시대에 부응하여 외래객들이 한국적인 숙박시설을 안심하게 이용하고 이용률을 높이는 효과를 거두어야 한다.

넷째로 관광 및 관련 업종에서 서비스를 제공하는 중소 사업자들이 관광품질 인증을 통해 상응하는 경제적 이익을 얻을 수 있도록 유도해야 한다. 특히 국내 관광여행의 경우 호텔의 비중은 2010년 9.3%에서 2015년에는 6.4%로 감소추세에 있는 반면 대체 숙박시설이 점차 부상하고 있다. 특히 지방의 경우 관광객을 대상으로 독특한 숙박체험을 제공하는 개인사업자들에게 브랜드 인지도 제고를 통하여 수익성을 개선하는 데 기여했으면 한다.

끝으로 관광품질 통합인증제가 성공하기 위해서는 일시에 모든 부문을 인증하기보다는 철저한 검증과 효과분석을 통하여 시급한 분야부터 우선 추진하며, 기존 다양한 인증제를 물리적으로 통합하기보다는 관광객들에게 최상의 서비스를 제공할 수 있도록 관련 인증기관 간 조정과 협력을 이끌어 내야 한다. 그리고 단순히 관광품질 평가 · 인증 부여에 국한하지 말고 인증 참여자를 중심으로 교육프로그램 개발은 물론 자발적인 환대문화 캠페인도 병행해 나가야 한다(출처: 교통신문, 2016. 8. 25; 註: 문맥 유지를 위해 최신 데이터로 수정하지 않음).

참고자료 32

개별자유여행 시대와 디테일 강화전략

과거에는 FIT를 외국인 개별여행(foreign individual travel)으로 불렀다. 다분히 인바운드 관점에서 접근한 것이다. 그런데 요즘 인바운드나 아웃바운드 할 것 없이 FIT가 대세를 보임에 따라 개별자유여행(free individual travel)으로 부르고 있다. 외래객의 여행형태를 단체 패키지와 개별자유여행으로 구분할 경우 개별자유여행의 비중이 2010년 62.6%에서 2015년 67.5%로 증가했으며, 에어텔까지 포함할 경우 FIT 형태의 입국자 수는 73.8%이다. 이는 방한 외래객의 4명중 3명은 개별자유 여행자임을 말해 주는 것이다.

근래 중앙정부는 물론 지자체들의 FIT 유치사업이 경쟁적일 정도로 추진되고 있는 것도 그런 연유가 있는 것이다. 우리가 FIT 시장에 더 관심을 둬야 하는 이유는 기존의 틀에 박힌 저가 패키지 관광, 쇼핑 중심의 관광코스, 서울 중심의 방문패턴의 구조적인 성장의 한계에서 벗어나 보다 선순환적이고 더 효율적이며 고만족적인 관광생태계를 조성할 수 있기 때문이다.

FIT는 단체관광객에 비해 방한횟수가 더 많고 방문지역도 더 분산되어 있으며, 여행비용도 더 많고, 만족수준도 더 높은 것이 특징이다. 이에 따라 외래객 대비 비중이 더 커지고 있는 FIT을 세심하게 감싸 줄 수 있는 관광 디테일(details) 강화전략이 요청된다.

문화체육관광부가 발간하는 '2015 외래관광객 실태조사' 결과를 보면, 방한 3대 인바운드 관광시장인 중국, 일본, 미국 가운데 미국과 일본은 FIT의 비중이 90% 이상으로 절대 다수를 점하고 있다. 물론 중국 시장도 에어텔까지 합할 경우 FIT가 70%까지 접근해 있다. 중국 시장은 타국에 비해 단체관광의 비중이 아직 높은 편이나 해외여행 경험이 증가하면서 FIT의 비중이 빠르게 증가할 것이라는 전망들도 속속 등장하고 있다.

이에 따라 국적별 FIT의 행동속성을 잘 이해할 필요가 있다. 예를 들어 FIT의 방한횟수는 일본인이 중국인과 미국인에 비해 더 높으며, 한국 선택 시 고려요인으로 중국인은 쇼핑, 일본인은 음식 · 미식 탐방, 그리고 미국인은 역사문화유적 방문이 각각 높게 나타났다.

이는 FIT 대상 관광상품 개발 시 쇼핑 중심에서 벗어나 음식, 문화, 한류, 생태, 농촌 등 특수목적관광(SIT)으로 확대함과 동시에 국적별 맞춤형 전략을 구사해야 함을 의미한다. 특히 중국인 FIT의 경우에는 거주 지역은 물론 성별, 연령까지 종합적으로 감안한 고도의 SIT 상품이 제공되어야 한다.

또 흥미로운 사실은 3대 FIT 시장의 방문지 분포이다. 중국인은 서울과 제주에 집중되고 지방방문 비중이 낮은 반면 일본인은 서울방문 비중이 낮고 지방으로 더 분산되어 있으며, 미국인은 서울집중도가 높고 지방방문 비중도 높게 나타나고 있다. 따라서 FIT를 대상으로 한 지방분산 유도 정책도 더욱 정교하게 추진할 필요가 있다. 방한 체류일 7일 중 하루 정도만 지방에서 숙박하고 있는 중국 관광객들에게 2일 이상 지방에서 숙박할 수 있도록 신개념 '5도2촌형' 고품격 숙박여행상품을 개발해 보자, 그리고 4.3일만 체류하는 일본인 FIT들에게는 KTX나 K트래블버스 등을 활용하여 광주, 대전, 전주, 안동 등 주요 관광지에 대한 당일여행 상품을 제공할 경우 성과가 나타날 것이다.

FIT가 선호하는 숙박시설은 꼭 호텔만이 아니다. 방한 외래객 중 53%가 한국 여행 중 가장 이색적인 체험으로 손꼽은 '찜질방'을 외국인들의 '1박 투어' 상품으로 개발하고 안전 및 도난방지 대책을 제공할 경우 한국만의 차별화된 FIT 상품이 될 수 있다.

그리고 FIT 시장을 효과적으로 공략하기 위해서는 시장을 세분화하고 타깃을 선정하여 포지셔닝 전략을 구사해야 한다. 2015년 중국 여행 사이트 마평워와 중국청년여행사가 발간한 빅데이터 보고서에 따르면, 중국의 FIT 관광객은 남성(43.3%)에 비해서 여성(66.7%)이 주를 이루고 있으며, 연령대도 20~35세에 57%가 집중돼 있다.

현재 방한 FIT 중 가장 성장하고 있는 시장도 중국인 20~30대 여성, 일본인 30~40대 여성, 구미인 50~60대 남성이다. 특히 중국인 FIT중 20~30대 여성이 170만 명에 달하고 있어 이들 '버링허우' 세대를 대상으로 한 고품격 관광상품의 개발이 요구된다.

끝으로 점점 더 개인화되고 고도화되고 있는 FIT 시장의 트렌드에 선제적으로 대응할 수 있도록 정부 차원에서 비자, 정보, 축제, 쇼핑, 음식, 지도, 안내, 안전 등을 포함한 'FIT 관광경쟁력 강화 종합대책'을 강구할 시점이다.

FIT 시장의 층(層)을 두텁게 하기 위해서는 공공부문이 정확하고 안전한 여행정보를 서비스하며 한류 및 역사문화 못지않게 우리의 생활문화를 직접 체험할 수 있도록 배려해야 한다. 그리고 FIT들이 가장 애로요인으로 겪고 있는 관광정보의 부족을 해소하기 위해서 기존 온라인뿐만 아니라 모바일 중심의 SNS 마케팅을 더욱 더 강화해야 한다(출처: 교통신문, 2016. 6. 16; 註: 문맥 유지를 위해 최신 데이터로 수정하지 않음).

참고자료 33

농촌관광도 이제는 품질이다

수년 전에 전국의 농촌관광리더를 이끌고 독일 헤센주의 말케스(Malkes)라는 농촌마을을 방문한 적이 있다. 이 마을은 동네 한가운데 있는 교회를 중심으로 끈끈한 공동체 의식으로 뭉쳐 있으며, 동네 전역이 흡사 야외 유물전시장처럼 보였다. 그리고 마을입구에 비지터 센터를 설치하고 동네의 오랜 역사 흔적과 민속문화를 전시하여 처음 방문하는 사람들에게 일종의 경외감을 느끼게 하였다. 놀라운 것은 100년도 넘은 사진들이 비지터 센터의 벽면에 연대별로 전시하여 마을의 역사성을 잘 보여주었고, 심지어 오랜 건축물과 조상들의 생활상을 담은 '말케스 마을 역사책'을 제작하여 배포하고 있었다.

우리 일행을 위하여 남녀노소로 구성된 무용단까지 구성하여 공연까지 해 주고 만찬까지 제공해 주었다. 말케스 마을의 성공사례를 소개한 것은 과연 우리의 농촌관광이 현재 어떤 상황이고 앞으로 어떤 방향으로 나아가야 할 것인가에 대한 힌트를 찾기 위함이다. 앞서 말케스 마을에서 보고 느끼고 체험하고 얻어낸 자료들 모두 공짜가 아닌 유료이다. 마을의 역사와 문화가 방문자들에게 '상품'이 된 것이다.

흔히 전북을 한국의 대표적 농도(農道)라 부른다. 지역총생산에서 농업의 비중은 8.9%로 제주도 다음으로 가장 높다. 1970~1980년대 산업화 과정에서 소외되어 낙후된 지역처럼 보이지만 그 덕분에 농촌다움은 다른 지역 못지않게 넉넉하다. 지금은 도시화, 고령화로 인하여 젊은이들이 현저하게 줄어들었지만 그렇다고 낙담할 필요는 없다.

전북만의 농촌다움을 살려 승부할 때이다. 그런 점에서 전라북도의 新농촌관광 정책에 많은 기대를 걸고 있다. 현 민선 6기는 출범부터 '전북다움'을 강하게 주창하고 있으며, 이를 농업, 관광 등 핵심 산업에 녹아들도록 적극 노력하고 있다. 삼락(三樂)농정을 통하여 농촌에 사람이 찾고, 제값 받는 서비스를 제공하여 농민들이 보람을 찾게 하겠다고 한다.

또한 토탈관광 정책에서도 전북의 농촌다움을 적극 살려 한국의 대표적인 농산어촌 관광명소를 만들겠다는 의욕을 담고 있다. 나아가 이를 수행할 컨트롤타워로 전북농촌관광사업단을 만들어 체계적으로 육성하겠다고 한다. 이 시점에서 우리가 짚고 넘어가야 할 점은 시장의 상황이 녹록지 않다는 것이다.

도시민들의 농촌관광 경험률이 꾸준한 증가세를 이어가고 있지만 전북을 방문하는 농촌관광객은 기대치에 미치지 못하고 있다. 농촌진흥청이 전국 6대 광역시 주민을 대상으로 실시한 '2014 도시민 농촌관광 실태조사' 결과, 농촌관광객이 가장 많이 방문하는 지역은 경북으로 전체의 22.7%를 차지하고 있으며, 전북은 5.9%로 7위에 그치고 있는 상황이다. 우리가 농촌관광을 육성하면서 역점을 두어야 할 핵심목표는 철저한 품질관리를 통하여 서비스 만족도를 높이는 것이다.

초창기 농촌관광이 '농원' 시대의 음식이나 맛집 체험에서 '테마마을' 시대에는 농사 및 숙박체험도 가미되었다면, '6차 산업' 시대로 들어선 요즘은 휴식과 힐링은 물론 마을의 역사문화, 마을축제에 대한 체험욕구까지 포함된 복합적인 서비스를 요구하고 있다.

전북의 모든 농촌이 관광을 통해서 먹고 살아야 할 필요는 없지만, 우수한 자연여건과 역사문화 스토리를 지니고 있는 마을들이 관광마인드를 갖고 노력할 경우 유럽의 프랑스나 독일에서 흔히 보는 1주일 체류형 관광마을은 되지 못하더라도 적어도 2박 3일형 관광마을로는 탈바꿈할 수 있다.

따라서 농촌관광이 유망한 마을을 선정하여 휴양, 숙박, 음식, 힐링, 역사, 농사, 생태, 축제, 농특산물 등 다양한 요소들의 품질을 제고하기 위한 노력이 필요한 시점이다. 농촌관광을 위해 공들여야 할 분야가 넓어진 것이다. 그동안 소수의 농촌리더들이 주도했던 풍토에서 벗어나 온 마을 주민들이 참여하여 도시민의 요구에 대응하는 서비스 시스템을 갖추어야 한다.

일할 사람이 없다고 한탄만 해서는 안 된다. 새로운 귀촌 · 귀농자를 적극 유치하고 그들과 화합하여 마을을 다시 일으켜 세워야 할 시점이다. 그동안 농촌마을에 공공디자인을 가미하여 성공한 사례가 많이 있듯이 도농교류를 지원할 수 있는 중간지원조직을 적극 육성할 필요가 있다.

농촌관광의 공간범위도 확장해야 한다. 소규모 부락 단위의 점(點)적 형태에서 벗어나 인근 부락과 연계된 확장된 선(線) 및 면(面)적 형태로 전환해야 한다. 마을 공가를 활용하여 주차장이나 소공원을 만들고, 마을 안산에 산책로를 조성하여 힐링공간을 제공하고, 인근 부락과 연계한 순환형 도보여행길을 만들어내고, 필요하면 집안에 은닉되어 있는 농기구나 고문서를 끌어내어 전시관을 만들어 보고, 농특산물을 활용하여 팜파티나 테마축제도 개최해 볼 시점이다.

변화하는 농촌관광 트렌드를 잘 읽어야 한다. 소수가 주도하거나 한두 개의 강점만으로도 부족하다. 농촌마을 전체 주민이 참여하여 도시민들에게 '농촌다움'이라는 토탈 편익을 줄 수 있도록 탈바꿈해야 한다. 독일 말케스 마을에 수많은 관광객들이 찾는 것은 마을의 역사와 문화를 잘 보존하고 마을의 풍경과 스토리 자원을 잘 정돈하고 '경험'으로 상품화하여 방문객들에게 최상의 품질로 제공했기 때문이라는 점에서 우리도 교훈을 얻어야 한다(출처: 새전북신문, 2014. 10. 23; 註: 문맥 유지를 위해 최신 데이터로 수정하지 않음).

제8편

한국관광의 글로벌 지평 확대

구성과 주요 내용

제8편에서는 관광대국의 대외적 측면과 미래 모델을 고려하여 "한국관광의 글로벌 지평 확대"를 제목으로 설정하였다. 핵심 내용은 외래관광에 대한 인식개선과 외래객에 대한 서비스 개선을 위하여 '한국형 환대캠페인을 모색하자'와 새만금을 한국의 미래형 글로벌 관광도시로 새만금을 육성하기 위하여 '새만금 글로벌 관광도시를 창조하자'는 주제를 설정하였다.

15

"한국형 환대캠페인을 모색하자"에서는 2016~2018 한국방문의 해 사업의 핵심 사업으로 추진되었던 K스마일 캠페인의 본질적 의미를 살펴보고, 포스트(post) K스마일 캠페인의 필요성을 논의하였다. 이 글은 필자가 한국관광공사의 의뢰로 작성한 "K스마일 캠페인의 추진방안 및 성과측정"을 요약하고, 나아가 2020년대에 부합한 새로운 유형의 캠페인, 즉 포스트 K스마일 캠페인의 필요성과 대안을 제시하는 데 초점을 두었다. 이와 관련 필자의 신문 칼럼 중 '동방예의지국으로 되돌아가자', '성공한 평창올림픽 관광으로 꽃피우자'를 참고자료로 제시하였다.

16

"새만금 글로벌 관광도시를 창조하자"에서는 새만금관광연구센터를 운영하면서 수행했던 각종 연구 중 문화관광 콘텐츠의 발굴을 통하여 새만금 문화자산의 글로벌화를 모색하고, 새만금 문화관광권의 도입과 글로벌 관광메카로 조성하는 방안을 담았다. 필자는 그동안 신문에 새만금 관광과 관련된 칼럼으로 '새만금 사업, 굴뚝없는 산업에 눈돌릴 때다', '새만금 복합리조트 제대로 준비하자', '새만금 복합리조트 조성시 장애요인을 제거하자', '새만금 관광객에게 고품격 서비스 제공하자', '새만금의 화창한 꽃핌을 기대한다'를 기고하였다.

15

한국형 환대캠페인을 모색하자

■ K스마일 캠페인의 본질적 의미

정부는 2018 평창동계올림픽을 계기로 新성장동력으로 적극 육성하고 있는 관광산업의 양적 · 질적 발전을 도모하고, 외래관광객 2,000만 명을 조기에 달성하기 위해 2015년 8월부터 2018년 12월까지 3년여에 걸친 K스마일 캠페인이라는 야심찬 액션플랜을 가동했다.

우리나라는 지난 2010년부터 2012년까지도 한국방문의 해 사업을 추진해 성공한 경험이 있다. 최근 외래관광객 유치를 위한 국가 간 경쟁이 치열해짐에 따라 한국만의 강점을 내세우고, 고품질 관광상품에 대한 요구도 증대되고 있어 한국관광의 돌파구 마련이 시급한 시점이 되었다.

또한 2018년 평창 동계올림픽 개최를 계기로 아시아 관광객 중심의 관광수용태세에서 글로벌 시각에서 한국관광의 미래를 바라봐야 하는 상황이 전개되면서 장기적인 관점에서 추진하는 '방문의 해'라는 사업이 유효적절한 정책수단으로 부각돼 왔다.

우선 K스마일(smile)은 한국을 방문한 외국인 관광객에 대한 환대 분위기 조성과 범국민 친절문화 확산을 목적으로 하고 있으므로 한국적

정(情)의 문화를 배경으로 미소(smile), 예의(courtesy), 친절(kindness)의 요소를 모두 포괄하는 환대(hospitality) 서비스로 규정할 수 있다. K스마일은 "외국인 관광객에게 다시 찾고 싶은 대한민국을 만들기 위한 우리나라 고유의 정(情)이 담긴 친절한 미소"로 정의한다.

K스마일의 개념도

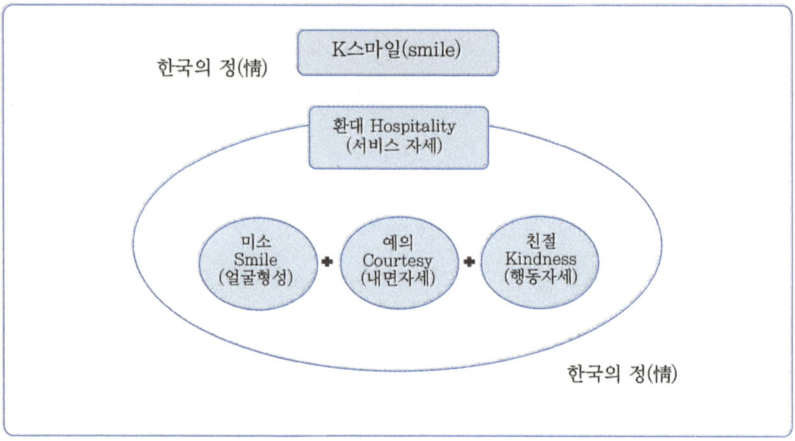

자료: 한국관광공사(2016), K스마일 캠페인 추진전략과 성과측정 방안.

기존에 정부를 중심으로 정책적 관점에서 정의된 K스마일 캠페인은 2016~2018 한국방문의 해 및 2018 평창 동계올림픽을 앞두고 우리 국민들의 환대의식 제고와 범국가적인 친절문화 확산 및 정착을 위한 캠페인이며, 특히 외래객 접점분야의 관광환경 개선으로 관광경쟁력을 높이기 위한 사업이었다.

그러나 관광접점, 추진방식, 추진대상 등을 종합적으로 가미한 새로운 정의가 필요하여, K스마일 캠페인을 "K스마일 정신에 입각하여 우리나라를 방문한 외국인 관광객에 대한 환대 분위기 조성을 목적으로 5대 관광접점 및 유관분야에 대한 서비스 강화, 수용태세 개선, 친절문화 확산을 통하여 '2016~2018 한국방문의 해'와 '2018 평창 동계올림픽'의 성공적 개최를 위한 범국민적 환대 캠페인"으로 규정할 수 있다.

K스마일을 정의하는 데에 참고할 만한 사례로 일본의 '오모테나시(お持て成し)'라는 말이 있다. '대접하다', '환대하다'는 의미인데 더 자세히는 '마음으로부터 우러나는 극진한 일본식 대접'이라는 것이다. 오모테나시라는 소프트파워는 아베 신조 총리의 '관광입국' 꿈과 만나면서 일본 관광산업을 팽창시키는 동력이 되고 있다. 영어로도 그대로 'Omotenashi (hospitality)'라고 통용된다. 이는 일본 관광을 즐기는 사람이라면 누구나 일본인은 친절하고 또 최소한 거짓말로 손해는 입히지 않을 것이라고 생각하는 이미지의 대명사가 되었다(서울경제, 2016.10.10).

본래 우리 민족은 한(恨)을 즐거움과 소망으로 승화시키는 특이한 기질과 문화를 갖고 있으며, 우리의 문화유산 속의 미소에는 한과 기쁨이 동시에 담겨있고 인자함과 여유가 넘치는 특질이 있다. 바로 이러한 우리민족의 존엄성이 K스마일의 정신적 토대가 되어야 한다.

김대성의 '문화유산에 담긴 한국의 미소(1997)'라는 책은 60가지 테마를 통해 전 국토에 산재한 우리의 문화유산 중에서 가장 한국적인 웃음, 미소를 찾아 직접 현장 스케치하고 그림, 장승, 조각, 공예 등 문화유산을 통해 한국인의 기질과 한국문화의 특징을 유추한 내용을 담고 있다. K스마일과 관련한 한국의 정(情)이 담긴 미소는 신비의 미소, 순수의 미소, 소박한 미소, 여유의 미소를 종합적으로 반영한다고 할 수 있다.

첫째, 신비의 미소는 금동미륵반가사유상(국보 78호, 삼국시대, 국립중앙박물관 소장)에서 보듯이 인간의 내면 깊은 곳에서 우러나오는 진리와 영생을 깨우친 깊고 그윽한 영원의 미소, 깨달음의 미소, 종교적 철학적인 신비의 미소를 상징한다.

둘째, 순수의 미소는 서산 마애삼존불(국보 84호, 백제)에서 보듯이 가운데 여래상의 미소는 친근하고 편안하며, 수더분하고 털털하지만 순수와 고풍의 멋이 살아 숨쉬는 백제의 미소를 상징한다.

셋째, 소박한 미소는 경주 얼굴무늬 수막새(신라, 국립경주박물관)에서 보듯이 한국적 미소의 전형으로 꾸밈이나 과장이 없는 친근하고 일상적이며 담백한 우리의 미소를 상징한다.

넷째, 여유의 미소는 안동 하회탈(국보 121호, 고려말~조선초, 국립중앙박물관)에서 보듯이 여유와 낙관이 넘쳐흐르며 양반을 풍자하고 야유하면서 모든 갈등을 녹여내는 넉넉함과 담담함을 담고 있으며 우리 삶을 그대로 보여주는 유쾌한 웃음, 한바탕의 파안대소를 상징한다.

문화유산에 담긴 한국인의 웃음(미소)

금동미륵반가사유상 〈신비의 미소〉

서산 마애삼존불 〈순수의 미소〉

경주 얼굴무늬수막새 〈소박한 미소〉

안동 하회탈 〈여유의 미소〉

자료: 김대성(1997), 문화유산에 담긴 한국의 미소, 대한교과서.

또한 K스마일에 대한 현대 철학적 해석과 논리는 기독교 정신, 칸트의 보편적 환대 그리고 폴 리쾨르(Paul Ricoeur)의 환대에서 그 의미를 찾을 수 있다. 첫째, 기독교에서 환대(歡待, hospitality)의 개념은 외부 사람을 접대하며 필요한 것을 제공한다는 의미로, '환대란 나의 공간 속으로 다른 사람을 진심으로 받아들이는 행위이며, 솔직하게 존경하는 마음을 갖고, 자유롭게, 그리고 기쁜 마음으로 부드럽게 그 사람이 필요로 하는 것을 제공해 주고, 그 사람을 편안하고 즐겁게 해 주는 것'으로 정의된다.

이때 환대의 개념에는 육체적 필요뿐만 아니라 사회적 필요도 채워져야 한다. 즉, 타인을 따뜻하게 맞아들이는 행위에서 확대되어 타인의 이야기를 들어주고, 배우며, 가치를 인정해 주고, 존중해 주는 태도로서 자기중심적 방향에서 타인 중심의 원심적 관계를 지향하는 개념을 의미한다. 따라서 나는 환대를 통해 주인이 되는 동시에 손님을 경험할 수 있게 된다.

둘째, 철학자 칸트(Immanuel Kant)는 누구나 국경에 상관없이 어디든 방문하고 환대 받을 수 있는 '방문권'이 있음을 주장하였다. 즉, 환대의 개념을 '외국인이 어떤 타국의 영토에 도착했을 때, 이 국가에 의해 적대적으로 취급되지 않을 외국인의 권리'로 정의하여 '방문의 권리'를 강조하였다. 그리고 환대란 가족이 아닌 비구성원을 우리의 영역 · 공간에 맞아들이는 것으로 불편함과 손실이 발생함에도 불구하고 환대 실천의 어려움을 극복하려는 노력이 필요하다고 보고 있다.

셋째, 폴 리쾨르(Paul Ricoeur)는 국민과 외국인과의 관계를 비대칭적 관계로 보고, 환대의 과정을 익숙하고 편안하며 안정감을 주는 우리의 공간이 타인으로 인한 동요가 발생하게 되는 단계를 거치게 되고, 외국인을 우리 자신처럼 대우해야 한다고 주장하며, 실천적 환대를 강조하였다. 이때 환대에 도달하기 위해 개인은 정체성 균열, 해체에 대한 불안감, 안전감에 대한 동요 등의 단계를 거치게 됨을 주장하고 있다.

■ K스마일 캠페인의 추진성과와 평가

2016년부터 2018년까지 3년간 추진되었던 K스마일 캠페인은 관광산업 내부에서만 추진하는 데 그치지 않고 관광관련 이해 당사자의 솔선 참여와 국민의 동참과 지지를 통하여 한국관광의 질적 혁신을 모색할 수 있도록 범국가적 추진을 위한 여건을 조성하는 데 있었다.

사실 2010~2012 한국방문의 해 사업은 민간부문을 끌어들여 외래객들에 대한 환대서비스를 개선하고 한국관광의 경쟁력을 높여 외래관광객 1천만 명을 돌파하는 계기가 됐다. 그렇지만 당시 방문의 해 사업은 공공부문이 리드하고, 관광의 양적 성장에 치우친 측면도 있다. 선진국에서 나타나고 있듯이, 민간부문이 한 뜻으로 응집되어 앞장서서 관광산업의 성장을 이끌어 나가고 공공부문이 뒷받침해 주는 '뉴(new) 민관협력 패러다임'으로 시급히 전환되어야 한다.

종전에 추진했던 사업과 달리 2016~2018 방문의 해 사업의 가장 큰 변화는 관광 친화적 풍토를 만들기 위한 'K스마일(Smile) 캠페인'을 범국가적으로 전개했다는 점이다. 우리나라가 이제 매년 2천만 명이 방문하는 시대를 앞두고 있으나 우리 국민들의 외국인에 대한 친절과 환대수준은 여전히 인색한 것으로 평가받고 있다.

세계경제포럼(WEF)의 집계에 의하면, 한국의 글로벌 관광경쟁력은 2013년 25위에서 2015년에는 29위로 더 떨어졌는데, 그중 129위로 최하위권에 맴돌고 있는 외국인에 대한 환대 태도가 발목을 잡고 있다고 해도 과언이 아니다.

따라서 K스마일 캠페인은 범국민 · 범국토 · 범부문이 왕성한 환대캠페인과 친절서비스 운동을 전개한다는 점에서 일종의 '관광의식 혁명'

이라 할 수 있으며, 한국방문의 해 사업의 성패를 좌우하고 나아가 관광산업의 일대 혁신과 관광선진국으로 도약하는 계기로 삼아야 한다.

외래객들에게 우리가 웃고 친절히 대해 준다면 또 다시 대한민국을 찾아올 것이다. 일본이 '어서오세요. 환영합니다'라는 요코스 재팬(Yokos! Japan) 캠페인을 전개해 성공한 것처럼, K스마일 캠페인도 일회성 사업에 그쳐서는 안 된다.

국민의 관광인식 개선을 통하여 관광의 '양적 성장'과 '질적 혁신'이라는 두 마리 토끼를 모두 잡은 대표적인 사례는 프랑스의 봉주르 캠페인(Bonjour Campaign)을 들 수 있다. 1990년대 관광산업의 위상이 저하됨에 따라 위기의식을 느낀 프랑스는 정부와 관광관련 연합, 조합, 협회 등을 총망라해 봉주르 캠페인을 대대적으로 추진했고, 그 덕분에 세계 1위의 관광대국이자 최고수준의 질적 관광을 유지하고 있다.

해외 사례로 일본의 Visit Japan Campaign을 검토하여 한국의 친절문화 체험 홍보 영상 제작 및 유튜브 배포, 관광지 스마트인프라 구축사업(무료 wifi zone)을 벤치마킹 할 필요가 있다. 싱가포르의 국민친절운동 사례에서는 국민친절지표 개발 및 조사분석, 친절엠블럼 제작, 관광친절주간(관광주간 활용)을 참고할 수 있다. 프랑스의 봉주르 캠페인에서는 최초 관광접점 환대이벤트 개최, 관광종사원 친절서약 운동, 품질관광 프로그램(K스마일 인증제 등) 등을 참고할 수 있다. 독일의 범국민 서비스 환대캠페인을 통해서 K스마일 커뮤니케이터 육성, 유관단체(특히 대기업, 공공기관) K스마일 캠페인 동참 유도 등을 참고할 수 있다.

해외사례를 종합해 볼 때, 관광환대 캠페인을 단기간에 추진하기보다는 5~10년, 길게는 최대 20년까지 단계적 · 체계적으로 추진하며, 국민들의 적극적인 참여를 통하여 관광환대 기반(홍보 · 마케팅)을 착실히 구축하는 것이 중요하다.

국외 주요 사례분석 결과의 비교

구분	일본	싱가포르	프랑스	독일
추진 배경	내수한계 극복, 외래객 유치를 통한 경제성장	21세기 품위 있는 사회 지향(예절=삶의 양식화)	1990년대 중반 외래객 감소(프랑스인의 불친절 오명 극복)	독일 월드컵 대비 친절국가 이미지 제고
추진 목표	2020년까지 외래객 2천만 명 유치	친절하고 품위 있는 싱가포르 추구	관광대국 이미지 구축, 재방문 장려, 체재기간 연장	월드컵 대비 독일 전역 관광서비스 수준 향상
사업 기간	2003~2020년	1997~현재	1994~2004년	2002~2006년
사업 예산	2005년 이후 매년 35억 엔 규모 (한화 365억 원)	2013년 5,800만 싱가포르 달러 (한화 488억 원)	1995년 6,334만 달러, 2003년 5,800만 달러 (한화 674억 원)	총광고료 10억 달러, 캠페인 300만 유로 (한화 39억 원)
추진 주체	일본관광공사	싱가포르친절운동 위원회 및 관련 기관·단체	프랑스관광공사 및 중앙 및 지방의 각종 기구	독일 관광공사(GNTB), 중앙 및 지방의 Partners
주요 사업	일본입국 유도 홍보 사업, 입국 후 편리하고 만족스런 관광 활동을 위한 사업(관광객 신뢰형성, 웹 기술 이용), 오모테나시 캠페인	친절의 날 개최, 국민친절지수 개발, 씨앗친절 기금 운영, 친절갤러리·친절 카페 운영, 친절 배지 배포 등	초기 정부 주도·관광업계의 참여 유도, 해외 31개 사무소에서 홍보사업, 품질 관광 프로그램 추진, 다양한 이벤트 홍보 마케팅	TV 광고, 관광 종사원 온라인 서비스 에티켓 교육, 독일 서비스 챔피언 콘테스트 개최, 글로벌 서비스 교육 이수자 서비스 대사(SA) 자격부여
사업 성과	외래객 2014년 1,341만 명에 이어 2015년 1,974만 명 유치	국민친절지수 지속 상승(2013년 53점 → 2015년 61점)	친절 이미지 제고, 관광업계 종사원 참여, 최대 관광입국	관광객 70만 명 유치, 독일의 관광 이미지 세계 1위 달성
시사점	홍보와 편의 증진 역점, 국가별 타깃 전략(홍보, 마케팅), 일본 전역으로 입국 편의 증진과 지역 분산 성공	범국민적이고 시대 변화에 맞게 장기적 추진, 관련 이해 당사자간 역할 분담, 젊은 층 참여가 성공의 관건	관광접점에서 시작하여 범국민 캠페인 승화, 예절 덕목 강조, 연차별 유연한 추진 전략, 국가별 홍보 전략	친절한 나라라는 이미지로 사회적 통합을 달성, 언론과 기업, 국민들이 절대적인 참여와 지지로 성공함

자료: 한국관광공사(2016), K스마일 캠페인 추진전략 및 성과측정 방안.

우리가 K스마일 캠페인을 전개하는 것도 단기적인 성과에 집착하지 말고 중장기적인 원대한 비전과 목표를 갖고 꾸준히 추진할 필요가 있다. 일단 민간부문이 캠페인을 주도하되 공공부문에서 충실히 뒷받침해 줄 수 있는 민관협업형 추진체계를 잘 구축해야 한다.

또한 K스마일 캠페인은 분산 · 분권형 추진체계를 갖춰야 한다. 즉 정부 및 지자체, 공공기관, 민간단체, 관광기업, 국민일반이 참여하는 범국가적 사업으로서 관광부문만의 이벤트에 국한하지 않고 각계각층으로 참여의 폭을 확대하고, 그 사업성과도 전 국토로 확산될 수 있는 메가(mega) 이벤트로 치러내야 한다.

K스마일 캠페인의 추진전략은 한국의 '친절문화 공유전략', 국민의 '환대정신 혁신전략', 관광업계에 대한 추진전략은 '관광접점별 신뢰 강화전략', 유관단체에 대해서는 '관광친절 서비스 협업전략', 평가 · 분석기관을 대상으로는 '캠페인 성과의 극대화 전략'을 설정할 수 있다.

첫째, 한국의 친절문화 공유전략은 K스마일 캠페인의 대상을 내국인 및 국내기업의 공급자 중심에서 벗어나 외래 관광객이 직접 참여하며 한국의 정(情)적 서비스를 체험함으로써 한국문화에 대한 이해도를 높이고 애착심을 갖도록 친절 커뮤니케이션 강화, 친절 관광지 정보 확산 사업을 추진한다.

둘째, 국민의 환대정신 혁신전략은 국민일반의 외래객에 대한 환대정신을 크게 개선하기 위하여 국민의 친절인식 제고, 품격있는 환대문화 정착사업을 추진한다.

셋째, 관광접점별 신뢰 강화전략은 외래 관광객의 지속적인 증가에도 불구하고 한국방문 외국인들의 관광접점에서의 서비스에 대한 불신과 불만이 여전히 발생하고 있다는 점에서 5대 접점별 관광종사원의 친절촉진 확대와 환대품질 개선사업을 추진할 필요가 있다.

넷째, 관광친절 서비스 협업전략은 외래 관광객의 관광불편 · 불만요인을 숙박, 쇼핑, 안내 등 관광업계 요인과 택시, 식당, 교통 등 관련업계 요인으로 대별할 때 관련 업계 요인에 의한 불만도 상당히 작용하고 있다는 점에서 관광관련 유관 단체와 서비스 개선 협업기반 구축과 사업의 지역 확산 사업을 지속적으로 추진할 필요가 있다.

다섯째, 캠페인 성과의 극대화 전략은 한국관광의 질적 혁신과 선진화를 달성할 수 있도록 K스마일 캠페인의 단계별 추진과제를 도출하고 각각의 단계별 관련 사업에 대한 지속적인 평가와 모니터링, 추진방향 검토 및 통합컨설팅 사업을 추진한다.

K스마일 캠페인이 성공하기 위해서는 국민의 공감을 얻어내는 데 지혜를 모아야 한다. 즉 호스트(host)와 게스트(guest)의 관계를 잘 정립해야 한다. 우리 집을 방문하는 손님에게 친절하게 대하듯 외래객을 단순 관광객이 아닌 소중한 손님으로 대우해 줄 때 한국에 대한 호감도는 높아지고 다시 방문하려는 의향도 커질 수 있다.

또한 외래객의 여행만족도를 제고하는 데 있어서 관광접점 종사자들의 서비스 품질도 매우 중요하다. 이들이 적극적으로 참여하여 솔선수범할 수 있도록 친절교육과 더불어 성과에 따른 보상체계도 잘 마련했으면 한다.

끝으로, K스마일 캠페인이 2018년 말까지 3년여에 걸쳐 추진되었다. 따라서 추진주체별 역할분담과 연차별 목표를 분명히 하고 추진성과에 대한 평가와 모니터링을 지속적으로 실시해야 했다. 그리고 양적인 기준에 의해 사업을 평가한다면 관광의 질적 측면이 또다시 소홀해질 수 있다. 당시 K스마일 캠페인을 체계적으로 추진하여 한국관광의 질적 혁신을 도모하고 글로벌 관광대국으로 도약할 수 있도록 힘을 모아야 했다.

■ 포스트 K스마일 캠페인을 추진하자

외래객을 위한 한국여행 캠페인은 1970년대까지 거슬러 올라갈 수 있다. 1970년대에 실시된 캠페인의 대표적인 사례는 3S서비스 운동과 스마일 운동을 들 수 있다. '3S서비스 운동'은 전국관광노동조합이 주관하여 1972년 3~4월에 한시적으로 실시되었으며, 스마일(smile, 웃음), 소프트(soft, 친절), 세이프티(safety, 안전)를 슬로건으로 삼았다. 그리고 '스마일 운동'은 김포세관이 1977년 4월에 전 직원이 스마일 배지를 착용하고 외국인 여행자들에게 웃으면서 '어서 오십시오', '안녕히 가십시오' 등 환영과 작별인사를 하도록 하여 우리나라의 관문인 세관에서 외국인들에게 좋은 인상을 심어주고자 하는 취지로 시작한 운동이다.

1980년대로 들어와 내무부 산하 새마을운동중앙본부(새마을민간단체)는 '올림픽 1등 국민을 겨눈다'는 슬로건으로 1981년에 1986년 아시안게임과 88년 세계올림픽에 대비하여 국민의식을 계도하는 범국가적인 캠페인을 전개하였고, 국민정신 개혁방안으로 친절, 근검, 정직, 청결, 질서, 품위, 전통미풍양속 등 8개 덕목을 선정하였다.

1983년에는 내무부가 '우리나라를 찾는 많은 외국인들에게 선진 한국인의 참모습을 보여주자'는 취지로 관광지 지역 환경 정비를 실시하였다. 그러나 1970~1980년대의 경우 국민의 자발적인 참여보다는 외래 관광객의 유입과 메가 이벤트 개최를 계기로 한 일시적인 친절운동으로 전개되어 국민의식에 큰 전환점을 가져다주지 못하였다.

이와는 별도로 범정부 차원에서 추진한 한국방문의 해 사업은 1994년(1년), 2001~2002년(2년), 2010~2012년(3년) 3회에 걸쳐 실시되었으며, 2016~2018년(3년)을 포함할 경우 4차례에 걸쳐 추진하였다. 주요 추진 사업은 이벤트 · 지역축제 개최, 외래관광객 유치 · 촉진, 메가 이벤트 개최, 국외

홍보마케팅, 이벤트 및 지역축제, 외래객 유치, 관광수용태세 개선, 국민참여 촉진 등이었다.

외래관광 촉진 캠페인의 추진성과

구분	1994 한국방문의 해	2001~2002 한국방문의 해	2010~2012 한국방문의 해	2016~2018 한국방문의 해
시행 시기	1994	2001~2002	2010~2012	2016~2018
사업 목표	외래관광객 450만 명, 관광수입 50억$, 2천년대에 세계 10대 관광국으로 도약	외래관광객 570만 명, 관광수입 90억$, 국가이미지 고양, 제반 관광객 수용태세 향상	외래관광객 1000만 명 유치, 130억$, 관광경쟁력 세계 20위권 진입	외래관광객 2,000만 명 유치, 관광경쟁력 세계 10위권 진입
추진 계기	서울정도 600주년	인천공항 개항, 월드컵 개최	대구 세계육상선수권대회, 여수엑스포 개최	2018 평창동계 올림픽 개최
추진 주체	한국방문의 해 추진 위원회	한국방문의 해 추진 위원회	한국방문의 해 추진 위원회	한국방문의 해 추진 위원회
특징	문화체육부 및 관광공사 추진 주도	문화체육부 및 관광공사 추진 주도	정부 주도 및 민간 부문 참여 유도	정부 주도 및 민간 부문 참여 유도
주요 성과	• 외래객 유치와 한국 관광이미지 증대를 통한 한국 관광산업의 재도약 • 국제수준의 관광 수용태세의 정비 • 낙후된 지방 관광의 활성화	• 한국방문의 해와 월드컵 개최로 국가 이미지 고양 • 관광국으로의 진입기반 정립 • 관광에 대한 국민의 인식제고 및 수용태세 개선 • 2002년 535만 명 외래관광객 유치	• 외래객 유치 확대 및 환대 서비스 개선 • 지자체 참여를 통한 지역관광 활성화 유도 • 한류 콘텐츠를 활용한 홍보마케팅 추진 • 민관협력 네트워크 조성을 통한 효율적 사업 추진	• K스마일 캠페인의 추진으로 관광 접점 서비스 향상 • 2018 평창 올림픽의 성공적 개최 • 한국관광의 양적, 질적 성장에 기여

자료: 한국관광공사(2016), K스마일 캠페인 추진전략 및 성과측정 방안(재작성).

제1차 1994년 방문의 해 사업은 외래관광객 450만 명 유치와 관광수입 50억 달러 획득, 2000년대 세계 10대 관광국으로 도약을 목표로 문화체육부 및 관광공사가 주도하였으며, 2차 한국방문의 해 사업은 외래관광객 570만 명 유치와 관광수입 90억 달러 획득을 목표로 한국 국가이미지 고양, 제반 관광객수용태세 향상을 위한 사업을 추진하였다. 그리고 제3차 한국방문의 해 사업은 외래관광객 1000만 명 유치와 관광수입 130억 달러를 획득하고 관광경쟁력 세계 20위권에 진입하기 위해 정부가 주도하되 민간부문의 참여를 유도하는 방식으로 추진하였다. 제4차 캠페인은 2018 평창 동계올림픽을 계기로 외래객 2,000만 명 달성으로 상징되는 양적 성장에 부합하는 질적 발전기반을 확립하기 위하여 문화체육관광부, 한국관광공사, 한국방문위원회가 주도적으로 추진하였다.

전반적으로 볼 때, 한국방문의 해 사업을 추진하면서 환대교육 및 친절캠페인 전개는 상대적으로 비중을 두지 못하였으며, 2010~2012년 한국방문의 해 사업 추진 시부터 교육 및 의식전환, 서비스 개선사업이 병행 추진되었다. 4차 사업에서는 관광접점 관리에 초점을 두기로 하였다. 그러나 일본이나 프랑스의 경우와 달리 우리나라의 사업은 한시적 사업에 그침으로써 국민의 관광의식 개선 및 서비스 품질 향상 노력을 지속적으로 추진하지 못하였다. 또한 한국방문의 해 사업이 자칫 관광부문만의 이벤트에 그쳐서는 안 되며 유관 공공기관 및 민간단체의 참여를 유도하여 협업방식을 전개함으로써 국민적 캠페인으로 승화되고, 캠페인의 추진성과도 관련부문으로 확산되도록 유도해야 한다.

다음으로 국내관광 캠페인과 관련하여, 정부는 국민참여를 통한 수요자 지향적 관광활성화와 범국민적 공감대 확산을 통하여 국내관광에 대한 인식개선을 위해 각종 매체를 통하여 국민의 관광인식 전환을 위한 홍보사업을 추진하였다. 2002~2003년에는 '내나라 먼저보기' 캠페인을 전개하고, 2004~2005년에는 '내나라 사랑여행, Love Korea' 캠페인을 추진하였고, 2006~2019년에는 '구석구석 캠페인'을 추진하였다.

그러나 '여행주간' 사업의 신규 추진으로 2014년부터 사업 추진실적이 미진하였다.

국내관광 캠페인의 추진성과

구분	내나라 먼저보기 캠페인	내나라 사랑여행, Love Korea	구석구석 캠페인	여행주간
시행 시기	2002~2003	2004~2005	2006~2019	2014~현재
주요 성과	국내여행 중요성 인식 확대, 지자체 관광홈페이지 평가 실시, 여행 전문작가 활용, 추천여행 코스 개발	주5일 근무제 시행에 따른 여가시간 증대 대응, 애국심 호소 국내관광 활성화 유도, 국내 우수관광 프로그램 발굴, 관광업계의 상품개발 의욕 고취	국내 알려지지 않은 관광지 소개, 관광 스토리텔링 추진, 국내관광 행동변화 유도, 소비자참여형 캠페인 전개, 테마형 국내관광 캠페인 전개, 관광취약계층 맞춤형 추천코스 제공, SNS 채널 운영	민관협업형 사업 추진, 양질의 추천정보 제공, 실질적인 여행할인 혜택 제공, 국내여행 수요분산, 신규 여행수요 창출

자료: 문화체육관광부 및 한국관광공사 자료 종합.

구석구석 캠페인은 2006~2007년의 경우 국내의 숨겨진 관광명소를 소개하는 데 초점을 두었고, 2008년에는 국내 관광지 스토리텔링 사업을 추진하였으며, 2009~2010년에는 기존의 '인지 향상'을 위한 광고에서 나아가 '행동 변화'를 위한 캠페인으로 전환되었다. 2011년에는 SNS 등 소비자와 쌍방향 커뮤니케이션 채널을 확대하여 소비자 참여형 캠페인으로 확대하였으며, 2013년에는 음식관광을 주제로 한 테마형 국내관광캠페인으로 전환하였다.

이후 구석구석 캠페인은 사실상 종료되고 2014년부터 민관협업에 의한 국내관광 캠페인으로 '여행주간'이 신설되어 현재까지 지속적으로 시행되고 있다. 초기에 일부 시행착오를 통하여 시행시기를 변경하기도 하였으나 민관협업 확대를 통해 양질의 추천 여행정보를 제공하고 국민들에게 실질적인 관광할인 혜택을 제공하는 등 국내여행수요 분산 및 신규 여행수요 창출에 기여하고 있다.

그러나 국내관광캠페인이 특정 계절에 집중됨에 따라 4계절 여행수요 창출에는 한계가 있으며, 수요 확대에 집중한 나머지 관광서비스 제공을 위한 지역관광 사업자 및 지역주민의 환대의식의 제고사업은 한계가 있다.

따라서 향후의 관광전망과 국내외 관광의 성장추이, 주변국의 대형 메가이벤트 개최, 관광대국 도약을 위한 서비스 기반 확충을 위해서는 포스트(post) K스마일 캠페인을 추진할 필요가 있다. 우선 2018 평창 동계올림픽대회, 2020 도쿄 하계올림픽대회, 2022 베이징 동계올림픽대회 등 일련의 메가이벤트 개최에 따라 동북아 관광협력을 위하여 (가칭)'동북아 방문의 해' 사업을 추진하는 방안을 검토할 필요가 있다.

그리고 기존 K스마일 캠페인의 성과를 확대하기 위하여 스마일(smile)의 형식적 콘셉트보다는 한국인의 내면과 행동을 강조하는 예의(courtesy)와 공손(politeness)의 정신이 투영된 'K에티켓(etiquette) 캠페인'이 후속적으로 실시될 필요가 있다. 인바운드 관광측면뿐만 아니라 해외여행의 급증에 따른 한국인의 문화의식 함양과 전 세계적 전파를 위해서도 K에티켓 캠페인을 적극 추진해야 한다.

그리고 국내관광의 경우 기존 구석구석 캠페인이나 여행주간 행사 등에서 나타난 문제점인 지역주민의 환대정신 함양 미흡과 관광사업자의 서비스 불량 등을 스스로 해결해 나갈 수 있도록 지자체별 지역관광협의회가 주도하고 지역주민이 참여하는 '지역관광환대(local hospitality) 캠페인'을 신규로 추진할 필요가 있다.

참고자료 34

'동방예의지국'으로 되돌아가자

지난 설 연휴 기간 중국관광객이 대거 방한했다. 서울 명동에는 '중국인 반 내국인 반'이라는 말이 실감날 정도였다. 그런데 한국이 좋아서 기꺼이 찾아온 중국인들에게 바가지요금을 씌우는 행위가 근절되지 않고 있어 안타깝다. 사실 여부를 떠나 중국인 청년이 동대문 노점에서 '김밥 한 줄을 1만 원이나 주고 샀다'는 언론기사는 많은 국민들을 공분시켰다.

매년 2,000만 명 이상이 해외여행을 나가고 있을 정도로 국제관광시장에서 막강한 영향력을 갖고 있는 우리나라 국민들도 해외에 나가서 가끔 불친절하고 대접이 소홀할 경우 상당한 불쾌감을 느끼게 된다. 하물며 세계관광시장의 큰손이자 연간 1억 2천만 명 이상이 해외로 나가고 있는 중국인들이 한국에서 유독 차별적 대우를 받고 있는 것에 대해 우리는 흉금을 터놓고 솔직하게 이야기하려 하지 않는다.

한때 한국인들은 세계 최고의 '친절한 국민'이라 칭송받았지만 선진국으로 부상하면서 국민들의 친절의식은 거꾸로 가고 있다. 우리는 그렇지 않다고 강변할 수 있으나 국가 간 비교를 해 보면 우리가 '우물 안 개구리'임을 깨닫게 된다. 세계경제포럼(WEF)이 조사한 세계 각국의 외국인에 대한 호의적 태도 순위를 보면, 2007년 124국 중 111위에서 2013년에는 140개국 중 129위로 최하위에 처져 있다. 작금의 외래객에 대한 불친절 행태를 보면, 이 순위를 믿고 싶지 않으려 아무리 애를 써 봐도 믿지 않을 수 없다.

이제 한국인의 친절본성을 되찾아야 할 시점이다. 더 이상 미뤄지면 세계 관광교류 시대에 살아남기 어려울 것이다. 일찍이 우리는 멀리서 친구가 찾아오면 만사 제쳐놓고 환대하며 같이 즐거워했던 미풍양속을 간직해 왔다. 공자(孔子)의 유교사상이 집대성된 논어의 학이편(學而篇) 제1장에는 "유붕(有朋)이 자원방래(自遠方來)면 불역낙호(不亦樂乎)아"라는 문구가 있는데, 이는 우리 민족의 손님맞이 자세를 형성하는 교본이었다.

예로부터 중국인들이 우리나라를 동방예의지국(東方禮儀之國)으로 칭송했다는 점도 눈여겨봐야 한다. 공자도 자기의 평생소원이 뗏목이라도 타고 조선에 가서 예(禮)를 배우는 것이라고 전해져 온다. 이처럼 중국인들은 우리나라를 예의바른 민족의 나라로 인식하고 있는데, 작금의 한국은 과연 중국 관광객들에게 어떻게 비쳐지고 있을까? 아마 조금 더 잘 산다고 우쭐해하는 한국인들이 역겹다고 할 것이다. 그렇다면 한국을 방문하는 외국인들에게 어떻게 대접해야 할까? 독일의 대표적 철학자인 칸트(Kant)에서 한 수 배워보자. 세계시민주의를 제창한 칸트는 이방인이 타국을 들어올 때 적대적으로 취급되지 않을 외국인의 권리로 '방문의 권리'를 주장하면서 환대 실천의 어려움을 극복하려는 노력이 필요함을 강조하고 있다. 물론 환대의 실천은 나라마다 독특한 방식으로 수행될 수 있다. 우리는 정(情)을 핵심가치로 내세웠으면 한다. 2008년 노벨문학상을 수상한 르 클레지오(Le Clezio)는 "한국의 정을 좋아한다"며, 정을 한국사회 곳곳에 깊숙한 뿌리를 내고 있는 독특한 고유문화로 높이 평가하고 있다.

정부가 2016~2018 한국방문의 해 사업을 추진하면서 한국을 방문하는 외국인들에게 친절문화 확산을 위해 'K스마일(smile) 캠페인'을 전개하고 있는데, 그 핵심은 우리나라 고유의 정이 담긴 친절한 미소를 창출해내야 한다.

한국이 중국인뿐만 아니라 모든 외국인들에게 동방예의지국으로 인식되기 위해서는 국민의 친절의식을 확 뜯어고쳐야 한다. 무엇보다 역지사지(易地思之)의 자세에서 접근할 필요가 있다. 외국인에 대한 환대 개념을 자아와 타자(他者)의 관점에서 바라보고, 나 역시 내 공간의 경계를 넘어서면 타자가 될 수 있음을 국민들에게 인식시키는 것이 중요하다. 그러한 관점에서 '한국'이라는 공간에 들어온 외국인들은 우리가 잘 환대해야 할 타자임을 설득해야 한다.

외국인들에게 제공하는 우리 국민의 환대서비스에서 가장 큰 문제점은 '불공평'이다. 부유한 구미권 관광객들에게는 굽실굽실할 정도로 과분한 환대서비스를 제공하는 관행도 문제지만, 중국이나 동남아 지역에서 오는 관광객들에겐 '잘 살지 못한다'는 선입관을 갖고 편견과 오만한 서비스를 제공하는 것은 더 큰 문제가 아닐 수 없다.

그동안 관광업계는 서비스의 표준화를 통하여 모든 외국인들에게 성심성의껏 예우하는 관행이 형성되었지만, 문제는 관광부문 이외의 서비스 접점이다. 즉 방한 외래객 중 개별여행자의 비중이 커지면서 그들이 이용하는 교통, 쇼핑, 음식 등의 공간은 여전히 사각지대처럼 방치되어 환대 서비스의 질을 끌어올리지 못하고 있다. 조만간 우리나라는 인·아웃바운드 모두 3,000만 시대로 진입한다. 글로벌 시대에 한국이 관광대국으로 예우 받으려면 많은 준비를 해야 한다. 그중에서도 국민의 환대의식 개선이 제1순위이다. 다시 한 번 동방예의지국으로 되돌아가야 한다(출처: 교통신문, 2016. 3. 8; 註: 문맥 유지를 위해 최신 데이터로 수정하지 않음).

참고자료 35

'성공한 평창올림픽' 관광으로 꽃피우자

2018년 2월 9~25일 17일간 개최된 평창 동계올림픽은 한마디로 매우 성공적인 메가 이벤트였다. 짧은 기간이었지만 엄청난 올림픽 스토리를 생산하고 향후 많은 자원으로 활용할 수 있는 유 · 무형의 레거시(legacy, 유산)를 축적했다. 전 세계인들은 올림픽기간 동안 흥분의 도가니 속으로 들어가 환호하면서 대회 슬로건인 '하나된 열정(Passion. Connected.)'에 기꺼이 동참하였다.

국제적으로 보면 올림픽의 성공적 개최로 한국의 위상도 크게 향상됐다. 우선 큰 사고 없이 대회를 가장 안전하게 잘 치러냈다. 개 · 폐막식에서는 한국의 전통과 문화 스토리들을 세계인들에게 흥미롭게 전달했으며, 4차 산업혁명 시대를 선도하는 첨단 '문화기술' 국가로서의 역량을 발휘했다. 개막식의 하이라이트였던 증강현실과 드론을 이용한 설상 이벤트 쇼는 전 세계인들의 주목을 끌었으며, 폐막식에서는 조화와 융합의 정신이 결합된 한류문화의 진수를 제대로 전달했다.

또한 빙상(氷上)경기에 국한됐던 우리의 스포츠 경쟁력이 이제는 설상(雪上)경기로까지 확장돼 '제2의 동계스포츠 열풍'을 만드는 계기가 됐다. '영미~' 구호로 시작된 컬링 패러디 열풍도 전국으로 나타났다. 모든 선수들의 일거수일투족이 미디어에 노출되면서 거센 비난과 사과의 눈물, 그리고 용서와 보답이라는 한국인의 성숙된 자화상을 새롭게 그리는 데 성공했다.

이번 올림픽을 통해 가장 인상적인 것은 선수들의 경기 후 인터뷰이다. 모진 훈련을 하느라 가족과 함께 생활하지 못한 선수들의 경기 후 일성(一聲)은 단연 '여행'이었다. 쇼트트랙 여자 1500m에서 금메달을 땄던 최민정 선수는 "엄마! 나 금메달 땄어. 우리 가족여행 가자"고 했다. 또 폐막 하루 전 올림픽 매스 스타트의 첫 금메달리스트였던 이승훈 선수도 믹스트존 인터뷰에서 부인에게 "우리 이제 여행 가자"고 다짐한다. 아마도 고생 끝에 오는 즐거움이 바로 여행이라는 '고진감여(苦盡甘旅)' 풍조를 만들어 내지 않을까 기대해 본다.

앞서 이번 올림픽을 성공적으로 치렀다고 치켜세운 이유는 선수들과 국민들이 '하나된 열정'을 함께 느끼고 마음껏 즐긴 축제였기 때문이다. 강원도는 이번 동계올림픽을 통해 다양한 레거시를 확보했고, 여기에 세계인들이 단숨에 찾아올 수 있는 경강선 KTX 운행은 물론 교통망 확충을 통해 '한국관광의 1번지'에서 '글로벌 관광지'로 도약하는 발판을 마련했다.
또한 우리 선수들이 모든 종목에서 선전하면서 경기장의 재활용 문제를 해결하는 데도 큰 도움이 될 것으로 보인다. 그동안 우리의 메달박스인 빙상경기도 선전했지만, 이번에는 스켈레톤과 봅슬레이 경기, 스노보드 경기 등 사상 최대 종목에서 최다 메달을 획득함으로써 그동안 말이 무성했던 올림픽 시설의 투자 효율성 및 적자운영 논쟁도 잠재웠으면 한다. 오히려 이번 기회에 첨단 기술과 최고의 운영 성과를 갖춘 기존 경기장 시설에 체험프로그램을 가미한 융합형 레거시를 창조해 관광상품으로 적극 활용할 필요가 있다.
또 올림픽을 계기로 높아진 한국관광 인지도를 활용하여 올림픽 관광효과가 지속 창출 · 확산되도록 해야 한다. 올림픽 경기장을 활용한 동계관광의 활성화, 올림픽 브랜드를 활용한 대형 MICE유치, 4계절 관광목적지 조성, 그리고 교통망을 활용하여 강원관광상품의 개발을 확대해야 한다는 한국관광공사의 '포스트 관광올림픽 로드맵'을 적극 추진할 필요가 있다.
이번 올림픽을 계기로 강원도는 물론 대한민국의 스포츠 인지도가 향상됨에 따라 4년 뒤에 개최될 베이징 동계올림픽의 전초기지가 되었으면 한다. 또한 평창올림픽은 2년 간격으로 2022년까지 동북아에서 연속 개최되는 올림픽을 계기로 아시아 문화가 세계와 나란히 공존해 갈 수 있는 '오리엔트 컬처로드'를 마련하는 디딤돌이 돼야 한다.
IOC가 경강선 KTX를 평창 동계올림픽의 최대 레거시로 꼽았듯이, 강원도 역시 한층 더 세계로 다가설 수 있도록 지속적인 대책을 강구해야 한다. 기존 경기장을 활용하여 평창 올림픽 기념관의 조성을 적극 검토해 유 · 무형 올림픽 레거시를 종합적으로 관리하고 부가가치를 창출할 필요가 있다. 또한 동계 올림픽 성공을 계기로 각종 겨울 축제와 더불어 한국의 관광시즌을 4계절로 확장하는 데 기여하기를 기대한다.
그간 정부가 문화올림픽을 내세우며 평창올림픽특별법을 제정하고 신규 지정된 동계특구를 중심으로 올림픽 이후 관광휴양산업 육성의 기반을 마련했듯이, 지역사회의 글로벌 관광서비스 수준도 더욱 개선되어 세계적인 관광지로서 면모를 확보해 나갔으면 한다. 이번 기회에 평창 동계올림픽 레거시를 제대로 구축하고 관광으로 꽃을 피웠으면 한다(출처: 교통신문, 2018. 2. 27; 註: 문맥 유지를 위해 최신 데이터로 수정하지 않음).

16

새만금 글로벌 관광도시를 창조하자

■ 새만금 문화자산 발굴 및 세계화의 의의

당초 새만금사업은 좁은 국토와 높은 인구밀도를 가지고 있는 우리나라 여건에서 미래를 위한 대규모 우량농지를 확보함과 동시에 만경강과 동진강 상류지역의 침수피해를 방지하고자 하는 데 그 우선순위를 두고 시작되었다. 그러나 1991년 새만금사업의 착공 이후 2010년 방조제 개통이 있기까지 수많은 우여곡절을 겪어왔다. 간척용지의 용도변화, 중앙정부와 지자체 간의 갈등과 협력, 그리고 개발세력과 보존세력 간의 갈등 등이 그것이다. 아직도 이해 당사자 간 완전한 공감대(해수유통 등)가 형성되지 못하였지만, 적어도 새만금 논쟁과 갈등은 새만금의 바람직한 미래를 결정짓는 중요한 과정이었다고 볼 수 있다.

문제는 새만금 지역이 글로벌 관광목적지가 되기 위해서 어떻게 방향을 설정하고 어떠한 콘텐츠를 담을 것인가에 대한 진지한 고민이 필요하다는 점이다. 이와 관련하여 미국 소셜 테크놀로지(Social Technology)社의 '2020년 10대 메가트렌드'를 주목할 필요가 있다. 전 세계 미래학자들이 2020년까지 진행될 것으로 전망한 메가트렌드는 아시아의 부상, 지역화의 진행, 고령화와 여성주도권 시대, 물과 에너지 부족, 지구

온난화, 대체에너지 개발, 문명통합의 시대, 핸드폰으로 연결되는 사회, 책읽기의 종말, 사이버학습 등을 들고 있다. 이 가운데 주목할 만한 것으로 '부상하는 아시아', '세계화에서 다시 지역화', '문명통합의 시대'이다.

이를 종합하면, "향후 글로벌 사회는 아시아가 주도하며, 이 과정에서 탈세계화(deglobalization)가 진행되어 지방정부의 역할은 확대되는 반면 중앙정부의 역할은 축소되며, 국경을 초월한 다문화인이 등장하고 결국 문명이 하나가 되는 시대가 도래한다"는 것이다. 따라서 새만금 사업 역시 한국적 역사와 전통을 기반으로 전 세계인들이 공유할 수 있는 문화적 코드를 지향하며, 지역이 주도적인 입장에서 지역의 문화자산을 세계화시키는 방향으로 추진되어야 한다.

새만금 사업은 1991년 최초 구상에서는 100% 농수산 중심개발을 통해 농업식량 생산기지를 조성하는 데 초점을 두었다. 그러나 2008년 10월 다기능 융복합 기지를 조성하기 위해 농업용지의 비중을 30%로 축소하고 비농업용지의 비율을 70%로 확대하였다. 2014년에는 투자활성화를 위한 수요자 맞춤형 열린계획으로 변경하고 글로벌 경제협력 거점을 육성하기 위해 경제협력특구를 도입하였다.

2014년 확정된 새만금 토지이용계획은 산업 · 연구용지, 국제협력용지, 관광 · 레저용지, 농생명용지, 환경 · 생태용지, 배후도시 및 기타 시설 등 6대 용지로 구성되어 있는데, 관광레저용지는 15.5~20.7㎢로 전체 용지 중 6.2%를 차지하고 있다.

그렇지만 관광기능을 국제협력용지와 배후도시에만 일부 부여하고 있으며, 전체 용지와 관광기능의 융복합을 적극 추진하지 못하고 있다. 이에 따라 관광기능을 전체 새만금 지역으로 확대하여야 하며, 새만금의 관광콘텐츠를 창출하는 데 있어서 주변 지역의 문화자산을 적극 활용하여 정체성을 갖춘 '관광 새만금'을 창조해야 한다.

새만금사업조감도 및 토지이용계획도(2014년 기준)

새만금사업 조감도

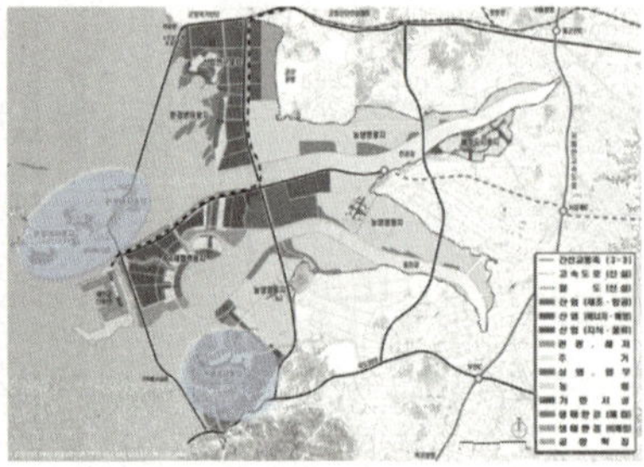

새만금 토지이용계획도

자료: 새만금개발청 홈페이지.

그동안 새만금 사업의 문화관광 부문 전략으로 중앙정부는 물론 지자체나 학계 등에서 적지 않은 노력을 경주해 왔다. 대부분의 선행 연구나 사업에서 발견되는 것은 새만금 문화관광개발을 외부에서 추동력을 얻기보다는 지자체와 지역주민이 주도하는 내발적 방식을 적극 구사해야 하며, '새만금 내부개발과 함께 개발 효과를 인근 지역에 확산시키고 인근 지역의 문화관광 잠재력을 다시 새만금에 환류시키고, '유 · 무형 자원을 스토리텔링(storytelling)으로 엮어 가는 작업'이 필요하며, '전북의 문화와 전통을 세계화시키기 위한 발상'을 찾아야 한다는 점이다.

새만금 지역의 관광개발과 관련하여 주변지역의 문화자산을 진단하고 그 정체성을 파악하여 상생전략을 수립할 때 성공가능성도 높다. 지역자원의 활용이 지역 이미지를 고급화시키고 이것이 관광객들을 유입시키는 힘이 되며, 나아가 인력과 산업이 지역에서 연결됨으로써 정주나 관광의 형태로 지역이 발전해 나갈 수 있다. '문화자산(cultural assets)'에 대한 개념은 아직 정립되어 있지 못하다. 그러나 문화자원이나 문화유산보다는 더 포괄적인 개념이며, 포함되는 대상들도 과거뿐만 아니라 현재의 모습까지도 해당된다.

새만금 지역의 문화자산을 살펴보는 데 있어서 관점을 좀 더 넓히는 것이 필요하다. 왜냐하면 문화자산은 좁은 의미에서 유형(전통문화유산, 자연경관 등)·무형(영상스토리, 인물, 축제, 노래 등)의 문화예술자원이라면, 넓은 의미로는 문화예술자원 외에 문화공간(도서관, 박물관 등)·도시기반시설(공원 등)을 포함한 공동체적 삶의 질까지도 포함하기 때문이다. 예전에는 지역의 가치있는 문화자산은 대체로 하드웨어적인 문화유산, 자연경관 등에 중심이 두어졌다면 이제 지역의 가치있는 문화자산으로 지역의 인물, 전설, 이미지, 영상스토리 등도 포함되고 있다. 문화자산은 크게 하드웨어와 콘텐츠웨어로 구분된다. 하드웨어는 전통문화와 전통 건물 정도가 될 것이며, 콘텐츠웨어는 지역의 대표하는 스토리가 될 것이다. 간단한 예를 들어 경주는 전통문화라는 하드웨어, 춘천은 〈겨울연가〉라는 콘텐츠웨어, 전주는 한옥과 판소리 등 하드웨어와 콘텐츠웨어를 두루 갖추고 있다.

지역문화자산의 범주

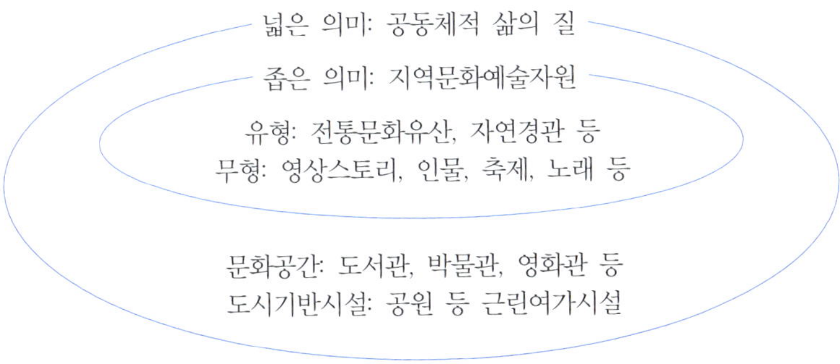

자료: 유승호(2004), 지역의 문화자원과 문화산업 연계전략, 한국문화관광연구원, 문화관광의 눈으로 본 국가균형발전.

더구나 이전에는 문화자원의 범주에 들지 않았던 공동체적 삶의 현장도 이제 사람들의 지역선택이나 관광지 선택과정에서 중요한 요소로 등장하면서 지역의 문화자산으로서 중요한 부분을 차지하고 있다. 또 다른 중요한 범주는 교육, 산업 등 인력을 유인할 수 있는 일상적 여가시설로서의 도시기반시설의 유무이다. 전주의 경우 문화공간과 도시기반시설이 잘 구비되어 있으나 전북도 내 여타 지역은 상대적으로 빈약하다고 할 수 있다.

■ 새만금 문화관광권의 도입방안

새만금 관광개발과 관련하여 관광공급 규모의 효율적 배분과 전북 문화적 정체성의 반영을 위해서는 기존의 '새만금 관광권'에 대한 통념에서 벗어날 필요가 있다. 그동안 중앙정부나 전라북도의 경우 새만금 인접지역으로 군산시, 김제시, 부안군을 선정하여 연계관광 개발방안을 강구하는 데 주력하였다. 그러나 기존의 새만금 문화관광권 개념은 단기적인 처방일 뿐이며 중 · 장기적으로 광역 문화관광권으로 범위를 확대하여야 한다. 그 이유는 다음과 같다.

첫째, 3개 시 · 군이 새만금 연고권을 주장하고 있으나 전북의 문화적 정체성을 대변하지 못한다는 점이다. 해양선사 문화뿐만 아니라 내륙의 전통 · 역사문화도 반영되어야 한다. 둘째, 현실적으로 전주시나 익산시, 정읍시, 고창군도 새만금 시대에 대응한 다양한 시책을 강구하고 있다는 점에서 새만금 관광권의 범위를 이들 지역까지 확장하여야 한다. 셋째, 협의의 새만금관광권 개념에 입각할 경우 3개 시 · 군과 전주 등 내륙 지역 간 중복투자의 비효율을 초래할 수 있다. 넷째, 새만금 방문객의 이동경로를 고려해야 한다. 즉 새만금 지역을 방문하는 관광객의 이동통로인 서해안 고속도로, 호남고속도로, 호남선, 전주-군산 고속화도로, 광주-고창 고속도로 등이 관광교통 루트가 된다는 점에서 해당되는 지역을 포함할 필요가 있다.

따라서 새만금지역을 핵심거점으로 할 경우 핵심연계지역으로 군산시, 김제시, 부안군을 선정하여 '새만금 인접관광권'으로 명명하고, 확산연계지역으로 익산시, 전주시, 정읍시, 고창군을 선정하는 방안을 검토할 필요가 있으며, 확산·연계 지역을 '새만금 광역관광권'으로 명명하고자 한다. '새만금 문화관광권'의 주요 관광현황 및 특징을 살펴보면 다음과 같다.

새만금 문화관광권의 범위

명칭	소개념	성격	개발전략	행정구역
새만금 문 화 관광권	새만금 인접 관광권	협의의 새만금관광권	핵심연계	군산시, 김제시, 부안군 (3개 시·군)
	새만금 광역 관광권	광의의 새만금관광권	확산연계	익산시, 전주시, 정읍시, 고창군 (4개 시·군)

자료: 장병권(2010), 새만금문화관광권의 문화자산발굴 및 세계화 방안, 한국관광학회, 관광학연구, 34(6).

새만금 문화관광권의 관광 여건과 특징을 종합하면 다음과 같다. 첫째, 외국인 관광객의 유치가 미흡하다. 전라북도 집계에 의하면, 유료관광지의 외국인 방문객 수는 2001년에 16.5만 명에서 2007년 21.1만 명으로 증가하였으나 2016년 16.2만 명으로 감소되고 있는 상황이다. 이로 미루어 향후 새만금 문화관광권의 외국인 관광객 유치가 중요한 과제가 될 수 있다.

둘째, 우수 관광자원의 연계화가 미흡하다. 새만금 관광권의 경우 관광자원으로서 이용가치가 높은 해양관광자원이 분포하고, 변산반도, 모악산, 선운산 등 경관이 우수한 산악자원을 보유하고 있으며, 전통적인 문화에 기반을 둔 문화관광자원이 풍부하나 이들 자원을 벨트화, 루트화, 상품화하는 소프트웨어 · 콘텐츠웨어 역량은 상대적으로 부족한 상황이다.

셋째, 대규모 집객 관광지의 개발이 저조하다. 새만금 문화관광권 내에 14개 관광지가 분포하고 있으나 군산 은파관광지, 변산해수욕장, 금강하구둑, 왕궁보석테마관광지 등을 제외하고는 대규모 관광객을 수용하지 못하고 있다. 특히 군산 국제해양관광지, 김제 온천관광지, 익산 미륵사지 관광지, 정읍 내장산리조트, 고창 석정온천 관광지 등은 개발이 착수되지 못하고 있거나 착수 후 장기간 개발이 지연되고 있는 실정이다.

넷째, 새만금 문화관광권의 관광사업체 현황을 보면, 영세성이 높은 여행업이 거의 대부분이며, 관광숙박업은 전체 33개 업소로 전주와 군산을 제외할 경우 대규모 관광객을 유치하기 곤란한 입장에 있다. 특히 대규모 자본이 투입되는 관광숙박업체의 유치가 곤란한 상황이며, 관광사업 업종 가운데 국제회의업, 카지노업, 종합유원시설법, 관광삭도업, 면세점업은 1개 업체도 없는 상황이다.

다섯째, 국제 수준의 메가 관광이벤트가 부족하다. 새만금 관광권 내 대규모 관광객을 유치할 수 있는 메가이벤트 및 축제가 부족하고 방문객도 많지 않다. 새만금 문화관광권 내 문화체육관광부가 지원하는 문화관광축제는 김제지평선축제(최우수축제)와 고창모양성제(예비축제)가 있다. 그러나 두 축제에 참여한 외국인 관광객은 20,150명에 그치고 있다. 또한 지역축제의 상당수가 봄 · 가을에 집중되어 계절적 편중을 보인다.

따라서 현 시점은 전북도나 새만금지역의 관광개발에 있어서 중요한 전환점(기로)에 있다고 볼 수 있다. 즉 새만금과 주변지역 간 관광개발사업 및 공급규모를 합리적으로 조정하여 상생적 문화관광권으로 육성함과 동시에 상호 연계이용을 적극 모색할 시점이다.

■ 새만금 문화관광권 개발의 추진방향

새만금 문화관광권은 향후 새만금 관광개발이 원활히 추진될 경우 인접 7개 시 · 군을 아우르는 동시에 해양선사문화, 농경문화, 전통문화, 역사유적을 보유하고 있는 한국의 대표적인 문화관광의 메카가 될 수 있다. 따라서 새만금 문화관광권 개발 시 가장 중요한 것은 새만금과 주변지역 간 상호 연계 · 보완적 관광을 도모하여 상생적 파급효과를 극대화하는 것이다. 그리고 새만금 지역을 주변지역과 연계한 글로벌 문화관광의 허브로 육성함으로써 전북 문화의 세계화에도 기여할 수 있을 것이다.

이는 새만금과 주변지역 간 관광기능의 효율적 배분을 필요로 하며, 문화적 측면에서 새만금 지역이 도입시설을 선점하기보다는 주변지역의 문화자산에 입각한 강점을 인정하고 이를 보완하는 전략을 구사해야 한다. 또한 새만금 주변지역도 과도한 개발을 통하여 새만금과 경쟁하는 구도보다는 관광콘텐츠웨어를 적극 개발하는 것이 바람직하다. 그리고 문화자산의 유형에 있어서 새만금 주변지역은 장소자산으로 기확보하고 있는 문화관광자원의 정비 · 활용에 초점을 두고, 새만금 지구는 중장기적으로 문화관광산업의 육성에 역점을 두어야 한다.

관광산업의 유형 면에서 볼 때, 새만금 주변지역은 기존의 여행사업, 숙박사업, 음식사업, 기념품사업 등을 더욱 육성하는 반면, 새만금 지역은 집객력이 큰 컨벤션산업, 리조트산업, 테마파크산업, 공연산업 등을 중심으로 메가 리조트로 조성해 나가는 것이 적절하다. 나아가 새만금 지역은 기존의 관광단지처럼 수요변동에 민감한 관광지로 개발하기보다는 정주형 관광레저도시로 개발하여 일정한 관광레저수요가 지속적으로 유지되도록 해야 한다. 이에 비해 주변지역은 새만금과의 연계는 물론 관광자원 간 연계를 통하여 자원이용을 확대할 필요가 있다.

새만금 문화관광권 개발의 추진방향

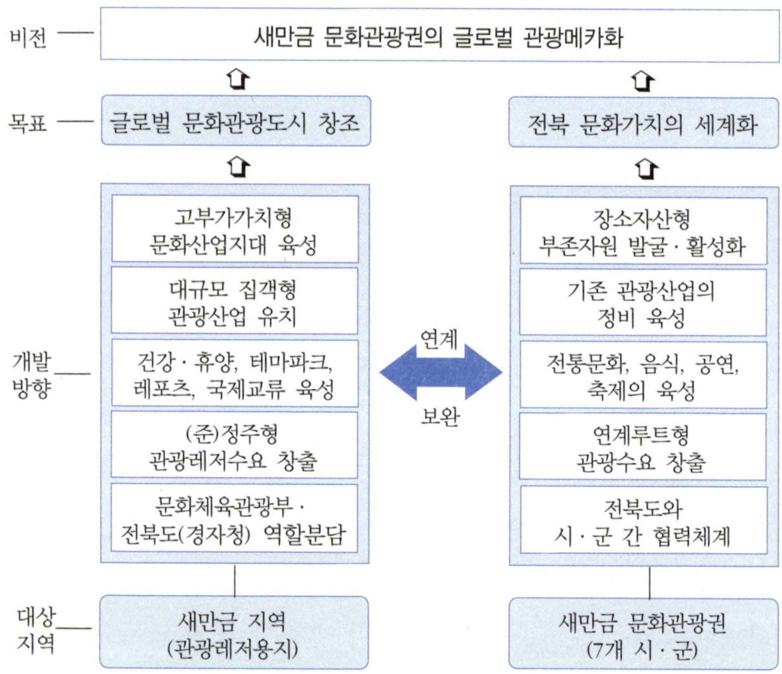

자료: 장병권(2010), 새만금 문화관광권의 문화자산 발굴 및 세계화 방안, 한국관광학회, 관광학연구, 34(6).

또한 새만금 지역은 문화체육관광부와 전북도가 공동 개발을 모색하고 있다는 점에서 개발방향을 공유하되 도입시설에 있어서 역할분담을 모색하여야 하며, 주변지역은 전북도와 각 시 · 군 간 관광협력을 강화할 수 있는 협력체계를 갖추는 것이 필요하다. 이러한 추진방향을 설정할 경우 새만금 지구는 글로벌 문화관광도시로 창조되고, 주변지역은 전북 문화가치의 세계화를 도모할 수 있으며, 궁극적으로 '새만금 문화관광권의 글로벌 관광메카화'를 실현할 수 있다.

■ 새만금 문화관광권의 글로벌 관광메카 조성방안

새만금 문화관광권을 글로벌 관광메카로 키우기 위해서는 정주형 문화예술 산업클러스터의 육성, 전북 역사문화 컴팩시티의 조성, 새만금 문화관광 콘텐츠의 발굴 및 스토리텔링, 새만금 연계 1시 · 군 1문화관광 프로젝트의 발굴과 육성, 세계문화유산의 관광상품화, 새만금 문화관광권 관광수용태세의 구축을 모색해야 한다.

첫째, 정주형 문화예술 산업클러스터의 육성이다. 세계의 지역들은 자기 지역의 특화된 문화자원을 최대화하는 방향으로 지역발전 전략을 구사하고 있다. 그리고 그 최대화의 과정에서의 목표는 문화유산보존 등의 관광 중심으로부터 고급인력을 끌어들여 지역발전의 장기화를 꾀하는 '인력기반의 산업화 전략'을 추구하고 있다. 새만금 지역도 고급문화인력을 유입하는 전략으로 바꾸어야 한다. 따라서 창조적인 경험이 융성할 수 있는 예술관광 지대(ArTourism Zone)를 조성하는 것이 21세기 문화의 시대에 부응하는 새만금 관광개발의 성공요소가 될 수 있다.

새만금이 창조적 문화예술의 중심지가 되기 위해서는 모든 형태의 창조성이 뿌리내리고 꽃피울 수 있는 주거형 단지를 지원해야 한다. 또한 문화예술에 관련된 개인의 창조성을 높이고, 노동과 비즈니스를 결합해서 집합적 창조성이 발휘되도록 해야 한다. 따라서 정부 차원에서 새만금에 '문화예술 산업클러스터' 시범사업을 추진할 필요가 있다.

둘째, '전북 역사문화 컴팩시티'의 조성이다. 새만금 사업은 '맛, 멋, 소리의 고장'으로 문화관광산업을 통하여 새로운 지역발전을 모색하는 전북의 입장에서는 매우 중요한 도약의 계기가 될 수 있다. 그러나 전북도(경자청)가 개발을 주도하고 있는 새만금 관광단지나 게이트웨이 프로젝트의 경우에도 전북의 역사문화와 전통을 제대로 전달할 수 있는 매력물을 강구하지 못하고 있다. 이와 관련하여 새만금 지구 내에 전북의 역사와 문화전통과 삶의 모습을 축약해서 전시할 수 있는 집합도시(collective city) 또는 압축도시(compact city)인 '전북 역사문화 컴팩시티'를 조성하는 방안을 강구해야 한다.

또한 전시 위주의 공간 조성에서 벗어나 방문객들에게 전북의 전통문화를 직접 체험 · 감상할 수 있는 매머드 공연장과 전시장도 필요하다. 나아가 전북 지역은 미술 분야에서도 큰 업적을 남겨왔고 훌륭한 예술가들을 배출한 문예의 본향이라는 점에서 새만금 지역에 실내외 미술전시장의 건립도 고려할 필요가 있다.

셋째는 새만금 문화관광 콘텐츠의 발굴 및 스토리텔링이다. 현재 전북도나 시 · 군별로 새만금 방문객들을 위한 문화콘텐츠 사업이 개별적으로 추진되고 있으나 이러한 현상은 새만금에 대한 긍정적인 이미지 형성에 별로 도움이 되지 않을 수 있다. 향후 동북아 시대의 도래에 발맞추어 세계적인 관광지로 부각시키기 위해 새만금지역의 문화관광 콘텐츠를 체계적으로 발굴하여 이의 다양한 활용방안을 적극적으로 모색하는 것이 필요하다.

따라서 새만금 문화관광권에 산재해 있는 문화, 역사 등 유 · 무형의 관광자원과 연계할 수 있는 다양한 소재의 이야기를 발굴하여 이를 스토리텔링, 문화관광축제, 관광기념품, 지역 간 연계관광 상품의 개발로 국내·외 관광객유치를 위한 구체적인 사업화 방안이 수립되어야 한다.

넷째는 새만금 연계 1시·군 1문화관광 프로젝트의 발굴이다. 새만금 문화관광권의 관광매력을 제고하고 지역문화가치의 세계화를 도모하기 위해서는 전북도가 주도적으로 '새만금 연계 1시·군 1 문화관광 프로젝트'를 발굴·육성하는 전략이 필요하다. 새만금 인접관광권 중 군산시의 경우 내항 구도심을 중심으로 기존 전북도의 지원사업인 '근대문화도시 조성사업'을 새만금과 연계하여 추진토록 하며, 김제시는 '벽골제 아리랑 테마파크'를 신규로 조성하고, 부안군은 '드라마·영상 테마파크' 조성사업을 확대 추진하는 방안을 강구할 수 있다.

광역관광권 중 익산시는 금마 일원의 미륵사지, 왕궁 유적 등을 종합적으로 정비하는 '익산 백제문화촌 조성사업', 전주시는 기존의 육성사업인 '전통문화도시 조성'을 지속적으로 추진하며, 정읍시는 '황토현 동학혁명 유적정비사업', 그리고 고창군은 '람사르 갯벌생태관광 사업'을 확대할 필요가 있다. 이들 사업이 원활히 추진될 경우 새만금 방문 국내외 관광객들의 연계관광코스로도 활용될 수 있다.

다섯째는 세계문화유산 발굴·확충 및 관광상품화이다. 현재 전라북도는 익산 백제역사 유적지구, 정읍 무성서원, 고창 고인돌 유적지, 판소리 유적 등 유네스코 세계문화유산 4종을 보유하고 있으나 아직 관광상품화가 활발히 추진되지 못하고 있다. 익산 백제역사 문화지구는 공주, 부여와 '테마여행 10선' 코스로 연계화가 되어 있으나 새만금 지역과도 공동 활용되어야 한다. 고창 고인돌의 경우 현재 고창, 화순, 강화에 분포·지정되어 있는 고인돌 유적 가운데 고창 고인돌 유적의 차별화를 모색하고 새만금 지역과 연계하여 우수한 관광상품으로 개발해야 한다.

판소리는 미주 · 유럽 관광객 위주의 교류확대 및 정례화로 문화여행상품 수요를 개발하며 전용공연장의 조기 조성을 통하여 세계무형문화유산 체험형 관광상품으로 육성해야 한다. 이 밖에 세계문화유산으로서의 가치를 지니고 있으나 등재되지 못하고 있는 전북 고유의 문화자산(예: 김제 벽골제, 정읍 정읍사가요, 부안 죽막동 해양제사유적 등)도 추가적으로 발굴하여 관광산업과 연계할 필요가 있다.

여섯째는 새만금 문화관광권 관광수용태세의 구축이다. 새만금과 연계하여 주변지역의 관광발전을 도모하기 위해서는 전북도 및 해당 각 시 · 군의 협력하에 '새만금 관광권 수용태세' 구축노력이 지속적으로 전개될 필요가 있다. 새만금 문화관광권에 대한 관광수용태세는 새만금 방문객의 접근경로가 다양하고 주변지역과 연계관광이 이루어지고 있다는 점에서 새만금 지역에 한정하기보다는 주변지역을 포함하여 정비되어야 한다. 또한 새만금 문화관광권의 관광수용태세는 하드웨어, 소프트웨어, 콘텐츠웨어 전반에 걸쳐 측정되어야 한다. 이를 위해 새만금 관광수용태세 확충을 위한 협의체를 상시 구성하여 관광수용태세 지표개발 및 정기 모니터링을 실시할 필요가 있다.

새만금 지구는 2023년 세계잼버리가 개최될 예정이며, 이를 통하여 세계인들이 주목하는 문화관광 대상지가 될 수 있으며, 새만금 신항만과 국제공항의 개항(2028년 예정)을 계기로 글로벌 관광메카로 조성될 필요가 있다.

2023 새만금 세계잼버리 포스터

자료: 새만금 세계스카우트잼버리조직위원회 홈페이지.

저자소개

장병권

한양대학교 사회과학대학 관광학과를 졸업하고 동 대학원에서 관광정책을 연구하여 문학박사 학위를 받았으며, 현재 호원대학교 항공관광학과 교수로 재직하고 있다. 주요 관심사는 관광정책과 지역관광이다. 현재 한국관광학회 부회장으로 있으며 산하 관광자원개발분과학회 회장을 역임하였다.

대학 내에서 현재 새만금관광연구센터 소장을 맡고 있으며, 기획처장, 대외협력처장, 입학처장을 역임하였다.

대학 외에서는 문화체육관광부, 한국관광공사, 한국문화관광연구원의 자문위원 · 심사위원 · 편집위원 · TF위원 · 초빙연구위원으로 활동하였다. 현재 국무조정실 새만금위원회 민간위원, 새만금개발청 총괄자문위원 등을 맡고 있으며, 전라북도문화관광재단과 전북개발공사 사외이사를 역임하였다. 관광ODA와 관련하여 카자흐스탄, 동티모르, 적도기니 등에 대한 관광계획 및 정책과제의 개발에 일조하였다.

그동안 관광산업의 중요성과 육성의 필요성을 널리 알리기 위해 서울신문, 교통신문, 전라일보, 새전북신문 등의 언론에 객원필진으로 100여 편의 칼럼을 기고하였다.

주요 저 · 역서는 레저관광심리학(공역), 한국관광행정론, 국민관광론, 현대관광론(공역), 관광과 공공정책(역서), 관광학총론(공저), 문화정책의 역사적 변동과 전망(공저), 글로벌 리더로서 관광을 말하다(공저), 관광정책론 등이 있다.

저자와의
합의하에
인지첩부
생략

관광대국의 길

2020년 5월 25일 초판 1쇄 인쇄
2020년 5월 30일 초판 1쇄 발행

지은이 장병권
펴낸이 진욱상
펴낸곳 (주)백산출판사
교 정 박시내
본문디자인 오행복
표지디자인 오정은

등 록 2017년 5월 29일 제406-2017-000058호
주 소 경기도 파주시 회동길 370(백산빌딩 3층)
전 화 02-914-1621(代)
팩 스 031-955-9911
이메일 edit@ibaeksan.kr
홈페이지 www.ibaeksan.kr

ISBN 979-11-6567-066-5 03980
값 22,000원